再生资源科学与工程技术丛书

再生资源导论

刘明华　林春香　主编

化学工业出版社
·北京·

本书是《再生资源科学与工程技术丛书》中的一分册。全书共分为6章，内容主要包括金属材料的再生利用、无机材料的再生利用、有机合成材料的再生利用、生物质材料的再生利用、生物质能利用技术。

本书可供再生资源科学与工程等领域的工程技术人员、科研人员和管理人员参考，也可供高等学校相关专业师生参阅。

图书在版编目（CIP）数据

再生资源导论/刘明华，林春香主编.—北京：化学工业出版社，2012.9
（再生资源科学与工程技术丛书）
ISBN 978-7-122-15090-5

Ⅰ.①再… Ⅱ.①刘…②林… Ⅲ.①再生资源-资源利用-研究 Ⅳ.①FO62.1

中国版本图书馆CIP数据核字（2012）第187999号

责任编辑：刘兴春	文字编辑：荣世芳
责任校对：陈　静	装帧设计：史利平

出版发行：化学工业出版社（北京市东城区青年湖南街13号　邮政编码100011）
印　　装：北京虎彩文化传播有限公司
787mm×1092mm　1/16　印张16　字数395千字　2013年3月北京第1版第1次印刷

购书咨询：010-64518888　　　　　　　　售后服务：010-64518899
网　　址：http://www.cip.com.cn
凡购买本书，如有缺损质量问题，本社销售中心负责调换。

定　价：48.00元　　　　　　　　　　　　　　　　版权所有　违者必究

前言
Preface

  作为当前新的经济增长点和世界潮流，再生资源循环利用揭示了当今可持续发展的新趋势，强调环境保护本质上与经济活动是一个协调统一体，指出人类经济活动应遵从客观自然生态规律，阐述了环境与经济的相互关系及其深刻内涵，已被国际上认可为实现可持续发展的根本途径。利用循环再生资源是人类社会工业技术进步的结果，也是保证自然资源的合理开发利用、保持资源循环利用的必要手段和发展循环经济的内在要求。为此，众多专家学者开展了大量的研究开发工作，从而使得再生资源循环利用技术不断革新，再生资源循环利用产品不断呈现新品种，再生资源产业不断向前发展。

  为了促进再生资源行业的信息交流和技术合作，推广再生资源循环利用产品制造和应用技术，推动我国再生资源产业的持续发展，我们通过查阅历年来的相关研究成果，编写了这本再生资源导论，以供读者参考。诚挚地希望本书的出版能够给从事再生资源循环利用工作的技术人员提供一定的指导作用，给科研、生产、教育等领域的人员提供一些帮助，同时作为高等学校相关专业师生的教材或参考书。

  全书共分为6章，第1章是绪论，第2章～第6章共收集包括金属材料、无机材料、有机合成材料、生物质材料、生物质能等多类再生资源。

  本书由刘明华、林春香主编，其他编写人员主要有刘以凡、林兆慧等。全书最后由刘明华统稿、定稿。

  由于编者的水平和时间有限，虽已尽努力，但疏漏和不足之处在所难免，恳请广大读者和同仁不吝指正。

编者

2012 年 10 月

目 录

Contents

第1章 绪论 ········· 1
  1.1 资源概述 ········· 1
    1.1.1 资源的含义与本质 ········· 1
    1.1.2 资源的分类 ········· 1
  1.2 再生资源 ········· 2
    1.2.1 再生资源的含义 ········· 2
    1.2.2 再生资源的特征 ········· 3
    1.2.3 再生资源回收利用的意义 ········· 4
    1.2.4 我国再生资源的现状 ········· 6
  1.3 再生资源产业 ········· 6
    1.3.1 再生资源产业的含义及内容 ········· 6
    1.3.2 再生资源产业的特点 ········· 8
    1.3.3 再生资源产业与相关产业 ········· 9
  1.4 我国再生资源产业的现状与发展 ········· 11
    1.4.1 我国再生资源产业的现状 ········· 11
    1.4.2 国外再生资源回收利用状况 ········· 12
    1.4.3 再生资源产业发展中的不足及存在的问题 ········· 13
  参考文献 ········· 15

第2章 金属材料的再生利用 ········· 17
  2.1 金属材料概述 ········· 17
    2.1.1 金属材料的含义及分类 ········· 17
    2.1.2 金属材料的发展 ········· 18
  2.2 钢铁材料及其回收利用 ········· 19
    2.2.1 钢铁概述 ········· 19
    2.2.2 废钢铁的回收利用 ········· 19
  2.3 有色金属及其回收利用 ········· 25
    2.3.1 有色金属及其分类 ········· 25
    2.3.2 常用有色金属 ········· 26
    2.3.3 废有色金属的回收利用 ········· 30

参考文献 ……………………………………………………………………………………… 35

第3章 无机材料的再生利用 …………………………………………………………… 36
3.1 无机材料概述 …………………………………………………………………… 36
3.1.1 无机材料的定义与分类 ……………………………………………………… 36
3.1.2 无机材料的发展 ……………………………………………………………… 38
3.2 废陶瓷及其再生利用 …………………………………………………………… 38
3.2.1 陶瓷概述 ……………………………………………………………………… 38
3.2.2 废陶瓷的综合利用 …………………………………………………………… 40
3.3 废玻璃及其再生利用 …………………………………………………………… 42
3.3.1 玻璃概述 ……………………………………………………………………… 42
3.3.2 废玻璃的综合利用 …………………………………………………………… 44
3.4 建筑垃圾及其再生利用 ………………………………………………………… 47
3.4.1 建筑垃圾概述 ………………………………………………………………… 47
3.4.2 建筑垃圾的预处理 …………………………………………………………… 49
3.4.3 建筑垃圾的再生利用 ………………………………………………………… 53
3.5 耐火材料及其再生利用 ………………………………………………………… 63
3.5.1 耐火材料概述 ………………………………………………………………… 63
3.5.2 耐火材料的再生利用 ………………………………………………………… 66
参考文献 ……………………………………………………………………………………… 69

第4章 有机合成材料的再生利用 ……………………………………………………… 71
4.1 有机合成材料概述 ……………………………………………………………… 71
4.2 塑料及其再生利用 ……………………………………………………………… 71
4.2.1 废旧塑料的概述 ……………………………………………………………… 71
4.2.2 废旧塑料的再生利用技术 …………………………………………………… 76
4.2.3 废旧塑料的其他资源化利用途径 …………………………………………… 78
4.3 合成橡胶及其再生利用 ………………………………………………………… 81
4.3.1 废旧橡胶的概述 ……………………………………………………………… 81
4.3.2 废旧橡胶的再生加工技术 …………………………………………………… 84
4.4 纤维及其再生利用 ……………………………………………………………… 88
4.4.1 废纤维概述 …………………………………………………………………… 88
4.4.2 废纤维的再生利用技术 ……………………………………………………… 92
参考文献 ……………………………………………………………………………………… 102

第5章 生物质材料的再生利用 ………………………………………………………… 104
5.1 生物质概述 ……………………………………………………………………… 104
5.1.1 生物质的定义 ………………………………………………………………… 105

5.1.2　生物质的种类 …… 105
　　5.1.3　生物质资源的特点 …… 107
　　5.1.4　生物质的资源量 …… 107
5.2　生物质材料概述 …… 109
　　5.2.1　生物质材料的定义 …… 109
　　5.2.2　生物质材料的分类 …… 110
　　5.2.3　生物质材料的特点 …… 112
　　5.2.4　生物质材料的应用 …… 113
　　5.2.5　生物质材料的发展方向 …… 114
　　5.2.6　中国生物质材料发展战略 …… 115
5.3　纤维素及其再生利用 …… 115
　　5.3.1　纤维素概述 …… 115
　　5.3.2　纤维素的溶解 …… 119
　　5.3.3　再生纤维素纤维 …… 123
　　5.3.4　功能化纤维素材料 …… 128
5.4　半纤维素及其再生利用 …… 132
　　5.4.1　半纤维素概述 …… 132
　　5.4.2　半纤维素的分离纯化 …… 135
　　5.4.3　半纤维素及其衍生物的应用 …… 139
5.5　木质素及其再生利用 …… 144
　　5.5.1　木质素概述 …… 144
　　5.5.2　木质素的分离和精制 …… 154
　　5.5.3　木质素的高值化利用 …… 159
5.6　淀粉及其再生利用 …… 178
　　5.6.1　淀粉概述 …… 178
　　5.6.2　淀粉的深加工利用 …… 185
5.7　甲壳素及其再生利用 …… 211
　　5.7.1　甲壳素概述 …… 211
　　5.7.2　甲壳素和壳聚糖的制备工艺 …… 213
　　5.7.3　甲壳素、壳聚糖及其衍生物的应用 …… 214
参考文献 …… 221

第6章　生物质能利用技术 …… 223

6.1　生物质能概述 …… 223
　　6.1.1　生物质能的来源 …… 223
　　6.1.2　生物质能的地位 …… 224
　　6.1.3　生物质能的开发利用现状 …… 225
　　6.1.4　生物质能发展前景与国家政策 …… 226
6.2　生物质能转化利用技术 …… 230

  6.2.1 生物质物理转化 …………………………………………………………… 230
  6.2.2 生物质化学转化 …………………………………………………………… 233
  6.2.3 生物质生化转化 …………………………………………………………… 239
  6.2.4 生物柴油 …………………………………………………………………… 243
参考文献 ………………………………………………………………………………… 246

第 1 章
绪　论

1.1　资源概述

1.1.1　资源的含义与本质

资源是一个宽泛的概念，人们从不同的角度，对其做出了不同的解释。联合国环境规划署（UNEP）关于资源的定义是：一定时间地点条件下，能够产生经济价值以提高人类当前和将来福利的自然环境因素和其他要素。马克思在《资本论》中说："劳动和土地，是财富两个原始的形成要素。"恩格斯的定义是："其实，劳动和自然界在一起它才是一切财富的源泉，自然界为劳动提供材料，劳动把材料转变为财富"（《马克思恩格斯选集》第四卷，第373页，1995年6月第2版）。马克思、恩格斯的定义，既指出了自然资源的客观存在，又把人（包括劳动力和技术）的因素视为财富的另一不可或缺的来源。可见，资源的来源及组成，不仅是自然资源，而且还包括人类劳动的社会、经济、技术等因素，还包括人力、人才、智力（信息、知识）等资源。据此，所谓资源指的是一切可被人类开发和利用的物质、能量和信息的总称，它广泛地存在于自然界和人类社会中，是一种自然存在物或能够给人类带来财富的财富。或者说，资源就是指自然界和人类社会中一种可以用以创造物质财富和精神财富的具有一定量的积累的客观存在形态，如土地资源、矿产资源、森林资源、海洋资源、石油资源、人力资源、信息资源等。资源是一切可被人类开发和利用的客观存在。因此，从广义上理解，资源概念泛指一切资源。即：一切可以开发并为人类社会生产和生活所需的各种物质的、社会的、经济的要素，包括各种物质资源（各种自然资源及其转化物料）、人力资源（劳动力、智力等人才资源）、经济资源、信息资源和科技文化资源等。这些资源都是人类社会经济生活发展所必不可少的基本生产要素和生活要素。

从狭义上理解，资源概念仅指物质资源，即一切能够直接开发为人类社会所需要的、用其作为生产资料和生活资料来源的、各种天然的和经过人工加工改造的自然物质要素，以及人们在自然资源使用过程中对产生的剩余物和弃置物通过加工重新使其恢复使用价值的物质资料。本书中所论述的资源是指狭义概念定义的物质资源。

1.1.2　资源的分类

从物质资源作为经济社会发展的基础以及资源形成过程中人类劳动的介入程度这一视角出发，我们认为可以将资源分成自然资源、人工物质资源和废弃物资源（又称可再生资源）三大类，如图1-1所示。利用这种方式划分资源体系，能够清晰地反映资源利用方式、产出水平的差异，是客观科学地配置资源的理论前提。

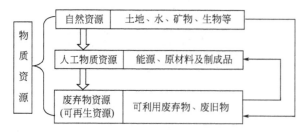

图 1-1　物质资源分类

（1）自然资源

包括土地资源、气候资源、水资源、生物资源、矿产资源及海洋资源等。

（2）人工物质资源

人工物质资源是指人类在生产过程中开发利用自然资源而形成的物质资料和制成品。初步分析，可以把此类资源分成四大部分，即原料、能源、材料和制成品。人工物质资源来源于自然资源，是人们所利用的自然资源的阶段性产品，是社会生产和生活所必需的物质资源。

（3）废弃物资源

废弃物资源又称可再生资源，包括可利用废弃物和废旧物资，废弃物资源具有再生性。所谓废弃物资源再生，从狭义上讲，是指对那些不符合出厂规格的废品及破旧的或失去原有使用价值而被弃置不用的物料等，经过回收加工改制，使其恢复原有物质性能和使用价值功能，再生利用作生产新产品的物质资源的资源增殖过程。从广义上讲，除上述范围外，还包括在矿物、生物资源开发利用和原材料、能源消耗利用过程产生的废弃物中，对其有用物质的回收加工利用的资源化。无论从狭义或者广义上讲，实现废弃物资源再生的目的，在于充分发挥物质资源的多种功能，物尽其用，为人类发展提供更加充裕的物质来源。

1.2　再生资源

1.2.1　再生资源的含义

再生资源是指生产、流通、消费等过程中产生的不再具有原有使用价值而被丢弃，或只能以该物品的残值适当计价处置，但可以通过一定的加工途径使其经济合理或接近经济合理地获得使用价值的各种物料的总和。再生资源也并非什么新鲜概念。早在 20 世纪 60 年代 3 年困难时期，周恩来总理发出了"抓紧废物利用这一环节，实行收购废品，变无用为有用"的号召，并亲自组织建立了 16 万个遍及全国每个角落的回收点。但在对这一行业的命名上一直举棋不定。1989 年 6 月，著名科学家钱学森教授在对原物资部科教司关于再生资源发展纲要的批语中明确指出："这一领域的命名，我意仍宜用'再生资源'"。并指出："社会主义要比资本主义更看到未来，更注重子孙后代的幸福，一定要使资源永续！"1996 年，国务院批转原国家经贸委等部门关于进一步开展资源综合利用意见的通知，扩展了资源综合利用的内涵，明确将社会生产和消费过程中产生的各种废旧物资进行回收和再生利用活动划入资源综合利用的组成部分。自此，再生资源回收利用政策与资源综合利用政策联系在一起。2006 年，国家发展和改革委员会发布"十一五"资源综合利用指导意见，强调了发展再生资源的重要性，将构建再生资源回收体系建设和提高再生资源产业整体水平作为资源综合利用重点发展领域。2007 年由商务部、发改委等六部委联合发布专门针对再生资源回收体系管理的再生资源回收管理办法，对再生资源有最新界定。

从"废弃物"、"垃圾"到"再生资源"，这绝不仅仅是几个概念的简单转换，这是人们观念的一次更新。精明的犹太人早就说过，再好的铁矿也不如废钢。世上有多少新，就有多少旧。当我们从地下、海底、山区找矿产越来越难时，当我们从国外寻求并不稳定的能源储备时，其实我们应将视角更多地集中于我们身边的"再生资源"。再生资源才是一个"金矿"，它所蕴藏的财富只能随着人们的认识程度而加强。

虽然不同时期不同政策文件对再生资源的表达方式有所差异，但其基本内涵都是一致的，即再生资源是指来源于社会生产和生活消费过程的各类废弃物，经过回收、加工和利用等环节，可以重新获得使用价值的物质。此外，对符合国家环保控制标准的进口可用作原料的固体废物也是中国再生资源的一个重要来源。需要注意的是，再生资源与再生资源产品的概念有区别。例如再生铜、再生铝、再生塑料等概念是指废旧铜、铝和塑料经过回收、分拣、熔炼、拉丝造粒等环节加工而成的中间再生资源产品，为制造企业深加工得到再生资源的制成品提供原料，如图 1-2 所示。

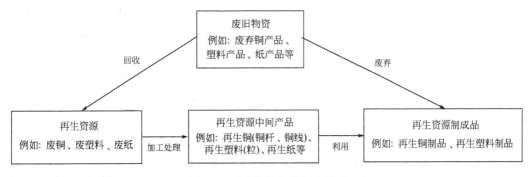

图 1-2　再生资源相关概念关系

1.2.2　再生资源的特征

再生资源是一类特殊的物质资源，具有以下方面的特征。

（1）再生资源是一种有污染或潜在污染的特殊资源

再生资源是失去了已有效用的废弃物，这些废弃物在没有回收利用之前直接占用着土地和空间，往往容易通过水、空气和土壤等介质造成对环境的污染。由于环境对废弃物的自净能力很弱，所以这种污染一经形成，其影响就会相当持久。

（2）再生资源是一种品种繁多的资源

就自然资源而言，我们谈及某种资源的时候，一般仅是指这类资源本身，如水资源、矿产资源、国土资源等。虽然某些自然资源如矿产资源仍可再分出几个品种来，但不会跨出矿产这个种类。再生资源则由于各工业部门加工生产和生活消费物质的不同，废弃物资源的种类繁多，物理形态、化学性质千差万别，基本上包括了所有物质种类，如废塑料、废纸、废钢铁、废旧纤维、废旧橡胶、废旧家用电器、废旧玻璃、废旧有色金属等。

（3）再生资源具有某种性质的使用价值

再生资源虽然就其实质而言是一种废弃物，但这里的废弃物并不"废"，只不过是失去了原有的使用价值但从其他角度仍然可以开发利用的物质资源，这种开发利用既可以对自然资源形成替代，也可以防止环境污染，维护生态平衡。

（4）再生资源具有量大且集中的特点

这种量大包含两个方面的含义，一方面是指某种废弃物产生量和堆存量大；另一方面，其使用应具有规模化程度，可以得到大量应用。如果某种废弃物数量很少或极度分散，对其所需的费用反而大于其自身的价值，这类废弃物就不能形成"资源"形态为人们所利用，它就不是再生资源。

1.2.3　再生资源回收利用的意义

再生资源是一种被重新发现的资源，具有一定的经济效益、社会效益、环境效益，因此有必要进行回收利用。所谓再生资源回收应该是指由专业的资源回收机构对消费者使用后的产品组织进行的收集、运输和储存活动。而再生资源利用主要是指对超过保质期、款式过时的产品通过法定途径进行有效回收并循环利用的过程。作为当前新的经济增长点和世界潮流，再生资源回收利用揭示了当今可持续发展的新趋势，强调环境保护本质上与经济活动是一个协调统一体，指出人类经济活动应遵从客观自然生态规律，阐述了环境与经济的相互关系及其深刻内涵，已被国际上认可为实现可持续发展的根本途径。利用循环再生资源是人类社会工业技术进步的结果，也是保证自然资源的合理开发利用、保持资源循环利用的必要手段和发展循环经济的内在要求。党的十六届三中全会提出"坚持以人为本，树立全面、协调、可持续的发展观，促进经济社会和人的全面发展"；强调"按照统筹城乡发展、统筹区域发展、统筹经济社会发展、统筹人与自然和谐发展、统筹国内发展和对外开放的要求"，推进改革和发展。在召开的中央人口资源环境工作座谈会上，胡锦涛总书记曾经指出：积极发展循环经济，实现自然生态系统和社会经济的良性循环。温家宝总理明确指出：要研究制定鼓励废物回收和资源再生利用的政策法规；建立城乡废旧物资和再生资源回收利用系统，提高资源循环利用率和无害化处理率。总书记和总理的讲话为再生资源回收行业的发展指明了方向，我们务必要坚决贯彻落实，要从全面贯彻落实"三个代表"重要思想、树立科学的发展观、保障人民生活质量和生存环境的高度，充分认识到做好再生资源回收工作的紧迫性和深远意义。可以从以下几个方面来认识再生资源回收利用的重要作用。

(1) 再生资源回收利用是缓解我国资源匮乏的有效途径

我国虽然资源总量居世界第三，但人均占有资源十分匮乏，仅为世界平均水平的一半。资源短缺已成为我国经济可持续发展的瓶颈。由于国内资源不能满足经济发展需要，近几年，我国每年还要花近百亿美元进口 2000 多万吨再生资源用以再生、利用。改革开放以来，我国的经济实力、综合国力和国际地位显著提高，但我国经济的粗放型增长方式没有从根本上改变。一方面，我国单位资源的产出效率仍然较低，如 2003 年我国 GDP 约占世界的 4%，但重要资源消耗占世界的比重却很高，石油为 7.4%、原煤为 31%、钢铁为 27%、氧化铝为 25%、水泥为 40%。另一方面，再生资源的回收利用率较低。目前，我国矿产总资源回收率为 30%，比国外先进水平低 20 个百分点。此外，我国每年还有大量的废旧家电和电子产品、废有色金属、废纸、废塑料、废玻璃等，没有实现有效回收和循环利用。

在当今全球化的背景下，世界各国为了实现本国经济的可持续发展，都实施了资源全球化战略，全球资源争夺非常激烈，原油等资源性产品价格持续上涨。化解资源环境与经济快速增长的尖锐矛盾，已成为当前我国必须面对的重大挑战。

(2) 再生资源回收利用是发展循环经济、建立资源节约型社会的必然选择

循环经济是当今国际社会实现可持续发展的一种新的经济发展模式，是指把传统的依赖资源消耗线性增长的经济，转变为依靠生态资源循环来发展的经济，它强调的是资源利用的

减量化、产品的再使用、废弃物的再循环原则，表现形式为"资源-产品-再生资源"。再生资源回收工作是循环经济中一个必不可少的环节，通过使产品完成其使用功能后重新变成可以利用的资源，充分发挥自然资源的内在价值，强调资源的再使用和再循环，延长产品的使用期，提高各类紧缺资源的利用效率。提高回收企业的营销水平，增加再生资源回收量，有助于提高我国再生资源的利用率，促进再生资源回收产业化发展。

（3）再生资源回收利用是减轻环境污染的有效措施

我国目前环境污染严重、生态破坏加剧的趋势尚未得到有效控制，截至2006年，统计数据显示我国固体废物堆存量已达70多亿吨，占用土地5亿平方米。从卫星上看，我国大中城市被成千上万个垃圾填埋场包围，对土壤、地下水、大气造成的现实和潜在污染相当严重。积极推进再生资源回收，可以变废为宝、化害为利、有效减少废弃物的排放。据测算，固体废物综合利用率每提高1个百分点，每年就可减少约1000万吨废弃物的排放。推进再生资源回收利用，不仅可以提高废弃物的回收率，而且将显著降低城市环境负荷，有效地改善城市环境质量，加快环境友好型社会的建设。

（4）再生资源回收是节约利用资源的有效手段

利用再生资源进行生产，不仅可以节约自然资源，防止废弃物泛滥，而且具有比利用原生资源生产消耗低、污染物排放少的特点。据测算，回收1t废钢铁可炼钢0.8t，节约铁矿石2～3t，节约焦炭1t；回收1t废铜，可炼电解铜0.85t，节约矿石1500t、电能260千瓦时；回收利用1t废纸，可造纸0.8t，节约木材3m^3、电600千瓦时、煤1.2t、水100m^3。如果全国1400万吨废纸都可回收利用，就能生产1120万吨好纸，少砍2.38亿棵大树，节省4200万立方米的垃圾填埋场空间。据统计，仅"九五"期间，我国累计回收利用废钢铁1.6亿吨、废纸4000多万吨，相当于节约铁矿石3.2亿吨、标准煤6400万吨、木材1.2亿立方米、电240万千瓦时、水240亿立方米。因此，加快建设现代再生资源回收体系，将有效地提高再生资源的利用率，降低企业生产成本，提高经济效益，促进节约型社会的发展。

（5）再生资源回收利用是保障国家经济安全的有效举措

我国虽然地大物博，但人均资源十分匮乏，主要45种资源的人均占有量不足世界平均水平的一半，石油、天然气、铜和铝等重要矿产资源的人均储量仅相当于世界人均水平的8.3%、4.1%、25.5%和9.7%。资源供给不足已成为经济社会可持续发展的重要制约因素。一方面，由于国内资源的保障程度不断下降，我国经济发展对国际市场和外部环境的依赖性越来越大，一些重要矿产资源对外依存度已达到50%以上，如目前我国铁矿石、氧化铝的约50%、铜资源的约60%、原油的30%以上依靠进口，增大了国民经济和社会发展的风险。另一方面，我国每年约有500万吨的废钢铁、20多万吨废有色金属、1400万吨的废纸及大量的废塑料、废玻璃、废旧电器等废弃物没有被回收处理，资源严重流失。面对全球日益紧张的资源形势和由此导致的贸易摩擦频发，提高再生资源回收利用率，有助于缓解对国外资源的过分依赖，维护国家的经济安全。再生资源的回收利用，缓解了污染，保护了生态环境，减少了导致地球大气变化的温室气体的产生，发展了循环经济，缓解了资源紧张，同时，再生资源回收行业又是一个劳动力密集型行业，可以大量吸纳城乡富余劳动力。大力发展再生资源回收利用是实现人与自然、经济与社会和谐发展的重要途径，是经济可持续发展的重要物质保障。

1.2.4 我国再生资源的现状

中国城市经济迅速发展，居民的生活水平日益提高，居民的生活方式发生变化，导致城市生活垃圾产量急剧增加，城市生活垃圾成分也发生了较大变化。城市生活垃圾的成分变化使得垃圾问题更为复杂化，加大了垃圾管理工作的难度及处置的复杂性。如广州市每年产生生活垃圾约 1100×10^3 t；天津因烧煤多，垃圾量更大，仅市内六个区每年生活垃圾就约 1400×10^3 t，单把这些垃圾从城市每个角落收集、运输就要消耗大量的人力、物力、财力，如天津约有 1.2 万名清洁工人，600 多辆 5t 型垃圾运输车，每年运输费约 2500 万元。垃圾大多数采用露天堆放和填埋处置，需占用大量宝贵土地。固体废物产生越多，累积的堆放量越大，填埋处置的比例越高，所需的面积也越大。如此一来，势必使可耕地面积短缺的矛盾加剧。

1.3 再生资源产业

1.3.1 再生资源产业的含义及内容

再生资源产业，是指以再生资源为原料的生产企业、以再生资源加工利用技术为对象的研究开发机构、从事再生资源回收经营的流通企业以及相关的信息服务企业等集合为一体的相对独立的产业系统，也可以被称为"再生资源行业"。通过建立废物和废旧资源的回收、综合利用、再生处理体系，从根本上解决废物和废旧资源在全社会的循环利用问题。再生资源产业相当庞大而且分散。目前，中国还没有对再生资源产业权威的界定，但占主导地位的观点认为，再生资源产业是指对社会生产和生活消费过程中产生的各种废弃物资进行回收和再加工利用的产业。蒋正华在首届中国再生资源论坛上指出，再生资源产业是指那些从事再生资源流通、加工利用、科技开发、信息服务和设备制造、环境保护等经济活动的集合。郭辉鸿认为，再生资源产业指集流通、生产、科研、环境保护于一体，集经济效益、社会效益、环境效益为一体的具有先进水平的新型产业。

一般来说，再生资源产业主要由再生资源回收、加工和再利用三大核心活动组成，如图 1-3 所示。

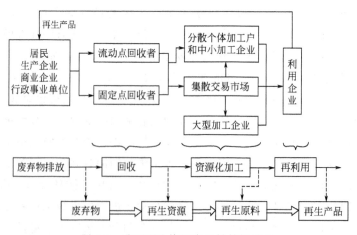

图 1-3 我国再生资源产业链结构示意

再生资源回收活动的主要内容是将分散在社会生产和生活中的各种废弃物进行收运和贸易流通，其中还包括简单的拆解、清理、分类以及适当的分割、粉碎、打包、压块等初加工。此外，仍具有原产品基本使用价值的旧货流通也是再生资源回收活动的一项内容。

再生资源加工活动的主要内容是将回收的各类再生资源，如废旧铜、铝和塑料经过分拣、熔炼、拉丝造粒等环节加工而成再生资源中间产品，为制造企业深加工得到再生资源的制成品提供原料。此外，各类拆解业，如报废汽车、船舶、报废电子产品、机电设备，以及进口废五金电器、废电线电缆和废电机等的拆解，也是再生资源加工活动的一部分。

再生资源利用活动的主要内容是以各种再生资源中间产品为生产原料进行深加工，制造出全新使用价值的物品，涉及冶金、化工、机械、纺织等工业生产领域。根据再生资源原料用量占企业全部生产原料的比例，可以划分为以再生资源为主要原料的专业再生资源利用企业，以及以再生资源为部分原料的一般企业，后者也是再生资源加工利用活动的参与者，例如废钢铁通常是钢铁冶炼厂回炉炼钢的重要原料。

围绕再生资源产业的三项核心活动，再根据再生资源的属性并结合我国目前的实际情况，认为再生资源产业应主要包括以下经济组织与个人。

① 废置物品回收企业　主要由面向各企事业单位和居民进行废金属、废橡胶、废塑料、废纸等生产性废置物和生活性废置物回收的企业组成。这些企业将具有一定经济利用价值的生产性废置物和生活性废置物收购以后，进行适当的分拣和整理（例如适当地清除杂物、压紧、打包等），即送往有关加工企业（例如钢铁厂、有色金属冶炼厂、造纸厂、塑料制品厂等）进行加工利用。因此，废置物品回收企业在社会再生过程中承担的职能属于流通职能。

当然，也有少量回收企业从事一些回收物的（初级）加工，例如将部分废塑料粉碎，加工成易于被塑料制品企业加工利用的颗粒状原材料等，这类情况基本属于流通性企业向生产性企业的部分业务延伸。

② 以各类再生资源为主要原料或加工对象的加工制造企业　例如以废纸为主要原料的部分造纸厂，以废塑料及其初级加工品为主要原料的塑料制品厂，以废轮胎或其他类型的废橡胶为加工利用对象的制造加工企业，以及其他一些以再生资源为原料生产制造各类有用物品的企业。

③ 各类拆解企业　例如拆车企业、拆船企业，这类企业主要通过提供将报废车、船的各部位按所使用材料的不同，拆解成易于再次利用的几何尺寸与形状（例如将金属材料拆解成易于回炉冶炼的尺寸与形状），或将某些尚有利用价值的零部件拆解下来以便再次利用等劳务活动，赚取购进报废车、船与出售拆解所获各类材料及零部件之间的差价而获取收益。随着国民经济发展水平的提高和对外经济技术合作的加深，近年来我国的拆车业、拆船业（其中有相当部分为拆解进口废旧船）日益成为再生资源产业中的一个重要的领域。除了拆车、拆船企业以外，废旧电器的拆解企业也在国内有所形成。部分企业不仅从事拆解，而且根据拆解下来的各种器材和材料进行产品开发与加工，因而是一种在再生资源利用过程中处于较高层次的企业类型。

④ 有色金属或贵金属回收企业　这类企业的"回收"二字与第一类企业，即废置物品回收企业的"回收"二字不同，后者是一种"购买"行为，属流通领域；前者则是一种"提炼"、"提取"行为，属生产领域。例如，再生铅企业、再生铝企业、贵金废件回收企业等。

⑤ 再生资源回收利用机械制造企业　例如在废金属回收过程中使用较多的剪断机械，金属屑压块机械，废金属打包机械，废塑料、废橡胶粉碎机械等制造加工企业。这些企业因

其产品主要或部分供再生资源回收、加工利用企业使用,因而在相当程度上也应属于或部分属于再生资源产业的构成内容。

⑥ 为再生资源加工利用从事科技开发、技术和管理咨询服务及信息服务的企业或市场组织。

⑦ 垃圾分拣企业和散布于街头、巷尾或垃圾堆放场所的"拾荒者"。前者属于专门从事在将垃圾作焚烧等处置之前将其中的有用物质拣出,并通过向再生资源回收部门出售而获取收益的市场组织;后者虽然以分散的个体劳动者形态存在,但因担负着将部分再生资源从垃圾中分拣出来的职能,因而也应被称为再生资源产业的一个成员(或"准成员")。

需要说明的是,虽然那些部分利用废钢铁、废有色金属和废纸的企业也参与了再生资源的加工利用,但是,这种加工利用毕竟只占其生产活动的一小部分,所以我们没有将其算入再生资源产业之中。

1.3.2 再生资源产业的特点

再生资源产业具有明显的特点,如具有准公共物品属性、属于劳动密集型和技术密集型产业、产业规模相对有限等。

(1) 准公共物品属性

生态环境作为人类生存栖息之地,在享用上具有不可分割性和非竞争性以及受益的非排他性,具有明显的公共物品属性。随着环境状况的恶化,良好的生态环境变成一种相对稀缺的资源,出现"拥挤现象",其竞争性逐渐增强,呈现出准公共物品的特征。

理论上,再生资源产业通过资源再生活动,力图把被人类的生产、消费活动破坏了的生态平衡重新恢复过来,所以,再生资源产业具有典型的准公共物品特性。正是因为再生资源产业的准公共物品属性,其竞争性使得通过市场机制,企业可以获得一部分像私人物品一样的收益,使市场介入成为必然。同时再生资源的回收利用活动给产业外的行为主体带来环境效益和社会效益,产生了正外部效应,使市场失灵。所以,再生资源产业要以市场为基础,但产业的非排他性、外部性、公益性特征又决定了再生资源产业的发展必须有政府的调控与干预。现实中,目前只是把进入垃圾清运渠道的垃圾处置产业作为自然垄断性的公共物品,由过去的大包大揽逐步采取了政府调控与市场化运作相结合的方式,而对再生资源回收利用活动的准公共物品的性质认识不清,把废旧物资的回收利用当作私人物品的交易,回收废旧物资不仅不收费,反而还要向废物的拥有者付费,完全按照市场化运作,政府未加以干预和管理,导致产业在运行过程中产生了很多问题。

(2) 劳动密集型和技术密集型

再生资源来源分散、成分复杂、种类繁多。我国对再生资源的回收主要通过大量的"拾荒者"完成。运输、分类、拆解和部分简单加工等,以手工操作为主,是典型的劳动密集型产业。再生资源产业的"原材料"是传统经济系统抛弃的垃圾,是经济系统现有技术经济条件一般难以高效利用的物质,再生资源产业在处理处置过程中必须要有先进的技术才能保证这些资源的有效回收再利用。因此,对多数物质的加工再利用,其技术的要求和经济成本都相当高。

(3) 产业规模的相对有限性

在废弃物中除少部分如废旧轮胎、大城市废旧汽车及电子废弃物外,大部分种类的集中度相对有限而且分散,呈现出回收分散性、加工就地性等特点,这也是区域产业发展规模受限的原因。从循环经济视角分析，再生资源产业在社会经济系统中扮演了"分解者"的角色，促进社会经济系统的正常运转，是国民经济发展的一项基础性产业。其产业的特殊性客观上要求我们必须采取有别于一般产业的管理对策。

1.3.3 再生资源产业与相关产业

与再生资源产业密切相关的产业主要有再制造产业、垃圾处理产业及环保产业等。

再制造产业是以废旧产品高科技维修为主要活动的产业，主要指废旧机电产品再制造，范围包括汽车、电机、机床、器械、家电、办公设备等。"再制造"的概念是由中国工程院徐滨士院士于1999年在国内首先提出的。相比再生资源回收利用活动，再制造活动能够节约大量的材料和能源。因为再制造不需破坏报废产品，而是直接利用产品的零部件进行生产，所以原产品第一次制造中的大部分材料和能源得到了保存，如汽车发动机的再制造。而资源再生活动主要利用废旧产品的原材料价值，是破坏废旧产品的物理形态的一种资源再利用方式，如对废旧汽车中钢铁、塑料、玻璃等材料的回收，这意味着废旧产品的其他价值，包括制造过程中消耗的能源、人力资源和设备工具的损耗，都无法得到再使用。

再制造产业与再生资源产业都从事以废旧产品利用为内容的生产活动，就此而言，再制造产业也可以划入再生资源产业的范畴；但由于利用的方式不同，再制造活动无论是回收的渠道、流通体系、技术要求都比一般的资源再生活动更加专业化，有自己独特的产业活动特点。在国外的研究和实践中，再生资源产业一般指各种废碎料的回收和利用活动，不包含专门的再制造活动，如美国废料回收工业协会（ISRI）2006年统计，美国累计回收废料超过1.5亿吨，其中主要分类包括钢和铁、纸张、铝、铜、不锈钢、金属铅、金属锌、玻璃、塑料（瓶）、电子废物和轮胎，没有再制造的内容。但有时，再制造活动也被划归"回收"的研究内容，例如美国国家回收联合会2001年"美国回收经济信息研究"，研究范围不仅包括"回收（收集、加工、制造）"，还包括"再使用与再制造"。在国内，由于再制造还是一个比较新的概念，再制造产业还处在起步发展阶段，在有关再生资源的研究当中，还很少专门涉及。2006年国家自然科学基金委资助应急项目"促进我国资源再生产业发展的政策研究"，由中国人民解放军装甲兵工程学院徐滨士、史佩京等研究人员承担的子课题有对"再制造"的综合论述。

垃圾处理产业，一般指与垃圾清扫、收集运输以及垃圾处理设施建设和运营相关的各种活动所形成的产业。该产业活动的核心是垃圾的无害化处理，但也兼顾与垃圾减量化和资源化相统一的原则。例如在产品设计时注意减少产品消费后可能产生的废物量；鼓励消费者重复多次使用产品降低废物的发生率；在垃圾产生的源头通过垃圾分类促进再生资源回收，减少垃圾的排放量；在垃圾的处理环节从废物中回收能量，如垃圾填埋气体的收集利用、垃圾堆肥、垃圾焚烧发电等。可见，垃圾处理产业也包含再生资源回收利用的内容，因而垃圾处理产业与再生资源产业活动有交叉。事实上，将垃圾末端处理变为垃圾从产生到处置的全过程管理正是垃圾处理产业的发展目标，但垃圾不等同于再生资源，垃圾处理产业的核心活动是垃圾的无害化处理，与再生资源产业强调废旧物资的资源化加工活动相比，还有较大差别，是两个各具特点、相互独立的产业活动。

对于垃圾处理而言，推动其产业化建设是一项关键工作。实践证明，仅仅依靠政府处理城市垃圾，财政难以承担，而且投资效益差，运营效率低。解决城市垃圾处理问题最好的办法是实行垃圾处理产业化——由企业投资建设城市垃圾处理设施并运营，由政府监管并负责支付相应费用，费用的来源是垃圾收费。垃圾收费既能补偿投资和运营成本，又能体现"污染者付费"原则，因此，垃圾处理收费制度的建立和完善是推动垃圾处理产业化的核心。相比再生资源产业，其产业链的形成和运转是在市场经济的条件下自发形成的，不需要政府过多地干预。但另一方面，正是由于再生资源产业缺乏政府的扶持和监管，其发展的速度和规模受到显著影响，因此研究促进再生资源产业发展的支持政策尤为重要。

随着全球对环境保护和可持续发展的日益重视，20 世纪 70 年代以来，世界主要发达国家的环保产业作为一种相对独立的产业部门得到了迅速的发展。在我国，环保产业也已逐步形成，并得到了初步的发展。

一般认为，环保产业是指国民经济结构中，以防治城乡环境污染和改善生态环境、保护自然资源为目的而进行的各种治理活动和技术开发、产品生产、商品流通、资源利用、信息服务、工程承包等活动的总称。其产业活动的内容基本可以分为两类：一类是对污染物质的直接处理活动，例如废气、废水和某些固体废物的无害化处理；另一类是为这种处理活动提供设备、技术、工艺信息及其他服务的保障性产业活动。

可以看出，再生资源产业与环保产业具有很大的相关性与共同性。

首先，两者所处置的对象都属于人类在生产和生活中产生的废弃物。从根本上说，那些居民家庭和社会组织所产生的"废而不弃"、待价而沽的"废置物品"只是废弃物的一种特殊存在形式。某种物品采取何种存在形式，将取决于该物品的残值大小及其在居民所拥有的财富总量中所占的比重、该物品所有者的相对富裕程度和效用偏好、社会的一般价值标准、关于废弃物处置的社会制度安排等因素。

其次，两者都能够从废弃物处置中获取一定的有用物质。

第三，两者的废弃物处置行为都会产生一定的环境效应（因为从较为极端的角度来看，即使对于像废钢铁、废有色金属、废纸、废塑料这样一些"资源性"极强的废弃物而言，如果不加以回收利用，在现代社会条件下，也可能造成较为严重的环境问题）。

第四，在一定条件下，两者的位置有一定的"互易性"。例如，废轮胎和其他废橡胶的回收利用在目前的中国被界定为再生资源产业的一部分应该不会有太大的异议。但是随着汽车生产和消费的日益增长，当目前某些发达国家所存在的废轮胎堆积如山的趋势在中国也初显端倪的时候，废轮胎和其他废橡胶的回收利用被界定为环保产业的可能性无疑将大为增加。反之，目前的城市生活垃圾处理虽然一般属于"环保部门"或"环卫部门"的业务，但谁又能断定若干年以后随着处理技术的不断改进，这类垃圾处理不会成为一种赚钱的行当而成为再生资源产业中的一个"香饽饽"呢？但是尽管如此，在一定的时空条件下，两者的区别应该说还是比较明显的。因为仔细考察两个产业部门的出发点或落脚点，可以看出两者之间有很大的不同。再生资源产业对某些废弃物（例如废塑料、废橡胶）的加工利用无疑会产生一定的环保效应，但是其出发点或落脚点主要是资源的节约与高效、永续利用以及由于这种资源利用所带来的经济效益。而环保产业，尤其是其中的基本治理活动，尽管也需要通过其向社会提供环保服务而获取相应的经济收益，但社会（或其他社会组织）向其付费所"购买"的却是某些人类活动所引起的环境负效应的减弱或消除，尽管其在提供这种服务的过程中也可能因某种可用资源的回收利用而形成一定的"附带"经济收益。因此，从总体上来说，环保产业的出发点或落脚点是环境效益，而非经济效益。以最小的经济成本，获取最大限度的环境效益，而非物质财富增益，是环境产业追求的基本目标。

当然，尽管依据上述区分标准不难对绝大部分产业活动的产业归属作出划分，但毕竟难

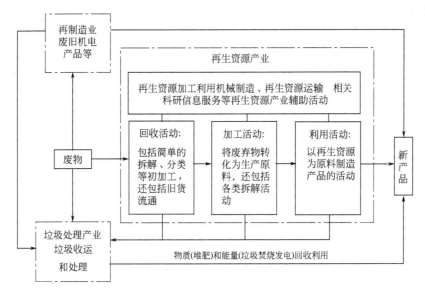

图 1-4　再生资源产业基本构成及其与相关产业的关系

免存在某些理论上难以划分清楚的"模糊地带"。应该说,这在大部分情况下并不会对实际工作产生实质性的妨碍。但如果确实出于某种需要(例如进行产业规划或政策调控方面的需要)而必须加以区分清楚的话,则可以采取由政府部门或其他权威部门制定某些具体的经济技术指标加以"认定"的办法来解决。事实上,按照循环经济的要求,废物的回收利用和安全处置应该是统一的。再生资源产业的构成及其与相关产业的关系如图 1-4 所示。

总之,再生资源产业有自己较为独特的产业特点,在制定再生资源产业政策时,除了需要注意其与再制造业、垃圾处理产业以及环保产业的政策联系,还需注意与各类原生资源产业政策之间的协调,因为以原生资源为原料生产的产品与再生资源制成品都是新产品,在市场上具有竞争性。

1.4　我国再生资源产业的现状与发展

1.4.1　我国再生资源产业的现状

随着改革开放进一步扩大和经济建设的持续快速发展,在国家一系列优惠政策的支持下,我国再生资源回收利用事业得到了较快发展。我国再生资源回收利用已经形成了集回收、运输、储存、资源化加工、再利用于一体的再生资源产业链。我国废旧物资回收企业基本改变了过去收废卖废的传统经营模式,形成了从产生源经固定收购点、流动收购点、拾荒者等层层筛选、分类,最终到利用企业的完整流程。目前,全国已有各类废旧物资回收企业10 万多家,回收网点 16 万个,从业人员 1000 多万人。近年来,我国七大类废旧物资年回收量突破 8000 万吨,年回收废旧物资总值 1700 多亿元。我国钢、有色金属、纸浆等产品1/3 以上的原材料来自再生资源,这为缓解我国资源短缺、保持资源永续、减轻环境污染和提高经济效益起到了积极的作用。经过多年的努力,遍布全国城乡的再生资源回收利用网络和体系已经形成,随着市场经济体系的日趋完善,我国再生资源产业规模逐步扩大,区域性集散市场初步形成，技术水平有所提高。

(1) 回收体系发生了很大变化、功能逐步完善

新中国成立初期，全国建立了各级物资（包括金属回收）和供销合作社废旧物资回收公司两大体系。改革开放后，随着我国市场经济体制的日臻完善，按照计划经济体制建立的回收体系，由于回收人员的分流、改行或退休而逐步萎缩，特别是物资管理部门撤销以后，一些地方物资和供销社系统的回收公司所发挥的作用有所下降。此外，进城务工农民大量进入回收行业，以企业或工业园为龙头的、利益导向的社会回收体系也逐步发展壮大。废旧物资回收体系的调整和发展，为我国再生资源产业的发展奠定了基础。

(2) 形成一些区域性集散地和交易市场

改革开放以来，随着城乡收入差距的扩大，特别是城市居民日常用品更新速度的加快，淘汰下来的物品多数为半新甚至全新，可以继续利用，从而带动废旧物品从大城市到中小城市再到农村的二手货的流通。同时，随着国内资源供应紧张，废料进口成为沿海港口附近地区出现的一类新兴产业。20世纪90年代以来，广东、浙江、江苏、上海、天津等沿海地区，进口、拆解废金属逐步发展形成较大的产业规模；山东、河北等省也是进口拆解废金属产业园发展较快的地区。中部地区的湖南汨罗、永兴等地，再生资源产业发展初步形成特色。

(3) 再生资源利用企业的技术水平有所提高

尽管我国大量的中小型再生资源企业技术水平较低，主要是小作坊或手工操作，但形成规模的一些企业，加工利用技术水平较高，一些企业引进国外的先进生产线，有些企业联合国内外的科研院所开发研制了适合中国废物特点的处理设备。再生资源利用企业技术的进步，进一步推动了我国再生资源产业整体技术水平的提升。

1.4.2　国外再生资源回收利用状况

1.4.2.1　德国再生资源回收利用的现状简述

德国分别于1991年和1996年颁布《包装废弃物处理法》和《循环经济和废物管理法》，法律规定对废物管理的首选手段是避免产生，然后是回收使用和最终处置。在废弃物的回收利用方面，德国的双轨制回收系统起了很好的示范作用。所谓双轨制就是企业既可以自己回收废弃物加以利用，也可以委托专业性组织进行回收利用。德国的DSD就是这样一种组织。DSD成立于1990年，是一个专门组织对包装废弃物进行回收利用的非政府组织，由来自商业、消费品工业和包装工业的近百家企业组成。它接受企业的委托，组织收运者对委托企业的包装废弃物进行回收和分类，然后送至相应的资源再利用厂家进行利用，能直接回用的包装废弃物则送返制造商。DSD系统的建立大大地促进了德国包装废弃物的回收利用。例如政府曾规定，玻璃、塑料、纸箱等包装物回收利用率为72%，而1997年则已达到了86%；废弃物作为再生材料利用1994年为52万吨，1997年已达到了359万吨；包装垃圾已从过去每年1300万吨下降到500万吨。

1.4.2.2　美国再生资源回收利用的现状简述

美国作为一个资源大国，十分重视再生资源的回收利用。政府通过法律手段，保障再生资源回收利用工作的开展，其资源回收利用率和环境保护效果一直处于世界领先水平。

(1) 废钢铁的循环利用

美国是一个钢铁大国，它的钢铁回收利用率历来就比较高。在美国，每回收利用1t废

钢可以节约铁矿石 25000 磅（1 磅=0.45359237kg）、煤 1400 磅、石灰石 120 磅，每年因循环利用废钢铁而节省的电力约等于全美全年家庭用电量的 1/4。

(2) 废纸的回收利用

美国新闻纸的回收利用率一直处于较高的水平，且近几年还处于不断上升的趋势，这对于美国节约木材、保护森林是十分有益的。

1.4.2.3 日本再生资源回收利用的现状简述

作为一个后起的工业化国家，日本在不到 150 年的时间内走完了欧美国家 300 年的工业化道路，与此同时也加倍体尝了环境污染和破坏的后果。从 20 世纪 70 年代以来，日本在工业废弃物和生活垃圾回收方面始终处于比较先进的水平。从 1989 年以来，日本城市生活垃圾每年约产生 5000 万吨，其中 78.1% 为直接焚烧，1000 万吨填埋。1999 年城市生活垃圾资源化率已达到 13.1%。2000 年，全国工业垃圾量为 4 亿吨，其中钢击的资源回收利用率为 84.2%，铝击的资源回收利用率为 80.6%，碎玻璃的资源回收利用率达 77.8%，纸的回收利用率为 57.0%，塑料瓶回收利用率也达到 35%。日本城市生活垃圾通过社区垃圾站、垃圾分类箱和指定站点等方式收集。从 2001 年 4 月起，根据《家用电器再利用法》，用过的家电不能直接收集处理，而要交给零售商或指定商店，用户要承担运输费用和回收利用发生的费用。仅东京一个地方，2001 年，就回收床垫 45 万个、自行车 21 万辆、电视机 20 万台、椅子 18 万把等。日本每年报废汽车 500 万～550 万辆，回收利用率高达 99%。这些汽车经过解体，取出发动机等可用的零部件，将其余的金属材料分别加以回收，塑料、玻璃等剩余部分通过"分拣、缩体化装置"、"干馏气化装置"、"干馏残渣循环装置"三道工序被转化为燃料或水泥原料等。

1.4.3 再生资源产业发展中的不足及存在的问题

虽然我国再生资源产业发展较快，取得不少成绩，但与发达国家比较还存在差距，也存在不少问题。

(1) 与发达国家相比存在的差距

① 废弃物的回收量还较低　目前我国七大类废旧物资的回收量已经突破 5500 万吨，但是仅相当于美国的 1/4，回收总值仅相当于美国的 1/16。据有关部门测算，我国每年可以回收但没有回收利用的再生资源价值约为 350 亿～400 亿元。每年约有 500 万吨的废钢铁、20 多万吨的废有色金属、1400 万吨的废纸以及大量废塑料、废玻璃等没有得到回收利用。

② 产业废弃物和生活废弃物回收率有较大差异　从目前情况看，产业废弃物的回收率相对较高，而生活废弃物的回收率还较低，一些利用价值较高的生活废弃物得不到回收利用。

③ 不同品种的废弃物回收率差异较大　受原材料价格等因素的影响，一些回收价格较高的废旧物资，如废钢铁、废有色金属、废橡胶的回收率相对较高，而废塑料、废纸、废玻璃等回收率相对较低。例如目前我国废塑料的回收率仅为 20%～25%，而日本已经达到 90% 以上。包装物的回收率也远低于欧盟国家。

④ 再生资源加工业整体规模小，在工业产业中的比重还很低　2005 年我国废弃资源和废旧材料回收加工业的产值为 292.95 亿元，仅占工业总产值的 0.12%。而发达国家再生资源回收加工业已经成为支撑基础工业发展的重要产业。

⑤ 再生资源产品产量比重低　例如2004年我国有色金属总产量为1454万吨，居世界前列，但是再生金属产量占总产量的比重仅为22%，低于发达国家40%～50%的水平。

⑥ 企业规模相对较小　我国再生资源加工企业大多是在乡镇企业或城市个体、民营经济的基础上发展起来的，资产和产量规模都相对较小。例如目前我国再生铅企业约300多家，其中95%以上年产量都在2万吨以下，2万吨以上的企业屈指可数，而美国等发达国家的再生铅企业大多年产量在10万吨以上。

⑦ 再生资源的综合利用水平低　由于目前我国废旧物资回收利用技术的总体水平还比较低，从而使已经回收的废旧物资的综合利用率不高。而美国等发达国家已经建立了完整的再生资源技术研发利用体系，再生资源的综合利用率较高。例如目前美国对废旧家电的综合利用率已经达到97%，只有3%的废料被当作最后的垃圾进行填埋。

(2) 存在问题

① 行业监管不到位，市场秩序较乱　回收企业规模小，违法销赃、偷税漏税现象在一定程度上存在；回收环节多，废品从居民手中到最终用户要经过多次转卖，增加回收成本；社会回收体系受利益导向，一些利用价值不大的废品得不到回收，如废塑料，塑料制品的大量使用，给人们的生活带来极大便利，但也留下了环境污染的隐患。废塑料在自然条件下不易降解，尤其是厚度小于0.025mm的超薄塑料袋，因回收利用价值不大，往往被随手丢弃，不仅带来视觉污染，还为治理留下长期隐患；监管不到位，一些企业无照经营，自行收购报废汽车，私下改装或拼装，干扰报废汽车拆解市场秩序，甚至留下安全隐患；一些国家甚至将井盖丢失归罪于中国的废旧物资进口，影响我国的国际形象，所有这些均要通过制度安排加以规范。

② 企业规模小，技术水平低，二次污染问题突出　从总体上看，我国废旧物资回收利用的企业规模较小，不足50人的小型企业占相当大一部分。再生资源加工利用技术水平低，大量的再生资源利用企业"土法"上马，以手工为主，小作坊或家庭作坊式生产，一些企业用的打包、压块、剪切设备是20世纪60～70年代水平。一些地方的企业利用废旧轮胎土法炼油；一些地方的农民通过焚烧回收火烧线中的铜；一些从事报废车辆回收、加工、拆解的企业，设备简陋、技术落后；一些农民靠一把锤子和一池硫酸就从废旧电子产品中获取贵重金属。所有这些，不仅浪费资源，污染环境，还给再生资源产业留下了不好的名声。再生资源产业的技术进步和结构升级迫在眉睫。

③ 缺乏优惠政策，增值税抵扣依据设置不合理　我国没有废旧物资再生利用的优惠政策，导致利废企业经营困难。由于利用废旧物资加工生产的企业不享受优惠政策，只能从经营单位取得的销售发票按面额10%抵扣进项税。现行增值税的基本税率为17%，购进废旧物资的抵扣税率为10%。计算发现，利废企业即使没有任何增值也要缴纳4.53%的税款。也就是说，由于没有优惠政策，利废企业要多付增值税，从而成为企业经营的一种负担。同时，在再生资源产业的增值税设置上也存在不合理的问题。由于从城乡居民手中收购废物不可能有税务发票，回收经营企业为降低成本，将企业或个体户销售的废旧物资变通为自行向居民或非生产经营单位收购，违反规定开具收购凭证入账，即做假账，回收经营企业与利废企业联合避税问题时有发生。此外，少数企业缺乏诚信，并成为效仿的"对象"；一些回收经营单位通过做假账或账面上不反映加工生产过程，将进行深加工后的产品冒充废旧物资免交增值税，还增加了税务机关的监督和管理成本。

④ 废物进口政策不明确，配额管理尚需完善　对废料进口管理以及沿海地区再生资源

产业发展，受舆论左右，出现政策摇摆情况。1996年由国家环保总局等五部委局联合颁布的《固体废物进口环境保护管理暂行规定》，加强"七类"废物定点企业管理和配额制。七类废物是我国铜、铝等有色金属的主要来源，但拆解过程中易造成污染，实行定点审批制度，要求拆解加工企业具备一定条件，出发点是好的。但不顾生产能力，只给每个企业每年5000t进口指标，留下指标倒卖和"寻租"空间。由于进口废物体积大、附加值较低，运输超过200km基本无利可图，内地企业申请的指标大多卖给了沿海企业，滋生出一些指标"倒卖"专业户，还增加了管理部门与地方的矛盾。另一方面，我国家用电器和机电产品出口企业面临发达国家要求回收报废产品的挑战。据中国机电出口商会估算，欧盟《关于报废电子电器设备回收指令》(WEEE) 和《关于在电子电器设备中限制使用某些有害物质指令》(RoHS) 的实施，中国受影响的电器出口额约为300亿美元，占中国出口欧盟机电产品总值的70%以上。我国相关产品出口企业承担回收责任后，必须解决其回收和加工利用问题，这已经成为十分迫切的课题。

⑤ 法规不健全，废物回收责任不明确　我国只有《固体废物污染环境防治法》，没有再生资源开发利用的法规，也没有再生资源利用条例。对废弃物主要强调了处理处置，对回收利用在法律上不够明确。如《报废汽车回收管理办法》，强调"五大总成"必须以材料形式回收，虽然对规范报废汽车市场、减少安全隐患起到了一定的作用，但也使蕴含在产品中的附加值全部丧失。当然，如果汽车使用过度会多耗油，降低能源利用效率，但如果报废汽车只能回炉也不利于资源的高效利用。发达国家根据"谁污染谁处理"原则，实行生产者责任制，回收费用一般由消费者承担，消费者随意丢弃废旧汽车或废旧家电，将会受到经济处罚。我国虽然在有关法律中明确了产品回收责任，但缺乏具体的实施细则，回收主要由利废企业完成，增加了回收利用企业的生产成本，这也是再生产品价格高于原生产品的重要原因。

⑥ 认识不到位，妨碍再生资源产业的健康发展　受资源意识、环境意识以及资金、技术、设备、人才、市场等方面的影响，各级政府对再生资源回收利用技术研发投入不足，再生资源回收利用及处理方式处于较低水平。社会上对资源再生产业发展，还存在一些模糊认识。一些可以作为原材料的废物，如废塑料、旧轮胎等，均看作是"洋垃圾"被限制或禁止进口。再生资源往往被认为是"垃圾"和"破烂"，回收人员受到某种程度的歧视。有人认为在中国发展再生资源产业还为时尚早，有人对"再制造"不了解不熟悉，当商品冠以"再制造"或"再循环材料生产"时，便认为其质量有问题。所有这些，均影响了再生资源产业又好又快地发展。此外，在国家统计体系中，要求统计规模以上企业，但再生资源产业的很大一部分在规模以下，从而导致我国再生资源利用率的失真。

参 考 文 献

[1] 程会强. 关于推进我国再生资源产业发展的思考. 环境保护, 2006, (9): 31-36.
[2] 刘坚民. 以科学发展观为指导努力承担历史重任. 中国资源综合利用, 2006, 24 (7): 2-4.
[3] 梁思奇. 以科学态度消除对"电子垃圾"的偏见. 资源再生, 2007, (1): 71.
[4] 董庆超, 朱连奇. 资源科学导论. 郑州: 河南大学出版社, 1999.
[5] 牛锋. 环境——资源保护与生态安全评价. 北京: 民族出版社, 2003.
[6] 陈喜红. 环境经济学. 北京: 化学工业出版社, 2006.
[7] 金丹阳. 再生资源产业的实践与探索. 北京: 中国环境科学出版社, 2001.
[8] 陈德敏, 张孝烈. 资源经济法学. 重庆: 重庆大学出版社, 1998.

[9] 聂永丰. 三废处理工程技术手册. 北京：化学工业出版社，2001.
[10] 赵由才. 生活垃圾资源化原理与技术. 北京：化学工业出版社，2002.
[11] 冯之浚. 循环经济导论. 北京：人民出版社，2004.
[12] 刘国涛. 环境与资源保护法学. 北京：中国法制出版社，2004.
[13] 封志明. 资源科学导论. 北京：科学出版社，2004，39-58.

第 2 章

金属材料的再生利用

2.1 金属材料概述

2.1.1 金属材料的含义及分类

金属是指具有特殊的光泽、良好的导电性、导热性、一定的强度和塑性的物质,如铁、铜、铝等。具有金属特性的元素称为金属元素,凡是由金属元素或以金属元素为主而形成的,并具有一般金属特性的材料通称为金属材料。金属材料是现代工业、农业、国防、科学技术各个领域应用最广泛的材料,大量用于制造各种工程构件、机械设备、机械零件、加工工具、仪器仪表和日常生活用品。金属材料之所以应用广泛,是由于其材料来源丰富,生产加工工艺较简单,而且还具有优于非金属材料的良好性能。

通常把金属材料分为黑色金属材料和有色金属材料两类。以铁、锰、铬或以它们为主而形成的具有金属特性的物质,称为黑色金属材料,其中最重要的是生铁和钢,如碳素钢、合金钢、铸铁等。除黑色金属材料以外的其他金属材料,称为有色金属材料,包括各种有色纯金属及合金材料,如铜、铝、轴承合金等。

在机械制造工业中,常用的金属材料如图 2-1 所列。

按组成成分不同,金属材料可分为纯金属材料和合金两大类。纯金属由一种金属元素组成,合金则是以一种金属元素为基础,与其他元素(一种或几种金属或非金属元素)组成的具有金属性质的物质。

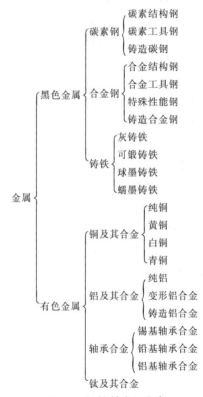

图 2-1 机械制造工业中常用的金属材料

按照金属材料加工程度的不同,可分为冶炼产品和加工产品两大类。冶炼产品是指经冶炼、浇铸而成的金属产品,如生铁、铁合金和各种有色纯金属锭块等,它们大多不能直接使用,而是用于配制合金或作为进一步加工的原料。加工产品是金属冶炼产品经压力加工制成的金属成材,如各种型材、棒材、板材、管材等,它可直接用于各种产品的制造。在金属材料管理工作中,冶炼产品通常指有色纯金属锭块,而加工产品是指有色成材。

2.1.2 金属材料的发展

金属的生产和应用开创了人类文明的历史。人类在新石器时代晚期就开始使用天然金属,到公元前3800年,出现了人工冶炼的铜器,在两河流域的伊朗、美索不达米亚出现了砷铜器,有的还含有少量镍。我国黄河流域在公元前4000年至公元前3000年的仰韶文化晚期出现了铜锌合金。公元前3000年开始进入到青铜时代,在两河流域和我国黄河流域均出现含8%以上的铜锡合金。青铜是铜和锡的合金,我国商朝(公元前1600~公元前1046年)青铜器大量应用,促进社会的经济、政治、文化和艺术获得极大发展,创造了中国历史上灿烂的青铜文化。商、周时期成为中国青铜器的鼎盛时期。

自公元前12世纪起,铁器在地中海东岸地区使用日广,到公元前10世纪,铁工具比青铜工具应用更普遍。公元前8世纪到公元前7世纪,北非和欧洲相继进入铁器时代。我国冶铁技术在春秋末期有很大的突破,公元前8世纪春秋早期(偏晚)进入了液态生铁生产的时期,到战国时期,铁器已经普遍应用于除兵器外的农业、手工业和生活用具,并发明了生铁经退火制造韧性铸铁和以生铁制钢的技术,如生铁固体脱碳成钢、炒钢、炼制软铁、灌钢等,这标志着生产力的重大进步。在战国燕下都出土的大批具有马氏组织的钢剑,表明此时钢的淬火等热处理工艺已被广泛应用。中国古代钢铁及非铁金属的生产技术和热处理技术,在明末科学家宋应星所著的《天工开物》中有详细的阐述。

现代冶金技术的发展自19世纪中叶的转炉炼钢和平炉炼钢开始。19世纪末的电弧炉炼钢和20世纪中叶的氧气顶吹转炉炼钢及炉外精炼技术,使钢铁工业实现了现代化。不断改善的钢铁冶炼技术,提供了质优、价廉的钢铁材料,它应用面广,数量巨大。钢铁在制造工具、机器,修建铁路、公路、桥梁,制造汽车、机车、轮船、战舰、枪支、大炮,建筑高楼大厦等各个方面都是核心的材料。20世纪中叶起,合成高分子材料、无机非金属材料和各种复合材料的发展,冲击着金属材料的主导地位,但金属材料本身也在发展,许多方面仍处于主导地位而不动摇。

在非铁金属冶金方面,19世纪80年代发电机的发明,使电解法提纯铜的工业方法得以实现,开创了电冶金新领域。同时,用熔盐电解法将氧化铝加入熔融冰晶石,电解得到廉价的铝,使铝成为仅次于铁的第二大金属。20世纪40年代,用镁作还原剂从四氯化钛制得纯钛,真空熔炼加工等技术逐步成熟后,钛及钛合金的广泛应用得以实现,同时,其他非铁金属也陆续实现了工业化生产。

工业发展促进了新金属材料的应用。19世纪末,出现了新型的合金钢,如高速工具钢、高锰钢、镍钢和铬不锈钢,并在20世纪发展成为门类众多的合金钢体系。与此同时,铝合金、镁合金、铜合金、钛合金和难熔金属及合金等也先后形成工业生产规模。新中国成立后,钢铁工业和有色金属工业有了飞速发展,无论在品种、产量和质量方面都达到新的水平。目前,我国钢铁产量超过5亿吨,已稳居世界首位;有色金属产量超过1300万吨,居世界第二位。金属科学研究已跻身于世界先进水平。

人们对金属及其合金的深入研究,在20世纪,尤其是20世纪后半个世纪取得了很大进展,对合金的化学成分、组织结构、生产过程、环境对合金各种性能影响的规律已有较充分的了解。20世纪末兴起的信息、航天和能源等高新技术的发展，为具有特异功能的新型金属材料的发展和生产创造了有利条件。例如，超导材料和磁性材料用于交通和仪表的生产，储氢金属材料用于污染小的氢能源，质轻而强度大的钛合金用于航空和航天事业。随着科学技术的不断向前发展，新型的金属材料不断涌现，不断造福于全人类。

2.2 钢铁材料及其回收利用

2.2.1 钢铁概述

黑色金属主要指铁、锰、铬及其合金，如钢、生铁、铁合金、铸铁等，因而，黑色金属又称为钢铁材料，它占金属材料总量的95%以上。钢铁材料按碳的含量又可以分为铸铁和钢，其中，碳的质量分数超过2.11%的铁碳合金称为铸铁，碳的质量分数小于2.11%的铁碳合金称为钢。

生铁由铁矿石经高炉冶炼而得，它是炼钢和铸造的原材料。

现代的炼钢方法是以生铁为主要原料，装入高温的炼钢炉中，通过氧化作用降低生铁中的含碳量而炼成钢水，铸成钢锭后，再经轧制成钢材供应。少数钢锭经锻造成锻件后供应。

2.2.1.1 常用钢

常用钢铁材料，根据化学成分不同可以分为碳素钢与合金钢两类。碳素钢是含碳量小于2.11%并含有硅、锰、硫、磷等杂质元素的铁碳合金。碳素钢冶炼成本低，性能可以满足一般机械零件、工程机械的需要，因此在工业生产上广泛应用。合金钢是在碳素钢的基础上为改善钢的某些性能，有意加入某些元素的钢。合金钢具有许多碳素钢不具备的性能，常用来生产重要的在特殊条件下工作的零件，用量在日益增加。

2.2.1.2 铸铁

铸铁是碳的质量分数大于2.11%的铁碳合金。在工业生产中实际应用的铸铁是以铁、碳、硅为主的多元铁基合金。化学成分上铸铁与钢的主要区别是碳和硅的含量较高，杂质元素硫、磷较多。工业上常用铸铁的大致成分范围是：碳含量2.5%～4.0%，硅含量1.0%～3.0%，锰含量0.5%～1.4%，磷含量0.01%～0.50%，硫含量0.02%～0.20%。还可向铸铁中加入一定量的合金元素形成合金铸铁，提高铸铁的力学性能或物理、化学性能。

由于铸铁具有良好的铸造性、减震性、较高的耐磨性和切削加工性，而且生产工艺简单、成本低廉，因此一直是工业生产中重要的工程材料，被广泛应用于机械制造、冶金、矿山、石油化工、交通运输、建筑和国防等工业部门。据统计，在各类机械中，铸铁件占机器总重量的45%～90%，在机床和重型机械中则占总重量的80%～90%。铸铁典型的应用是制造机床的床身、内燃机的汽缸、汽缸套、曲轴等。在冶金工业中普通铸铁、合金球墨铸铁和高铬复合铸铁等被广泛应用于制造各种轧辊。

2.2.2 废钢铁的回收利用

2.2.2.1 废钢铁概述

废钢铁是指在特定环境条件下，形态、性能发生变化而失去了原有使用价值的钢铁材料及其制品。废钢铁作为钢铁生产所必需的资源,是唯一可以替代铁矿石用于钢铁产品制造的原料。

我国废钢铁的来源一般有三个方面:一是钢铁企业在生产过程中的自产废钢。目前我国钢铁企业钢材成材率在95%左右,相应自产废钢占钢产量的5%。二是工矿企业生产过程中产生的边角余料等加工废钢。社会钢材加工废钢量一般占当年钢材消费量的3%。三是社会生产、生活、国防等废弃钢铁材料的折旧废钢。折旧废钢是按综合汽车、舰船、建材、日用品等各类钢铁产品不同的回收期限从8年到30年不等进行测算的,当年社会回收折旧废钢铁量是从前8年到前30年这23年间平均年份社会钢铁积累量,并按一定回收率计算出来的,国外回收率一般是80%以上,我国回收利用率低一些,大体在50%左右。

目前,我国的钢铁资源短缺问题十分突出,主要矿产资源难以满足需要。为了解决钢铁资源短缺问题,除通过进口矿石补充之外,废钢铁的回收利用工作显得格外重要。同时,钢铁工业又是高环境负荷工业,如何降低其对生态环境的污染已成为各国钢铁业亟待解决的重要课题,其中,回收利用废钢铁便是解决问题的最有效途径之一。采用废钢铁炼钢,不仅有利于节约自然资源,而且可以节约大量能源,减少环境污染。据统计,用废钢铁代替铁矿石炼钢,可减少大气污染86%、水污染76%、耗水量40%,同时减少采矿废弃物97%;采用废钢铁为主要原料的电炉炼钢工艺,所排放的二氧化碳仅为高炉-转炉流程的1/4,在理想情况下,用废钢铁炼钢所需的能量仅为矿石炼钢的1/3左右,而矿石炼钢仅矿石还原成生铁一项所需的化学能就约占整个钢厂能耗的2/3。因此,废钢铁作为钢铁工业节能、降耗、环保的措施,越来越得到冶金专家的青睐。目前,世界粗钢生产的原料约40%来源于废钢铁的回收利用,在有些国家(如土耳其),这个比例已高达67%。我国由于废钢铁资源所限,约有1/4的炼钢用原料来自废钢铁,废钢铁回收、加工、利用以及与此相关的行业已形成超过500亿元人民币的产业规模。废钢的利用引起了全社会的普遍重视,废钢铁也被形象地称为"第二矿业"。

2.2.2.2 废钢铁的分类

废钢铁回收来源不同,品种繁多,包括碳素废钢、合金废钢、轻薄料、钢渣、钢屑以及各种废铸铁。不同成分与规格的废钢铁对电炉炼钢的作用不同,因此要对废钢进行合理分类。废钢铁分为废铁和废钢两大类。

(1) 废铁

现行国家标准《废钢铁》(GB 4223—2004)规定,废铁的碳含量一般大于2.0%,熔炼用废铁分为优质废铁、普通废铁、合金废铁、高炉添加料4个品种。铁屑冷压块的密度不小于3000kg/m³。在运输和卸货时,散落的铁屑不大于批量的5%,压块应满足脱落试验。各品种熔炼用废铁的化学成分、尺寸类别要求如表2-1所列。

表2-1 熔炼用废铁的化学成分、尺寸类别

品种	化学成分 ω/%	类 别		
		A	B	C
优质废铁	S≤0.070 P≤0.40	长度≤1000mm 宽度≤500mm 高度≤300mm 单件质量≤200kg	经破碎、熔断容易成为一类形状的废铁	生铁粉(车削下来的生铁屑末混入异物的生铁)及其冷压块
普通废铁	S≤0.12			
合金废铁	P≤1.00			
高炉添加料	Fe≥65.0			

已有较充分的了解。20世纪末兴起的信息、航天和能源等高新技术的发展，为具有特异功能的新型金属材料的发展和生产创造了有利条件。例如，超导材料和磁性材料用于交通和仪表的生产，储氢金属材料用于污染小的氢能源，质轻而强度大的钛合金用于航空和航天事业。随着科学技术的不断向前发展，新型的金属材料不断涌现，不断造福于全人类。

2.2 钢铁材料及其回收利用

2.2.1 钢铁概述

黑色金属主要指铁、锰、铬及其合金，如钢、生铁、铁合金、铸铁等，因而，黑色金属又称为钢铁材料，它占金属材料总量的95%以上。钢铁材料按碳的含量又可以分为铸铁和钢，其中，碳的质量分数超过2.11%的铁碳合金称为铸铁，碳的质量分数小于2.11%的铁碳合金称为钢。

生铁由铁矿石经高炉冶炼而得，它是炼钢和铸造的原材料。

现代的炼钢方法是以生铁为主要原料，装入高温的炼钢炉中，通过氧化作用降低生铁中的含碳量而炼成钢水，铸成钢锭后，再经轧制成钢材供应。少数钢锭经锻造成锻件后供应。

2.2.1.1 常用钢

常用钢铁材料，根据化学成分不同可以分为碳素钢与合金钢两类。碳素钢是含碳量小于2.11%并含有硅、锰、硫、磷等杂质元素的铁碳合金。碳素钢冶炼成本低，性能可以满足一般机械零件、工程机械的需要，因此在工业生产上广泛应用。合金钢是在碳素钢的基础上为改善钢的某些性能，有意加入某些元素的钢。合金钢具有许多碳素钢不具备的性能，常用来生产重要的在特殊条件下工作的零件，用量在日益增加。

2.2.1.2 铸铁

铸铁是碳的质量分数大于2.11%的铁碳合金。在工业生产中实际应用的铸铁是以铁、碳、硅为主的多元铁基合金。化学成分上铸铁与钢的主要区别是碳和硅的含量较高，杂质元素硫、磷较多。工业上常用铸铁的大致成分范围是：碳含量2.5%~4.0%，硅含量1.0%~3.0%，锰含量0.5%~1.4%，磷含量0.01%~0.50%，硫含量0.02%~0.20%。还可向铸铁中加入一定量的合金元素形成合金铸铁，提高铸铁的力学性能或物理、化学性能。

由于铸铁具有良好的铸造性、减震性、较高的耐磨性和切削加工性，而且生产工艺简单、成本低廉，因此一直是工业生产中重要的工程材料，被广泛应用于机械制造、冶金、矿山、石油化工、交通运输、建筑和国防等工业部门。据统计，在各类机械中，铸铁件占机器总重量的45%~90%，在机床和重型机械中则占总重量的80%~90%。铸铁典型的应用是制造机床的床身、内燃机的汽缸、汽缸套、曲轴等。在冶金工业中普通铸铁、合金球墨铸铁和高铬复合铸铁等被广泛应用于制造各种轧辊。

2.2.2 废钢铁的回收利用

2.2.2.1 废钢铁概述

废钢铁是指在特定环境条件下，形态、性能发生变化而失去了原有使用价值的钢铁材料及其制品。废钢铁作为钢铁生产所必需的资源，是唯一可以替代铁矿石用于钢铁产品制造的原料。

我国废钢铁的来源一般有三个方面：一是钢铁企业在生产过程中的自产废钢。目前我国钢铁企业钢材成材率在95%左右，相应自产废钢占钢产量的5%。二是工矿企业生产过程中产生的边角余料等加工废钢。社会钢材加工废钢量一般占当年钢材消费量的3%。三是社会生产、生活、国防等废弃钢铁材料的折旧废钢。折旧废钢是按综合汽车、舰船、建材、日用品等各类钢铁产品不同的回收期限从8年到30年不等进行测算的，当年社会回收折旧废钢铁量是从前8年到前30年这23年间平均年份社会钢铁积累量，并按一定回收率计算出来的，国外回收率一般在80%以上，我国回收利用率低一些，大体在50%左右。

目前，我国的钢铁资源短缺问题十分突出，主要矿产资源难以满足需要。为了解决钢铁资源短缺问题，除通过进口矿石补充之外，废钢铁的回收利用工作显得格外重要。同时，钢铁工业又是高环境负荷工业，如何降低其对生态环境的污染已成为各国钢铁业亟待解决的重要课题，其中，回收利用废钢铁便是解决问题的最有效途径之一。采用废钢铁炼钢，不仅有利于节约自然资源，而且可以节约大量能源，减少环境污染。据统计，用废钢铁代替铁矿石炼钢，可减少大气污染86%、水污染76%、耗水量40%，同时减少采矿废弃物97%；采用废钢铁为主要原料的电炉炼钢工艺，所排放的二氧化碳仅为高炉-转炉流程的1/4，在理想情况下，用废钢铁炼钢所需的能量仅为矿石炼钢的1/3左右，而矿石炼钢仅矿石还原成生铁一项所需的化学能就约占整个钢厂能耗的2/3。因此，废钢铁作为钢铁工业节能、降耗、环保的措施，越来越得到冶金专家的青睐。目前，世界粗钢生产的原料约40%来源于废钢铁的回收利用，在有些国家（如土耳其），这个比例已高达67%。我国由于废钢铁资源所限，约有1/4的炼钢用原料来自废钢铁，废钢铁回收、加工、利用以及与此相关的行业已形成超过500亿元人民币的产业规模。废钢的利用引起了全社会的普遍重视，废钢铁也被形象地称为"第二矿业"。

2.2.2.2 废钢铁的分类

废钢铁回收来源不同，品种繁多，包括碳素废钢、合金废钢、轻薄料、钢渣、钢屑以及各种废铸铁。不同成分与规格的废钢铁对电炉炼钢的作用不同，因此要对废钢进行合理分类。废钢铁分为废铁和废钢两大类。

(1) 废铁

现行国家标准《废钢铁》(GB 4223—2004) 规定，废铁的碳含量一般大于2.0%，熔炼用废铁分为优质废铁、普通废铁、合金废铁、高炉添加料4个品种。铁屑冷压块的密度不小于3000kg/m³。在运输和卸货时，散落的铁屑不大于批量的5%，压块应满足脱落试验。各品种熔炼用废铁的化学成分、尺寸类别要求如表2-1所列。

表2-1 熔炼用废铁的化学成分、尺寸类别

品种	化学成分 $\omega/\%$	类别		
		A	B	C
优质废铁	S≤0.070	长度≤1000mm	经破碎、熔断容易成为一类形状的废铁	生铁粉（车削下来的生铁屑末混入异物的生铁）及其冷压块
	P≤0.40	宽度≤500mm		
普通废铁	S≤0.12	高度≤300mm		
合金废铁	P≤1.00	单件质量≤200kg		
高炉添加料	Fe≥65.0			

① 优质废铁　各种生铁机械零部件、输电工程各种铸件、铸铁轧辊、汽车缸体、发动机壳、钢锭模等。

② 普通废铁　铸铁管道、高磷铁、高硫铁、锅铁、火烧铁（炉条、炉箅、热风炉管）等。

③ 合金废铁　合金轧辊、球墨轧辊等。合金废铁有两种：一种是合金生铁，系用含共生金属如铜、钒、镍等的铁矿石炼成的生铁；另一种是合金铸铁，系有意识地加入一些合金元素配制炼成的生铁。

④ 高炉添加料　小渣铁、氧化屑等加工压块。

⑤ 铁屑　来自车、铣、钻、刨、磨、锯、锉等机械加工过程。冶炼入炉前，以铁屑压块形式供应，密度大于 $3000kg/m^3$。

(2) 废钢

废钢按用途分为熔炼用废钢和非熔炼用废钢。熔炼用废钢按化学成分分为非合金废钢、低合金废钢和合金废钢。按国家标准《废钢铁》（GB 4223—2004）划分，废钢的碳含量一般小于 2.0%，硫含量、磷含量均不大于 0.050%。非合金废钢中残余元素应符合以下要求：镍、铬、铜质量分数不大于 0.30%，除锰、硅元素外，其他残余元素质量分数总和不大于 0.60%。非合金废钢、低合金废钢分类参照《钢分类》（GB/T 13304）的规定。

2.2.2.3　废钢铁的管理

废钢铁回收以后要进行严格的分选，对超大、超重的废钢要进行火焰切割或机械剪切，对轻薄料有的则需打捆。为了炼钢的质量管理与安全管理，应该对放射性物质、密闭压力容器、有色金属、废旧塑料与橡胶制品等几种物品进行严格控制，以免它们混入废钢。

放射性物质对人体的危害众所周知，特别是一些半衰期较长的放射性元素，不仅在废钢倒运、冶炼、轧制、钢材加工过程中对人体有危害，更重要的是人们在使用钢材（比如建筑物）的过程中有可能长期受到放射性同位素辐射的危害。

密闭压力容器在电炉熔炼过程中突然受到高温，有可能会发生爆炸，对安全是一个很大的威胁，特别是含有炸药的炸弹或子弹等更是危险。

有色金属对钢的质量有不良影响，特别是对于一些质量要求较高、用途较为特殊的钢种更是如此。表 2-2 是一些不同用途钢种对 Cu、Sn、Ni、Cr、Mo 的要求。这些有色金属元素对钢的塑性、韧性及其他加工与使用性能有较大危害。

表 2-2　不同用途钢种所允许的若干杂质含量的上限　　　　单位：%

钢种	航空级 核能级 石油特级 电渣重熔 特级轴承	马氏体时效钢 特殊深冲钢 高强度钢 细钢丝 特殊合金 轴承钢 罐头镀锡板	深冲钢 冷拉钢 变形钢 顶锻钢 不锈钢 合金钢 无缝管 连铸圆坯	锻棒 汽车零件 穿孔带 热处理用合金钢 压力容器
Cu	0.005	0.010	0.10	0.15
Sn	0.001	0.010	0.010	0.015
Ni	0.005	0.010	0.10	0.10
Cr	0.020	0.050	0.050	0.050
Mo	0.002	0.010	0.020	0.020
S	0.002	0.010	0.015	0.020
P	0.005	0.010	0.015	0.050

塑料、橡胶制品在电炉冶炼过程中会产生有毒废气，造成大气污染，因此，在废钢加工与存放的过程中应加以严格挑选和分类。挑选分类后的废钢铁要按规定存放，以便于电炉配料与装料操作。管理混乱的废钢铁不但不利于电炉合理利用废钢铁资源，还可能因为化学成分不符，造成成分不合、整炉报废的事故。废钢铁挑选分类应注意以下几点：a. 各类废钢分类存放，避免混料；b. 外来废钢铁、切头、边角余料等，在未知成分之前，不能直接装入料篮使用，要落地分别存放，查明成分后才可用于配料、装料；c. 要特别注意富含某种合金元素的废钢铁的堆放，一种元素在某些钢种中为合金元素，在另外一些钢种中可能成为有害元素（S、P、Cr、Ni 等），废钢铁料场一般分为卸料、加工、贮存和装料 4 个区域，既不能相隔太远，也要能实现分别作业、互不干扰。

2.2.2.4 废钢铁的加工方法

废钢铁的加工手段可分为手工操作加工和机械加工两种。手工操作加工虽然存在工作条件恶劣、劳动强度大、污染环境严重的缺点，但在某些情况下，其作用是机械加工无法替代的，因此还不能完全淘汰。机械加工法是用专门的废钢加工机械对废钢铁进行加工处理，达到提高废钢铁的质量，以利于入炉冶炼和运输。目前，机械加工废钢铁在我国还不够普及，还停留在用火焰切割等手工操作方法，应大力普及废钢铁的机械加工。废钢铁加工机械品种很多，企业可按钢铁的加工要求和自身生产规模及经济承受能力来选用合适的机械加工设备。

废钢铁在回收加工过程中，常采用剪切、切割、打包、破碎、分选、清洗、预热等形式使废钢铁最终形成能被冶金业利用的优质炉料。根据废料的不同形状、尺寸和受污染程度以及回收用途和质量要求，选用不同的处理方式。

2.2.2.5 废钢铁的鉴别

熔炼用废钢铁必须分类，检验工作中对不同类别的废钢铁有定性和定量的多种方法进行鉴别和分析，常用的鉴别方法包括火花鉴别法、断口鉴别法、斑点试鉴别法、敲击声音鉴别法、磁性鉴别法、金相鉴别法、火花直读发射光谱法、X 射线荧光光谱法、磁性无损分选法等。

（1）火花鉴别法

钢铁材料在砂轮上研磨时，由于砂轮转速很快，产生高温，使材料研磨出的颗粒达到熔融状态，这些高温、熔融的细颗粒被砂轮的离心作用抛射在空气中发出亮光；同时，钢材表面层与空气中的氧发生氧化作用，形成一层氧化亚铁薄膜，碳原子和表面层氧化亚铁产生还原作用，形成一氧化碳，氧化亚铁被还原后，与空气中的氧再起氧化作用，在瞬时氧化还原的循环作用下颗粒的温度越升越高，内部的一氧化碳积聚也越来越多，由于内部膨胀，产生爆裂，就形成火花。

钢铁材料中的碳元素是产生火花的基本元素，而当钢中含有锰、硅、钨、钼、铬等元素时，它们的氧化物将影响火花的火束、流线、芒线分叉、爆花等形态和颜色。其中，火束是指钢铁在研磨时所产生的全部火花，如图 2-2 所示；流线是指灼热粉末在空气中飞过时光亮线条的运动轨迹，如图 2-3 所示；芒线是火花爆裂时所射出的线条，含碳量不同时其分叉情况不一，如图 2-4 所示；爆花是指由芒线及其节点所组成的火花形状，如图 2-5 所示。分散在爆花之间的明亮小点，称为花粉；在流线的尾部的爆花，称为尾花，如图 2-6 所示。

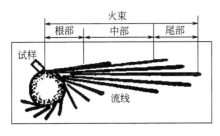

图 2-2　火束形式示意

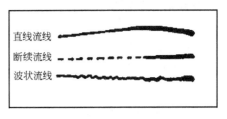

图 2-3　流线形状示意

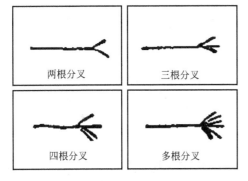

图 2-4　芒线分叉示意

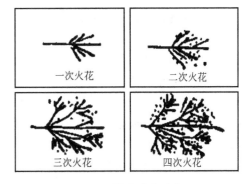

图 2-5　爆花形式示意

根据实践经验,通过废钢铁在快速砂轮上研磨过程中所产生的火花特征来定性或半定量判断其化学成分的方法,可用于现场快速材料识别和分类之用。

碳素钢火花特征的规律随着含碳量的增加,流线逐渐增多,火束长度逐渐缩短,粗流线变细,芒线逐渐细而短,由一次爆花转

图 2-6　尾花形式示意

向多次爆花,花的数量和花粉逐渐增多。当碳含量＜0.25%～0.35%时,一般常有二次火花;当碳含量＞0.35%时,则有逐渐增多的三次火花。光亮度随着碳含量的升高而增加。砂轮研磨时,手感觉钢件由软渐渐变硬。钢铁中含合金元素量不同,火花特征也不同,有的元素能增强火花,有的则抑制火花。

（2）断口鉴别法

把需要鉴别的钢铁材料,先凿开或锯开一个缺口,然后垫空敲断,用肉眼观察断口的方法来鉴别材料。通过观察断口的形状来判断金属内部结构和材质是一种最简易而又实际可行的定性方法。金属的破断及其断面情况比较复杂,此处只简单介绍一下常用材料的断口特征。

① 灰铸铁　在敲击时容易折断,断口呈暗灰色,结晶颗粒粗大。

② 白口铸铁　在敲击时比灰铸铁更容易折断,断口呈白亮色,结晶颗粒较灰铸铁细。

③ 低碳钢　因为塑料较好,必须先开缺口,敲击时不易折断;断裂后在断口附近有塑性变形现象;断口呈银白色,能清晰地看到均匀的结晶颗粒。

④ 中碳钢　在折断时塑性变形现象不如低碳钢那么明显,断口的结晶颗粒比低碳钢

细致。

⑤ 高碳钢 在折断时塑性变形现象不明显,甚至没有变形现象,断口的结晶颗粒很细密。

(3) 斑点试鉴别法

材料表面斑点试鉴别法是一种简易、定性的快速化验法,常用定性鉴别合金钢是否含有铬元素和镍元素。

① 将稀盐酸和浓磷酸按1∶1混合,然后将制备好的试剂点在锉光的金属面上,如含有铬元素,1h后被试剂点的部位会变成绿色。

② 在600mL 80%的乙酸液中混合二甲基乙二醛肟1g,再加入30mL浓氢氧化铵和10g柠檬酸铵,制成试剂后,将其点在锉光的金属面上,如含有镍元素,3~5min后被试剂点的部位会变成红色。

(4) 敲击声音鉴别法

敲击声音鉴别法主要用于鉴别灰铸铁和钢。灰铸铁被敲击所发出的声音沙哑,无余音;同样形状的钢被敲击时,声音清脆,常有悦耳余音。这主要是因为灰铸铁中的石墨常呈条状,好似有许多裂纹的钢,敲击时声音沙哑。

(5) 磁性鉴别法

该法主要用于鉴别奥氏体不锈钢。按组织形态,不锈钢大致分为奥氏体不锈钢、铁素体不锈钢、马氏体不锈钢和双相不锈钢4种。这4种不锈钢中,只有奥氏体不锈钢无磁性,其余3种不锈钢均有磁性。反过来,只要确定一种材料是铁基金属(不是有色金属),表面银白光亮,且无磁性,则必为奥氏体不锈钢。

(6) 金相鉴别法

在金相显微镜下,铁素体、珠光体、渗碳体的比例反映了碳素钢含碳量的高低。灰铸铁内含石墨,且石墨常呈灰色条状,球墨铸铁中石墨则呈球粒状。其他合金也各自具有自己独特的光学特性,通过观察不同的金相图识别不同类型的废钢铁。

(7) 火花直读发射光谱法

前几种鉴别钢铁材质的方法虽然简单可行,但大多为定性估计,在工业生产中尚远远满足不了钢铁业对废钢铁成分进行快速、准确、定量分选的要求。在钢铁业中,目前普遍采用火花直读发射光谱仪分选设备,利用便携式火花直读发射光谱仪在货场直接对各种牌号的钢铁进行分选和鉴别。直读发射光谱仪的原理是根据每一种元素特有的特征谱线来鉴别物质和确定它的化学组成,其具有灵敏度高、检测速度快、准确率高的优点。

(8) X射线荧光光谱法

该法是利用X射线荧光光谱仪对废钢铁成分进行快速、准确、定量的测定。X射线荧光光谱仪的工作原理是根据每一种元素的特征X光谱线来鉴别物质和确定其化学组成,同样具有灵敏度高、检测速度快、准确率高和无损的优点,可用于钢类、钢组、牌号的分选和辨别。

(9) 磁性无损分选法

无损分选仪的原理是根据不同化学成分组成的材料以及材料不同的缺陷(如裂纹、气孔、夹杂等)对磁场不同的影响和不同导磁性及不同的硬度值来鉴别材料。当将被测物件放入均匀分布着磁场的探头时,就会产生一个变化的磁场量,该变化的磁场量通过探头传送给仪器,经仪器处理后便可直接显示材料的品种,从而实现对工件材质的快速鉴别和区分。

2.3 有色金属及其回收利用

2.3.1 有色金属及其分类

按照我国的产业分类，通常将铁、锰、铬及其合金称为黑色金属，除此以外的其他金属如铝、镁、铜、钛、铅、锡、锌等及其合金均列为有色金属。实际上，纯净的铁与铬都是银白色的，而锰是银灰色的，之所以把它们叫作黑色金属，是因为钢铁表面常覆盖一层黑色的四氧化三铁。

有色金属的种类很多，由于冶炼比较困难，成本较高，故其产量及用量远不及黑色金属，但由于它具有许多特殊的性能，如钛和钛合金的耐蚀性，铜和铝的导电、导热性，铅的高抗X射线和γ射线穿透能力等，使其成为现代工业中不可缺少的重要金属材料，并广泛应用于机械制造、航空、航海、汽车、石化、电力、电器、核能及计算机等部门。

2.3.1.1 按照有色金属的性质、分布、价格、用途等综合因素分类

按照有色金属的性质、分布、价格、用途等综合因素，我国常将有色金属做如下分类。

（1）轻有色金属材料

指密度小于 $4.5g/cm^3$ 的有色金属材料，包括铝、镁、钠、钾、钙、锶、钡等纯金属及其合金。这类金属的共同特点是：密度小（$0.53\sim4.5g/cm^3$），化学活性大，与氧、硫、碳和卤素的化合物都相当稳定。其中，在工业上应用最为广泛的是铝及铝合金，目前它的产量已超过有色金属材料总产量的1/3。

（2）重有色金属材料

指密度大于 $4.5g/cm^3$ 的有色金属材料，包括铜、镍、铅、锌、锡、锑、钴、汞、镉、铋等纯金属及其合金。其中，最常用的是铜及其合金，它包括纯铜（紫铜）、铜锌合金（黄铜）、铜锡合金（锡青铜）、无锡青铜（如铝青铜、锰青铜、铅青铜等）、铜镍合金（白铜）等产品，是机械制造和电气设备的基本材料；其他如铅、锡、镍、锌、钴等及其合金，在工业上也是用量较大的有色金属材料。

（3）贵有色金属材料

这类金属材料包括金、银和铂族元素（铂、铱、钯、钌、铑、锇）及其合金，由于它们对氧和其他试剂的稳定性，而且在地壳中含量少，开采与提取比较困难，价格较一般金属贵，因而得名。它们的特点是：密度大（$10.4\sim22.45g/cm^3$），熔点高（$916\sim3000℃$），化学性质稳定，能抵抗酸碱，难以腐蚀（除银和钯外）。贵金属在工业上广泛应用于电气、电子工业、宇宙航空工业以及高温仪表和接触剂等。

（4）稀有金属材料

稀有金属通常是指那些在自然界中含量很少、分布稀散或难以从原料中提取的金属。根据其密度及地质结合状况，稀有金属材料又可分为以下5种。

① 稀有轻金属材料　包括钛、锂、铷、铯和铍5种金属及其合金，其共同特点是密度小（如锂的密度仅为 $0.534g/cm^3$，是最轻的金属）、化学活性强。这类金属的氧化物和氯化物都具有很高的化学稳定性，很难还原。

② 稀有高熔点金属材料　又称稀有难熔金属材料，包括钨、钼、钽、铌、铪、钒、锆、

铼 8 种金属及其合金，其共同特点是熔点高（均在 1700℃ 以上，最高的为钨，达 3400℃）、硬度大、耐蚀性强，可与一些非金属生成非常硬和非常难熔的稳定化合物，如碳化物、氮化物、硅化物和硼化物。这些化合物是生产硬质合金的重要材料。

③ 稀有分散金属材料　也称稀散金属材料，包括镓、铟、铊、锗 4 种金属，其特点是在地壳中分布很散，大多数不形成单独的矿物和矿床，没有单独开采的价值。

④ 稀土金属材料　包括镧系元素以及与镧系元素性质很相近的钪、钇，共 17 种元素。这类金属的原子结构相同，理化性质相似，在矿石中总是伴生在一起。其特点是化学性质活泼，与氧、硫、氢、氮等有强烈的亲和力，在冶炼中有脱硫、脱氧作用，能纯净金属且能减少或消除钢的枝晶结构，细化晶粒，并能使铸铁中的石墨球化，故在冶金工业和球墨铸铁生产中获得广泛的应用。

⑤ 稀有放射性金属材料　属于这一类的是各种天然放射性元素，包括钋、镭、锕、钍、镤和铀 6 种元素，它们常常与稀土元素金属矿伴生，是原子能工业的主要原料。

2.3.1.2　按照有色金属生产及应用方式分类

按照生产及应用方式，有色金属可以做如下分类。

(1) 有色冶炼产品

指以冶炼方法得到的各种纯有色金属或合金产品。

(2) 有色加工产品

又称变形合金，指以机械加工方法生产出来的各种管、棒、线、型、板、箔、条、带等有色半成品材料。

(3) 铸造有色合金

指以铸造方法，用有色金属材料直接浇铸形成的各种形状的机械零件。

(4) 轴承合金

专指制作滑动轴承轴瓦的有色金属材料。

(5) 硬质合金

指以难熔硬质金属化合物（如碳化钨、碳化钛）作基体，以钴、铁或镍作黏结剂，采用粉末冶金法（也有铸造的）制作而成的一种硬质工具材料。其特点是具有比高速工具钢更好的红硬性和耐磨性，如钨钴合金、钨钴钛合金和通用硬质合金等。

(6) 焊料

焊料是指焊接金属制作时所用的有色合金。

(7) 金属粉末

指粉状的有色金属材料，如镁粉、铝粉、铜粉等。

另外，废有色金属还可做如下分类：纯有色金属、有色金属合金、有色金属化合物、附着有色金属、混杂有色金属、嵌入和包覆有色金属等。

2.3.2　常用有色金属

常用的有色金属有铜及其合金、铝及其合金、钛及其合金和轴承合金等。

2.3.2.1　铜及其合金

铜是人类认识、生产、使用最早的金属之一，早在 8000 多年前，人类就开始冶炼和使用铜，中华民族是开发和使用铜最早的民族之一，在中国的历史上曾经有过灿烂的"青铜时代"，铜为人类社会进步做出了不可磨灭的贡献。公元前 17 世纪，我国黄河上游齐家文化时期，人们就懂得冷锻和铸造红铜的技术。铜及铜合金作为工程材料，由于其高导电率和导热率，易于成型及某些条件下有良好的耐蚀性，至今仍然被广泛应用。

工业中广泛应用的铜和铜合金有工业纯铜、黄铜、青铜和白铜。

(1) 工业纯铜

工业纯铜含铜量为99.70%~99.85%，呈玫瑰红色，表面形成氧化铜Cu_2O薄膜后呈紫色，故又称紫铜，它的密度为$8.96g/cm^3$，熔点为1083℃。纯铜的导电性和导热性优良，仅次于银而居于第二位，是最常用的导电、导热材料。纯铜的塑性非常好，易于冷、热压力加工，在大气及淡水中有良好的抗蚀性能，因此得到广泛应用。然而，由于纯铜的贮藏量少，使用受到一定的限制。

纯铜主要用于导电、导热及兼有抗蚀性的器材，如电线、电缆、电刷、铜管等，纯铜也作为配制铜合金的原料。铜合金是电气仪表、化工、造船、航空、机械等工业部门中的重要原料。

纯铜强度不高，用加工硬化方法虽可提高铜的强度，但塑性大大降低，因此常用合金化来获得强度较高的铜合金，制作结构材料。加入合金元素主要通过固溶强化、时效强化、过剩相强化，使铜的强度提高。

(2) 黄铜

以锌为主要合金元素的铜基合金称为黄铜，按其中合金元素种类分为普通黄铜和特殊黄铜，按生产方法可分为压力加工产品和铸造产品两类。

① 普通黄铜　铜锌二元合金称为普通黄铜。普通黄铜的力学性能随着锌含量的增加而变化，当锌含量小于32%时，强度和塑性都随锌含量的增加而增强；当锌含量超过32%后，强度继续增强，但塑性逐渐下降；当锌含量达到45%时，强度达到最大值；超过45%后，由于脆性大而使强度急剧降低，塑性更低。黄铜的颜色随着锌含量的增加，逐渐由黄红色变为淡黄色。黄铜对大气、海水以及氨以外的碱性溶液的耐蚀性很高，但在氨、酸类介质中耐蚀性较差，特别是在盐酸和硫酸中的耐蚀性更差。此外，黄铜的铸造性能很好，铸造时流动性好、偏析小和容易产生集中缩孔；塑性好，可以进行冷、热加工。

② 特殊黄铜　特殊黄铜是在普通黄铜的基础上加入锡、铅、铝、镍、锰、铁、硅等元素而形成的三元或多元合金，并且以这些合金元素命名，分别称为锡黄铜、铅黄铜、铝黄铜等。加入合金元素的目的是为了改善其力学性能、耐蚀性及某些工艺性能。

(3) 青铜

青铜是人类历史上应用最早的金属材料，原来仅指铜与锡的合金，因合金颜色呈青色而得名。现在工业上大量使用含铝、铍、硅、铅、锰等元素的铜合金，因此，将除以锌为主要添加元素的黄铜和以镍为主要添加元素的白铜外，其他的铜基合金均称为青铜。为了区别，在青铜前面加主要添加元素的名称，如锡青铜、铅青铜、锰青铜、铝青铜和硅青铜等。和黄铜一样，青铜也可分为压力加工青铜和铸造青铜两类。

(4) 白铜

以镍为主要添加元素的铜基合金称为白铜。铜镍二元合金称普通白铜；在普通白铜的基础上，加入锰、铁、锌、铝等元素组成的铜镍多元合金称特殊白铜。白铜按用途可分为结构用白铜和电工用白铜两种。结构用白铜的突出特点是具有高的力学性能和优良的耐蚀性，并且有一定的耐热性和耐寒性；而电工用白铜的特点是具有高的电阻、大的热电势、电阻温度系数小等。

2.3.2.2 铝及其合金

铝及铝合金是有色金属中应用最广的一类金属材料，其产量仅次于钢铁材料，广泛用于航空、航天、建筑、电力、交通运输及包装等领域。铝（Al）作为一种金属元素是1825年被发现的，1866年熔盐电解法问世后，铝的生产进入了工业化规模阶段。近百年来，铝工业发展很快，1921年全世界铝产量仅为20.3万吨，到2005年，全世界铝产量已达3170万吨（其中中国786.6万吨）。

(1) 工业纯铝

纯铝是一种有银白色金属光泽的金属，具有面心立方晶体，无同素异构转变，塑性好，强度低。纯铝具有一系列比其他有色金属、钢铁、塑料和木材等更优良的特性，如密度小，仅为 $2.7g/cm^3$，约为铜或钢的1/3；良好的导热性和导电性，纯铝的导电性仅次于银、铜、金，居金属的第四位；良好的耐低温性能，对光热电波的反射率高、表面性能好；在大气中可在表面形成致密并与基体结合牢固的氧化膜，因此具有优良的抗大气腐蚀性能；抗核辐射性能好；无磁性；弹性系数小；良好的撞击性等。

工业纯铝是含有少量杂质的纯铝，主要杂质为铁和硅，此外还有铜、锌、锰、镍和钛等。杂质的性质和含量对铝的物理性能、化学性能、机械性能及工艺性能均有影响。一般随主要杂质含量的增高，纯铝的导电性和耐腐蚀性均降低，其机械性能表现为强度升高，塑性降低。工业纯铝的强度很低，抗拉强度仅为50MPa左右，虽然可通过冷加工硬化的方式强化到150~200MPa，但也不能直接用于制作结构材料，通过合金化及时效强化的铝合金才能用作飞机的主要结构材料。纯铝的主要特性决定了其用途，适于制作电线、电缆以及要求具有导热和抗大气腐蚀性能而对强度要求不高的一些用品或器皿。

(2) 常用铝合金

工业用纯铝的硬度和强度都很低，不适宜做结构纯铝。为了改善其性能，最有效的方法是在纯铝中加入合金元素配制铝合金。常加入的有镁、铜、锌、硅、锰及稀土元素。铝合金还能通过冷变形加工硬化的方法提高强度，有的还可以通过热处理的方法进一步提高其强度。铝合金分为变形铝合金和铸造铝合金两大类。

① 变形铝合金 指由铝合金铸锭经冷热加工后形成的各种规格的板、棒、带、丝、管状等型材。变形铝合金具有良好的塑性变形能力，可以在冷状态或热状态下进行压力加工。常用的变形铝合金有防锈铝、硬铝、超硬铝合金、锻铝合金4种。

防锈铝是在大气、水和油等介质中具有良好抗腐蚀性能的变形铝合金，主要有铝锰系和铝镁系两种；典型的硬铝是铝-铜-镁系合金，其特点是经时效处理后强度、硬度很高，加工性能好，但耐蚀性差，易发生晶间腐蚀，因此常采用在硬铝表面轧覆薄层纯铝的包覆铝；超硬铝合金属于铝-锌-镁-铜系合金，特点是时效后强度更高、硬度更大，热加工性能好，但塑性及耐蚀性差，采用包覆铝，其主要应用于工作温度不超过120~130℃的受力较大的结构件，如飞机的蒙皮、整体壁板、大梁、起落架部件和隔框等；锻铝合金主要包括铝-镁-硅、铝-镁-硅-铜、铝-镁-铜-铁-镍系合金，典型的锻铝为铝-镁-硅-铜系合金，其特点为热塑性及耐蚀性高。

② 铸造铝合金 铸造铝合金是指由液态直接浇铸成工件毛坯的铝合金。为了使合金具有良好的铸造性和足够的强度，铸造铝合金中合金元素的含量一般比变形铝合金要多一些。常用铸造铝合金中，合金元素总量为8%~25%，铸造铝合金中常用的合金元素有硅、镁、铜、锌、镍、稀土等。根据合金中所含主要合金元素的不同，铸造铝合金分为铝-硅系、铝-

铜系、铝-镁系和铝-锌系4类，其中铝-硅系合金是工业中应用最广泛的铸造铝合金。

铸造铝硅合金具有优良的铸造性能、高的致密度、良好的耐蚀性和足够的力学强度，适于制造在常温下工作、形状复杂的零件；铸造铝铜合金具有较高的热强性能，但密度较大，耐蚀性及铸造性能不及铝-硅系铸造铝合金，这类合金适于制造在250℃以下工作的形状复杂、强度较高的零件；铸造铝镁合金是密度最小、耐蚀性最好、强度最高的铸造铝合金，但铸造性较差，常用于制造承受冲击荷载、振动荷载和耐海水或大气腐蚀、外形较简单的零件；铸造铝锌合金价格低，工艺性能良好，在铸态下即具有较高的力学强度，但密度较大，耐蚀性差，主要用于制造工作温度不高于200℃的形状复杂、受力不大的零件。

2.3.2.3 钛及其合金

钛及其合金是20世纪50年代出现的一种新型结构材料，由于它具有很高的比强度和耐蚀性，是世界各国大力发展的轻金属材料。世界市场每年需求4万～5万吨钛及钛合金，近年钛材总产量约每年6万吨。我国钛及钛合金发展始于20世纪50年代中期，2005年我国钛材年产量在1万吨以上，已跻身世界四大钛工业国。

钛在地壳中的储量极为丰富，仅次于铝、铁、镁，居第四位。其主要特点是密度小而强度高，比强度比目前任何其他金属材料都高，并且高温和低温性能都很好，耐腐蚀性与铬、镍、不锈钢相当，广泛应用于航天、化工、造船和国防工业生产中，并逐渐应用于日常工业制品，是重要的新型材料。钛由于综合性能好，用途广，资源丰富，发展前景好，被誉为正在崛起的"第三金属"。

（1）工业纯钛

钛是银白色的金属，密度小（4.58g/cm³），熔点为1677℃，热膨胀系数小，但导热性差，只有铁的1/5，在空气中长时间暴露后会略微发暗，但不会生锈。纯钛塑性好、强度低，容易加工成型，可制成细丝、薄片。钛在550℃以下有很好的抗腐蚀性，不易氧化，特别是对氯离子具有很强的抗蚀能力，这是因为在钛表面易形成坚固的氧化钛钝化膜，膜的厚度为几十纳米到几百纳米。经过氧化处理的钛，由于氧化膜的结构与厚度的变化，会呈现各种美丽的色彩。工业纯钛的强度很高，其抗拉强度可达550MPa以上，接近高强度铝合金的水平，可直接用作工程材料。钛在大气、淡水及海水中都有较高的耐蚀性，室温下在铬酸和硝酸、金属氯化物、硫化物以及一些有机酸等中有极高的稳定性，但钛对还原性介质如盐酸的耐蚀性较差。

工业纯钛广泛应用于化学装置、海水淡化器、舰船用部件、石油化工用热交换器等。

（2）钛合金

为了提高钛的强度和耐热性能，常加入铝、锡、铜、铬、钼、钒等合金元素形成钛合金。根据钛合金热处理的组织，常将钛合金分为3类。

① α 钛合金 α 钛合金的合金化元素有铝和锡。由于此类合金的 α 钛向 β 钛转变温度较高，因而在室温或较高温度时，均为单相 α 固溶体组织，不能热处理强化，只能靠固溶强化。常温下，它的硬度低于其他钛合金，但高温（500～600℃）条件下其强度最高。α 钛合金组织稳定，抗氧化性和焊接性能良好，耐蚀性和切削加工性也好，室温冲压性能差。常用于制造航空发动机压气机叶片和管道、航天飞行器中的低温高压容器、船舶板材等。

② β 钛合金 铜、铬、钼、钒和铁等都是 β 相的稳定元素，在正火或淬火时容易将高温 β 相保留到室温组织，得到较稳定的 β 相组织。这类合金具有良好的塑性，在540℃以下具有较高的强度，但其生产工艺复杂，合金密度大，高温和低温性能差，价格高，故在生产中用途不广。

③ $\alpha+\beta$ 钛合金 这类合金除含有铬、钼、钒等 β 相稳定元素外，还含有锡、铝等 α 相

稳定元素，在冷却到一定温度时，发生 β 相向 α 相的转变，室温下为 α+β 两相组织。α+β 钛合金兼具 α 钛合金和 β 钛合金的优点，具有良好的综合力学性能，大部分可热处理强化，可以锻造、冲压及焊接，可切削加工，室温强度较高，150～500℃内有较好的耐热性。

2.3.2.4 轴承合金

轴承合金是用来制造滑动轴承的材料。滑动轴承是机床、汽车和拖拉机上的重要零件。轴承支撑着轴，当轴旋转时，在轴与轴瓦之间必然造成摩擦，并承受轴颈传给的周期性载荷。因此，轴承合金应具有足够的强度和硬度、高的耐磨性、低的摩擦系数、足够的塑性和韧性、较高的疲劳强度、良好的导热性及耐蚀性以及良好的磨合性。轴承合金的理想组织，应由塑性好的软基体和均匀分布在软基体上的硬质点（一般为化合物）构成。

软基体组织的塑性高，能与轴颈磨合，并承受轴的冲击。当轴承工作后，软基体被磨损而形成凹面，硬质点相对凸起并支撑着轴颈。软基体的凹陷面能很好地储存润滑油，使轴颈和轴瓦之间形成油膜，从而减少轴颈与轴瓦的磨损。

常用的轴承合金有锡基轴承合金、铅基轴承合金和铝基轴承合金 3 类。

（1）锡基轴承合金

又称锡基巴氏合金，是以锡为基，加入锑、铜等元素组成的合金。这种轴承合金具有适中的硬度、低的摩擦系数，有较好的塑性、优良的导热性和耐蚀性等优点，是优良的减摩材料，常用于重要的轴承，如汽轮机、发动机、压气机等巨型的高速轴承。它的主要缺点是疲劳强度较低，且锡是稀缺的金属，故这种轴承合金价格较贵，妨碍了其广泛应用。

（2）铅基轴承合金

铅基轴承合金通常是以铅锑为基，加入锡、铜等元素组成的轴承合金。铅基轴承合金的强度、硬度、韧性均低于锡基轴承合金，且摩擦系数较大，故只用于中等负荷的轴承，如汽车、拖拉机中的曲轴轴承及电动机轴承等。由于价格便宜，在可能的情况下，应尽量代替锡基轴承使用。

（3）铝基轴承合金

铝基轴承合金的特点是原料丰富，价格便宜，导热性好，抗疲劳强度与高温硬度较高，能承受较大压力与速度，但它的膨胀系数较大，我国已逐步推广使用它来代替锡基轴承合金。此类合金并不直接浇铸成型，而是采用铝基轴承合金带与低碳钢带（08 钢）复合在一起轧成双金属带料，然后制成轴承。

目前采用的铝基轴承合金有铝锑轴承合金和高锡铝基轴承合金两种。铝锑轴承合金以铝为基，加入 3.5%～4.5% 的锑和 0.3%～0.7% 的镁，改善了合金的塑性和韧性，目前已大量应用于低速柴油机等的轴承上。高锡铝基轴承合金是指以铝为基，加入约 20% 锡和 1% 铜所组成的合金。在合金中加入铜，能使其熔入铝中进一步强化基体，使轴承合金具有高的抗疲劳强度，良好的耐热、耐磨和抗蚀性。目前，高锡铝基轴承合金已在汽车、拖拉机、内燃机车上推广使用。

2.3.3 废有色金属的回收利用

2.3.3.1 废有色金属概述

废有色金属是指在特定的条件下，由于种种原因失去了原有使用价值的有色金属材料及其制品。世界各国对有色金属的生产都比较重视，废有色金属已成为有色金属生产的重要资源之一。据不完全统计，2003 年我国有色金属产量约为 1200 万吨，其中再生有色金属的产量达到 250 万～300 万吨以上。由于废有色金属来源不一，外观状况差异很大，且原料的混杂程度很大，除混有黑色金属外，还残留一些非金属材料、杂物，有些还存在着有毒及易燃易爆的物体或材料，因此废有色金属杂质成分含量较高，化学成分波动较大。

废有色金属的主要来源有以下4种：a. 使用有色金属及其合金的工业部门在大型改造和日常维修时，被损坏了的机器或设备、金属构件和零部件等；b. 在机械加工、冶金过程、保护层剥落以及其他情况下所产生的有色金属废料；c. 交通和国防部门淘汰下来的旧运输装载工具和武器弹丸壳等含废有色金属的物料；d. 人们日常生活用具、工具制品及其他金属制品的废旧有色金属材料。

如图2-7所示的金属分离综合流程图已成功应用于分离回收金属合金、黄铜、青铜、铜、铝、锌、铬铁、银、金、锡、碳化硅等废有色金属。

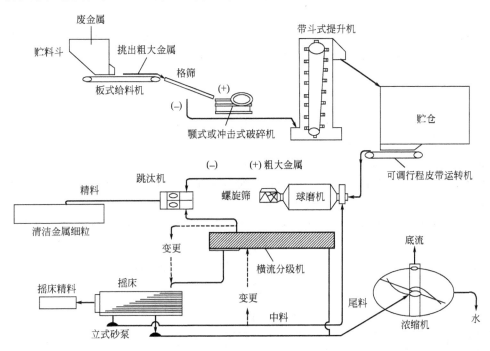

图2-7　金属分离综合流程

在金属回收系统中，废物先进入颚式破碎机破碎，形成较均匀的颗粒。大块的韧性金属一般要由颚式破碎机的给料端拣出，或放入冲击式破碎机。从破碎机出来的物料进入磨碎机粉碎至最终尺寸，并清除其他非金属废物。磨碎一般在球磨机中进行。球磨机的产品再通过一台螺旋筛选机过筛分级，螺旋筛选机直接连在球磨机上，与球磨机一起旋转。产品尺寸一般在0.46~0.48cm的范围内，这就是最后的高级金属产品，不需要再进一步处理。然而，对于螺旋筛选机筛出的粗产品，如果含有较多杂质，还要在跳汰机上去除杂质，纯净的金属产品通过跳汰机侧面出口排出。由跳汰机端部排出的废物，如果尺寸过大，可以返送至磨碎工段。跳汰操作是一种湿式分级方法，其目的是回收那些在筛选和分级操作中没有被回收的细粒产品。由跳汰机排出的细料用一台或几台摇床进行处理，可回收的金属量通常很小，如果有尺寸较大的颗粒，可用泵将其送回分级机，在某些情况下可送回原料堆。

2.3.3.2　废有色金属的鉴别方法

有色金属作为家电产品、计算机等功能材料或作为汽车、建材等结构材料被大量使用。在使用过程中，其形态、色泽、音响、软硬程度等大多方面会发生变化，因此掌握它们的鉴别方法很重要。

废有色金属的鉴别可用感官鉴别、化学鉴别以及分析仪器鉴别等方法进行。一般情况下采用感官鉴别方法即可，而对于大宗较贵重的废有色金属应到实验室进行化学分析鉴别，也可以用分析仪器进行定性和半定量分析。对有色金属的感官鉴别方法，如同废钢铁的感官鉴别一样，也是一种经验鉴别方法，然而废有色金属比起废钢铁来，其形态、色泽、音响、软硬程度等方面的情况变化更多，鉴别起来更复杂，常用的方法有以下几种。

(1) 色泽鉴别

大多数有色金属都具有自身独特的色泽。有些有色金属氧化、锈蚀后呈现出特有的锈蚀色泽和锈蚀斑痕，也是鉴别的依据，但需注意通过其他方法鉴别出带有镀层的黑色金属。

(2) 音响鉴别

各种有色金属材料之间，有色金属与黑色金属之间，被敲击后所发出的音响、音调，在音色、响度、尾音长短方面往往有很大差别。有些外观相似的金属，可以由音响鉴别将它们区分开来。

(3) 磁性鉴别

利用金属的铁磁性，用磁铁进行鉴别便能区分出带有色金属镀层的黑色金属。

(4) 断口鉴别

各种金属具有不同的晶体结构，使有些有色金属的断口具有不同的晶体组织特征。金属的断面特征和坚韧性，在很大程度上是随着金属压延加工的程度变化的，压延量大，断面组织就细，韧性好；反之，断面组织就粗，韧性差。

另外，还有硬度和脆性鉴别、密度鉴别、用途鉴别及档案鉴别等。每一种鉴别方法都有一定的局限性，所以在采用感官鉴别时要采用多种方式综合鉴别，要经过试验，反复使用，积累经验，掌握每种有色金属的各种特征，才能达到熟练、正确鉴别的目的。

对于常用的废有色金属，可参照表2-3进行初步鉴别。

表2-3 常用有色金属简易鉴别特征表

种类	相对密度	金属颜色	金属氧化物颜色	特征与区别办法	常用物品
铝	2.7	银白色带灰色光彩	无光泽的白色	薄板带及丝容易弯曲，但无弹性，弯曲多次才破裂，小刀在铝制品上刻画留显著痕迹	板、棒管、导线、电缆、日用容器、铝粉
纯铜	8.8	暗红色发紫	绿色	板带及丝容易弯曲，没有弹性，弯曲多次才折断，断口显玫瑰色，用锤击表面显著凹陷	导线、线芯、电缆
黄铜(H62)	8.4	金黄色	绿灰色	比H68黄铜硬，弯曲7～8次折断，断口浅黄，用锉刀可分出H62及H68，因H62较硬(Cu含量62%，其余为锌)	板、带、丝、管、棒
黄铜(H68)	8.4	黄色	绿灰色	只有轧材，易弯不易断，可曲15～20次，断口均匀，粒细，呈绿色，易敲陷(Cu含量68%，其余为锌)	弹壳、冷凝器、带、管、丝
黄铜(H59-1)	8.4	黄色	带绿色暗灰色	弯曲2～3次即断，断口灰黄色，用锉刀锉时感觉比H62及H68摩擦力大(Cu含量59%，铅含量1%，其余为锌)	条、管、钟表零件
铅	11.3	新刻痕呈金属光泽，蓝灰色	灰色	相对密度较大，很软，可用刀切开	平衡锤、高纯度的用作蓄电池
锌	7.1	银白色带天蓝色光彩	无光泽的白色	极脆易破碎，落地易断，断口有光亮，片状结晶	干电池、胶的包皮、印刷用锌板
镁	1.74	银白色	暗灰色	最轻的金属，易氧化，粉状镁易燃烧	多用于球墨铸铁的球化剂

2.3.3.3 废有色金属的预处理

废有色金属原料由于其物理规格及化学成分相差很大，在再生处理前必须进行严格的备料和预处理。废旧原料的预处理主要有如下工序：废料的分类、解体、捆扎、打包、压块、破碎、脱油、电磁分选、重选以及浮选等。根据不同的原料情况，采用机械方法或手工处理进行上述某一个或几个工序的原料准备。其中很多工序与废钢铁相似，在此不再重复。

废有色金属的预处理具有以下特点。

① 首先用手选将块料与碎料及其他形状的废料分开，大块的进行破碎筛分并用纯碱洗去油。对于切割机床上机械加工的有色金属废屑，往往机械地混有铁屑，其铁含量有的达30%，此外还有水分和油。当废屑含油量大时（高于6%），最合理的除油方法是采用离心分离机来除油；要彻底除油，除使用离心分离外，还应添加各种不同的溶剂，用这类溶剂除油要在密封容器中进行，或者在离心分离后，再将废屑用含碱溶液加以洗涤，可彻底将废屑上的油污除掉，由这些溶剂组成的除油溶液在使用时既安全，又可多次重复使用。

② 铜、铝混合料破碎后用重介质分选法、旋流分选法或电选法将铜、铝分开，并选出塑料、橡胶等绝缘物。

③ 废有色金属的处理一般采用火法冶金方法。熔炼废有色金属的冶金设备较多，因而需注意选用适当的炉型，并考虑如下原则：a. 根据当地能源的来源情况，选用电炉或烧煤、烧油、烧煤气的熔炼炉，炉气中可燃物要烧尽，并使炉气中余热得到利用；b. 要保证熔体有良好搅动，以提高传热和传质效果，并使熔体温度均匀；c. 避免火焰直接与废铝接触，以提高产品质量和减少炉料的烧损；d. 根据不同的废铝料选定相应的炉型；e. 避免炉气外逸，保证工作环境。

2.3.3.4 废有色金属的加工处理

对于废旧的有色金属，一般按两步法处理：第一步是进行干燥处理并烧掉机油、润滑脂等有机物；第二步是熔炼金属，将金属杂质在熔渣中除去，其中熔炼又包括初步熔炼和精炼净化两个阶段。最后将再生的有色金属进行浇铸或成型成制品。

（1）废铜的处理方法

每生产1t再生铜所消耗能源为原生铜的20%，同时减少环境污染，特别是在我国原生铜远不能满足需求的情况下，铜的再生更为重要，而且我国废铜的回收利用是废有色金属回收利用最好的一种。我国废杂铜回收和再生铜的生产起步较早，生产技术也比较成熟，目前已成为世界再生铜的主要生产国之一，我国废杂铜的回收利用率已达到63.6%，超过世界平均水平，每年再生铜产量已达80万～90万吨。

实际上所有的废铜都可以再生，再生工艺很简单。首先把收集的废铜进行分拣，没有受污染的废铜或成分相同的铜合金可以回炉熔化后直接利用，被严重污染的废铜要进一步精炼处理去除杂质；对于相互混杂的铜合金废料，则需熔化后进行成分调整。通过这样的再生处理，铜的物理、化学性质不受损害，使它得到完全的更新。

废铜涉及的范围较广，包括紫铜、黄铜、青铜、白铜的废杂料，其中，紫杂铜的废碎料最多，如废旧电缆、紫铜管、棒、板、块、带等。

按照废铜的来源，又可分为新废铜料和旧废铜料两种。新废铜料是铜加工厂和铜材使用单位在生产中产生的边角废铜料，如废铜屑、废铜皮等，这类废铜料化学成分稳定，没有混进其他金属料和非金属料，可直接回铜加工厂或金属回收厂进行重熔，浇注为再生铜锭，也可作为铜加工厂熔炼铜合金时电解铜原料的补充。新废铜料回收再生处理较为容易。旧废铜料是指社会回收的废铜料,成分比较复杂,多数在废铜料中混有其他金属料和非金属料,在再生处理中要求综合处理,使废料中全部有价值组分都能得到合理利用。

(2) 废铝的处理方法

生活垃圾中的一些体积较大的废铝块,如易拉罐等可直接回收和再加工,用回收的废铝罐回炉后再生产出铝罐材所需的能源仅相当于把铝矾土变成铝罐材所需能源的 5%～10%。显而易见,废铝回炉较之冶炼铝可以节省大量的能源。除此之外,由于废铝能有效地得到回收循环利用,对环境保护方面也有不可忽视的社会效益。

对于垃圾中一些不能明显辨认或体积不大的废铝,需要使用一定的分选技术进行分选。因为铝从一般意义上说基本上是非磁性材料,因此,从混合废物中回收铝比回收黑色金属要稍微难一些,目前能处理这类物质的铝"磁铁"已成功使用。在工业发达国家,再生有色金属的利用占原生有色金属的 30%左右。用废铝生产工业铝合金,其生产工艺简单,与生产原生铝相比,节能效果显著,且生产迅速,再生利用的节能减污效果好。

废铝的回收及再生是一项十分复杂的技术工作,由于各种铝制品使用范围宽广而且分散,如何回收、集中、分类、实现再生加工是一项十分繁杂庞大的系统工程。其次,全世界不同合金成分、不同性能的铝合金数以百计,许多合金中的成分元素相互排斥,互不兼容,如何以最简易的方法、最低廉的成本和最有效的工艺使废铝的再生成分合乎理想合金的要求,其性能满足使用需要,质量能达到或接近原生材料的水平,是世界各国正在追求的目标。

废铝的再生加工,一般经过以下 4 道基本工序:a. 废铝料的制备;b. 配料;c. 再生变形铝合金;d. 再生铸造铝合金。

应当指出,目前的废铝回收再生还存在许多没有很好解决的技术问题,如何提高再生铝的品位、降低能耗、减少环境污染是今后值得继续研究的重要课题。

(3) 废钛的处理方法

废钛可用作钢铁的添加元素、Ti-Al 中间合金的原、磁性材料添加元素及特殊合金添加元素等。由于钛是非常活泼的金属,因此,废钛回收不能采用陶瓷耐火材料的熔炼炉,通常采用通水冷却的金属坩埚。

(4) 废铅的处理方法

我国再生铅工业起步于 20 世纪 50 年代,最近几十年来,随着我国对环境保护和资源综合利用的重视,我国再生铅工业取得了一定的进展,已初步形成独立的产业。

由于铅的化学稳定性很好,所以常用作化工和冶金设备的防腐衬里和防护材料。铅大量用作蓄电池的制造材料和各种含铅合金原料。含铅废料主要是废铅蓄电池,废旧铅板、铅管和铅合金制品,其次为电缆废铅皮、废印刷合金和少量铅灰、铅渣等。根据含铅废料的组成,可采用坩埚炉、反射炉、鼓风炉、短回转窑和电炉进行火法熔炼生产再生铅或铅合金,也可与原生铅的冶炼搭配处理。当含铅废料中含有铅的化合物时,则可用湿法处理生产电解铅或铅化工产品。

对废铅合金,特别是铅锑蓄电池,在再生处理时,应注意锑的回收。锑是稀少的有色金属之一,工业发达国家极重视废锑的回收,如美国年产再生锑的数量为年耗锑量的 50%,英国约为 30%,我国锑矿资源虽居世界之首,但也应重视再生锑的生产。

(5) 废锌的处理方法

含锌废料的再生利用比铜、铝、铅都困难,我国再生锌的产量不大,比例低。2001 年再生锌产量为 6.97 万吨,大约占当年精锌总产量的 5.8%。在再生锌产量最高的 1995 年 (9.59 万吨)也仅占当年精锌总量的 8.9%。

用于钢铁结构的防腐保护层的锌消耗量约占锌总耗量的 35%,20% 的锌用于生产黄铜(铜锌合金),10% 的锌用于制锌板、屋顶盖及家庭用具等,其余的锌主要用于制造氧化锌、立德粉、锌粉及氯化锌等。含锌废料主要来自热镀锌合金废料,如锌渣、生产过程中的废品和废锌合金零件、锌灰或锌尘等。

含锌废料可根据原料性质采用火法或湿法冶金处理。目前国内外再生锌的生产主要采用火法。采用火法生产,金属的回收率高,综合利用性好,生产成本低,所用设备有坩埚炉、反射炉、感应电炉、电弧炉和等离子炉等。湿法冶金处理含锌废料的方法主要是采用硫酸、盐酸或碱进行浸出,然后进行溶液净化,电解得到锌或生产锌的化工产品。

参 考 文 献

[1] 张文祥,乔军,解永杰. 金属材料与热处理. 北京:中央民族大学出版社,2007.
[2] 于晗,孙刚. 金属材料及热处理. 北京:冶金工业出版社,2008.
[3] 张培. 金属材料与机械制造基础. 北京:中国劳动社会保障出版社,2000.
[4] 吴承建,陈国良,强文江等. 金属材料学. 第 2 版. 北京:冶金工业出版社,2009.
[5] 周公度. 结构和物性——化学原理的应用. 第 3 版. 北京:高等教育出版社,2009.
[6] 杜彦良,张光磊. 现代材料概论. 重庆:重庆大学出版社,2009.
[7] 刘军. 化学与人类文明. 沈阳:东北大学出版社,2008.
[8] 傅强. 汽车机械基础(下册). 上海:同济大学出版社,2009.
[9] 宋立杰,赵由才. 冶金企业废弃生产设备设施处理与利用. 北京:冶金工业出版社,2009.
[10] 王松青,应海松. 铁矿石与钢材的质量检验. 北京:冶金工业出版社,2007.
[11] 徐惠忠,王德义,赵鸣. 固体废弃物资源化技术. 北京:化学工业出版社,2003.
[12] 任连海,田媛. 城市典型固体废弃物资源化工程. 北京:化学工业出版社,2009.
[13] 张俊,党春涛. 产品材料学. 北京:中国轻工业出版社,2005.
[14] 黎文献. 有色金属材料工程概念. 北京:冶金工业出版社,2007.
[15] 王明玉,隋智通,涂赣峰. 我国废旧金属的回收再生与利用. 中国资源综合利用,2005,(2):10-13.
[16] 李一夫,戴永年,刘红湘. 中国有色金属二次资源的回收利用. 矿冶,2007,16(1):86-89.
[17] 徐传华. 中国再生有色金属生产现状及前景. 世界有色金属,2004,(4):9-15.
[18] 杨春明,马永刚. 中国再生铅产业可持续发展的必然选择. 有色金属再生与利用,2005,(3):10-12.

第3章
无机材料的再生利用

3.1 无机材料概述

3.1.1 无机材料的定义与分类

无机材料，又称无机非金属材料，是除无机金属材料和有机高分子材料以外所有材料的统称，通常指由硅酸盐、铝酸盐、硼酸盐、磷酸盐、锗酸盐等原料和/或氧化物、氮化物、碳化物、硼化物、硫化物、硅化物、卤化物等原料经一定的工艺制备而成的材料。无机非金属材料的概念是 20 世纪 40 年代以后，随着现代科学技术的发展从传统的硅酸盐材料演变而来的，它是与有机高分子材料和金属材料并列的三大材料之一。

在晶体结构上，无机材料的元素结合力主要为离子键、共价键或离子-共价混合键。这些化学键所特有的高键能、高键强赋予这一大类材料以高熔点、高硬度、耐腐蚀、耐磨损、高强度和良好的抗氧化性等基本属性，以及宽广的导电性、隔热性、透光性和良好的铁电性、铁磁性、压电性。

无机材料一般可以分为传统无机材料和新型无机材料两大类。传统无机材料一般是指以天然的硅酸盐矿物（黏土、石英、长石等）为主要原料，经高温窑烧制成的一大类材料，故又称窑业材料，主要有陶瓷、玻璃、水泥和耐火材料 4 种，其化学组成均为硅酸盐，因此也称硅酸盐材料，是工业和基本建设所必需的基础材料。20 世纪 40 年代以来，随着各种新技术的发展，在原有硅酸盐材料的基础上相继研制出许多新型无机材料，如氧化物、硅化物、硼化物等各种无机非金属化合物，在这类材料中已不含硅酸盐，它们的应用范围和制造工艺也大不相同，为了区别于过去用天然原料制成的硅酸盐材料，把这类材料称为新型无机材料，也称先进陶瓷、精细陶瓷、高技术陶瓷等，这类材料是现代新技术、高科技、新兴产业和传统工业技术改造以及发展现代国防和生物医学所不可缺少的物质基础。

与无机金属材料和有机高分子材料相比，无机材料具有如下特点。

① 化学组成上为无机化合物或非金属元素单质，包括传统的氧化物、硅酸盐、碳酸盐、硫酸盐等含氧酸盐、氮化物、碳化物、硅化物、硼化物、氟化物、硫系化合物、Ⅲ～Ⅳ族和Ⅱ～Ⅵ族化合物等非氧化物及其硅、锗及碳材料等。

② 形态与形状上包括多晶、单晶、非晶、薄膜、纤维、复合材料等。

③ 晶体结构复杂，单个晶格可能包含多种元素的原子，晶格缺陷种类多。

④ 原子间结合力主要为离子键、共价键或者离子-共价混合键，具有高的键能、大的

极性。

⑤ 制备上要求高纯度、高细度的原料，并在化学组成、添加物的数量和分布、晶体结构和材料微观结构上能精确控制。

⑥ 性能多样　具有高熔点、高强度、耐磨损、高硬度、耐腐蚀及抗氧化，宽广的导电性能、导热性、透光性以及良好的铁电性、铁磁性和压电性等特殊性能，但大多数无机材料拉伸强度低、韧性差、脆性大。

⑦ 应用极其广泛　几乎在所有的领域都有无机材料的应用，尤其新型无机材料更是现代技术的发展基础，在电子信息技术、激光技术、光纤技术、光电子技术、传感技术、超导技术以及空间技术的发展中占有十分重要的地位。

无机材料种类繁多、性能各异，从传统硅酸盐材料到新型无机材料，众多门类的无机材料已经渗透到人类生活、生产的各个领域，需从多个角度对无机材料进行分类。主要有以下几种分类方法：a. 无机材料按成分特点，可分为单质和化合物两大类；b. 按结构特征，可分为单晶、多晶、玻璃、无定形材料、复合材料等；c. 按形态，可分为体相材料、薄膜材料、纤维、粉体等；d. 按性能特征和使用效能，可分为结构材料和功能材料两大类；e. 按合成制备工艺，可分为烧结成材、湿法合成材料、涂镀材料、水硬材料等。

对传统无机材料和新型无机材料按照基本的成分特点和结构特点进行分类，见表3-1。

表 3-1　无机材料主要分类

种类	材料类别	成分、结构特点	应用领域
传统无机非金属材料	普通陶瓷	硅酸盐基、多相、多晶	日用陶瓷、建筑陶瓷、化工陶瓷等
	普通玻璃	以硅氧四面体空间网架为主体，疏松无序结构，非晶态	日用玻璃、建筑轻工玻璃、仪器玻璃、光学玻璃、电真空玻璃等
	胶凝材料	经煅烧的硅酸盐类矿物粉体，可以水化硬化成人造石材	石灰、水泥、石膏、水玻璃等建筑用材
	耐火材料	人工矿物的组成体，高温下体积、强度稳定，抗腐蚀能力强	冶金高炉、陶瓷窑炉、高温容器、近代高科技工业（火箭、热核反应堆等）
	天然矿物材料	由天然地质作用形成、矿物体集合构成的岩石材料	建筑材料、艺术装饰、生活用具、化工、轻工设备、机械精密仪器等
	混凝土	由胶凝材料、颗粒状集料及外加剂加水硬化而成，堆聚结构	建筑结构、防水、耐酸、耐火、防辐射、喷射装饰、道路建设等工程应用
新型无机非金属材料	特种陶瓷	氧化物、非氧化物，成分精确控制，具有优异特性	分为结构陶瓷和功能陶瓷，高温、机械、化工、电子、通信、计算机、宇航、医学工程等近代高新科学技术领域
	特种玻璃	微晶、结构多样、性能独特	微晶玻璃、光导纤维、激光玻璃、半导体玻璃、超声延迟线玻璃、非线性光学玻璃、生物玻璃等
	特种水泥、混凝土	硅酸盐、铝酸盐、氟铝酸盐等	水利工程、大坝工程、油气井固井工程、耐高温工程、抗腐蚀工程、装饰工程、军事工程等
	新型碳材料	主要成分为碳、晶态或无定型	电极材料、高温结构材料、原子能工业减速剂等
	人工晶体	人工合成、单晶	激光技术、光电子技术、电子技术、高能技术及医疗技术等高新技术应用
	无机涂层	附于底材表面，具有特定功能	耐热抗氧化涂层、温控涂层、热处理保护涂层、光热转换涂层、具有特定机电功能的涂层等

从表 3-1 可以看出，任何一个类别都包含非常丰富的材料种类，拥有十分宽广的应用范围，尤其是新型无机材料，不仅性能多样，而且材料的成分更加精细，结构更加复杂，加工制备工艺所涉及的学科领域更加宽广。

3.1.2　无机材料的发展

传统的硅酸盐材料具有非常悠久的历史，从远古旧石器时代的石器工具，原始部落所制作的粗陶器，中国商代开始出现的原始瓷器和上釉的彩陶，东汉时期的青瓷，经过唐、宋、元、明、清各历史时期的不断发展，已达到相当高的技术和艺术水平，并成为中华民族的瑰宝。与此并行发展的耐火材料（黏土质和硅质材料），从青铜器时代、铁器时代到近代钢铁工业的兴起，都起过关键的作用。在距今五六千年前的古埃及文物中发现有绿色玻璃珠饰品，中国白色玻璃珠亦有近 3000 年的历史。17 世纪以来，由于用工业纯碱代替天然草木灰与硅石、石灰石等矿物原料生产钠钙硅酸盐玻璃，各种日用玻璃和技术迅速进入普通家庭、建筑物和工业领域。

在距今五六千年的史前和古代建筑中，已大量使用石灰和石膏等气硬性胶凝材料。公元初期就有了水硬性石灰和火山灰胶凝材料，但是用人工方法合成硅酸盐水泥制品还只有 100 多年的历史。19 世纪初，英国人 Aspdin 发明用硅酸盐矿物和石灰原料经高温煅烧制成波特兰水泥（又称硅酸盐水泥），从而开始了高强度水硬性胶凝材料的新纪元。

上述陶瓷、耐火材料、玻璃、水泥等的主要成分均为硅酸盐，因而长期以来，在学术界和工业生产部门中将其称之为硅酸盐材料。20 世纪中期以后，随着微电子、航天、能源、计算机、激光、通信、光电子、传感、红外、生物医学和环境保护等新技术的兴起，对材料提出了越来越高的要求，促进了性能更为优良以及有特殊功能的新型陶瓷、玻璃、耐火材料、水泥、涂层、磨料等制品的飞速发展。它们在化学组成上远远超出了硅酸盐化合物的范围，并扩展到了其他氧化物、氮化物、硼化物、碳化物、硫系化合物和钛酸盐、铝酸盐、磷酸盐等，以至几乎一切无机化合物。相当一批产品在其组成中完全不含氧化硅，如刚玉瓷、镁质耐火材料、磷酸盐和硼酸盐光学玻璃等，已形成大规模的工业生产并得到广泛使用，且在不少制品（如氧化锆陶瓷）的组成中，氧化硅反而成为最有害的杂质而必须严格禁止。再用硅酸盐材料来概括这些材料已显得过时，因此，无机非金属材料这一名称在学术界逐渐形成并获得使用。在国际上因陶瓷历史最悠久，且应用广泛，故常沿用广义的陶瓷来表示无机非金属材料。

3.2　废陶瓷及其再生利用

3.2.1　陶瓷概述

以粉体为原料，通过成型和烧结等所制得的无机非金属材料制品统称为陶瓷。

陶瓷是泥土与火的艺术，是我国伟大的发明之一，考古证实我国有多处遗址出土 1 万年前的陶器。商代创造了有釉的原始瓷器，这是陶发展为瓷的第一个飞跃。宋代陶瓷遍布全国，定、汝、官、哥、钧五大名窑瓷器至今仍享有盛名。瓷都景德镇原名新平，具有悠久的制瓷历史，宋代景德年间，景德镇专门生产细瓷，在瓷器上标有"景德镇制"字样，由于资质精美而闻名全国，遂改名景德镇，后成为元、明制造御用瓷器中心及清至现代全国制瓷中心。景德镇、德化、醴陵称华夏三大瓷都，宜兴、佛山亦有陶都之誉。

陶瓷是人类生活和生产中不可缺少的材料之一，其应用遍及国民经济的各个领域。陶瓷的生产发展经历了由简单到复杂、由粗糙到精细、由低温到高温的过程。随着科学技术水平的提高和陶瓷材料的发展，陶瓷的概念涵义所囊括的范围也发生了变化。

从产品的种类上来说，陶瓷是陶器与瓷器两大类产品的总称。陶器通常有一定的吸水率，断面粗糙无光，不透明，敲击之声音粗哑，有的无釉，有的施釉。瓷器的坯体致密，吸水率很低，有一定的半透明性，通常都施有釉层（某些特种瓷并不施釉，甚至颜色不白，但烧结程度仍相当高）。介于陶器与瓷器之间的一类产品，坯体较致密，吸水率也小，颜色深浅不一，缺乏半透明性，这类产品国外通称为炻器，也有称为半瓷。我国科技文献中提到的炻器、原始瓷器和胎瓷均属于这一类。表3-2列出了陶器、炻器和瓷器的基本特征和性质。

表3-2 陶器、炻器和瓷器的基本特征和性质

类别	种类	性质、特征			用途举例
		吸水率/%	相对密度	颜色	
陶器	粗陶器	11~20	1.5~2.0	黄、红、青、黑	砖、瓦、盆、罐等
	普通陶器	6~14	2.0~2.4	黄、红、灰	日用器皿
	精陶器	4~12	2.1~2.4	白色或浅色	日用器皿、内墙砖、陈设品等
炻器	粗炻器	0~3	1.3~2.4	乳黄、浅褐、紫色、白色或浅色	日用器皿、建筑外墙砖、陈设品等
	细炻器				
瓷器	普通瓷器	0~1	2.4~2.6	白色或浅色	日用器皿、卫生洁具、地砖、电瓷、化学瓷等
	特种瓷器		>2.6		高频和超高频绝缘材料、磁性材料、耐高温和高强度材料、其他功能材料等

在传统概念中，"陶瓷"是以黏土、长石、石英等天然原料为主要原料，通过配料、粉磨、成型、干燥和烧成等工序制成的陶器、炻器和瓷器制品的通称，这些制品亦统称为"普通陶瓷"，即传统陶瓷。由于普通陶瓷的主要原料是硅酸盐矿物，所以陶瓷可归属于硅酸盐材料和制品。陶瓷工业与玻璃、水泥、耐火材料等工业同属"硅酸盐工业"范畴。

根据使用领域的不同，普通陶瓷可分为日用陶瓷、艺术陶瓷、建筑卫生陶瓷和工业陶瓷等；根据原料、组成的不同，普通陶瓷又可分为土器、陶器、炻器和瓷器。表3-3列出了普通陶瓷的种类。

表3-3 普通陶瓷的种类

分类方法	种 类			用途举例
按使用领域不同分类	日用陶瓷			餐具、茶具、缸、坛、盆、罐等
	艺术陶瓷			花瓶、雕塑品、陈设品等
	建筑卫生陶瓷			卫生洁具、墙地砖、排水管等
	工业陶瓷			化工用陶瓷、化学瓷、电瓷等
按原料、组成不同分类	土器			建筑砖瓦、土花盆等
	陶器	黏土质陶器		日用器皿、彩陶
		长石质陶器		日用器皿、卫生用具、装饰制品
		石英质陶器		日用器皿、彩陶
		熟料陶器		大型卫生用具、装饰制品
	炻器	粗炻器、细炻器		日用器皿、建筑制品
	瓷器	软质瓷	骨灰瓷、长石瓷、熔块瓷	日用器皿、美术装饰制品、部分建筑材料
		硬质瓷	日用瓷、卫生瓷、建筑瓷、化学瓷、艺术瓷、电瓷	日用器皿、艺术制品、耐热器皿、耐酸制品、低压电瓷、高压电瓷

随着科学技术的发展，出现了含有少量黏土等天然原料甚至不含天然原料，而由化工原料和合成矿物甚至是非硅酸盐、非氧化物原料，经过与传统陶瓷类似的配料、粉磨（混合）、成型和烧成等工序制成的制品，这些制品称为特种陶瓷，如氧化物陶瓷、氮化物陶瓷、压电陶瓷、金属陶瓷等。因此，现代"陶瓷"的概念是指用陶瓷的生产方法制造生产的无机非金属材料和制品的通称。

按照显微结构和基本性能，可将特种陶瓷分为结构陶瓷、功能陶瓷、智能陶瓷、纳米陶瓷和陶瓷基复合材料，见表3-4。

表3-4 特种陶瓷的种类

大类	小类	陶瓷材料	用途
结构陶瓷	氧化物陶瓷	Al_2O_3，ZrO_2，MgO，BeO	研磨、切削材料
	碳化物陶瓷	SiC，TiC，B_4C	研究、切削材料
	氮化物陶瓷	Si_3N_4，BN，TiN，AlN	透平叶片
	硼化物陶瓷	TiB_2，ZrB_2，HfB_2	高温轴承、耐磨材料、工具材料
功能陶瓷	导电陶瓷	Al_2O_3，ZrO_2，$LaCrO_3$	电池、高温发热体
	超导陶瓷	YBCO，LBCO	超导体
	介电陶瓷	Al_2O_3，BeO，MgO，BN	电绝缘
		TiO_2，$MgTiO_3$，$CaTiO_3$	电容器
	压电陶瓷	$BaTiO_3$，PZT	振子、换热器
	热释电陶瓷	$BaTiO_3$，PZST	传感器、热-电转换器
	铁电陶瓷	$BaTiO_3$，$PbTiO_3$	电容器
	敏感陶瓷	热敏陶瓷 NTC，PTC，CTR	温度传感器
		气敏陶瓷 SnO_2，ZnO，ZrO_2	气体传感器
		湿敏陶瓷 $Si-Na_2O-V_2O_3$	湿度传感器
		光敏陶瓷 CdS，CdSe	光敏电阻、光检测元件
	磁性陶瓷	Mn-Zn，Ni-Zn，Mg-Zn 铁氧体	变压器、滤波器、扬声器、拾音器
	光学陶瓷	Al_2O_3，MgO，Y_2O_3，PLZT	红外探测器、发光材料、激光材料
		ZnS∶Mn，CaF_2∶Eu，ZnS∶Ag	
	生物陶瓷	Al_2O_3，ZrO_2，TiO_2，微晶玻璃	人工骨、关节、齿
智能陶瓷	压电陶瓷	Si_3N_4，ZrO_2，CaF_2+SiC	自适应、自恢复、自诊断材料、驱动元件、传感元件
	形状记忆陶瓷	Si_3N_4+SiC	
	电流变体陶瓷	ER	
纳米陶瓷	纳米陶瓷微粒	Al_2O_3，ZrO_2，TiO_2，Si_3N_4，SiC	催化剂、传感器、过滤器、结构件、光纤、生物材料、超导材料
	纳米陶瓷纤维	C，Si，BN，C_2F	
	纳米陶瓷薄膜	SnO_2，ZnO_2，Fe_2O_3，Fe_3O_4	
	纳米陶瓷固体	Al_2O_3，ZrO_2，TiO_2，Si_3N_4，SiC	
陶瓷基复合材料	颗粒增强陶瓷	SiC_P/Al_2O_3，ZrO_{2P}/Si_3N_4	切削刀具、耐磨件、拉丝模、密封阀、耐蚀轴承、活塞
	晶须增强陶瓷	SiC_W/Al_2O_3，SiC_W/Si_3N_4	
	纤维增强陶瓷	Cf/LAS，SiCf/MAS，Cf/ZrO_2	

3.2.2 废陶瓷的综合利用

随着陶瓷产业的迅猛发展，陶瓷产量不断增加，在各种陶瓷制品的生产、运输、销售、储存和使用期间，由于磕碰、老化淘汰等因素造成大量的废弃陶瓷。有调查表明，世界陶瓷产业30%的产品成为工业废弃物，陶瓷废弃物所引起的环保问题日益显著。

陶瓷产业作为我国的传统产业，废弃量占日常陶瓷产量的30%，但其处理措施绝大部分采用废弃堆积或掩埋的方法，既不环保也不经济。因此，将废陶瓷破碎、筛分，并加以综合利用生产再生陶瓷、再生陶瓷混凝土、砂浆、多孔水处理吸附剂等，不仅能解决环保问题，还能创造良好的社会效益和经济效益。

3.2.2.1 再生陶瓷

由于陶瓷碎片千年难以风化，难以处理，环保费用高，把陶瓷废弃物回收制成再生陶瓷，如卫生陶瓷、日用陶瓷、建筑瓷砖、陈设艺术陶瓷等，可使陶瓷企业减少废弃物的排放量，甚至可以实现零排放，具有较高的环保效益和经济效益。再生陶瓷以废瓷粉末为主要原料，由于废瓷已经过一次烧成，大大降低了烧成能耗，且变形率低、规整度好。据测试，再生陶瓷比普通陶瓷原料成本下降30%，烧成成本下降50%，一级品率达98%以上。

再生陶瓷坯体的主要原料为回收处理的废瓷粉，废瓷粉为高温煅烧后的产物，作为坯用原料可降低坯体的烧成温度，减少坯体的变形率，可替代坯料中的部分长石。由于各生产厂家使用的坯料配方不一，产生的废瓷粉化学组成各不相同，给配料工作带来一定的不便，因此可采取整批回收、集中处理、定期检测的办法来解决，把回收的废瓷经碾碎、捣打后均匀混合，使得整批废瓷粉的化学组成稳定，再根据组成不同调整配料，保证生产配方的稳定一致。由于废瓷粉属瘠性材料，无塑性，存在难以成型、易裂坯、在泥料中易沉淀等问题。因此配料所用的黏土原料采用具有强可塑性的高岭土，同时添加黏合剂，能有效解决坯料的塑性差、难以成型的问题。

(1) 用作瓷砖坯料

废弃的泥水经回收、拣去杂物、除铁后，又可以掺入瓷砖的配料中用于瓷砖坯料。近年来，日本许多建陶企业都配备了带式回转磨机装置，专门对企业内产生的废料进行再加工与回收利用，取得明显的经济效益与社会效益。

(2) 用于生产仿古代砖

将废坯、废泥通过干燥、破碎过筛加工后用作仿古砖的坯料，无原材料费用，粉料制造费用极低。结合废坯、废泥的化学成分及特性，还可开发、生产风格不同的艺术砖，既环保又降低陶瓷产品成本。

蔡廷祥等利用已被混合的不同产品（卫生瓷、日用瓷、艺术瓷）的废瓷，经过粉碎加工，加入到陶瓷泥料中，加入量达到35%~45%，由于制成的艺术瓷坯体白度不理想，故采用颜色釉料进行装饰，生产出了高档次的艺术陶瓷制品，为废弃陶瓷的全面利用开辟出新的途径。废弃陶瓷已经过高温煅烧，被粉碎后完全失去了可塑性，而将其大比例地加入到泥料中，会使泥料的可塑性降低，导致成型过程中坯体产生开裂，因此通常引入蒙脱石类原料或添加增塑剂，以提高泥料的可塑性。研究表明，加入大量废弃陶瓷制成的坯体，在烧成过程中挥发物减少，烧成周期可缩短，烧成温度可适当降低，有利于节能减排，而且使产品质量更加稳定。

(3) 用于生产多孔陶瓷

我国一些研究者经过多年的努力，研制出一种利用陶瓷厂废料生产多孔陶瓷的工艺方法。该方法利用一般陶瓷厂内的固体废物，固体废物按形态可分为废料、废泥、废瓷、废渣、沉渣和粉尘等。配料中以土粉作填充料，瓷粉作骨料，粉煤灰和釉粉作发泡基础料，另有发泡剂煤粉和助泡剂硼酸、硝酸钠等。配料时，先将发泡基础料、发泡剂和助泡剂混合均匀，并过100目筛三遍，加入填充剂和骨料混合均匀后平摊于不锈钢模内，然后置于电炉内烧制。该方法所研制的多孔陶瓷容重低，强度高，适合于新型墙体材料，亦可用于制造广场透水砖。利用建陶厂固体废物生产多孔陶瓷，不需增添设备，废料利用率高，经济效益高，社会效益好。

3.2.2.2 废弃陶瓷再生砂

随着混凝土用量的增加,其消耗的砂石骨料等天然资源也越来越多。据估算,混凝土业现在正以每年约50亿吨的速度消耗天然骨料,砂石已成为其中用量最大的原材料。大量开山、采石已严重破坏了自然山体的景观和绿色植被;挖河床取砂改变了河床位置及形状,造成水土流失或河流改道等严重后果。许多国家和地区甚至已经没有可取的碎石和砂子,混凝土的骨料资源出现了严重危机。针对这一现状,人们开始寻求新的骨料资源,并且取得了一定的成效。

国内外已有将废弃陶瓷用作再生砂的研究,如把废弃卫生洁具及墙地板砖等陶瓷制品破碎、筛分成再生细骨料,以部分甚至全部代替天然砂,用于配制砌筑砂浆和混凝土。研究表明,废弃陶瓷再生砂的性能与天然河砂差别不大,只是吸水性偏大,密度略低,且再生砂破碎后棱角较多,表面粗糙,表现为砌筑砂浆及再生混凝土的工作性欠佳,但与水泥石黏结性能较好。混凝土中随着再生砂加入量的增加,抗压强度并未明显降低甚至略有增加,但同时抗折强度却有一定程度的降低。废弃陶瓷再生砂配制的砌筑砂浆相同强度等级下抗压强度比天然砂砌筑砂浆还高。

3.2.2.3 陶粒

由于陶粒容重小、内部多孔,形态、成分较均一,具有一定的强度和坚固性,因而具有质轻、耐腐蚀、抗冻、抗震和良好的隔绝性、保温、隔热、隔声、隔潮等功能特点,可以广泛应用于建筑、化工、石油等部门。在建筑方面,可以作为轻骨料制备混凝土和墙体保温板,也可以填充在空心墙或窑的衬层中作为隔热保温填料。

3.2.2.4 耐磨防滑材料

瓷质地砖铺在地面上,对防滑性能有较高的要求。瓷质地砖生产厂家大多采用粉料中外加低温瓷砂粒子或粗颗粒石英来提高防滑性能,低温瓷砂粒子在产品中易起泡,砖面上粒子也比较光滑,防滑效果不理想;加入石英颗粒,产品局部吸水率大,不耐脏。经过多次实验发现,粉料中加入瓷砖粒子,能明显改善防滑效果,产品综合性能较好。

3.2.2.5 吸附材料

陶瓷工业产生的废日用陶瓷,原瓷土里高岭土的含量很大,适于用作吸附材料。废日用陶瓷经粉碎,加入致孔剂、黏结剂等重新烧结成多孔陶瓷,由于其内部多孔,比表面积较大,化学和稳定性好,使之具有良好的吸附性能,而且易于再生,便于重复利用,在处理含重金属离子的废水中具有广泛的应用空间和发展潜力。

3.3 废玻璃及其再生利用

3.3.1 玻璃概述

玻璃是以石英砂、纯碱、石灰石、长石等为主要原料,经1550~1600℃高温熔融、成型,并经快速冷却而制成的硬而脆的固体无机非金属材料。玻璃的组成很复杂,其主要化学成分为二氧化硅(含量72%左右)、氧化钠(含量15%左右)和氧化钙(含量8%左右),另外还含有少量的三氧化二铝、氧化镁、氧化铅等。若在玻璃中加入某些金属氧化物、化合物或采用特殊工艺,还可以制成各种不同特殊性能的玻璃。

玻璃,中国古代称之为璧流璃、琉璃、颇璃,近代也称为料,是指熔融物冷却凝固所得到的非晶态无机材料。人们通常所见的大多是人造玻璃，而人们最早使用的玻璃，一般是当火山爆发时，炙热的岩浆喷出地表，迅速冷凝硬化后形成的天然玻璃。在古埃及和美索不达米亚，玻璃已为人们所熟悉。约在公元前1600年，埃及已兴起了正规的玻璃手工业，当时首批生产的有玻璃珠和花瓶。然而，由于熔炼工艺不成熟，玻璃还不透明，直到公元前1300年，玻璃才能做得略透光线。从历史的遗存可以发现，中国在三千多年前的西周，玻璃制造技术就达到了较高的水平。

今天，玻璃已成为现代人们日常生活、生产发展、科学研究中不可缺少的一类产品，并且它的应用范围随着科学技术的发展和人民生活水平的不断提高还在日益扩大，这是因为玻璃的以下特点。

① 玻璃具有一系列独特的性质，如透光性好，化学稳定性能好。

② 玻璃具有良好的加工性能，如可进行切、磨、钻等机械加工和化学处理等。

③ 制造玻璃所用的原料在地壳上分布很广，特点是 SiO_2 蕴藏量极为丰富，而且价格也较便宜。

玻璃在现代的使用主要有：在民用建筑和工业中，大量应用窗玻璃、夹丝玻璃、空心玻璃砖、玻璃纤维制品、泡沫玻璃等；交通运输部门大量使用钢化玻璃、磨光玻璃、有色信号玻璃等；化工、食品、石油等部门，常常使用化学稳定性和耐热性优良的玻璃；日常生活中所使用的玻璃器皿、玻璃瓶罐、玻璃餐具等更为普遍；在科学技术部门以及国防领域中则广泛应用光学玻璃。电真空玻璃用来制造电子管、电视荧光屏以及各种照明灯具。玻璃纤维和玻璃棉可制成玻璃钢、隔热材料及电绝缘材料。随着X射线技术、近代原子能工业的发展和宇宙空间技术的发展，各种新型的特种玻璃不断出现。

玻璃的品种繁多，分类方法也有多种，可以根据玻璃的用途、化学组成、制造方法等进行分类。

（1）按用途分类

玻璃按用途可分为瓶罐玻璃、日用器皿玻璃、窗用玻璃、镜面玻璃、平板玻璃、仪器玻璃、光学玻璃和特种玻璃等。

（2）按制造方法分类

玻璃按制造方法可分为吹制玻璃、压制玻璃、拉制玻璃和铸造玻璃。

（3）按式样和形状分类

玻璃按式样和形状可分为平板玻璃、空心玻璃和玻璃砖等。

（4）按特征分类

玻璃按特征可分为平板玻璃、瓶罐玻璃、石英玻璃、含氧化铝玻璃、化学玻璃、光学玻璃、有色玻璃、不透明玻璃以及釉玻璃、纤维状玻璃及多孔状玻璃。

（5）按化学成分分类

玻璃按化学成分可分为钠玻璃、钾玻璃、铅玻璃、石英玻璃、硼玻璃、铝硅玻璃、铝镁玻璃等。

① 钠玻璃　又称普通玻璃，主要成分为二氧化硅、氧化钠、氧化钙和少量氧化铝、氧化镁等。钠玻璃比其他玻璃的化学稳定性差，机械强度和耐热性较差，但其熔点低的性能使其易加工，适用制造包装瓶罐、平板玻璃、普通日用玻璃器皿等。

② 钾玻璃　又称硬质玻璃，它与钠玻璃的主要区别是以氧化钾代替氧化钠，并提高了二氧化硅的含量，减少了钠的含量。钾玻璃有较好的光泽，耐热性、化学稳定性比钠玻璃

好，但质硬，加工较难，多用来制造较好的日用玻璃器皿和化学仪器。

③ 铅玻璃 又称重质玻璃和晶质玻璃，其主要成分是氧化铅、氧化钾和少量二氧化硅。铅玻璃有较好的光泽和折射率，并有一定的阻挡 X 射线、紫外线的能力，化学稳定性好，硬度小，便于装饰加工，敲击时能发出悦耳的金属声，适宜制造高级玻璃器皿、装饰器、光学仪器等。

④ 石英玻璃 其成分几乎全是二氧化硅。石英玻璃具有极好的耐热性、耐磨性和良好的化学稳定性、透明性，机械强度和绝缘性能高，有"玻璃之王"的美称，主要用于耐高温仪器等特种用途仪器。

⑤ 硼玻璃 其主要成分是二氧化硅、三氧化二硼和少量氧化铅。硼玻璃具有很高的耐热性和化学稳定性，并有较好的力学强度、光泽和绝缘性，适于制造化学仪器、绝缘材料和耐热器皿。

⑥ 铝硅玻璃 其主要成分是二氧化硅、三氧化二铝，而氧化钠含量低。铝硅玻璃具有极强的热稳定性、化学稳定性以及机械强度，多用于制造火焰直接加热的烹饪器皿。

⑦ 铝镁玻璃 其主要成分是二氧化硅、氧化镁和三氧化二铝等。铝镁玻璃具有较好的化学稳定性、机械强度和光泽，适用于制造高级建筑装饰玻璃。

3.3.2 废玻璃的综合利用

随着科学技术的迅速发展和人民生活水平的日益提高，玻璃不但广泛应用于房屋建筑和人民的日常生活之中，而且发展成为科研生产以及尖端技术所不可缺少的新材料。与此同时，玻璃废弃物也不可避免地产生。以玻璃厂为例，在正常生产情况下，从平板玻璃原片上切裁下来的边角玻璃占玻璃生产总量的 15%～25%，还有相当一部分废玻璃是定期停产产生的，占玻璃生产总量的 5%～10%。生产非正常情况下，由于熔窑作业温度偶尔波动，或原料质量和配合料均匀度突然变化以及操作失误等造成的生产不稳定生成的废玻璃，还有玻璃制品在运输和使用过程中的损耗，其数量难以估计。玻璃废丝是玻璃纤维工业生产过程中必然产生的一种工业废渣，产生量一般占玻纤产量的 15%左右，人们日常生活中丢弃的玻璃包装瓶罐及打碎的玻璃窗碎片等也是废玻璃的来源之一。据欧美一些发达国家统计，废玻璃量占城市垃圾总量的 4%～8%。

根据研究显示，使用回收社会碎玻璃即外购 1t 碎玻璃，约能节约纯碱 160kg，还能加快玻璃熔化速度，降低能源消耗，每掺入 10%碎玻璃可节约能源 2%～4%。

废玻璃很难通过自然循环和一般的物理化学方法加以分解和处理，其存在既给人们的生产和生活带来了不便，又对环境造成了污染，占用了宝贵的土地资源，增加环境负荷。对废玻璃回收再利用，不仅可以循环利用玻璃材质，节约资源和能源，还可以减少垃圾填埋处置量和填埋占地，提高垃圾堆肥产品的质量等。因此，废玻璃的合理再利用，是我们需要认真对待和解决的问题。

废玻璃用途广泛，可以回收重新炼制成新的玻璃制品，也可用于制作其他物品。

3.3.2.1 自身循环再利用

废玻璃的自身循环再利用主要集中在包装容器玻璃方面，由收购或分类得到的完好的废玻璃瓶，如饮料瓶、药瓶、墨水瓶、农药瓶等，可分别送瓶装厂，经处理后再利用。如果在有效期内提高其重复使用次数，不仅可提高利用效率，而且可降低生产成本。这部分瓶约占废玻璃总回收量的 25%～30%。

以废玻璃包装物的包装复用为例。所谓废玻璃包装物的包装复用是指回收利用中的包装复用，可分为同物包装利用和更物包装利用两种形式。同物包装利用分为同品牌包装利用和异品牌包装利用，例如啤酒玻璃瓶回收利用再作啤酒包装为同物包装利用，其中，如果原来包装的啤酒与回收后包装的啤酒品牌不同则为异品牌包装利用，而回收瓶前后包装为同一啤酒品牌，则称为同品牌包装利用。

废玻璃瓶的复用工艺如图 3-1 所示。废玻璃瓶的流通过程如图 3-2 所示。

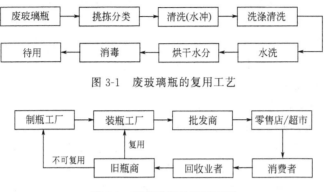

图 3-1　废玻璃瓶的复用工艺

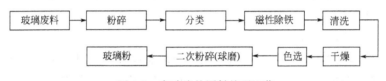

图 3-2　废玻璃瓶的流通过程

3.3.2.2　利用废玻璃生产玻璃制品

废玻璃进行分类拣选、加工处理后可做玻璃生产用的原料。废玻璃预处理一般要经过粉碎、分类等过程，其工艺如图 3-3 所示。

图 3-3　废玻璃的原料处理工艺

废玻璃首先进入粉碎机进行粉碎，然后进入分类器，分类器有压缩空气喷头，用来分离纸张、铝箔、瓶塞、塑料等轻质杂物；接着玻璃进入磁性分离器，用大功率的电磁铁除去铁屑、铁盖及其他磁性物质；除铁后的玻璃碎块经过清洗和干燥，进入色选器，在色选器中可将玻璃碎片按透明、白色、蓝色、绿色、棕色等各种颜色分开，经过色选的一次粉碎玻璃通常为 1~2cm；经研磨或进入球磨机球磨后，玻璃为细颗粒状，再经过过筛供配料使用，经过上述处理的废玻璃，金属铁的含量可降低至 0.01% 以下，其他有机或无机杂质含量可低于 0.65%。

废玻璃虽然不能用于平板玻璃、高级器皿和无色玻璃瓶罐的生产，但可用于对原料质量和化学成分、颜色要求低的玻璃制品的生产，如有色瓶罐玻璃、玻璃绝缘子、空心玻璃砖、槽形玻璃、压花玻璃和彩色玻璃球等，这些产品的废玻璃掺入量大，如绿色瓶罐制品的废玻璃掺入量可达 80%，一般掺入量都在 30% 以上，可大大降低生产成本，提高经济效益。如果我国有 50% 的废玻璃被以上产品利用的话，估计可节约 120 多万吨的硅质原料、20 多万吨的纯碱及 50 多万吨的标准煤，并且这些产品的市场潜力大，经济效益和社会效益也较好。

目前，我国以废玻璃为原料重熔的玻璃制品有玻璃容器、实心玻璃微珠、玻璃马赛克等。

3.3.2.3 废玻璃应用于建筑工程

欧美国家已成功地将废玻璃应用于建筑工程中,这是目前能大量消耗废玻璃的最有效的途径,对各种废玻璃无需分选,对颜色也无特殊要求。

(1) 用作混凝土的掺和料和骨料

由于废玻璃是一种无定型的高 SiO_2 材料,可将其用作矿物掺和料。把废玻璃用在黏土砖生产中,替代部分黏土矿物组成和用作助熔剂,不仅提高了稀土砖的质量,也节约了原材料,降低了生产成本。将废玻璃用作混凝土的矿物掺和料不会使混凝土产生碱硅酸破坏。废玻璃的粒径越小,混凝土的抗压强度越高。美国用废玻璃作为混凝土的骨料,含有35%废玻璃骨料的混凝土,其抗压强度、线收缩性、吸水性等指标,都达到美国材料测试协会的基本标准。在我国,利用废玻璃制作的轻粗骨料具有较高的强度、较低的吸水性和较好的耐腐蚀性,适合于制作轻混凝土。

(2) 制造硅微晶玻璃复合材料

微晶玻璃是我国刚刚开发出来的一种新型建筑材料,具有玻璃和陶瓷的双重特性。硅微晶玻璃复合材料是在玻璃粉末中加入无机掺入相,通过烧结晶化,成为具有致密微晶结构和掺入相骨料的复合材料,这种复合材料又称为硅微晶玻璃混凝土。

硅微晶玻璃混凝土生产工艺过程如下:在细度为 0.02~0.07mm 玻璃粉末中加入10%~14%的掺入相,掺入相一般为黏土陶瓷、石英砂、莫来石,其颗粒度为 0.14~1.25mm。并加入1%~3%的结晶催化剂,用天然或合成的黏结剂作为成型临时黏结剂,用半干法压制或其他成型方法将混合物成型。采用何种成型方法,与混合物流变性质有关。这些半成品按一定工艺进行烧结和结晶,使其玻璃基体产生微晶,并与掺入相很好地黏结。

(3) 生产建筑饰面材料

① 微晶玻璃仿大理石板 利用废玻璃生产的微晶玻璃仿大理石板,不仅可用于建筑物的墙体装饰、地面装饰,而且还可用于物料运输的耐磨流槽、实验台板、桌面等,其产品质量优于天然石材、陶瓷制品。生产方法有熔融热处理法、熔融烧结法和一次烧结法。

② 建筑面砖 利用废玻璃生产建筑面砖不仅能降低建筑饰面材料成本,从而降低工程造价,也能降低施工中工人的劳动强度,加快施工进度,而且能改善建筑饰面材料易脱落和面层易被磨损的自身缺陷,以及对天然矿物材料化学成分及含量严格选配的局限性,具有广阔的应用前景。制备建筑面砖的工艺简单,产品不仅具有耐酸碱、高强度、不易翘曲及变色、抗老化等优点,而且还能节约能源、保护环境、综合利用开发废物资源、节约土地等。

③ 玻璃马赛克 玻璃马赛克质地坚硬、光洁度高、能配以各种不同的颜色,色泽柔和,使人有美的感受,因此被广泛用作建筑物内外饰面材料或艺术镶嵌材料,其生产方法一般有压制成型低温烧结法和熔融法两种。

④ 生产保温隔热、隔声材料 保温隔热、隔声材料广泛用于建筑物的屋顶、围护结构和楼层地板,还可用于石油化工、热能利用、发酵酿造等工业,也可作为保冷材料,用于冷藏、冷冻等。

3.3.2.4 其他用途

废玻璃还可应用于制作玻璃肥料、沥青道路路面填料、变色玻璃弹子、高温黏合剂等。

(1) 生产玻璃肥料

玻璃肥料是以废玻璃为主体，经过化学加工，掺些植物所需要的微量元素和稀土元素，用于农田，促进农作物生长的一种肥料。这种肥料的特点是见效较慢，持续时间长，有的使用1次，2～3年不再使用化肥，仍能显出肥料的效力。

近年来，我国研究玻璃肥料的报道日渐增多，例如把锌元素熔融于玻璃中，施用于果树，则不易得缩叶病。当肥料中含铁和铜时，可对小麦的丰产起到明显的作用。制造使用玻璃肥料时，应根据当地土壤条件和种植农作物的不同，适当选择配方。

(2) 用作沥青道路路面填料

废玻璃可用作沥青道路路面的填料。与其他材料相比，废玻璃填料具有如下优点：a. 车辆横向滑行事故减少；b. 道路的光反射较柔和；c. 路面的耐磨损性能好；d. 积雪融化快；e. 适用于低气温路面。这种被称为"玻璃沥青"的路面材料是用60%的废玻璃、40%的石子等骨料与沥青混合而成，可用于冬季路面维修和施工。美国和加拿大利用废玻璃作为沥青道路路面的填料，经过数年的使用证明效果较好。

(3) 生产变色玻璃弹子

利用收回的平板玻璃废料在马蹄焰池窑重熔融，加上坩埚小彩色料配合，采用透明白料套彩色料，制成彩色玻璃弹子，既可作文化娱乐之用，又可作新型装饰材料，用于屋顶、墙壁、游泳池的装饰，是一种很有前途的材料。

(4) 生产塑压虹釉玻璃装饰板

这种玻璃装饰板克服了玻璃马赛克尺寸规格较小，玻璃粉烧结时体积收缩太大造成的外观尺寸不规整等缺点。其制作特点是将废玻璃屑加热到稍有塑性，加压成型，将废玻璃粉烧结成为耐腐蚀玻璃的大块装饰板。因产品是在玻璃屑具有塑性时加压成型的，比较密实，再加温时收缩变形小，外形尺寸和平度容易控制，能制作大尺寸装饰板。

(5) 作为高温黏合剂

玻璃具有高温黏合性，利用这一特点，可制成黏合剂。如将废玻璃与粉煤灰混合烧结成陶瓷贴砖，这种产品的抗张强度高，化学稳定性好，可以用作木材的代用品。

(6) 生产吸附材料

玻璃是一种非晶态固体，玻璃熔融后具有一定的烧结作用，能用于成型。颜俊瑜等以牡蛎壳和废玻璃粉为主要原料制备了空心管状废水除磷材料。含废玻璃粉20%、牡蛎壳80%的样品在600℃煅烧时除磷效果最好，12天后除磷率达到99%。与常规除磷方法相比，该吸附材料使用方便、成本低、可回收利用，不会产生二次污染，具有较高的经济和社会价值。

3.4 建筑垃圾及其再生利用

3.4.1 建筑垃圾概述

建筑垃圾是指旧建筑物拆除和新建筑施工过程中所产生的固体废物。全球因建（构）筑物的拆除、战争、地震等原因，每年都产生大量的建筑垃圾。近几年来，我国的城市垃圾年排放量约1.5亿吨，其中30%～40%为建筑垃圾，约4500万～6000万吨，这一数字还不包括就近掩埋的建筑垃圾。

3.4.1.1 建筑垃圾的分类

按照来源，建筑垃圾可分为土地开挖、道路开挖、旧建筑物拆除、建筑施工和建材生产垃圾5类，主要由渣土、碎石块、废砂浆、砖瓦碎块、混凝土块、沥青块、废塑料、废金属料、废竹木等组成。

（1）土地开挖垃圾

土地开挖垃圾可分为表层土和深层土，前者可用于种植，后者主要用于回填、造景等。

（2）道路开挖垃圾

道路开挖可分为混凝土道路开挖和沥青道路开挖，包括废混凝土块、沥青混凝土块。

（3）旧建筑物拆除垃圾

主要分为砖和石头、混凝土、木材、塑料、石膏和灰浆、屋面废料、钢铁和非铁金属等，数量巨大。

（4）建筑施工垃圾

包括剩余混凝土、建筑碎料以及房屋装饰装修产生的废料。剩余混凝土是指工程中没有使用掉而多余出来的混凝土，也包括由于某种原因（如天气变化）暂停施工而未及时使用的混凝土。建筑碎料包括凿除、抹灰等产生的旧混凝土、砂浆等矿物材料，以及木材、纸、金属和其他废料等类型。房屋装饰装修产生的废料主要有废钢筋、废铁丝和各种废钢配件、金属管线废料、废竹木、木屑、刨花，各种装饰材料的包装箱、包装袋，散落的砂浆和混凝土、碎砖和碎混凝土块，搬运过程中散落的黄砂、石子和块石等。其中，主要成分为碎砖、混凝土、砂浆、桩头、包装材料等，约占建筑施工垃圾总量的80%。

（5）建材生产垃圾

主要是指为生产各种建筑材料所产生的废料、废渣，也包括建材成品在加工和搬运过程中所产生的碎块、碎片等。如在生产混凝土过程中难免产生的多余混凝土以及因质量问题不能使用的废弃混凝土，长期以来一直是困扰着商品混凝土厂家的棘手问题。经测算，平均每生产$100m^3$的混凝土，将产生$1\sim1.5m^3$的废弃混凝土。

显然，按建筑垃圾的来源分类并不能真正将它分开，所以也有根据建筑垃圾的主要材料类型或成分对其进行分类，据此可将每一种来源的建筑垃圾分成3类：可直接利用的材料、可作为材料再生或可以用于热回收的材料以及没有利用价值的废料。例如在旧建筑材料中，可直接利用的材料有窗、梁、尺寸较大的木料等，可作为材料再生的主要是矿物材料、未处理过的木材和金属，经过再生后其形态和功能都和原先有所不同。

也有其他一些分类方法，如先将建筑垃圾按成分分为金属类（钢铁、铜、铝等）和非金属类（混凝土、砖、竹木材、装饰装修材料等），按能否燃烧分为可燃物和不可燃物，再将剔除金属类和可燃物后的建筑垃圾（混凝土、石块、砖等）按强度分类：标号大于C10的混凝土和块石，命名为Ⅰ类建筑垃圾；标号小于C10的废砖块和砂浆砌体，命名为Ⅱ类建筑垃圾；为了能更好地利用建筑垃圾，还进一步将Ⅰ类细分为$Ⅰ_A$类和$Ⅰ_B$类、将Ⅱ类细分为$Ⅱ_A$类和$Ⅱ_B$类。各类建筑垃圾的分类标准及用途见表3-5。

表3-5 各类建筑垃圾的分类标准及用途

大类	亚类	标号	标志性材料	用途
Ⅰ	$Ⅰ_A$	≥C20	4层以上建筑的梁、板、柱	C20混凝土骨料
	$Ⅰ_B$	C10~C20	混凝土垫层	C10混凝土骨料
Ⅱ	$Ⅱ_A$	C5~C10	砂浆或砖	C5砂浆或再生砖骨料
	$Ⅱ_B$	<C5	低标号砖	回填土

3.4.1.2 建筑垃圾的组成

建筑垃圾中土地开挖垃圾、道路开挖垃圾和建材生产垃圾,一般成分比较单一,其再生利用或处置比较容易,这里只讨论建筑施工垃圾和旧建筑物拆除垃圾。

建筑施工垃圾和旧建筑物拆除垃圾大多为固体废物,一般是在建设过程中或旧建筑物维修、拆除过程中产生的。建筑施工垃圾与旧建筑物拆除垃圾组成成分相差较大。

不同结构类型的建筑物所产生的建筑施工垃圾各种成分的含量有所不同,其基本组成一致,主要由土、渣土、散落的砂浆和混凝土、剔凿产生的砖石和混凝土碎块、打桩截下的钢筋混凝土桩头、废金属料、竹木材、装饰装修产生的废料、各种包装材料和其他废弃物等组成。

表 3-6 列出了不同结构形式的建筑工地中建筑施工垃圾的组成比例和单位建筑面积产生的垃圾量。调查表明,建筑施工垃圾主要由碎砖、混凝土、砂浆、桩头、包装材料等组成,约占建筑施工垃圾的80%。对不同结构形式的建筑工地,垃圾组成比例略有不同,而垃圾数量因施工管理情况不同各工地差异很大。砖混结构的建筑,施工时形成的建筑垃圾主要由落地灰、碎砖头、混凝土块(包括混凝土熟料散落物)、废钢筋、铁丝、木材及其他少量杂物等构成,而落地灰、碎砖头、混凝土块在废渣中占90%以上。

表 3-6 不同结构形式的建筑工地中建筑施工垃圾的组成比例和单位建筑面积产生的垃圾量

垃圾组成	所占比例/%			垃圾组成	所占比例/%		
	砖混结构	框架结构	框架-剪力墙结构		砖混结构	框架结构	框架-剪力墙结构
碎砖(碎砌块)	30~50	15~30	10~20	钢材	1~5	2~8	2~8
砂浆	8~15	10~20	10~20	木材	1~5	1~5	1~5
混凝土	8~15	15~30	15~35	其他	10~20	10~20	10~20
桩头	—	8~15	8~20	合计	100	100	100
包装材料	5~15	5~15	10~15	单位建筑面积产生垃圾量/(kg/m^2)	50~200	45~150	40~150
屋面材料	2~5	2~5	2~5				

旧建筑物拆除垃圾的组成与建筑物的种类有关:废弃的旧民居建筑中,砖块、瓦砾约占80%,其余为木料、碎玻璃、石灰、黏土渣等;废弃的旧工业、楼宇建筑中,混凝土块占50%~60%,其余为金属、砖块、砌块、塑料制品等。

我国20世纪60年代前的建筑物用材主要是混凝土、金属及木材,从组成成分看,混凝土的比例最大,占48.35%,陶瓷类、玻璃、石膏板、瓦、石、木板等占22.32%;木材中以胶合板为主,占19.75%。20世纪60年代后的建筑物,大多采用各类复合材料、塑料等代替木材,因此旧建筑物拆除垃圾中木材含量相对较少。

3.4.2 建筑垃圾的预处理

与其他城市垃圾相比,建筑垃圾具有量大、无毒无害和可资源化率高的特点,且绝大多数建筑垃圾是可以作为再生资源重新利用的,如:废金属可重新回炉加工制成各种规格的钢材;废竹木、木屑等可用于制造各种人造板材;碎砖、混凝土块等废料经破碎后可代替砂直接在施工现场利用,用于砌筑砂浆、抹灰砂浆、浇捣混凝土等,也可用于制作砌块等建材产品等。在建筑垃圾综合利用方面,近年来国内外有很多突破性的成果,如孔内深层强夯桩技术就是一种综合利用碎砖瓦和混凝土块的途径。

然而,目前我国绝大部分建筑垃圾未经任何处理便被施工单位运往郊外或乡村,采用露天堆放或填埋的方式进行处理,耗用大量的征用土地费、垃圾清运费等建设经费,同时,清运与堆放过程中的遗撒和粉尘、灰沙飞扬等问题又造成了严重的环境污染。随着我国对于保护耕地和环境保护的各项法律法规的分布和实施，如何正确处理并尽可能地再利用建筑垃圾，已经成为建筑施工企业和环境保护部门面临的一个重要课题。

为了减小建筑垃圾的颗粒尺寸，增大其形状的均匀度，以便后续再生处理工序的进行，通常要对建筑垃圾进行破碎、分选等预处理。例如，破碎作业能使建筑垃圾的粒度变小、变均匀，在垃圾物料间的空隙减小，容量增加，因而建筑垃圾在贮存时就能节约空间，运输时可以提高运输量；对破碎后的建筑垃圾进行筛选、风选、磁选等建筑垃圾分离处理时，由于建筑垃圾的粒度均匀，流动性增加，因而能较大地提高分选效率和质量；破碎处理后的建筑垃圾还有利于进行高密度的填埋处置。

3.4.2.1 建筑垃圾的破碎

建筑垃圾的破碎方式有机械破碎和物理破碎两种。

（1）破碎方式

根据对破碎物料的施力特点，可将物料的破碎方式分为冲击、剪切、挤压、碾磨、撕碎等类别。建筑垃圾处理中常用的破碎方法见图 3-4。

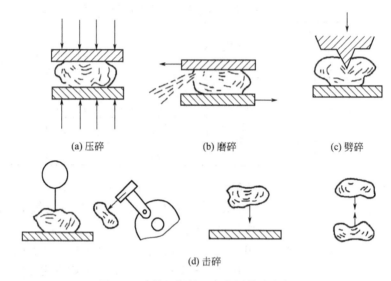

图 3-4 建筑垃圾处理中常用的破碎方法

① 压碎　物料在两个平面之间受到缓慢增长的压力，当被破碎的物料达到了它的压碎强度限则被破碎。对于大块的物料多采用此种方法。

② 磨碎　物料在两金属表面或各种形状的研磨体之间受到摩擦作用被磨碎成细粒。这种现象只有在物料受到的剪应力达到其剪切强度限时才会产生。此法多用于小块物料的细磨。

③ 劈碎　由于楔状物体的作用而使物料受到的拉应力达到物料拉伸强度限时，物料裂开而破碎。

④ 击碎　物料在瞬间受到外来的冲击力而被破碎。这种方法可由很多方式来完成，如用高速回转的锤子击打块、高速运动的料块冲击到固定钢板上等。对于脆性物料用此种方法进行破碎是比较适合的。

实际上任何一种破碎机械都不能只用一种方式来进行破碎，一般都是用两种或两种以上的方式联合起来进行破碎的,例如挤压和弯曲、冲击和研磨等。在破碎物料时,究竟选用哪种方法比较合适,必须根据物料的物理性质、料块的尺寸及需要破碎的程度来确定。例如对于硬质物料,采用挤压和冲击方式破碎;而对黏性物料,则采用挤压带研磨的方式破碎;对于脆性和软质材料,必须采用劈裂和冲击等方式破碎。

(2) 破碎机

由于破碎方法不同,而且处理的物料性质也有很大的差异,为适应实际工作的需要,破碎机形式是多种多样的。建筑垃圾处理中所用的破碎机,可按照它的作业对象或结构及工作原理来区分。按作业对象可分为以下3种。

① 粗碎机 用于大块物料的第一次破碎,能处理的最大物料块直径达1m以上,主要以压碎的方法进行破碎,粉碎比不大,一般小于6。

② 中碎机 处理的物料粒度通常不大于350mm,主要以击碎或压碎的方法进行破碎。由于这一类破碎机通常包括细碎的作业在内,故粉碎比较大,一般为3~20,个别可达30以上。

③ 细磨机 用于磨碎粒度为2~60mm的物料颗粒,其产品尺寸不超过0.1~0.3mm,最细可达0.1mm以下,粉碎比能达1000以上。

3.4.2.2 建筑垃圾的分选

建筑垃圾的分选,是建筑垃圾处理的一种方法(单元操作),其目的是将建筑垃圾中可回收利用、不利于后续处理或不符合处置工艺要求的物料分离出来。

建筑垃圾的分选一般分为现场分选和处理厂分选两个阶段。现场分选主要是在旧建筑物拆毁之前或拆毁过程中,先卸掉门窗、瓦片、檩条等易拆除部件。一般情况下,这些拆除物只要成色较新,往往会流入二级建筑材料市场,即使不能出售,也会使于拆分,从中回收碎玻璃、废木料。处理厂分选是在建筑垃圾运至处理厂后进行的分类与处理过程。由于建筑垃圾的经济价值不高,对其回收和再利用率的要求不能过高,因此,建筑垃圾的处理厂,宜建在填埋场附近或有充足接纳剩余垃圾容量的沟、坑边缘。

根据建筑垃圾的物理性质或化学性质(包括粒度、密度、重力、磁性、电性、弹性等),分别采用不同的分选方法,包括筛分、重力分选、磁选、光电分选、摩擦与弹性分选以及最简单有效的人工分选等。

(1) 筛分

筛分是利用筛子使物料中小于筛孔的细粒物料透过筛面,而大于筛孔的粗粒物料留在筛面上,完成粗、细粒物料分离的过程。该分离过程可看作是由物料分层和细粒透筛两个阶段组成的。物料分层是完成分离的条件,细粒透筛是分离的目的。

物料筛分过程中,物料和筛面之间具有适当的相对运动,筛面上的物料层处于松散状态,即物料按颗粒大小分层,粗粒位于上层,细粒处于下层,细粒到达筛面并透过筛孔。同时,物料和筛面的相对运动使堵在筛孔上的颗粒脱离筛孔,便于细粒透过筛孔。细粒透筛的前提是粒度小于筛孔,按照其透筛的难易程度可将细粒分为"易筛粒"和"难筛粒"。"易筛料"是指粒度小于筛孔尺寸3/4的颗粒,其很容易通过粗粒形成的间隙到达筛面而透筛;"难筛粒"是指粒度大于筛孔尺寸3/4的颗粒,其很难通过粗粒形成的间隙,而且粒度越接近筛孔尺寸就越难透筛。

根据筛分在工艺过程中应完成的任务,筛分作业可分为以下6类。

① 独立筛分 其目的是获得符合用户要求的最终产品。

② 准备筛分 其目的是为下一步作业做准备。

③ 预先筛分 在破碎之前进行的筛分,目的是预先筛分出合格或无需破碎的产品,提高破碎作业的效率,防止过度破碎并节省能源。

④ 检查筛分 对破碎的产品进行筛分,又称为控制筛分。

⑤ 选择筛分 利用物料中的有用成分在各粒级中的分布或者性质上的显著差异来进行作业。

⑥ 脱水筛分 脱除物料中的水分,该法常用于废物脱水或脱泥。

(2) 重力分选

固体废物的重力分选方法有很多,按作用原理可分为风力分选、跳汰分选、重介质分选、摇床分选和惯性分选等。重力分选是根据固体废物中不同物质颗粒间的密度差异,在运动介质中受到重力、介质动力和机械力的作用,使颗粒群产生松散分层和迁移分离,从而得到不同密度产品的分选过程。重力分选的介质有空气、水、重液(密度比水大的液体)、重悬浮液等。

各种重力分选过程具有的工艺特点是:a. 固体废物中颗粒间必须存在密度差异;b. 分选过程是在运动介质中进行的;c. 在重力、介质动力及机械力的综合作用下,颗粒群松散并按密度分层;d. 分好层的物料在运动介质流的推动下互相迁移,彼此分离,并获得不同密度的最终产品。

建筑垃圾的重力分选一般采用风力分选和惯性分选。

① 风力分选 风力分选是以空气为分选介质,将轻物料从较重物料中分离出来的一种方法,又称为气流分选。风力分选的分离过程如下:具有低密度、空气阻力大的轻质部分(提取物)和具有高密度、空气阻力小的重质部分(排出物)先得到分离;轻颗粒进一步从气流中分离出来。后一分离步骤常由旋流器完成,与除尘原理相似。按气流吹入分选设备的方向不同,风选设备可分为上升气流风选机(又称立式风力分选机)和水平气流风选机(又称卧式风力分选机)两种类型。

② 惯性分选 惯性分选又称弹道分选,是用高速传输带、旋流器或气流等水平方向抛射粒子,利用由密度、粒度不同而形成的惯性不同,粒子沿抛物线运动轨迹不同的性质,达到分离的目的。惯性是阻止物体运动的力,密度决定其大小。普通的惯性分选器有弹道分选器、旋风分离器、振动板以及倾斜的传输带、反弹分选器。

(3) 磁力分选

磁力分选有两种类型。一类是通常意义上的磁选,它主要应用于两个方面:一是供料中磁性杂质的分离、净化;二是磁性物料的精选。前者用于清除杂铁物质以保护后续设备免遭损坏,产品为非磁性物料,而后者用于铁磁矿石的精选和从城市垃圾中回收铁磁性黑色金属材料。另一类是磁流体分选法,可应用于建筑垃圾中铝、铜、铁、锌等金属的回收。

磁选是利用固体废物中各种物质的磁性差异在不均匀磁场中进行分选的一种处理方法。固体废物按其磁性大小可分为强磁性、弱磁性、非磁性等不同组分,颗粒在磁选机中的分离如图3-5所示。将固体废物输入磁选机,其中的磁性颗粒在不均匀磁场作用下被磁化,受到磁场吸引力的作用。除此之外,所有穿过分选装置的颗粒,都受到诸如重力、流动阻力、摩擦力、静电力和惯性力等机械力的作用。若磁性颗粒受力满足 $F_磁 > \sum F_机$(其中 $F_磁$ 为作用于磁性颗粒的吸引力,$\sum F_机$ 为与磁性引力方向相反的各机械力的合力),则该磁性颗粒就会沿磁场强度增加的方向移动直至被吸附在滚筒或带式收集器上，而后随着传输带运动而被排出。其中非磁性颗粒所受到的机械力占优势。对于粗粒，重力和摩擦力起主要作用，而对于细粒，静电引力和流体阻力则较明显。在这些作用下，它们仍会留在废物中而被排出。因此，磁选是基于固体废物各组分的磁性差异，作用于各种颗粒上的磁力和机械力的合力不同，使它们的运动轨迹也不同，从而实现分选作业。

（4）摩擦与弹跳分选

摩擦与弹跳分选是根据建筑垃圾中各组分摩擦系数和碰撞系数的差异，在斜面上运动或与斜面碰撞弹跳时，产生不同的运动速度和弹跳轨迹而实现彼此分离的一种处理方法。

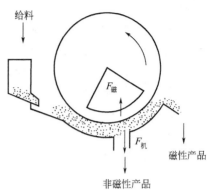

图 3-5　颗粒在磁选机中的分离示意

物料沿斜面从上向下运动时，其运动方式与运动速度随颗粒的形状或密度不同而不同。其中，纤维状废物和片状废物（如塑料碎片、细长的竹木条）几乎全靠滑动，其运动速度不快，脱离斜面抛出的初速度较小；球形颗粒则是滑动、滚动和弹跳相结合的运动，其加速度较大，运动速度较快，脱离斜面抛出的初速度也较大。同时，当废物离开斜面抛出时，又因受空气阻力的影响，抛射轨迹并不严格沿着抛物线前进，其中纤维废物和片状废物由于形状特殊，受空气阻力影响较大，在空气中减速很快，抛射轨迹表现严重的不对称（抛射开始时接近抛物线，其后接近垂直落下），使它抛射不远；接近球形的废物颗粒受空气阻力影响小，在空气中运动减速较慢，抛射轨迹表现对称，使它抛射较远。因此，纤维状废物与片状废物，脱离斜面抛出的初速度小且离开斜面后受空气阻力的影响大，而颗粒废物则脱离斜面抛出的初速度较大且离开斜面后受空气阻力影响较小，两者的抛射距离相差较大，因而可以彼此分离。

建筑垃圾自一定高度给到斜面上时，其中废纤维、有机垃圾和灰土等近似塑性碰撞，不产生弹跳；而砖瓦、铁块、碎玻璃、废橡胶等则属弹性碰撞，产生弹跳，两者运动轨迹不同，因而得以分离。

3.4.3　建筑垃圾的再生利用

建筑垃圾中的可再生资源主要包括渣土、废砖瓦、废混凝土、废木材、废钢筋、废金属构件等，建筑垃圾再生利用应做到因地制宜、就地利用、经济合理、性能可靠。

3.4.3.1　废木材、木屑的资源化

从建筑物拆卸下来的废旧木材，如果直接丢弃会造成资源的浪费，还会增加环境的负担，因此，需对废木材、木屑进行资源化利用。

（1）废木材作为木材重新利用

从建筑物拆卸下来的较粗的立柱、椽、托梁以及木质较硬的橡木、榉木、红杉木、雪松等，可以直接当木材重新利用。在废旧木材重新利用前，应充分考虑以下两个因素：a. 木材腐坏、表面涂漆和粗糙程度；b. 木材上尚需拔除的钉子以及其他需清除的物质。废旧木材的利用等级一般需做适当降低。

对于建筑施工产生的多余木料（木条），清除其表面污染物后可根据其尺寸直接利用，而不用降低其使用等级，如加工成楼梯、栏杆（或栅栏）、室内地板、护壁板（或地板）和

饰条等。

建筑垃圾中的碎木、锯末和木屑，可作为燃料、堆肥原料和侵蚀防护工程中的覆盖物而得到利用。不含有毒物质的碎木、锯末和木屑，如没经防腐处理的废木料、无油漆的废木料，可直接作为燃料利用其燃烧释放的能量。建筑垃圾中的碎木、锯末和木屑还可作为堆肥原料使用。木料的碳氮比为（200～600）∶1，将碎木、锯末和木屑粉碎至一定粒径的颗粒，掺入堆肥原料中可以调节原料的碳氮比。一些含特殊成分的废木料掺入堆肥原料中，对堆肥化过程有促进作用。如经硼酸盐处理过的木料和石膏护墙板的掺入，能提高原料在堆肥化过程中的持水能力；石膏护墙板的掺入，其中的石膏还能降低堆肥化过程的 pH 值，使其在 8.0 以下。废木料的掺入率与其清洁度密切相关，清洁未受污染的碎木、锯末和木屑掺入率较高，受污染的木料则掺入率较低。一般而言，经硼酸盐处理的木料、石膏护墙板和上过不含铅油漆的木料的掺入率应分别不超过 5%、10% 和 15%。废木料还可作为侵蚀防护工程中的覆盖物。将清洁的木料磨碎、染色后，在风景区需做侵蚀防护的土壤上（湖边、溪流的护堤）摊铺一定的厚度，既可使土壤不受侵蚀破坏又可造景美化。

(2) 废木料用于生产黏土-木料-水泥复合材料

与普通混凝土相比，黏土-木料-水泥混凝土具有质量轻、热导率小等优点，因而可作特殊的绝热材料使用。将废木料与黏土、水泥混合生产黏土-木料-水泥复合材料（黏土混凝土），可使复合材料的密度进一步减少，热导率进一步降低。由于废木料中含有一定的纤维，废木料的掺入率越大，复合材料的可塑性越好；废木料的掺入率越大，不可避免地增大了复合材料的空隙率，从而导致复合材料的热导率和机械强度下降。

(3) 经防腐剂处理木材的资源化

为了延长建筑用木材的服务年限，一般对木材用化学防腐剂进行防腐处理，经防腐剂处理的木材的服务年限可延长 5 倍以上。含铬酸盐的砷酸铜溶液（简称 CCA，其中含铜约 20%，含铬 35%～60%，含砷 15%～45%）是最常用的防腐剂，此外，硼酸盐也是一种常用的防腐剂。经防腐处理的木材含有少量的有毒防腐剂，如不进行适当处理，会对环境造成较大的危害。

3.4.3.2 废旧建筑混凝土的资源化

再生混凝土技术是将废弃混凝土块经过破碎、清洗、分级后，按一定的比例混合形成再生骨料，部分或全部代替天然骨料配制新混凝土的技术。废弃混凝土块经过破碎、分级并按一定的比例混合后形成的骨料，称为再生骨料。再生骨料按来源可分为道路再生骨料和建筑再生骨料；按粒径大小可分为再生粗骨料（粒径 5～40mm）和再生细骨料（粒径 0.15～2.5mm）。利用再生骨料作为部分或全部骨料配制的混凝土，称为再生骨料混凝土，简称再生混凝土。相对于再生混凝土而言，把用来生产再生骨料的原始混凝土称为基体混凝土或原生混凝土。

(1) 再生骨料

用废弃混凝土制造再生骨料的过程和天然碎石骨料的制造过程相似，都是把不同的破碎设备、筛分设备、传送设备合理组合在一起的生产工艺过程，其生产工艺原理如图 3-6 所示。实际的废弃混凝土块中不可避免地存在着钢筋、木块、塑料碎片、玻璃、建筑石膏等各种杂质，为确保再生混凝土的品质，必须采取一定的措施将这些杂质除去，如用手工法除去大块钢筋、木块等杂质，用电磁分离法除去铁质杂质，用重力分离法除去小块木块、塑料等轻质杂质。

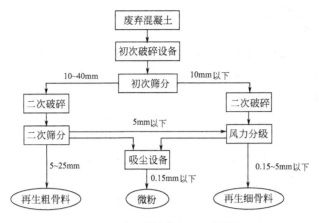

图 3-6 再生骨料的生产工艺原理

同天然砂石骨料相比，再生骨料由于含有 30% 左右的硬化水泥砂浆，从而导致其吸水性能、表观密度等物理性质与天然骨料不同。

再生骨料表面粗糙、棱角较多，并且骨料表面还包裹着相当数量的水泥砂浆（水泥砂浆孔隙率大、吸水率高），再加上混凝土块在解体、破碎过程中由于损伤积累使再生骨料内部存在大量微裂纹，这些因素都使再生骨料的吸水率和吸水速率增大，这对配制再生混凝土是不利的。另一方面，随着再生骨料颗粒粒径的减小，再生骨料的含水率快速增大，密度则降低，吸水率成倍增加，再生细骨料的含水率和吸水率均明显大于再生粗骨料；同时，再生骨料的吸水率与再生骨料的原生混凝土强度有关，粒径相当时，再生骨料的吸水率随原生混凝土强度的提高而显著降低。同样，由于骨料表面水泥砂浆的存在，使再生骨料的密度和表观密度比普通骨料低。

（2）废旧建筑混凝土作粗骨料拌制再生混凝土

粗骨料吸水率的影响因素有内部缺陷、表面粗糙程度和粒径。再生粗骨料的吸水率随粒径的增大先减小后增大。其原因是：同一种粗骨料各粒级的表面粗糙程度相差不大，粗骨料的吸水率主要受两个因素的影响，即骨料的内部缺陷和比表面积。粒径越大，再生粗骨料的内部缺陷（如微裂缝之类）愈多，吸水率愈大；粒径愈小，比表面积愈大，吸水率也愈大。

再生粗骨料的表观密度和饱和吸水率与原生混凝土强度有关，原生混凝土强度愈高，水泥浆体孔隙愈少，再生粗骨料的表观密度愈大，饱和吸水率愈低。再生粗骨料能在短时间内吸水饱和，10min 达到饱和程度的 85% 左右，30min 达到饱和程度的 95% 以上。

再生粗骨料的自然级配可以满足空隙率较小的要求，当不满足时要考虑调整级配。

再生粗骨料的压碎指标不单与骨料强度有关，还与骨料级配有关。原生混凝土强度不同时，再生粗骨料压碎指标明显不同；原生混凝土强度愈高，再生粗骨料压碎指标愈低。

与一般天然骨料（碎石或卵石）相比，废混凝土骨料（WCA）的表观密度较小、表面粗糙、孔隙大、比表面积大、吸水率大、用浆量多；与普通混凝土相比，WCA 混凝土拌和物密度小、和易性低，其密度和坍落度减小值随着 WCA 混凝土拌和物中 WCA 掺量的增加而增大。再生混凝土表观密度降低有利于其在实际工程中的应用，因为混凝土表观密度降低对降低建筑物自重、提高构件跨度有利。同时 WCA 骨料表面粗糙，增大了拌和物在拌和与浇注时的摩擦阻力，使 WCA 混凝土拌和物的饱水性与黏聚性增强。

研究表明，再生混凝土的抗压强度、抗拉强度、抗压弹性模量、抗压弹性模量全部随着WCA掺量增加而降低。

再生混凝土能有效提高建筑物的保温隔热性能，而且耐久性高，抗冻性强。

(3) 废旧建筑混凝土作细骨料拌制再生混凝土

与再生粗骨料相同，由于再生细骨料中水泥砂浆含量较高，其密度低于天然骨料，含水率明显高于天然骨料。与再生粗骨料相比，其密度稍低，含水率稍高，吸水率则明显增大。如当原生混凝土等级强度为C50时，再生细骨料的吸水率达到12.3%。

同再生粗骨料相比，再生细骨料对再生混凝土抗压强度和弹性模量的影响较大。王武祥和刘立等研究表明：当原生混凝土强度等级为C40且再生细骨料取代量由30%提高到50%时，再生混凝土的28d抗压强度则由42.9MPa降为34.3MPa，降幅达20%；而对同一等级强度的原生混凝土，当再生粗骨料取代量由30%提高到50%时，再生混凝土的28d抗压强度则仅由46.7MPa降为46.6MPa，几乎无变化。

(4) 再生骨料及再生混凝土的改性

再生骨料与天然骨料相比，具有孔隙率高、吸水性大、强度低等特征，目前其应用范围还很窄，主要用来配制中低强度的混凝土。若要将再生骨料用到钢筋混凝土结构工程中去，则对其强度、粒径、洁净水平等要求较高，因此，再生骨料混凝土能否高强化和高性能也就成为当今的重要研究课题之一。

3.4.3.3 废旧道路水泥混凝土的资源化

20世纪40年代中期，人们常用混凝土再生骨料铺筑稳定和非稳定基层，广泛应用再生骨料摊铺路是在70年代后期才兴起的。现在，在美国采用再生骨料作为面层新混凝土混合料的骨料已成为一项迅速普及的新技术。废旧道路水泥混凝土的再生利用最先开始于第二次世界大战后欧洲的建筑物重修，但是，随着重建工作的完成，混凝土的再生利用研究和运用在欧洲基本上处于停顿状态。20世纪80年代，在美国的一些地方，由于自然条件的原因缺乏道路建设中配制混凝土所必需的碎石材料，于是混凝土的再生利用再次引起人们的注意。随着研究和运用的进一步展开，目前在美国形成了比较成熟的水泥混凝土再生利用技术。

在我国，道路旧水泥混凝土的再生利用研究和运用工作刚刚起步，目前尚没有在实际工程中大规模运用。但是，由于我国各方面资源相对都比较紧缺，环境保护的任务很重，因此，旧水泥混凝土的再生利用在我国更具有紧迫性和必要性。

(1) 废旧道路水泥混凝土的再生技术

废旧道路水泥混凝土的再生技术主要包括现场再生技术和骨料厂再生技术两方面。

① 现场再生技术　现场再生是破碎或粉碎现有路面，然后将破碎或粉碎后的路面用作新路面结构中的基层或底基层。破裂压密法和破碎压密法是两种常用的现场再生方法。破裂压密法将严重破坏的混凝土路面破裂成0.09～0.28m²大小的碎块，压密后摊铺罩面。破碎压密法将现有混凝土路面破碎成最大粒径为152mm的碎石，压密后摊铺罩面。两种方法的目的都是为了防止产生反射裂缝。水泥混凝土罩面和沥青混凝土罩面均可在使用此方法处理过的表面摊铺。

② 骨料厂再生技术　骨料厂再生技术包括旧水泥混凝土路面的现场破碎、装载、运输，然后在中心料厂破碎成用于新水泥混凝土路面的骨料。该骨料也可用于新路面结构中的稳定或非稳定基层，或者新水泥混凝土混合料。搅拌和浇筑再生骨料混凝土均可使用常规设备。

如果在混合料中同时使用再生骨料和原生砂料，常规搅拌厂增设一个砂料斗即可。浇筑、纹理（做路面花纹）、养护等工序，再生混凝土和常规混凝土施工并没有什么不同。碾压混凝土施工技术同样可以用于采用再生骨料的水泥稳定基层的施工。

(2) 废旧道路水泥混凝土作骨料拌制路面混凝土

在公路改建中，旧路面的混凝土没污染，一般都符合质量要求，优于其他建筑材料。从表观看，再生混凝土骨料中扁平状和针状的含量很少，一般能达到水泥混凝土对粗骨料的表观要求。混凝土路面的破坏并不会影响浇筑后新路面的使用寿命，这一点不同于其他结构混凝土。再生混凝土骨料的吸水率高于碎石骨料的吸水率，会影响配制混凝土的工作性，但是有利于配制混凝土的强度发展。

(3) 废旧道路水泥混凝土作路面基层材料

再生骨料具有良好的路用性能，采用无机结合料进行稳定的半刚性基层完全能够满足现行规范高等级公路基层的指标要求。

目前，中国道路结构中绝大多数采用的是沥青面层下用无机结合料进行稳定的半刚性基层，其中性能较好的半刚性基层均大量使用粒径大小不同的砂石材料，其用量按现行规范要求石灰、粉煤灰类（简称二灰类）不少于80%，水泥稳定类在90%以上。如能将废弃混凝土加工成适宜于路面基层使用的再生骨料，而其性质又可达到路用要求，将是解决废弃混凝土的一个很有效的方法。以每层设计厚度为20cm的二级路为例，二灰类基层材料每公里可利用再生骨料为1440m^3、水泥稳定类达到1728m^3，分别占到原废弃混凝土量的67%~80%，可基本解决水泥混凝土改建时废弃混凝土再利用的问题。

无论采用水泥还是二灰稳定粒料作为基层材料，其中的粒料均要满足一定的要求。该指标主要包括颗粒级配和压碎值、洛杉矶磨耗、针片状颗粒含量、坚固性等。颗粒级配表示了用于基层粒料粗细颗粒的分级搭配，后几种综合反映了粒料的力学性质。

3.4.3.4 剩余混凝土的资源化

一般来说，一项建筑工程需用多少混凝土，商品混凝土搅拌站就提供相应的数量，但实际生产中往往供应的混凝土会多余下来，特别是当工程结尾时，此种现象很难避免。这种在工程中未使用掉而多余出的混凝土称之为剩余混凝土。同样道理，建筑工程中未使用完的砂浆称之为剩余砂浆。在处理剩余混凝土综合利用的过程中，产生出来的含水泥石颗粒的废水，称之为剩余水。此外，剩余水还包括冲洗搅拌车和搅拌设施所产生的废水以及处理剩余砂浆的废水、冲洗砂石原料的废水等。这些称之为剩余水的废水，其主要成分是失去活性或部分失去活性的细小水泥石颗粒。

(1) 剩余混凝土的分离和回收

施工中如有剩余混凝土产生，则由搅拌车将剩余混凝土再带回搅拌站。搅拌站内设有循环利用剩余混凝土的设备和剩余水搅拌池。将剩余混凝土卸入分离机，接通冲刷水对混凝土进行冲洗，混凝土中的水泥和砂石得到分离，分离出的砂石可重新用于混凝土的生产，或用于建筑工地基础的填充料。冲洗出来的含水泥的废水，先流入一个过滤池内，然后再从过滤池泵送到剩余水搅拌池。泵送过程自身是一个过滤的过程，只有细小的水泥或水泥石颗粒才能通过滤网进入剩余搅拌池。同样，冲洗搅拌车的废水以及冲洗砂石原料的废水也是通过过滤的方式泵送到剩余水搅拌池。搅拌池内设有定期搅拌装置，以防止池内的水泥或水泥石颗粒沉淀、凝结。这些剩余水作为混凝土的拌和用水，将重新用于生产混凝土。剩余混凝土分离及回收再利用工艺流程如图3-7所示。

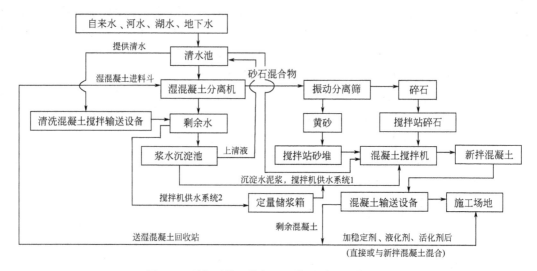

图 3-7　剩余混凝土分离及回收再利用工艺流程

湿混凝土回收站由分离设备、供水系统、砂石输送与筛分系统、清水池和浆水池及定量储浆箱 5 个部分组成。置于浆水池不锈钢笼内的浆水浓度计用于观测和控制浆水浓度，浓度计标杆上分绿色、黄色、红色 3 部分。绿色区表示浆水浓度＜3％；黄色区示意浆水浓度为 3％～5％；红色区警示浆水浓度＞5％。定量储浆箱用来控制浆水定量使用。由于浓度小于 5％的浆水容重和清洁水容重相当接近，故浓度读数存在一定的误差（误差 10％～15％），因此，注入定量储浆箱的浆水体积应预先设定为搅拌混凝土用水量的 70％～80％，其余 20％～30％的拌和水用搅拌站原清水供水系统补充。分离后的黄砂、碎石，由于黄砂中难免夹杂少量细石，碎石中又夹带少量黄砂，因此砂、石运至搅拌站砂、石大堆场再利用时，应尽量分散堆放。

(2) 利用剩余混凝土直接拌制再生混凝土

每个工程甚至每个施工阶段都会有或多或少的剩余混凝土，按照通常的惯例，剩余混凝土约占整个商品混凝土产量的 0.8％。由于某种原因而暂停施工一段时间后，已经搅拌的混凝土也不能直接再用。在回收混凝土结硬之前加水稀释，使骨料与水泥浆分开，骨料可再利用，水泥浆可制块作铺路材料，但由于场地的缺乏和水源的紧张，这种方法的成本越来越高。目前我国的商品混凝土搅拌站对剩余混凝土和剩余水尚未采取综合利用的处理方法。如有剩余混凝土产生，则将其降低等级使用，或无偿送给需用混凝土的单位和个人，或干脆倾倒在工地上或搅拌站内，造成很大的浪费，且污染环境。

集中回收的剩余混凝土一般来说已进入初凝状态，由于它的供应标号相对较高，制作人行道地面砖、下水道井圈座、道路侧板以及其他用途的小型砌块都是很好的。用一台小型单卧轴搅拌机和一台小型砌块成型机，将回收的混凝土及浆水再补充少量砂、石和水即可生产此类构件。

3.4.3.5　废旧混凝土砂（渣）的资源化

废旧混凝土砂（渣）的资源化主要有两方面：利用混凝土工厂淤渣和废旧混凝土砂生产再生水泥和利用废旧混凝土作生产水泥的部分原料生产再生水泥。

(1) 利用混凝土工厂淤渣和废旧混凝土砂生产再生水泥

利用混凝土工厂淤渣和废旧混凝土砂生产再生水泥，不但保护了环境，又利用了废材资源，生产节能型水泥，颇有可取之处。再生水泥所用的原料依废弃物的种类而有两种类型：Ⅰ型为混凝土工厂淤渣+水淬矿渣+石膏；Ⅱ型为废旧混凝土砂+水淬矿渣+石膏。

为促进水泥水化反应，往往要添加百分之几的硅酸盐水泥进行混合粉磨而制成再生水泥。另外石膏的添加量以2%~3%为宜，因此再生水泥可以说是一种不烧成的混合水泥。

Ⅰ型水泥由于混凝土的淤渣是在低温下干燥的，它同水淬矿渣细粉之间的反应速度很慢，所以，进行干燥时应把温度提高到200℃左右，并以较短的时间完成干燥过程，使淤渣中的水化物钙矾石脱水分解而非晶质化，这样能加快它与水淬矿渣细粉之间的水化反应速率。

Ⅱ型水泥的混凝土碎砂是用破碎机把废弃混凝土破碎到30mm以下，其破碎物再经5mm筛过筛，利用其通过部分作为混凝土细砂，因其中包含混凝土中砂浆的大部分。如同混凝土工厂淤渣那样不需高温干燥处理，只需一般的干燥和粉磨就可与水淬矿渣细粉发生水化，作为原料的废混凝土，其水化物的数量越多越好。因此，通常是利用富配合的混凝土，如道路路面以及水泥二次制品的废材等。

(2) 利用废旧混凝土作生产水泥的部分原料生产再生水泥

废弃混凝土由碎石、人工砂（碎石破碎而成）与水泥配制。分别采用3种原料配比烧制水泥，比较各水泥的优劣，以确定适宜的原料配比。废弃混凝土与石灰石的比例分别为：40∶60（样品A），60∶40（样品B），80∶20（样品C）。上述3个试样的熟料分别加入5%的石膏后，磨细至4900孔筛筛余为2%，再进行水泥胶砂强度试验，结果表明，随着利用废弃混凝土的比例越来越高，水泥（熟料+石膏）的强度逐渐降低。

3.4.3.6 废旧砖瓦的资源化

化学分析及X射线衍射分析表明，经长期使用后的废旧红砖与青砖矿物成分十分相似，但含量不同，红砖烧结时未进行反应的SiO_2大量存在，而青砖中含有较多的$CaCO_3$。因此，它们在本质上存在被继续利用的基础与价值。

(1) 碎砖块生产混凝土砌块

朱锡华等研究开发利用碎砖块和碎砂浆块生产多排孔轻质砌块，取得了成功。试验采用的原材料配比大致如下：425普通硅酸盐水泥10%~20%，建筑垃圾（碎砖、砂浆，饱和面干状态）60%~80%，辅助材料（中砂）10%~20%。实验结果表明，废砖容易破碎，极易产生细粉，颗粒级配中小于0.16mm粉末含量较多，其对混凝土强度的影响不容忽视。在低标号混凝土中粉末含量为20%左右，粉末对混凝土起一种惰性矿物粉的填充作用，可改善混凝土的和易性，增加其密实度，对强度较为有利。但粉末含量大于25%，则混凝土强度明显下降。砌块的强度与体积密度、吸水率、干缩率存在下列关系：强度等级越高，砌块的吸水率和干缩率越低，体积密度则越高。砌块的保温隔热性能较好，厚度为190mm的砌块墙体热阻值为0.393K/W，优于厚度为240mm砖墙的隔热性能。

(2) 废砖瓦替代骨料配制再生轻骨料混凝土

试验表明，将废砖瓦破碎、筛分、粉磨所得的废砖粉在石灰、石膏或硅酸盐水泥熟料激发条件下，具有一定的强度活性。小于3cm的青砖颗粒容重为752kg/m³，红砖颗粒容重为900kg/m³，基本具备作为轻骨料的条件，再辅以密度较小的细骨料或粉体，用其制成具有承重、保温功能的结构轻骨料混凝土构件（板、砌块）、透气性便道砖及花格、小品等水泥制品。

王长生对废黏土砖进行破碎处理替代骨料，配制了再生轻骨料混凝土，并对其可行性及再生混凝土的性能进行了分析探讨。废黏土砖密度小，强度较高，吸水率适中，其指标完全符合技术指标要求。

从拌和物的操作中发现，再生混凝土骨料完全用废碎砖时流动性、黏聚性相对较差，成型不便，由于破碎后的骨料表面粗糙，粗、细骨料之间的滑润远不及普通混凝土，所以在拌和与浇筑时生产很大的摩阻力，使其和易性、流动性变差。

再生混凝土的断裂破坏与普通混凝土有所区别，破坏通常是集中或通过骨料，而不是绕过骨料。在一定的砂浆配比下，骨料和水泥浆体的强度近于相等。

试验结果表明，研究开发碎砖再生混凝土在技术上是可行的。通过掺加适宜的塑化剂、粉煤灰和采取对骨料的预湿等技术措施，可改善和提高混凝土拌和物的黏聚性、保水性和流动性等工作性能，使其满足施工或制品成型工艺要求。再生混凝土采用高效减水剂、活性矿物原料，全部采用破碎废砖作骨料，制备再生混凝土强度可达 40～50MPa，在水泥用量不变的条件下，制得高强轻骨料混凝土是可能的。

(3) 废砖瓦其他资源化途径

废砖瓦还可用于免烧砌筑水泥原料、水泥混合材及再生烧砖瓦等。

① **免烧砌筑水泥原料** 使用 50%～60% 的废砖粉，利用硅酸盐熟料激发，只需经粉磨工艺，免烧，可成功制得符合 GB/T 3183 标准的 175#、275# 砌筑水泥，90d 龄期抗折强度与抗压强度比 28d 的提高 5%。

② **作水泥混合材** 在普通水泥中加入 5% 废砖粉作混合材，28d 抗折强度与抗压强度均高于不加时，但 3d、7d 抗压强度略低，不影响凝结时间与水泥安定性。

③ **再生烧砖瓦** 使用 60%～70% 的废砖粉，利用石灰、石膏激发，免烧、免蒸，可成功制得 28d 强度符合要求的 100# 及 150# 砖，可用于承重结构。应当指出，普通烧结砖在出窑后的使用期强度不会再有提高，而这种免烧再生砖 90d 比 28d 可提高强度 60% 左右。利用这一特点，也可成型任一形状的产品或构件。

3.4.3.7　废旧屋面材料的资源化

有资料表明，屋面废料中有 36% 的沥青、22% 的坚硬碎石和 8% 的矿粉和纤维。沥青屋面废料适合作沥青路面的施工材料，因为像盖板之类的沥青屋面材料产品含有许多用于冷拌和热拌沥青的材料。沥青屋面板含有高百分比的沥青，其沥青含量一般为 20%～30%。如将沥青屋面废料回收应用于路面沥青的冷拌或热拌施工，所需的纯净沥青能大大减少。沥青屋面材料还含有高等级的矿质填料，它们能替换冷拌和热拌沥青中的一部分骨料。另外，沥青屋面材料中所含的纤维素结构类似石料地沥青砂胶路面设计中使用的纤维材料，有助于提高热拌沥青的性能。

沥青屋面废料回收利用的再生拌和物的性能主要取决于其清洁度，在回收沥青屋面废料之前，应将其中的钉子、塑料以及其他杂物清除掉。

(1) 回收沥青废料作热拌沥青路面的材料

在热拌沥青中使用再生的沥青屋面废料掺和物的优点有：a. 沥青屋面废料含有纤维素材料，有助于减轻混合物的重轴载形成的车辙、推挤（高温路面变形）和反射裂缝；b. 屋面材料中的沥青含量高，有助于减轻混合物的温缩裂缝（低温路面变形）；c. 屋面材料的高沥青含量易引起沥青胶泥的氧化，有助于延缓混合物的老化。

热拌沥青路面的性能与沥青屋面废料的掺入率密切相关，掺入率越高，则路面性能下降较大。一般高等级公路（如高速公路）热拌沥青路面中沥青屋面废料的掺入率为5%，而低等级道路的热拌沥青路面中沥青屋面废料的掺入率可达10%～15%。

(2) 回收沥青废料作冷拌材料

回收的沥青屋面废料可用作生产填补路面坑洞的冷拌材料。与沥青屋面废料用于热拌沥青路面材料相比，沥青屋面废料用于冷拌操作方法更容易。冷拌在美国新泽西州和马萨诸塞州等东部州的市区普遍使用。除了补坑槽之外，冷拌还用来修补车行道、填充公用事业的通道、修补桥梁和匝道，并帮助养护停车场。冷拌产品也能用于铺在沥青路面下面的骨料底基层的替换物。

将沥青屋面废料用作冷拌材料的优点有：a. 成本低，再生沥青屋面冷拌混合料一般没有无掺杂的冷拌混合料那样贵；b. 料堆延性大且允许较长的施工时间；c. 拌和操作方便，铺筑之后能马上使交通恢复。

3.4.3.8 旧沥青路面料的资源化

所谓沥青混凝土再生利用技术，是将需要翻修或废弃的旧沥青混合料或旧沥青路面，经过翻挖回收、破碎筛分，再和再生剂、新骨料、新沥青材料等按适当配比重新拌和，形成具有一定路用性能的再生沥青混凝土，用于铺筑路面面层或基层的整套工艺技术。

沥青路面老化主要是沥青的老化和骨料的细化。沥青路面在车轮荷载作用下，承受着压应力、剪应力和拉应力等，同时沥青路面长期暴露于大自然，会受到各种自然因素如氧、阳光、温度、水、风等的作用，致使混合料中的沥青、骨料的性能发生物理、化学变化，并最终表现为沥青混合料使用品质下降。

沥青是由多种化学结构极其复杂的化合物组成的一种混合物，其老化主要表现为针入度降低、黏度增大、延度减少、软化点提高等。表3-7列出了旧沥青性能的几项常规指标。

表 3-7　旧沥青性能的几项常规指标

沥青品种	针入度(25℃)/×0.1mm	黏度(60℃)/(Pa·s)	延度(15℃)/cm	软化点/℃
回收旧沥青	35～42	420～450	20～40	57.5～61.5
规范对AH70#沥青的要求	60～80	—	>100	44～55

随着我国沥青路面高等级公路的发展，特别是许多高等级路面已经或即将进入维修改建期，大量的翻挖、铣刨沥青混合料被废弃，一方面造成环境污染，另一方面对于我国这种优质沥青极为匮乏的国家来说是一种资源的浪费，而且大量使用新石料、开采石矿会导致森林植被减少、水土流失等严重的生态环境破坏，因此，对沥青路面旧料再生技术有必要进行深入、系统的研究。

根据目前国外的再生工艺来看，沥青混合料的再生工艺有热再生和冷再生两种方法。这两种工艺既可以在现场进行就地再生，也可以进行厂拌再生。

(1) 热再生方法

简单地说，热再生技术就是由特殊结构的加热墙提供强大的热量，在短时间内将沥青路面加热至施工温度，通过旧料再生等一些工艺措施，使病害路面达到或接近原路面技术指标的一种技术。

① 现场热再生法　沥青混凝土现场热再生技术（简称HIPR）是专用来修复沥青道路

表面病害的。其基本工作原理是：先用专用的加热板（提供100%高强度辐射热）加热待修补的区域，经3～5min之后，路面被软化，然后将加热软化的路面耙松，喷洒乳化沥青，使旧沥青混合料现场热再生；最后加入新的沥青料，搅拌摊平，然后压实完工。现场热再生可以达到最大深度为50mm的位置，在某种情况下，可以达到更深的再生深度。现场热再生可以矫正横断面的不平。

② 厂拌热再生法　厂拌热再生法就是将旧沥青路面经过翻挖后运回拌和厂，再集中破碎，和再生剂、新沥青材料、新骨料等在拌和机中按一定比例重新拌和成新的混合料，铺筑成再生沥青路面。其中新加沥青、再生剂与旧混合料的均匀充分融合是关键，在设计施工工艺中应充分考虑拌和机械设备。

近年来，热处理法在工厂再生旧沥青混凝土的应用越来越多。在工厂堆存的旧沥青混凝土，若是冷开采的，堆放就不结块；若是热开采的，则为防止结块，可加入砂子或矿粉。用不同方式获得的材料应分开存放，加工旧沥青混凝土在专门的搅拌机内进行。

（2）冷再生方法

冷再生方法是利用铣刨机将沥青面层及基层材料翻挖，将旧沥青混合料破碎后当作骨料，加入再生剂混合均匀，碾压成型后，主要作为公路基层及底基层使用。沥青混凝土冷再生操作在常温下进行，所以冷再生法又称为常温再生法。再生剂包括乳化沥青、泡沫黏稠沥青、粉煤灰、石灰、氯化钙以及诸如粉煤灰加水泥或粉煤灰加石灰等复合材料。在某些情况下，当路面的沥青含量太高或是需要改善骨料的级配时，则还需掺加新骨料。只有当再生剂为乳化沥青时，再生混合料碾压成型后才可直接用作再生路面，此时路面的品质不是很好，主要是用于等级低的道路。

① 现场冷再生法　现场再生法是将路面混合料在原路面上就地翻挖、破碎，再加入新沥青和新骨料。用路拌机原地拌和，最后碾压成型。

现场冷再生中，一般再生沥青路面材料（以下简称RAP）100%都得到加工。通常再生的旧沥青路面厚度为5～10cm，但若采用其他添加剂如粉煤灰或水泥，而不是一般所使用的乳化沥青，处理厚度还能大些，全部的施工都是在再生的路面上完成的。对于大多数现场冷拌再生施工法来说，新的面层是热拌沥青混合料，但是对于交通量特别低的路来说，面层可能只用单层的或双层的沥青封层。

② 厂拌冷再生法　厂拌冷再生法采用固定式拌和再生设备回收沥青路面材料（RAP）生产再生混合料，该设备包括用于储存RAP和新骨料的单个或多个冷供料斗，附有贮存和卡车装料用的卸料斗，或采用运送机或带式堆料机堆放混合料。为了使再生剂用量适当，设备应该附设计量运送带和计算机监控的液态添加剂系统。如果要将混合料按长堆堆料以便于装料时，可以用普通的倾卸式卡车或底部倾卸式卡车运送冷再生混合料，以便铺筑。通常使用惯用的沥青摊铺机摊铺混合料，但也可使用自动平地机铺筑，再用常规压路机进行压实。再生的混合料可以立即应用或者将其堆放一处，以备后来使用，诸如用于养护维修方面的补修和填补路面坑洞。

集中拌和的再生利用混合料的常温拌和技术，是将旧沥青路面块集中地进行破碎处理及分级，连续生产供常温搅拌设备所使用的材料。泡沫沥青和沥青乳剂两种结合料使再生骨料在卧式叶片搅拌机内包敷沥青。用这两种方法能以低的能耗生产出90%以上具有适当设计寿命的再生沥青路面。虽然再生混合料最终的工程特性不如加热混合料，但与采用再生骨料的混合料相比则不相上下。常温拌和设备的部件数量少，也不太复杂，所以能应用于运往其较大。一般高等级公路（如高速公路）热拌沥青路面中沥青屋面废料的掺入率为 5%，而低等级道路的热拌沥青路面中沥青屋面废料的掺入率可达 10%～15%。

(2) 回收沥青废料作冷拌材料

回收的沥青屋面废料可用作生产填补路面坑洞的冷拌材料。与沥青屋面废料用于热拌沥青路面材料相比，沥青屋面废料用于冷拌操作方法更容易。冷拌在美国新泽西州和马萨诸塞州等东部州的市区普遍使用。除了补坑槽之外，冷拌还用来修补车行道、填充公用事业的通道、修补桥梁和匝道，并帮助养护停车场。冷拌产品也能用于铺在沥青路面下面的骨料底基层的替换物。

将沥青屋面废料用作冷拌材料的优点有：a. 成本低，再生沥青屋面冷拌混合料一般没有无掺杂的冷拌混合料那样贵；b. 料堆延性大且允许较长的施工时间；c. 拌和操作方便，铺筑之后能马上使交通恢复。

3.4.3.8 旧沥青路面料的资源化

所谓沥青混凝土再生利用技术，是将需要翻修或废弃的旧沥青混合料或旧沥青路面，经过翻挖回收、破碎筛分，再和再生剂、新骨料、新沥青材料等按适当配比重新拌和，形成具有一定路用性能的再生沥青混凝土，用于铺筑路面面层或基层的整套工艺技术。

沥青路面老化主要是沥青的老化和骨料的细化。沥青路面在车轮荷载作用下，承受着压应力、剪应力和拉应力等，同时沥青路面长期暴露于大自然，会受到各种自然因素如氧、阳光、温度、水、风等的作用，致使混合料中的沥青、骨料的性能发生物理、化学变化，并最终表现为沥青混合料使用品质下降。

沥青是由多种化学结构极其复杂的化合物组成的一种混合物，其老化主要表现为针入度降低、黏度增大、延度减少、软化点提高等。表 3-7 列出了旧沥青性能的几项常规指标。

表 3-7 旧沥青性能的几项常规指标

沥青品种	针入度(25℃)/×0.1mm	黏度(60℃)/(Pa·s)	延度(15℃)/cm	软化点/℃
回收旧沥青	35～42	420～450	20～40	57.5～61.5
规范对 AH70# 沥青的要求	60～80	—	>100	44～55

随着我国沥青路面高等级公路的发展，特别是许多高等级路面已经或即将进入维修改建期，大量的翻挖、铣刨沥青混合料被废弃，一方面造成环境污染，另一方面对于我国这种优质沥青极为匮乏的国家来说是一种资源的浪费，而且大量使用新石料、开采石矿会导致森林植被减少、水土流失等严重的生态环境破坏，因此，对沥青路面旧料再生技术有必要进行深入、系统的研究。

根据目前国外的再生工艺来看，沥青混合料的再生工艺有热再生和冷再生两种方法。这两种工艺既可以在现场进行就地再生，也可以进行厂拌再生。

(1) 热再生方法

简单地说，热再生技术就是由特殊结构的加热墙提供强大的热量，在短时间内将沥青路面加热至施工温度，通过旧料再生等一些工艺措施，使病害路面达到或接近原路面技术指标的一种技术。

① 现场热再生法　沥青混凝土现场热再生技术（简称 HIPR）是专用来修复沥青道路

表面病害的。其基本工作原理是：先用专用的加热板（提供100%高强度辐射热）加热待修补的区域，经3～5min之后，路面被软化，然后将加热软化的路面耙松，喷洒乳化沥青，使旧沥青混合料现场热再生；最后加入新的沥青料，搅拌摊平，然后压实完工。现场热再生可以达到最大深度为50mm的位置，在某种情况下，可以达到更深的再生深度。现场热再生可以矫正横断面的不平。

② 厂拌热再生法　厂拌热再生法就是将旧沥青路面经过翻挖后运回拌和厂，再集中破碎，和再生剂、新沥青材料、新骨料等在拌和机中按一定比例重新拌和成新的混合料，铺筑成再生沥青路面。其中新加沥青、再生剂与旧混合料的均匀充分融合是关键，在设计施工工艺中应充分考虑拌和机械设备。

近年来，热处理法在工厂再生旧沥青混凝土的应用越来越多。在工厂堆存的旧沥青混凝土，若是冷开采的，堆放就不结块；若是热开采的，则为防止结块，可加入砂子或矿粉。用不同方式获得的材料应分开存放，加工旧沥青混凝土在专门的搅拌机内进行。

(2) 冷再生方法

冷再生方法是利用铣刨机将沥青面层及基层材料翻挖，将旧沥青混合料破碎后当作骨料，加入再生剂混合均匀，碾压成型后，主要作为公路基层及底基层使用。沥青混凝土冷再生操作在常温下进行，所以冷再生法又称为常温再生法。再生剂包括乳化沥青、泡沫黏稠沥青、粉煤灰、石灰、氯化钙以及诸如粉煤灰加水泥或粉煤灰加石灰等复合材料。在某些情况下，当路面的沥青含量太高或是需要改善骨料的级配时，则还需掺加新骨料。只有当再生剂为乳化沥青时，再生混合料碾压成型后才可直接用作再生路面，此时路面的品质不是很好，主要是用于等级低的道路。

① 现场冷再生法　现场再生法是将路面混合料在原路面上就地翻挖、破碎，再加入新沥青和新骨料。用路拌机原地拌和，最后碾压成型。

现场冷再生中，一般再生沥青路面材料（以下简称RAP）100%都得到加工。通常再生的旧沥青路面厚度为5～10cm，但若采用其他添加剂如粉煤灰或水泥，而不是一般所使用的乳化沥青，处理厚度还能大些，全部的施工都是在再生的路面上完成的。对于大多数现场冷拌再生施工法来说，新的面层是热拌沥青混合料，但是对于交通量特别低的路来说，面层可能只用单层的或双层的沥青封层。

② 厂拌冷再生法　厂拌冷再生法采用固定式拌和再生设备回收沥青路面材料（RAP）生产再生混合料，该设备包括用于储存RAP和新骨料的单个或多个冷供料斗，附有贮存和卡车装料用的卸料斗，或采用运送机或带式堆料机堆放混合料。为了使再生剂用量适当，设备应该附设计量运送带和计算机监控的液态添加剂系统。如果要将混合料按长堆堆料以便于装料时，可以用普通的倾卸式卡车或底部倾卸式卡车运送冷再生混合料，以便铺筑。通常使用惯用的沥青摊铺机摊铺混合料，但也可使用自动平地机铺筑，再用常规压路机进行压实。再生的混合料可以立即应用或者将其堆放一处，以备后来使用，诸如用于养护维修方面的补修和填补路面坑洞。

集中拌和的再生利用混合料的常温拌和技术，是将旧沥青路面块集中地进行破碎处理及分级，连续生产供常温搅拌设备所使用的材料。泡沫沥青和沥青乳剂两种结合料使再生骨料在卧式叶片搅拌机内包敷沥青。用这两种方法能以低的能耗生产出90%以上具有适当设计寿命的再生沥青路面。虽然再生混合料最终的工程特性不如加热混合料，但与采用再生骨料的混合料相比则不相上下。常温拌和设备的部件数量少，也不太复杂，所以能应用于运往其他地点的短期再生工程。

3.5 耐火材料及其再生利用

3.5.1 耐火材料概述

耐火材料是耐火度不低于1580℃的无机非金属材料。尽管各国规定的定义不同，但基本概念是相同的，即耐火材料是用作高温窑炉等热工设备的结构材料，以及工业用高温容器和部件的材料，并能承受相应的物理化学变化及机械作用。

耐火材料是为高温技术服务的基础材料，它与高温技术尤其是高温冶炼工业的发展有密切关系，二者相互依存，互为促进，共同发展。在一定条件下，耐火材料的质量品种对高温技术的发展起关键作用。

在一百多年的钢铁冶炼发展过程中，每一次重大演变都有赖于耐火材料新品种的开发。碱性转炉成功的关键之一是由于开发了白云石耐火材料；平炉成功的一个重要因素是生产了具有高荷重软化温度的硅砖；耐急冷急热的镁铬砖的发明促进了全碱性平炉的发展。近年来，钢铁冶炼新技术，如大型高炉、高风温热风炉、复吹氧气转炉、铁水预处理和炉外精炼、连续铸钢等，都无一例外地有赖于优质高效耐火材料的开发。另外，耐火材料在节能方面也做出了重要贡献，如各种优质隔热耐火材料、陶瓷换热器、无水冷滑轨、陶瓷喷射管和高温涂料等的开发，都对高温技术的节能起了重要作用。现代冶炼炼技术的发展和节能减排的新形势既对耐火材料提出了更严格的要求，又必须借助于新品种优质耐火材料的成功应用，其他高温技术的发展也同样需要开发相应的优质耐火材料。因此，从事高温技术的工作者，必须十分重视耐火材料的技术开发，使它能与钢铁冶炼和其他高温技术同步发展，并力求先行一步。

我国耐火原料资源丰富，品种多，储量大，品位高。高铝矾土和菱镁矿蕴藏量大，品质优良；耐火黏土、硅石、白云石和石墨等储量多，分布广，品质好；叶蜡石、硅线石、橄榄石和锆英石等储量也多；隔热耐火材料的各种原料在各地都有储藏。另外，我国漫长的海岸线和内陆湖泊均蕴藏有大量的镁质原料资源。近年来，我国在提高耐火原料质量和人工合成原料方面又取得了较为显著的成就，我国有发展各种优质耐火材料资源的优势。

我国还有生产耐火材料的悠久历史。新中国成立60多年来，随着科学技术和工业水平的提高，为了适应金属冶炼和其他高温技术工业以及热能工程的需求，我国耐火材料工业有了重大的发展，新建了许多优质耐火材料生产厂和有关机构，开发出了许多优质耐火材料新品种。多年来，我国耐火材料产量居世界第二位，保证并促进了各项高温技术部门和整个国民经济的发展。

3.5.1.1 耐火材料的分类

耐火材料的种类很多，为了便于研究、生产和选择，通常按其共性与特性划分类别。其中按材料的化学矿物组成分类是一种常用的基本分类方法，但也常按材料的制造方法、材料的性质、材料的形状尺寸、材料的应用等来分类。

（1）按化学矿物组成分类

按化学矿物组成的不同，耐火材料主要有以下几类。

① 氧化硅质耐火材料 这是以 SiO_2 为主要成分的耐火材料，主要品种有各种硅砖和石

英玻璃制品。

② 硅酸铝质耐火材料　这是以 Al_2O_3 和 SiO_2 为基本化学组成的耐火材料。根据制品中 Al_2O_3 和 SiO_2 含量分为半硅质耐火材料、黏土质耐火材料和高铝质耐火材料 3 类。

③ 镁质耐火材料　这是以 MgO 为主要成分，以方镁石为主要矿物构成的耐火材料，依其次要的化学成分和矿物组成的不同有以下品种：镁砖、镁铝砖、镁硅砖、镁钙砖、镁铬砖、镁碳砖和铁白云石砖。此外，还有冶金镁砂。

④ 白云石质耐火材料　这是一类以 CaO(40%～60%) 和 MgO(30%～42%) 为主要成分的耐火材料。其主要品种有：焦油白云石砖、烧成油浸白云石砖、烧成油浸半稳定性白云石砖、烧成稳定性白云石砖、轻烧油浸白云石砖和冶金白云石砖。

⑤ 橄榄石质耐火材料　这是一种含 MgO 35%～62%，MgO/SiO_2 质量比波动于 0.95～2.00，以镁橄榄石为主要矿物组成的耐火材料。

⑥ 尖晶石质耐火材料　这是一类主要由尖晶石组成的耐火材料。主要品种有由铬尖晶石构成的铬质制品（Cr_2O_3 含量≥30%），由铬尖晶石、方镁石构成的铬镁质制品（Cr_2O_3 含量 18%～30%，MgO 含量 25%～55%）和由镁铝尖晶石构成的制品。

⑦ 含碳质耐火材料　这类材料中均含有一定数量的碳或碳化物。主要品种有由无定形碳构成的炭砖或炭块；由石墨构成的石墨制品；由碳化硅构成的碳化硅制品；由碳纤维及其复合材料（与树脂或其他碳素材料复合）构成的材料。

⑧ 含锆质耐火材料　这类材料中均含有一定数量的氧化锆。常用的品种有以锆英石为主要成分的锆英石质制品，以氧化锆和刚玉或莫来石构成的锆刚玉和锆莫来石制品，以及以氧化锆为主要组成的纯氧化锆制品。

⑨ 特殊耐火材料　这是一类由较纯的难熔的氧化物、碳化物、硅化物和硼化物以及金属陶瓷构成的耐火材料。

(2) 按制造方法、制品性质、制品形状和尺寸、材料的应用分类

按照制造方法、制品性质、制品形状和尺寸、材料的应用，耐火材料可分为以下几类。

① 按耐火材料的制造分类　除天然矿石切割加工外，人造制品常根据其成型特点分为块状制品和不定形材料。依热处理方式不同分为不烧制品、烧成制品和熔铸制品。其中块状的烧成制品长期以来曾是生产与使用最普遍的耐火材料。但是，近年来不定形耐火材料得到了快速发展。

② 按制品性质分类　评价耐火材料质量的高低主要以其性质优劣为依据，故耐火材料也常以其性质不同划分类别。其中依其耐火度的高低分为 3 类：普通耐火制品，耐火度 1580～1770℃；高级耐火制品，耐火度 1770～2000℃；特级耐火制品，耐火度 2000℃ 以上。依其化学性质可分为酸性耐火材料、中性耐火材料和碱性耐火材料。依其密度或导热性可分为重质耐火材料和轻质耐火材料或隔热耐火材料。其他如依抗热震性和抗渣性等都可划分为若干类别。

③ 按制品形状和尺寸分类　可分为标准砖、异型砖、特异型砖、管、耐火器皿等制品。

④ 依其应用分类　可分为焦炉用耐火材料、高炉用耐火材料、炼钢炉用耐火材料、连铸用耐火材料、有色金属冶炼用耐火材料、水泥窑用耐火材料、玻璃窑用耐火材料等。

3.5.1.2　耐火材料的化学组成

耐火材料的化学组成是决定其矿物组成、组织结构的基础。一种耐火材料在一定条件下能否形成某种物相，为何出现此种物相并具有某些特定性质，以及如何从本质上改变材料的

某些特定性质，都首先取决于其化学组成。根据耐火材料中各种化学成分的含量及其作用，通常将其分为主成分、杂质和外加成分3类。

（1）主成分

耐火材料中的主成分是指占绝大多数的、对材料高温性质起决定性作用的化学成分。耐火材料之所以具有优良的抵抗高温作用的性能，以及许多耐火材料又各具特性，完全或基本上取决于主成分。所以，对耐火材料的主成分必须予以充分重视。通常，对耐火材料依化学组成分类，将许多同材质的耐火材料划分为若干等级，以及耐火材料化学性质的确定，都是或者多半是根据其主成分的种类及其含量多少而定的。

可作为耐火材料主成分的都是具有很高晶格能的高熔点或分解温度很高的单质或化合物，要求它在耐火材料生产或使用过程中能形成稳定的具有优良性能的矿物，在自然界储量较高而且较易提取与利用。在地壳中分布较多，可作为耐火材料主成分的主要是氧化物。氧化物在氧化气氛中稳定，强度高，所以耐火材料中高熔点的氧化物应用最广。另外，有一些碳化物、氮化物、硅化物和硼化物，也可作为耐火材料的主成分。几种高熔点氧化物和一些非氧化物的熔点如表3-8所列。

表3-8 几种高熔点化合物

氧化物		碳化物		氮化物		硼化物		硅化物	
分子式	熔点/℃	分子式	熔点/℃	分子式	熔点/℃	分子式	熔点/℃	分子式	熔点/℃
BeO	2550	Be_2C	2100	Be_3N_2	2200				
		B_4C	2450	BN	约3000				
MgO	2800								
Al_2O_3	2050	Al_4C_3	2200	AlN	2400				
SiO_2	1713	SiC	2760①	Si_3N_4	1900				
CaO	2570	CaC_2	2300						
TiO_2	1825	TiC	3160	TiN	2950	TiB_2	2850	Ti_5Si_3	2120
Cr_2O_3	2275	Cr_3C_2	1890			CrB_2	2760		
ZnO	1800								
SrO	2430								
Y_2O_3	2110								
ZrO_2	2677	ZrC	3570	ZrN	2980	ZrB_2	3040	Zr_6Si_3	2250
MoO		MoC	2692			MoB	2180	$MoSi_2$	2030
BaO	1930								
La_2O_3	2315								
HfO_2	2812	HfC	3887	HfN	3310	HfB_2	3250		
WO_2	1500～1600	WC	2865			WB	2860	WSi_2	2150
ThO_2	3050			ThN	2630	ThB_4	>2500		
UO_2	2878	U_2C_3	2350	UN	2650	UB_2	2100		

① 升华温度。

（2）杂质

杂质是指在耐火材料中不同于主成分的，含量微少而对耐火材料抵抗高温的性质往往带来危害的化学成分。这种化学成分多是由含主成分的原料夹带而来的。

耐火材料的杂质中有的是易熔物，有的本身具有很高熔点，但同主成分共存时，却可产生易熔物，故杂质的存在往往对主成分起强的助熔作用。助熔作用虽有时有助于材料的液相烧结，但对材料抵抗高温作用却有严重危害。助熔作用愈强，即由于杂质的存在，系统中开始形成液相的温度愈低，或形成液相量愈多，或随着温度升高液相量增长速度愈快，以及所形成的液相黏度愈低和润湿性愈好，危害愈严重。如对主成分为 SiO_2 的材料而论，若含 Na_2O、Al_2O_3、TiO_2、CaO 和 FeO 中任一氧化物，除其中 Na_2O 熔点较低以外，其他氧化物虽具有较高的熔点，但与 SiO_2 共存却都有助熔作用，如表 3-9 所列。

表 3-9　某些氧化物对 SiO_2 的助熔作用

氧化物	共熔点			
	平衡相	温度/℃	系统内每 1% 氧化物生成的液相量/%	氧化物含量/%
Na_2O	SiO_2-$Na_2O \cdot 2SiO_2$	782	8.9	25.4
Al_2O_3	SiO_2-$3Al_2O_3 \cdot 2SiO_2$	1595	18.2	5.5
TiO_2	SiO_2-TiO_2	1550	9.5	10.5
CaO	SiO_2-$CaO \cdot 2SiO_2$	1436	2.7	37.0
FeO	SiO_2-$2FeO \cdot 2SiO_2$	1178	1.61	62.0

氧化物	液相中 SiO_2 的含量/%			
	共熔点	1400℃	1600℃	1650℃
Na_2O	74.6	86.0	95.3	97.8
Al_2O_3	94.5		96.9	98.1
TiO_2	89.5		92.0	95.4
CaO	63.0		67.2	69.5
FeO	38.0	41.2	47.5	51.7

可见，若 Na_2O 与 SiO_2 共存，由于开始形成液相的温度很低，故以 SiO_2 为主成分的耐火材料中若含有少量 Na_2O，即可对其高温性质带来严重危害。若以 SiO_2 为主成分的耐火材料中分别含有 Al_2O_3 和 TiO_2，虽然 SiO_2-Al_2O_3 与 SiO_2-TiO_2 两系统的共熔温度相近，分别为 1595℃ 和 1550℃，但在共熔温度下系统内每 1% 杂质氧化物生成的液相量却差别较大，前者约为后者 1.9 倍。而且随温度的升高，此差别更大，如在 1600℃ 下约为 2.3 倍。因此，杂质 Al_2O_3 较 TiO_2 对 SiO_2 的熔剂作用强。氧化铝对硅质耐火材料的高温性能危害极大。

因此，欲提高耐火材料抵抗高温的性能，必须严格控制杂质的含量。

(3) 外加成分

外加成分常称外加剂，是在耐火制品生产中为特定目的另外加入的少量成分。如为促进材料中某些物相的形成和转化而加入的矿化剂；为抑制材料中某些物相形成而加入的抑制剂或稳定剂；为促进材料的烧结而加入的助熔剂；为抵消高温烧成材料的收缩而加入的膨胀剂等。总之，在耐火材料生产中，采取加入少量外加剂可在一定程度上改变材料的组成与结构，从而便于生产和使制品获得某种预期特性。但必须注意，切勿因此而严重影响其抵抗高温作用的基本性质。

3.5.2　耐火材料的再生利用

钢铁、水泥、玻璃等高温产业及各类冶金和非冶金工业窑炉都毫不例外地要消耗大量的耐火材料，这势必会产生大量废弃耐火材料；另外，耐火材料生产企业在生产耐火材料制品的过程中也会产生大量废品和耐火材料废料。目前，我国年消耗耐火材料约 900 万吨，废弃耐火材料已达 400 万吨左右。这些被作为垃圾的废弃耐火材料不但数量巨大，而且极难处理，除了极少数可以返回生产线再利用外，大部分废弃耐火材料的典型处理方式就是掩埋或降级使用。这样，不但企业需要买地堆积或掩埋这些日益增多的废料，增加了生产成本，也造成了可用资源的极大浪费和环境的严重污染。因此，对废弃耐火材料进行再生利用是一项迫切需要解决的课题。

3.5.2.1 钢铁工业废弃耐火材料的再生利用

对于钢铁工业，耐火材料的种类很多且成分复杂。为更好地利用废弃耐火材料，应将其按主要的化学成分进行分类，具体如下。

(1) 废镁碳砖

回收的废镁碳砖可以全部予以利用，配加到诸如钢包渣线自由面使用的镁碳砖混合料中，配比为30%～50%。利用前后回收的废镁碳砖所有性能均大于标准指标。因此，废镁碳砖的回收利用是完全可行的。

(2) 废铝镁碳砖

废铝镁碳砖在生产同材质的铝镁碳砖时可适量配加，并可以把废铝镁碳砖破碎成细粉，生产同材质的耐火泥，用于砌筑铝镁碳砖。

(3) 废铝碳化硅砖

将废铝碳化硅砖破碎成细粉，生产同材质的耐火泥，用于砌筑铝碳化硅砖。破碎的颗粒料也可部分用于生产铝碳化硅不定形耐火材料，如高炉炉前用的渣沟浇注料、渣沟捣打料、渣铁沟沟盖等。

(4) 废镁砖、镁铬砖

废镁砖、镁铬砖经破碎后适量配加到生产镁砖、镁铬砖的原料中，还可以适当配加在镁质挡渣堰板原料中，并可加工成细粉用于生产耐火泥。

(5) 废高铝砖（含莫来石及刚玉质砖）

废高铝砖可加工成细粉用于生产耐火泥，颗粒料可部分用于各种使用温度不超过1400℃的高铝耐火浇注料及可塑料的生产，如钢包盖用浇注料，各种修补用可塑料。

(6) 废轻质砖

可用于生产轻质耐火浇注料及轻质隔热火泥粉料。

(7) 耐火浇注料残衬

选以刚玉、莫来石、碳化硅、尖晶石等为骨料的耐火浇注料残衬，经破碎得到的各级别残衬颗粒料，经除铁处理后可直接用于生产耐火捣打料、综合筑炉用的耐火浇注料等。如在生产大沟捣打料时，配加回收的高炉主沟浇注料残衬（加入量为70%）。

国外许多国家，尤其是发达国家，对废弃耐火材料的再生利用非常重视并且发展很快，耐火材料的再利用率一般都比较高，如有的钢厂已达到了80%以上。美国的钢厂每年产生约100万吨废弃耐火材料，以前几乎全部被填埋，仅少量回收。随着1998年美国能源部、工业技术部和钢铁生产者延长耐火材料的使用寿命和回收利用废弃耐火材料计划的制订，用后耐火材料的利用率显著升高，其应用范围主要是脱硫剂、炉渣改质剂、耐火浇注料骨料等。美国密西里州还开发了将二次使用过的白云石耐火材料作为土壤调节剂、废高铝料用作耐火浇注料骨料等新技术，并通过采用这些技术，大幅度减少了掩埋废弃耐火材料的数量。

日本废弃耐火材料再生利用率比较高，已达91.4%。鹿岛钢铁厂每月约产生900t废旧耐火材料，其中60%被成功回收利用。回收的耐火材料可用作钢包和电炉的助炉剂、滑板的修补料、浇注料和捣打料，其中使用浇注料复原法和圆环镶嵌法可使修复后的滑板的使用寿命和新滑板一样；出铁沟浇注料已有50%得到回收，主要用作出铁沟不定形耐火材料的骨料；用后镁铬砖可作偏心底出钢口的填料，其开浇率大于98%。

我国对废弃耐火材料的再生利用大多都处于试验阶段，再生利用率较低。作为我国钢铁界的龙头，上海宝钢在废弃耐火材料再生利用方面走在前列，该公司每年约产生废弃耐火材料100万吨,其中相当一部分得到再生利用,如用后滑板作为中间包冲击板使用,有些炉衬砖在拆除后用作新炉子的永久衬砖使用,将用后硅质耐火材料用作玻璃生产的原料等。该公司还利用废弃耐火材料研制了再生镁碳砖、再生镁碳质烧注料、再生镁铬砖和再生ASC质耐火材料等再生耐火材料。经检测,这些产品的性能能够接近甚至超过原产品的水平。其中利用80%以上的用后镁碳砖料生产出来的再生镁碳砖,其性能接近于镁碳砖黑色冶金行业材料的A级水平,显著优于日本再生镁碳砖的水平。

3.5.2.2 陶瓷工业废弃耐火材料的再生利用

在陶瓷工业生产中废匣钵和废窑具主要来自烧成车间,由于它们多次承受室温-高温-室温的热应力作用及装钵过程中的搬运、碰撞等,失去了原有强度而成为废料。棚板作为无匣钵烧成时支撑和隔离坯体的耐火材料,在使用过程中由于各种原因破损成为废弃物。以前除少量经拣选、清洗及破碎后用于制造匣钵外,大多数采用填埋法处理。为了满足循环经济的要求,有些企业采用重新粉碎加工的方法,将其磨碎成粒径在0.5mm以下,然后按3%的比例添加到瓷砖或西式琉璃瓦中作配料。近年来许多国家建陶企业都配备了带式回转磨机装置,专门进行废料的再加工处理,使陶瓷工业真正形成无废料排放、实现良性循环的生产体制。

佛山陶瓷企业将废匣钵经处理后制成骨料,与黏土一起制成强度高、热稳定性好、规整度高的精炻器产品,安徽省祁门瓷厂以瓷石、瓷土尾砂和废匣钵为主要原料用于生产墙地砖。

景德镇陶瓷学院开发了以废匣钵料为骨料,添加黏结剂,利用高温时黏结剂熔融把匣钵颗粒粘接成具有一定强度和一定渗水性能的渗水砖。实验证明,用废匣钵颗粒为骨料,制备的渗水砖渗水速度大于2×10^{-2}cm/s,抗折强度大于18MPa。最佳工艺条件为:外加黏结剂含量为24%,成形压力为3MPa,烧成温度为1170℃,保温时间为30min。

3.5.2.3 水泥工业废弃耐火材料的再生利用

水泥工业废弃耐火材料的量相对于水泥生产过程产生的其他废弃物的量而言是微量的,几乎可被完全回收。根据水泥工业自身的特点,采用相应的技术对废物进行处理不仅不会造成新的污染,还能使废物替代部分原材料,降低生产成本,起到变废为宝的功效。国内外已经对水泥回转窑用后的镁铬砖再循环利用方法作了大量的研究工作,在还原气氛下成功地将用后镁铬砖内的Cr^{6+}还原成Cr^{3+},以降低危害,再将还原后的镁铬砖经拣选除杂加工成再生原料,加入适当添加剂后用于生产适合回转窑低温部位使用的镁铬砖,实验证明,这类砖具有优良的抗碱性和热导率低等特性。

需要注意的是,用过的镁铬砖黏附有铁和浸透成分,如果不把它们处理掉,就不能用以生产再循环利用镁铬砖。可采取3个工序进行处理:a.用初选法除去或减少附着物;b.用磁选法除去铁和氧化铁浸透部分;c.在用过的镁铬砖粉碎物中添加添加剂,通过烧成来减少六价铬。

3.5.2.4 玻璃工业废弃耐火材料的再生利用

玻璃工业是废弃耐火材料产生较多的产业之一。为更好地回收利用玻璃产业的废弃耐火材料,近年来开始了广泛的研究与开发。如玻璃窑中电熔AZS砖一般使用一窑期后即被废弃,池壁上部的砖侵蚀较严重,但下部仍有可利用价值,如四川玻璃公司将熔化部池壁进行整体切割,再次利用在池壁有效部位,取得了成功;也可将废弃的AZS砖表面附着的玻璃除去,用淬冷的方法使砖产生裂纹,经破碎、粉磨、筛选后得到不同粒级的骨料和细粉,用以生产廉价的高性能浇注料。

欧洲玻璃工业在砌筑使用寿命为 5~8 年的窑炉上每年要使用 10 多万吨耐火材料,这些窑炉在拆除后会产生数千吨的废弃耐火材料,其中大部分送到技术性堆放中心或专有堆放场上。维苏威玻璃集团(VGG)公司为减少环境污染,多年来一直在窑役结束就对没有被污染的硅砖进行回收。硅砖是从玻璃窑的熔化池顶部或蓄热室拆下来的,碳酸钠、硫和其他废气组分会侵入硅砖内而改变其物理性能,因此,在开始加工之前,必须先去掉污染最严重的部分(与烟气的接触面部分)。另外,为帮助用户降低送至垃圾填埋场的废弃耐火材料数量,VGG 公司正与玻璃公司及窑炉拆除公司开展合作,确定了废弃物中污染物的接收标准,研制了用回收料制造的新产品。目前,该公司窑役结束后拆下的硅砖,有 30%~35% 可重新利用,制成另外两种硅砖,即工作池或蓄热室顶使用的硅砖和轻质隔热硅砖。眼下,该公司正在对玻璃工业中其他一些可对硅砖进行二次应用的部位进行研究。法国 Valoref 公司专门从事耐火材料的回收利用已超过 12 年,尤其善于回收利用玻璃工业的废弃耐火材料,于 1998 年 7 月在法国的博莱讷投产了第一家废弃耐火材料综合回收利用工厂,能够处理来自玻璃工业、钢铁工业、焚烧炉与化学工业的废弃耐火材料,回收率达 90%,目前每年回收废弃的耐火材料 3.6 万吨。

经研究,废硅砖还可作为高质量的熔窑保温隔热材料使用,但是需要指出的是,主晶相是磷石英的硅砖作为保温材料较理想。

3.5.2.5 电解铝工业废弃耐火材料的再生利用

在铝电解过程中,阴极碳素内衬及其他筑炉材料不可避免地会受到钠、电解质和铝的侵蚀,吸收大量氟盐,同时侵蚀过程中产生的应力作用会使槽变形和内衬破损。铝电解槽大修时,要全部清除电解槽内碳素内衬及其他筑炉材料,即形成大修废渣。据统计,平均每生产 1kg 铝就会产生 0.01~0.04kg 废渣。这些大修废渣受雨雪冲刷和浸泡,其中的可溶性氟会浸出进入水中,渗入地下,有可能污染土壤和地下水。根据《危险废物鉴别标准——浸出毒性鉴别》(GB 5085.3) 规定,浸出液中氟化物的浓度超过 50mg/L 即为危险废物,按此标准,电解槽大修废渣中氟化物一般超过标准,属于危险废物。另外,废渣长期露天堆放,渣表面风化,形成粉尘,可产生二次扬尘而污染大气。因此,国内外亦开始了处理和再生利用电解铝废渣的研究工作,目前再循环利用率约 40%。

西欧铝工业废弃耐火材料每年约 3 万吨,其中约 50% 可以作为正常的耐火材料原料直接用于耐火材料产业。其中,从污染的材料中分离出清洁部分的报废拆除耐火材料可以在耐火材料行业和其他产业中作为一部分原料用于生产低档次耐火材料,但一次和二次炼铝业的用后耐火材料污染相当严重,不能直接用于耐火材料产业。关于这些污染材料的应用方法的研究开发工作正在进行之中,特别是在二次精炼领域,为了减少耐火材料单耗和增大铝的生产能力以及减少铝熔解工序的热能单耗,加大了研究开发力度。我国铝厂对耐火材料回收利用率不高,除部分大修槽废渣耐火材料得到回收利用外,其余的处理途径基本为填沟倾倒或露天堆放,还没有妥善的处置措施。

参 考 文 献

[1] 林宗寿. 无机非金属材料工学. 第 3 版. 武汉:武汉理工大学出版社,2008.
[2] 王琦,刘世权,侯宪钦. 无机非金属材料工艺学. 北京:中国建材工业出版社,2005.
[3] 宋晓岚,叶昌,余海湖. 无机材料工艺学. 北京:冶金工业出版社,2007.

[4] 孟长功.大学普通化学.第6版.大连：大连理工大学出版社，2007.
[5] 关长斌，郭英奎，刘玉成.陶瓷材料导论.哈尔滨：哈尔滨工程大学出版社，2005.
[6] 桂元龙，徐向荣.工业设计材料与加工工艺 设计类.北京：北京理工大学出版社，2007.
[7] 张云洪.陶瓷工艺技术.北京：化学工业出版社，2006.
[8] 江南宁.废瓷粉混凝土配制技术及性能研究：[硕士学位论文].长沙：湖南大学，2010.
[9] De Brito J, Pereica A S, Correia J R. Mechanical behaviour of non-structural concrete made with recycled ceramic aggregates. Cement and Concrete Composites，2005，27（4）：429-433.
[10] 巫浩峰.绿色陶粒及其透水混凝土研究：[硕士学位论文].长沙：中南大学，2009.
[11] 赵艳俐.商品学基础.广州：广东高等教育出版社，2007.
[12] 高军林.建筑装饰材料.北京：北京大学出版社，2009.
[13] 王罗春，赵由才.建筑垃圾处理与资源化.北京：化学工业出版社，2004.
[14] 牛佳.建筑垃圾资源化机制研究：[硕士学位论文].西安：西安建筑科技大学，2008.
[15] 彭长琪.固体废物处理与处置技术.武汉：武汉工业大学出版社，2009.
[16] 宁平.固化废物处理与处置.北京：高等教育出版社，2007.
[17] 张义利.利用建筑垃圾免烧免蒸制备标准砖的研究：[硕士学位论文].南京：南京工业大学，2006.
[18] 林宗寿.无机非金属材料工学.第3版.武汉：武汉理工大学出版社，2008.
[19] 袁好杰.耐火材料基础知识.北京：冶金工业出版社，2009.
[20] 薛群虎，徐维忠.耐火材料.第2版.北京：冶金工业出版社，2009.

第4章

有机合成材料的再生利用

4.1 有机合成材料概述

有机合成材料的出现是材料发展史上的一次重大突破。从此,人类摆脱了只能依赖和应用天然材料的状况,在发展进程中又向前跨越了一大步。有机合成材料与天然材料相比具有许多优良的性能,而且原料来源丰富,易加工成型,因此,有机合成材料一经出现,便在日常生活、现代工业、农业和国防科学技术等领域得到了广泛应用。

有机合成材料品种很多,塑料、合成纤维、合成橡胶是我们通常所说的三大合成材料。近年来发展起来的涂料、黏合剂等也属于有机合成材料的范畴。

4.2 塑料及其再生利用

4.2.1 废旧塑料的概述

塑料是指在一定的温度和压强下可塑制成型的合成高分子材料,它是以合成树脂为基本原料,加上适量的具有特殊用途的添加剂,如填料、增塑剂、润滑剂、防老化剂、着色剂等。塑料作为三大有机合成材料之一,凭借其质量轻、强度高、耐磨性好、化学稳定性好、抗化学药剂能力强、绝缘性能好、耐冲击性好、经济实惠等优点,广泛应用于工业、农业、国防建设和人们日常生活中。塑料工业迅猛发展在给人们生活带来极大方便的同时,也带来诸多资源与环境问题。由于塑料品种多,收集、分类工作量大、通常在自然环境中长期不易分解等特点,大量废旧塑料的产生所带来的环境污染,特别是对自然环境、城市景观产生的严重的白色污染,已引起人们普遍关注和忧虑。为此,废旧塑料的再生利用引起有关专家的高度重视,并在很多领域成为科学研究的前沿。

4.2.1.1 废旧塑料的种类

废旧塑料依据来源,可分为消费前塑料废料和消费后塑料废料。消费前塑料废料是指合成、加工时产生的塑料废料;消费后塑料废料是指消费使用后的塑料废弃物。消费前塑料废料产生的量相对较少,易于回收,回收价值大,所以一般其回收工作由厂家自身即可完成。我们通常所说的废旧塑料,主要是指消费后塑料。

废旧塑料依据受热后的性能变化,一般可分为热塑性废旧塑料和热固性废旧塑料两大类。热塑性塑料是以热塑性树脂为基本成分的塑料,可反复受热软化(或熔化)和冷却凝固,一般具有链状的线型结构,可以反复重塑;热固性塑料是以热固性树脂为基本成分的塑料，经过一次受热软化（或熔化）和冷却凝固后变成不溶不熔状态，一般成形后具有网状的体型结构，受热不再软化，强热则会分解破坏，不可反复塑制。

(1) 热塑性废旧塑料

热塑性废旧塑料主要有以下几种类型。

① 聚四氟乙烯塑料（PTFE） 是塑料品种中强度最高的一种，而且所有化学品对它都不起作用，甚至硫酸和硝酸对它也不发生作用，可以在较高的温度下工作，具有绝缘性能好、摩擦系数低等特点。主要用于制造各种耐腐蚀、耐高温和耐低温设备的零部件。

② 聚苯乙烯塑料（PS） 由苯乙烯的单体聚合而成，耐酸碱，是优良的绝缘材料。因其无色透明，故可用作透明日用器皿、电气仪表零件、文教用品、工艺美术品；由于其染色性能好，也可制作五光十色的塑料制品和儿童玩具。

③ 聚乙烯塑料（PE） 由乙烯单体聚合而成。依据生产压力的高低，可分为高压、中压、低压聚乙烯；按密度的不同，可分为高密度聚乙烯（HDPE）和低密度聚乙烯（LDPE）等。高压聚乙烯比较柔软，多用于制造薄膜、薄片、电线和电缆包皮及涂层等；低压聚乙烯的用途与中压聚乙烯基本相同，不同的是可以代替钢和不锈钢使用；高密度聚乙烯的相对密度为 0.941~0.965，具有较高的使用温度且具有良好的硬度、机械强度和耐化学药品性能，可制成各种瓶、罐、盆、桶等容器及渔网、捆扎带，并可用作电线电缆覆盖层、管材、板材和异型材料等；低密度聚乙烯的相对密度为 0.910~0.925，质轻且具有良好的柔性、耐寒性及耐冲击性，广泛应用于生产薄膜、管材、电绝缘层和护套。聚乙烯塑料无毒且不怕油腻，可作食品包装材料。

④ 聚丙烯塑料（PP） 其均聚物是由丙烯单体经定向聚合而成，质轻（其相对密度仅为 0.89~0.91），能浮于水，且具有良好的耐热性、耐腐性、拉伸性和电性能，缺点是收缩性较大，低温时变脆，耐磨性和耐老化性能较差。

⑤ 聚氯乙烯塑料（PVC） 由氯乙烯单体聚合而成，广泛用于日常生活及工农业生产，如塑料凉鞋、人造革、工业用管道、电线包皮、各种机械设备的部件等。在电气工业上，主要用作绝缘材料，如灯头、插座、开关等。

⑥ 聚甲基丙烯酸甲酯塑料（PMMA） 具有透光率好、强度大等优点，被誉为有机玻璃。

⑦ 聚对苯二甲酸乙二醇酯塑料（PET） 可作为纤维使用（即涤纶纤维），又可用于生产薄膜，近年来广泛用于生产各种饮料容器，被称为"聚酯瓶"。

其他比较常用的热塑性废旧塑料还有丙烯腈-丁二烯-苯乙烯共聚物（ABS）、丙烯腈-苯乙烯共聚物（AS）、甲基丙烯酸甲酯-丁二烯-苯乙烯共聚物（MBS）、乙烯-乙酸乙烯共聚物（EVA）、高冲击强度聚苯乙烯（HIPS）、聚酰胺（PA）等类型。

(2) 热固性废旧塑料

热固性废旧塑料一般不能通过热塑而再生利用，只能通过粉碎、碾磨作为填料使用。通常热固性废旧塑料有以下几种。

① 聚氨酯 聚氨酯是由氰酸酯和多元醇在催化剂作用下合成的。其使用量仅次于聚乙烯、聚氯乙烯、聚丙烯、聚苯乙烯，被称为"万用材料"，可用于生产软质泡沫塑料、吸能泡沫、硬质泡沫塑料、热固件和热塑性弹性体、黏合剂、涂料、纤维和薄膜等。目前，软质泡沫塑料主要用于床垫、汽车坐垫、防护材料等；硬质泡沫塑料主要用于绝热材料，如建筑用板、水箱和冷库用绝热材料、包装材料等。

② 酚醛树脂　酚醛树脂是苯酚和甲醛在催化剂作用下的缩聚产物，成本低，机械强度高，耐磨性好，绝热性强，主要用于板材、建筑材料，制作轴套、轴瓦、螺旋桨以及黏合剂等。

③ 不饱和聚酯　通常由不饱和二元羧酸混以一定比例的饱和二元羧酸和二元醇，在引发剂作用下反应制成，其吸湿性小，制品尺寸稳定，成型性能好，耐酸碱、沸水和一些有机溶剂，具有优异的机械强度，主要用于玻璃纤维增强和作填充材料，其主要制品有增强板、玻璃钢、浇注塑料和涂料等。

④ 环氧树脂　环氧树脂由多酚类与环氧氯丙烷缩聚而成，收缩率和吸水率小，具有优良的黏结性、电绝缘性、耐热性、机械强度和化学稳定性，主要用于层压印刷电路板、雷达、飞机、汽车等所用的复合材料铸造的模塑，电子零件的绝热材料、黏合剂等。此外，还有蜜胺和脲醛树脂等。

4.2.1.2　废旧塑料的辨识

回收的废旧塑料往往是几种塑料的混杂物，其组成复杂。而由于不同极性的树脂制品是不相容的，混合后的再生制品容易出现分层，发生"貌合神离"现象，进而导致制品性能低劣。此外，一般不同树脂的塑料制品熔点或软化点相差较大，难以在同一温度下加工成型。因此，在对废旧塑料再生利用前，必须进行一定程度的分选，而鉴别则是分选的前提。

(1) 废旧塑料的鉴别

鉴别废旧塑料的方法主要有以下几种。

① 外观鉴别法　外观鉴别法主要是根据塑料的表面状态和性状，如硬度、光泽、透明性、弹性等特点进行鉴别。该法只是一种参考性鉴别手段，不能作为唯一的依据。几种常用塑料的外观性状如表 4-1 所列。

表 4-1　几种常用塑料的外观性状

种　类	外　观　性　状
聚乙烯	在未着色时呈乳白色半透明，蜡状；用手摸制品有滑腻的感觉，柔而韧，稍能伸长。一般高压法、低密度聚乙烯较软，透明度较好；低压法、高密度聚乙烯较硬，染色前呈乳白色不透明
聚丙烯	在未染色前呈白色半透明，蜡状，但比聚乙烯轻，透明度也较好，透气性比高压聚乙烯硬
聚苯乙烯	在未染色前呈无色透明，无延展性，似玻璃状材料，制品落地或敲打具有金属的"叮当"清脆声，光泽与透明度都胜于其他塑料，性脆易断裂，用手指甲可以在制品表面画出痕迹。改性聚苯乙烯不透明
聚氯乙烯	本色为微黄色透明状，有光泽，透明度胜于聚乙烯、聚丙烯，差于聚苯乙烯，柔而韧。随助剂用量不同，分为软、硬聚氯乙烯。软制品手感黏，硬制品的硬度高于低密度聚乙烯，低于聚丙烯，在曲折处会出现白化现象
聚对苯二甲酸乙二醇酯	透明度很好，强度和韧性优于聚苯乙烯和聚氯乙烯，常制成瓶类制品，不易摔破

② 密度鉴别法　塑料的品种不同，其密度也不同，各种塑料有不同的相对密度，故可用密度鉴别法来鉴别塑料的品种，即将试样完全浸润于配制的一定密度的已知溶液中（试样不能在溶液中溶解或溶胀），根据下沉或上浮鉴别塑料品种（表 4-2）。这种方法简单易行，不污染环境，适合于大批量的废旧塑料粗选。但由于许多塑料在加工之后，往往带有空隙、微孔或缺陷，而各种添加剂（如炭黑、玻璃纤维或其他填料）的加入也会使塑料的密度发生变化，因此，密度鉴别法很少单独用于塑料的鉴别，总是与其他鉴别方法配合使用。此外，

废旧薄膜和泡沫制品的鉴别不宜采用该方法。

表 4-2　几种常用塑料的密度鉴别

溶液种类		相对密度/25℃	溶液配制方法	塑料制品种类	
				上浮	下沉
水		1.00	蒸馏水或净水	聚乙烯(PE) 聚丙烯(PP)	聚氯乙烯(PVC) 聚苯乙烯(PS)
NaCl 溶液		1.19	水 74mL,食盐 26g	聚苯乙烯(PS) 丙烯腈-丁二烯-苯乙烯共聚物(ABS)	聚氯乙烯(PVC) 有机玻璃(PMMA)
CaCl$_2$ 溶液		1.27	水 150mL,CaCl$_2$(工业级)100g	聚苯乙烯(PS) 有机玻璃(PMMA) 聚乙烯(PE) 聚丙烯(PP)	聚氯乙烯(PVC)
乙醇溶液	58.4%	0.91	水 100mL,95%酒精 160mL	聚丙烯(PP)	聚乙烯(PE)
	55.4%	0.925	水 100mL,95%酒精 140mL	低密度聚乙烯(LDPE)	高密度聚乙烯(HDPE)

③ 燃烧鉴别法　燃烧鉴别时,火焰的颜色、燃烧难易、燃烧时气味及燃烧后的外观状态可以作为鉴别的根据。具体操作如下:用镊子或刮勺将一小块试样置于小火焰中(本生灯的引火焰,火柴或打火机火焰),直接加热,一般先让试样的一角靠近火焰的边缘,看它是否容易点燃,然后再放在火焰中燃烧,时而移开,以便观察离火后是否继续燃烧。几种常用塑料的燃烧特征如表 4-3 所列。

表 4-3　几种常用塑料的燃烧特征

塑料品种	燃烧难易	离开火焰后是否继续燃烧	火焰特征	燃烧时外观状态	气味
聚乙烯(PE)	易	是	顶部黄色,底部蓝色	无烟,逐滴滴下	如石蜡燃烧气味
聚丙烯(PP)	易	是	顶部黄色,底部蓝色	黑烟,逐滴滴下	如石油气味
聚苯乙烯(PS)	易	是	橙黄色	浓黑烟,空中飞扬炭末,软化起泡	芳香气味,如苯乙烯味
聚氯乙烯(PVC)	极难	否	内部黄色,外部蓝色	白烟,变软可抽丝	刺鼻辛辣味,如氯化氢
PET	易	是	顶部呈黄色	可裂成碎片	刺激性气味
尼龙(聚酰胺,PA)	不易	缓慢熄灭	蓝色,顶部黄色	熔化淌滴,起泡沫	如羊毛燃烧气味
硝化纤维素	极易		黄色	燃烧极猛,很快全部烧完	燃烧太快,难以闻到气味
玻璃纸	易	是	黄色	与纸一样烧成灰	—

④ 塑化温度鉴别法　热塑性塑料在一定高的温度下可以被塑化。结晶热塑性塑料的塑化温度在熔点之上;非晶态热塑性塑料的塑化温度在其软化点之上。不同种塑料的塑化温度也不同;同一品种塑料的熔点与结晶度、树脂相对分子质量、相对分子质量分布等结构参数有关,即同种塑料也依其形态不同而具有不同的塑化温度。几种通用热塑性塑料的塑化温度见表 4-4。测定塑化温度的方法较多,不同的塑料制品若其塑化温度较接近,用此法无法鉴别,需与其他方法配合使用。

表 4-4　几种常用塑料的塑化温度　　　　　　　　　　　　　　单位:℃

塑料品种	LDPE	HDPE	LLDPE	PP	PS	PVC	
						软质	硬质
塑化温度	110~115	140~145	125~130	165~170	145~150	约 150	>170

⑤ 溶解鉴别法　利用聚合物可溶解于某些溶剂而不溶于某些溶剂的特性来进行辨别。溶解性实验已经成为一些常用的塑料制品辨别方案的基础。但是往往在一些特殊情况下,同

一种树脂的不同样品溶解性有相当大的差别，有时甚至塑料的溶解性因产品的等级不同或所含成分的差异而有所不同。因此溶解性不能作为辨别的绝对准则，只能辨别过程中各种分析方案的组成成分。主要塑料的溶解性如表 4-5 所列。

表 4-5　主要塑料的溶解性

塑料种类	溶 剂	非 溶 剂
PS	乙酸乙酯、芳香烃、氯仿、二氯六环、四氢呋喃、N,N-二甲基甲酰胺、吡啶、一硫化碳、环己酮、甲乙酮	脂肪烃(如汽油)、低级醇、乙醚
PE	甲苯(热)、二甲苯(100℃以上)、1-氯萘(>130℃)、四氢萘(热)、十氢萘(热)、二氯乙烷	汽油(溶胀)、醇类、酯类、醚类、环己酮
PP	芳香烃(如甲苯 90℃)、氯代烃(如 1-氯萘>130℃)、四氢萘(135℃)、十氢萘(120℃)	汽油、醇类、酯类、环己酮
PVC	甲苯、氯苯、环己酮、甲乙酮、四氢呋喃、N,N-二甲基甲酰胺	烃类、醇类、乙酸丁酯、二氧六环
ABS	二氯乙烷、氯仿、乙酸乙酯、甲苯、四氢呋喃、环己酮	乙醇、乙醚

⑥ 元素鉴别法　塑料中除含碳、氢元素外，有的还含有氮、硫、氯、氟、磷、硅等元素。通过对这些元素的检测，也有利于判断未知塑料。这些元素的定性鉴别常采用钠熔法。由于共聚物或共混物的材料甚多，所以由元素来鉴别某种塑料还是比较麻烦的。

⑦ 红外鉴别法　有机物的不同官能团在红外光照射下会产生相应的光谱图，而这些红外光谱又各有不同，因此能作为精确鉴定的依据。

近红外（NIR）吸收很适合用于分析透明的或淡色的聚合物，且相当快捷和可靠。一些常见废旧塑料（如 PE、PP、PVC、PS、PET、ABS、PC、PMMA 等）的 NIR 光谱有明显的不同，易于识别。NIR 图谱中的 C—H、O—H、N—H 及 C—O 谱带，可用于鉴别大多数常用塑料。NIR 技术一般不适于鉴别黑色或深色的塑料，且某些峰有时不清晰，这时就需要用到中红外技术进行鉴别。

中红外（MIR）光谱是目前应用较为广泛的定性与定量分析技术之一。聚合物的 MIR 光谱与其特定的化学键相关，因此可作为塑料品种鉴别的依据。MIR 技术对塑料具有较强的识别能力，分析测试时间较 NIR 略长（≥20s）。将样品的谱图与标准谱图相比较，找出样品的特征吸收峰位置，即可判断塑料的种类，而且红外光谱能够揭示出塑料样品的内部结构，可以为鉴定提供更有力的证据。另外，中红外光所含能量比近红外光低，对试样的穿透力较弱，材料的吸收系数较高。在测定含有炭黑的黑色或深色塑料时，受到的干扰要小得多。

4.2.1.3　废旧塑料的分选

废旧塑料的分选是其再生利用的关键问题之一。分选的目的是清除废旧塑料中金属、砂石、织物等杂物，并把混杂在一起的不同品种的塑料制品分开、归类。其方法主要有以下几种。

(1) 手工分选

手工分选的效率比机械分选低，但分选效果是机械分选难以代替的。

手上分选法的优点是：①较容易将热塑性废旧制品与热固性制品（如热固性的玻璃钢制品）分开；②较易将非塑料制品（如纸张、金属件、绳索、木制品、石块等杂物）挑出；③可分开较易识别而树脂品种不同的同类制品，如 PS 泡沫塑料制品与 PU 泡沫塑料制品、PVC 膜与 PE 膜、PVC 硬质制品与 PP 制品、PVC 鞋底与 PE 改性鞋底等。

(2) 磁选分类

手工分选清除细碎的金属杂物（主要是钢铁碎屑）是困难的，而使用磁铁清除金属碎屑很有效。为了确保清除金属杂物的彻底性，除在破碎前用磁铁检查废旧制品外，破碎后仍需用磁铁复检一遍，以便把包藏在内部的金属碎屑拣出来。

(3) 风力分选

该分选方法依据的是在碎块体积相近的前提下，塑料的相对密度不同，随风飘移的距离也就不同。此法不仅能分开相对密度差异较大的塑料，而且也可将相对密度较大的碎石块、土沙块分离出来。其具体操作步骤是，首先将废旧塑料制品破碎，送入分选装置的料斗中；然后开动风机，将碎片（块）喷散出去，由于落下的距离不同而实现分离。此法的不足是误差较大，但对于分离石块、砂粒等具有良好的效果。

(4) 静电分选

静电分选的基本原理是利用静电吸引力之差来进行分选。此法可将 PVC 从金属、PE、PS、纸和橡胶中分选出来，得到单一化的 PVC 回收物。因为湿度、被分离物的质量对分离效率有影响，所以，被分离物应该干燥且破碎成小块（粒径<10mm），然后通过高压电极分选。

(5) 光学分选

利用 X 射线探知聚氯乙烯中的氯原子以分辨是否有聚氯乙烯材料；利用不同材料对红外线吸收率的差别区分其类别。

(6) 其他分选方法

除上述分选方法外，还有温差分选法，它利用各种塑料的脆化温度不同而进行分选。该法适宜于脆化温度相差较大的两种塑料的分选，但分离成本过高。除此以外，还有密度分选法，其原理同密度鉴别法，只是使塑料在特定溶液中沉浮以达到分离的目的。此外，近年日本研制成功的所谓"浮上分选法"。其原理是用润湿剂调节塑料制品表面的润湿性，从而产生或亲水性或疏水性，亲水性塑料留在水中，疏水性塑料因有气泡黏附而上浮于水面上，从而达到分选目的。该法对润湿试剂的性能要求标准较高，否则达不到应有的亲水、疏水效果；美国 DOW 化学公司也开发了类似的分离技术，以液态烃类化合物取代水分离混合废旧塑料，取得了更佳的效果；美国凯洛格公司与伦塞勒综合技术学院联合开发出溶剂型分离回收技术，不需人工分拣，而是将切碎的废旧塑料加入某种溶剂（以二甲苯为最佳）中，在不同温度下溶剂能有选择地溶解不同的聚合物而将它们分离。

4.2.2 废旧塑料的再生利用技术

废旧塑料的再生利用方法归纳起来主要有直接再生利用和改性再生利用两种。

4.2.2.1 废旧塑料的直接再生利用技术

直接再生利用是指废旧塑料直接塑化、破碎后塑化或经过简单前处理后塑化，然后进行成型加工制得再生塑料制品的方法。直接再生利用也包含加入适当助剂组分（如防老化剂、着色剂、稳定剂等）进行配合，加入助剂只是起到改善加工性能、外观或抗老化作用，并不能提高再生制品的基本力学性能。

直接再生利用的废旧塑料依据来源、混杂程度、清洁程度、使用目的不同可分为以下3类。

第1类是把单一品种的干净的废旧塑料直接循环回用或经过破碎后加以利用。例如，工厂产生的边角料、不合格品、商业部门回收的包装和防震料这类废旧塑料无需分拣、清洗、鉴定，大都经破碎后掺入新料中使用。

第2类是必须经过鉴定、清洗、干燥、破碎后造粒或直接塑化后成型。例如，废农膜、使用后的一次性塑料制品、家电配件和外壳、汽车配件等。

第3类是经过特别的预处理后再利用。例如，各类发泡塑料先进行消泡后再利用。

这类再生工艺比较简单且表现为直接处理成型，目前应用比较普遍，其产品广泛应用于农业、渔业、建筑业、工业和日用品等领域。但因未采取其他改性技术，再生制品性能一般欠佳，只作为低档次的塑料制品使用。

4.2.2.2 废旧塑料的改性再生利用技术

对废旧塑料改性再生利用是很有发展前景的途径，日益受到人们的重视。废旧塑料的改性再生包括物理改性和化学改性。物理改性，即采用混炼工艺制备多元组分的共混物和复合材料，包括填充改性、共混改性、增韧改性、增强改性和合金化改性；化学改性是指通过接枝、共聚等方法在分子链中引入其他链节和功能基团，或通过交联剂等进行交联，或通过成核剂、发泡剂对废旧塑料进行改性，使废旧塑料被赋予较高的抗冲击性能、优良的耐热性、抗老化性等，以便进行再生利用，包括交联改性、接枝共聚改性和氯化改性等。

改性方法因塑料品种不同而有很大差异。不论采用何种改性方法，都是以损失某些方面的力学性能为代价的。然而，由于不同制品对力学性能的要求侧重点不同，改性再生利用仍然是一种行之有效的途径。

(1) 废旧塑料的物理改性再生利用

① 活化无机粒子的填充改性　在废旧塑料中加入填料，既可以降低塑料制品的成本，又可以提高制品的强度，但必须适量填加，并且应使用性能较好的表面活性剂处理。

② 废旧塑料的增韧改性　再生塑料的耐冲击性能一般较低，改善再生塑料耐冲击性能的一种有效途径就是进行共混增韧改性，通常使用弹性体或共混型热塑性弹性体（TPO、TPR、TPV）进行增韧改性。近年来，又出现了有机硬粒子增韧的新途径。

③ 废旧塑料的增强改性　对回收热塑性塑料（如PP、PVC、PE等）可以用纤维进行增强改性，经此改性后，复合材料的强度和模量可以超过原来树脂的强度和模量。作为增强材料的纤维现在大都使用玻璃纤维，此外，天然纤维、合成纤维和人造纤维也可以作为通用塑料的增强纤维。

④ 回收塑料的合金化　"合金化"是当前高分子材料科学和工程领域特别是塑料工业中的热点，是改善聚合物性能的重要途径。聚合物合金又称高分子共混物，是表现均一且含有两种或两种以上不同结构的多组分聚合物体系。塑料合金的组分一般是塑料。

(2) 废旧塑料的化学改性再生利用

化学改性再生利用技术把废旧塑料转化成高附加值的其他有用的材料，是当前废旧塑料回收利用研究的热门领域。

① 废旧聚乙烯的交联改性　对高密度聚乙烯或低密度聚乙烯树脂进行交联，称为交联聚乙烯。回收聚乙烯再生料也可以仿照聚乙烯树脂那样进行交联改性，交联后可提高聚乙烯的拉伸强度和模量、耐热性能、尺寸稳定性、耐磨性等。

交联改性聚乙烯可通过化学交联和辐射交联法制得。化学交联工艺比辐射交联工艺简单易行，而辐射交联工艺需要特种辐照装备，因此，化学交联更具有适用性。

② 废旧聚乙烯氯化改性　对聚乙烯（粉状）树脂进行氯化，可制得氯化聚乙烯（CPE），采用类似方法可对废旧聚乙烯进行氯化改性。CPE的生产方法有溶液法、悬浮法

和固相法，溶液法是最早使用的方法，因消耗有机溶剂、污染环境、生产成本高，现较少使用；悬浮法是目前国内外普遍采用的方法，存在设备腐蚀和三废处理的困难；固相法对设备腐蚀小，生产成本较低，基本无污染，是生产氯化聚乙烯的方向。

③ 废旧聚氯乙烯的氯化改性　氯化聚氯乙烯（CPVC）是聚氯乙烯（PVC）的氯化产物，它是聚氯乙烯的重要化学改性方法之一。对回收 PVC 再生料的氯化改性与 PVC 的氯化改性一样，有两个目标：一是提高 PVC 的连续使用温度，普通 PVC 连续使用温度为 65℃左右，经氯化改性的聚氯乙烯连续使用温度可达 105℃；二是氯化改性后可用作涂料和胶黏剂，此类氯化改性采用溶液氯化工艺，其产品为过氯乙烯溶胶，可用来生产耐热、耐化学药品的器件。

④ 废旧聚丙烯的接枝共聚改性　除了交联（或称硫化改性）改性及氯化改性外，化学改性的途径还有接枝、嵌段等共聚改性，以接枝共聚改性更为有效。所选用的接枝单体一般为丙烯酸及其酯类、马来酰亚胺类、顺丁烯二酸酐及其酯类。接枝共聚的方法有辐射法、溶液法和熔融混炼法。辐射法是在特种辐照装备下进行接枝共聚；溶液法是在溶剂中加入过氧化物引发剂进行共聚；熔融混炼法是在过氧化物存在下使聚丙烯活化，在熔融状态下进行接枝共聚。

4.2.3　废旧塑料的其他资源化利用途径

4.2.3.1　废旧塑料的裂解技术

国内外对裂解技术的开发取得了许多进展。废旧塑料的裂解技术因最终产品的不同可分为两种：一是制取化工原料、单体回收技术；二是得到石油类产品。

（1）制取化工原料、单体回收技术

混合废旧塑料热分解制得液体烃类化合物，超高温气化制得水煤气，都可用作化学原料。德国 Hoechst 公司、Rule 公司、BASF 公司以及日本关西电力、三菱重工近几年均开发了利用废旧塑料超高温气化制合成气，然后制甲醇等化学原料的技术，并已工业化生产。

近年来，废旧塑料单体回收技术日益受到重视，并逐渐成为主流方向，其工业应用亦在研究中。溶剂解（包括水解和醇解）主要用于缩聚高分子材料的解聚回收单体，适用于单一品种并经严格预处理的废旧塑料。目前主要用于处理聚氨酯、热塑性聚酯和聚酰胺等极性废旧塑料。

（2）废旧塑料裂解制油技术

废旧塑料裂解制油技术在全球已有成功的先例，在我国研究得也较多。废旧塑料的裂解制油技术是指通过加热或加热同时加入一定的催化剂，使大分子的塑料聚合物发生分子链断裂，生成分子量较小的混合烃，经蒸馏分离成石油类产品（柴油、汽油、燃料气、地蜡等）。废旧塑料裂解主要包括热裂解法、催化热裂解法、热裂解-催化改质法这3种基本方法。它们又有不同的工艺形式，如图 4-1 所示。此外，还存在另外一些裂解油化方法，如氢化裂解、气化和超临界水油化技术等。

裂解制油技术主要适用于热塑性的聚烯烃类废旧塑料，如此既处理了不易以再生法利用的广泛收集的废旧塑料，同时还可以获得一定数量的新资源。目前，这方面的研究相当活跃，所制得的油可作燃料或粗原料。但是，裂解制油技术工艺复杂，对裂解原料、裂解催化剂和裂解条件要求较高，而且投资较大，因此还在进一步探索、研究之中。

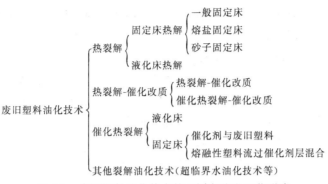

图 4-1　废旧塑料油化技术的不同方法和工艺形式

① 热裂解法　热裂解是最简单的废旧塑料裂解法，工艺简单，投资少，但能耗高，效率低下，产率不高，选择性不强。

② 催化热裂解法　裂解过程中催化剂的加入不仅降低了裂解所需的活化能，降低了能耗，提高了效率，同时也大大提高了产物的选择性，改善了产品的品质。但由于采用催化剂提高了成本，而且催化剂本身不易回收，因此，催化热裂解法在经济上需要一定的规模。目前比较成熟的催化热裂解工艺主要有 Veba 工艺、USS 工艺及马自达公司工艺等。

③ 热裂解-催化改质法　为了进一步提高裂解产品的品质和产率，人们又开发出了用催化剂对裂解气进行催化改质的热裂解-催化改质工艺和催化热裂解-催化改质工艺，又称为二段法工艺。裂解产物经催化改质后，所得油品品质良好，因此在废旧塑料裂解制取液体燃料技术中应用最广，但投资较大，只适用于大规模开发。目前，主要工艺包括日本的富士回收工艺、德国的 BASF 工艺、中国的丽坤工艺及湖南大学工艺等。二段法的基本工艺流程如下：

$$\text{废旧塑料} \rightarrow \text{收集/减容} \rightarrow \text{热裂解} \rightarrow \text{蒸馏} \begin{array}{l} \rightarrow \text{烃类化合物} \\ \rightarrow \text{燃料油} \\ \rightarrow \text{重质油} \rightarrow \text{催化裂解} \rightarrow \text{汽油} \end{array}$$

④ 超临界水油化技术　超临界水油化技术的原理是废旧塑料在超临界水介质中发生热解反应而断裂成含碳数低的化合物：

$$\text{废弃塑料} \xrightarrow[\text{热解反应}]{\text{超临界水}} \text{含低碳数的油状液体}$$

在超临界水油化技术中，热解反应是主要反应，其中也伴随着氧化反应。超临界水不仅作为介质，而且作为氧化剂，向反应产物提供氧。由于超临界水向废旧塑料内部细孔的渗透能力非常强，所以反应很彻底。在封闭条件下，通过自由基反应，可在很短的时间内以高于 90% 的效率将难降解的废旧塑料断裂成油状液体。

超临界水油化技术的优势是：分解反应程度高，可以直接获得原单体化合物；可以避免热分解时发生的炭化现象，油化率提高；反应在密闭系统中进行，不污染环境；反应速率快，效率高；反应过程几乎不用催化剂，易于反应后产物的分离操作。

超临界水油化技术存在的问题是：需在高温、高压条件下进行反应；设备投资大，操作成本难以降低；腐蚀问题、临界点附近的变化规律、反应与传递过程机理等问题还有待于进一步研究。

超临界水技术是一种能彻底破坏有机物质、封闭式、对环境友好的处理技术，在废旧塑料的资源化利用方面有着广阔的应用前景。

4.2.3.2 废旧塑料的热能再生技术

废旧塑料热能再生，是指将废旧塑料作为燃料，通过控制燃烧温度，充分利用废旧塑料焚烧时放出的热量。这种方法具有明显的优点：a. 不需繁杂的预处理，如无特殊要求，也不需要与生活垃圾分离，特别适用于难以分选的混杂型废旧塑料；b. 从处理的角度看十分有效，焚烧后可使其质量减少80%，体积减少90%以上，燃烧后的渣密度较大，处理方便；c. 废旧塑料产生热量很大，其热值与相同种类的燃油相当，其产生热值见表4-6。

表4-6 塑料及有关材料与煤的热值比较

材料名称	PVC	PE	PS	木粉	纸类	脂类	油类	煤
燃烧热/(kJ/kg)	19000	46000	46000	35199	17000	38000	44000	25600～27900

因此，废旧塑料的热利用受到了越来越多的重视。国外将废旧塑料用于高炉喷吹代替煤、油和焦炭，用于水泥回转窑代替煤烧制水泥，以及制成固体燃料热能利用技术（RDF）用于发电，也收到了很好的效果。

(1) 废旧塑料高炉喷吹技术

废旧塑料高炉喷吹技术是利用废旧塑料的高热值，将废旧塑料作为原料制成适宜粒度喷入高炉来取代焦炭或煤粉，而使废旧塑料得以资源化利用和无害化处理的方法。该技术为废旧塑料的综合利用和治理"白色污染"开辟了一条新途径，也为冶金企业节能增效提供了一种新手段，具有广阔的前景。

高炉喷吹技术的优势是：生产成本低，经济效益好；能量可得到充分利用；在高炉风口前2000℃的高温区和强还原性气氛下，不易产生二噁英、NO_x和SO_x等有毒有害气体。

高炉喷吹技术存在的问题是：该技术对原料要求较高，要把废旧塑料加工成一定粒度的块状才能喷入高炉中，使得废旧塑料加工成本较高；含氯塑料需进行脱氯处理，否则会损坏设备；虽然该技术生产成本低，但设备初期投资大。

(2) 废旧塑料水泥回转窑喷吹技术

日本水泥工业堪称利用废物大户。德山公司水泥厂于1996年进行了回转窑喷吹废旧塑料试验，获得成功。将不含氯的废旧塑料粉碎成10～20mm的片、粒，从窑头喷煤孔的中部用空气送入即可。试验结果表明：平均1kg废旧塑料可代替1.3kg煤粉，平均发热量之比相当；对回转窑尾部排烟的影响不明显，烟气环保达标，不需采取特殊措施；对回转窑的运行、熟料和水泥的质量无影响。

(3) 废旧塑料制作垃圾固体燃料技术（RDF）

将城市生活垃圾经破碎、筛选出不燃物后所得的以废旧塑料、纸屑等可燃物为主体的废弃物，或将这些可燃废物进一步粉碎、干燥、成型而制得的固体燃料，在美国通称RDF（Refuse Derived Fuel），在英国和欧洲则称WDF（Waste Derived Fuel）。若只有废旧塑料一种可燃废弃物制成的固体燃料则可称为再生塑料燃料（Recycle Plastic Fuel，RPF）。

聚乙烯、聚丙烯、聚苯乙烯、聚酯树脂等的混合物，或其中含有纸或纤维的混合物，无法作为再生原料重复利用，或者已经是再生制品，从而只能把它们作燃料加以利用。用废旧塑料制垃圾固体燃料技术由美国开发，它以混合废旧塑料为主，掺入果壳、木屑、纤维和下水道污泥等可燃垃圾，并加入少量石灰后混合压制为平均发热量为 18800～20930kJ/kg（4500～5000kcal/kg）的粒度整齐（20～50mm）的垃圾固体燃料（RDF）。这样既稀释了燃料中的含氯量，又便于保存、运输和燃烧，有助于焚烧发电站的规模化。

4.2.3.3　废旧塑料与煤共焦化技术

废旧塑料与煤共焦化技术，是新近发展起来的可以大规模处理混合废旧塑料的工业化实用型技术。国内外学者对其进行了大量的研究工作，日本于 2000 年将该技术成功应用于工业实践。该技术基于现有炼焦炉的高温干馏技术，将废旧塑料转化为焦炭、焦油和煤气，实现废旧塑料的资源化利用和无害化处理。由于该技术不需改动传统的炼焦工艺，可利用原有的炼焦设备对废旧塑料进行资源化利用，比较符合我国国情，故在国内研究较多。

废旧塑料与煤共焦化技术的优势是：对废旧塑料原料要求相对较低；加工后的塑料与煤混合技术较简单；处理规模较大，工艺简单，投资较小，建设期短，无需对传统焦化工艺进行改造即可投入生产应用；无需增加新设备，与传统油化工艺相比，大大降低了初期投资和运行费用；废旧塑料处理过程实行全密封操作，而且废旧塑料不直接焚烧，防止了二噁英类剧毒物质的产生；塑料在超过其熔点时溶解，对煤可起到溶剂的作用，有利于煤中小分子的析出；允许含氯的废旧塑料进入焦炉，含氯塑料在干馏过程中产生的氯化氢可以在上升管喷氨冷却过程中被氨水中和，从而有效避免氯化物造成的二次污染和对设备及管道的腐蚀。

废旧塑料与煤共焦化技术存在的问题是：催化剂对共液化反应效果有很大的影响，所以对共液化体系来讲，选择适当的催化剂是非常重要的，而且也是十分困难的。各种煤的热解温度范围及挥发分的生成速率差异较大，导致了热解温度高的煤所生成的自由基由于缺乏废旧塑料的供氢作用而再次相互聚合，引起焦油收率的降低。

4.3　合成橡胶及其再生利用

4.3.1　废旧橡胶的概述

我国是一个橡胶消费大国，2001 年共消耗生胶 279 万吨，仅次于美国的 281.2 万吨，居世界第 2 位。据国际橡胶研究组织统计，2002 年我国生胶消费量达到了 306 万吨，首次超过美国，成为世界橡胶消费第一大国，美国位居第二，为 285.4 万吨。但我国橡胶资源十分匮乏，缺口很大，到 2004 年天然橡胶国产才 60 万吨，而进口为 130 万吨，进口胶占 68.5%，是世界第一大橡胶进口国。

随着橡胶消费量的增长，我国废旧橡胶的产生量也在不断增加，我国在成为世界上最大的橡胶制品生产国及消费国的同时，也已成为世界上最大的废旧橡胶产生国。废旧橡胶在固体废物中所占比重不大，但却是固体废物处理的主要问题之一。大量的废旧橡胶造成了比塑料污染（白色污染）更难处理的黑色污染，另一方面也浪费了宝贵的橡胶资源。基于我国目前橡胶的消费和废旧橡胶的产生情况，废旧橡胶的综合利用已成为我国发展橡胶工业循环经济的重要组成部分。

废旧橡胶的来源主要是废旧橡胶制品，即报废的轮胎、人力车胎、胶管、胶带、胶鞋以及工业中用到的一些辅助的橡胶制品等，另外还有一部分则来自橡胶制品厂生产过程中产生的边角余料和废品。

4.3.1.1 废旧橡胶的种类

① 按原橡胶的来源，废旧橡胶可分为天然橡胶型和合成橡胶型。其中，合成橡胶型废旧橡胶又可根据其成分与结构分为丁苯橡胶、顺丁橡胶、氯丁橡胶、丁基橡胶、丁腈橡胶、硅橡胶、氟橡胶、聚氨酯橡胶等。天然橡胶是由人工栽培的三叶橡胶树分泌的乳汁，经凝固、加工而制得，其主要成分为聚异戊二烯，含量在90%以上，此外还含有少量的蛋白质、酯及酸、糖分及灰分。

② 按原橡胶制品用途，废旧橡胶可以分为轮胎类（包括内胎和外胎）、胶鞋类、胶管和胶带类及工业杂品类。

③ 按颜色，废旧橡胶可以分为黑色、白色、杂色。

④ 按刚度，废旧橡胶可以分为硬质橡胶、软质橡胶。

⑤ 按含胶量，废旧橡胶可以分为纯橡胶制品、高含胶橡胶制品、低含胶橡胶制品。

⑥ 按老化程度，废旧橡胶可以分为轻微老化制品、中等老化制品、深度老化制品。

用于再生的废旧橡胶，根据其含胶量，可以进一步做等级划分，如表4-7所列。

表4-7 用于再生的废旧橡胶的等级划分

类别	规格	废旧橡胶名称
外胎类	一级	含天然橡胶比例大的充气轮胎的胎面胶
	二级	含天然橡胶比例大的充气轮胎，有两层以下缓冲层的胎面胶
	三级	含天然橡胶比例大的充气轮胎，胶层大于帘线层的胎体胶
	四级	含天然橡胶比例大的充气轮胎，胶层小于帘线层的胎体胶
	合成橡胶	含合成橡胶比例大的胎面胶及其胎体胶
胶鞋类	一级	胶面胶鞋胶
	二级	布面胶鞋胶
杂胶类	一级	软杂胶
	二级	其他杂胶

4.3.1.2 废旧橡胶的辨识

对于废旧橡胶的辨识，目前多根据不同制品的常用胶种，凭经验做出判断。鉴别常见的胶种的方法主要有以下几种。

(1) 热分解试验法

这种方法由 H P Burchfield 发明，是一种利用橡胶的热分解生成物与含不稳定氢原子化合物之间的显色反应，鉴别废旧橡胶成分类型的方法。具体操作如下：将试样放入试管中，再将玻璃导管插在试管口上，用酒精燃烧器加热。当蒸汽出现在导管口处时，将导管的另一端浸入装有试剂Ⅰ（试剂Ⅰ：将1.00g对二甲胺基苯甲醛和0.01g对苯二酚溶解于100mL纯甲醇溶液中，加入5mL浓盐酸和乙二醇，调整混合液相对密度为0.851，这种试剂在褐色瓶中能保存数月）溶液的试管中，观察溶液的颜色是否发生变化，然后将试样试管的导管插入装有试剂Ⅱ〔试剂Ⅱ：将柠檬酸钠2.00g，柠檬酸0.20g，溴甲酚绿0.03g及酸性间胺黄（又称米塔尼尔黄）0.03g，在500mL水中溶解〕的小试管中，对试样试管继续加热蒸馏，分解结束后，将试剂试管冷却2~3min，观察并记录试剂中小液滴的位置和颜色变化，最后将试剂试管中的反应液倒入另外的试管中，加入适量的甲醇，在水浴中以沸腾状态加热3min，记录颜色变化。根据所得结果，对照表4-8进行判断。日本再生橡胶工业标准JISK6313中规定采用这个方法鉴别废旧橡胶的胶种。

表 4-8　热分解试验的显色反应

试样物质	试剂Ⅰ			试剂Ⅱ
	初期颜色	液滴位置	加热后颜色	
空白试验	浅黄		浅黄	绿
聚氯乙烯	黄		黄	红
氯丁橡胶	黄		浅黄绿	红
氯丁橡胶-丁腈橡胶混合物	黄红		红	黄红
丁腈橡胶	黄红		红	绿
丁苯橡胶	黄绿	存于底部	绿	绿
丁苯橡胶(50%)-天然橡胶(50%)	橄榄绿		绿蓝色	绿
天然橡胶	褐色	垂悬于溶液中	蓝紫色	绿
丁基橡胶	黄	浮于上层	浅蓝绿色	黄
聚乙酸乙烯	浅蓝		深蓝	
异戊二烯橡胶	浅蓝		蓝色	
丁二烯橡胶	浅蓝		蓝色	
乙丙橡胶	黄		浅茶色	
聚氨酯橡胶				

(2) 纸上斑点试验

这种试验方法是将红热的电炉丝压在试样上，使分解的烟雾与浸有试液的滤纸条接触，根据斑点的颜色鉴定废旧橡胶的胶种，其显色反应如表 4-9 所列。

表 4-9　纸上斑点试验显色反应

组别	胶种	纸上斑点显色			
		乙酸铜-皂黄试纸	硫酸汞试纸	对二甲胺基苯-甲醛试纸	茜素红-硝酸锆试纸
Ⅰ	氯丁橡胶	紫色	不变	蓝色	不变
	氯化氯丁橡胶	紫色	不变	蓝色	不变
	氯化天然橡胶	紫色	不变	蓝色	不变
	氯磺聚乙烯	紫色	不变	蓝色	不变
	氯橡胶-23	紫色	不变	蓝色	黄色
	氟橡胶-23	紫色	不变	蓝色	黄色
	溴化丁基橡胶	紫色	不变	蓝色	不变
Ⅱ	天然橡胶	无特殊反应	黄褐色	蓝色	不变
	环化橡胶	无特殊反应	黄色	蓝紫色	不变
	顺丁橡胶	无特殊反应	黑色	蓝色	不变
	丁钠橡胶	无特殊反应	黑中带黄	蓝色	不变
	丁锂橡胶	无特殊反应	黑中带黄	蓝中带紫	不变
	丁吡橡胶	无特殊反应	黑色	蓝中带紫	不变
	丁苯橡胶	无特殊反应	黑中带黄	墨绿	不变
	丁腈橡胶	墨绿	黑中带黄	绿色	不变
Ⅲ	丁基橡胶	不变	鲜黄色	紫蓝色	不变
	异丁烯橡胶	不变	鲜黄色	紫蓝色	不变
	乙丙橡胶	绿	不变	红紫色	不变
	聚氨基甲酸酯	不变	不变	深黄	不变
	丙烯酸酯橡胶	不变	不变	浅黄	不变
Ⅳ	硅橡胶	不变	不变	不变	不变
	腈硅胶	不变	不变	不变	不变
	聚硫橡胶	黄(浊)	不变	黄绿	黄(浊)

（3）Parker 法

这种方法由 L F C Parker 发明，是一种利用发烟硝酸和发烟硫酸混合液与橡胶的反应性鉴别胶种的方法。具体做法是，准备 1∶1 的混合溶液，将其 1 滴溶液滴到试料的新切面上，然后测定开始发生反应时所需要的时间。是否发生反应，可以根据在液滴内是否形成模糊不清的小气泡来进行判断。

快速准确地鉴定胶种的方法是仪器分析法。现在一般应用的方法有两种，即红外光谱分析法和气体色层分离法。无论使用哪种方法鉴别，关键是鉴别者应具有丰富的橡胶方面的知识，特别是对合成橡胶的构成、特征、配合特点、硫化方法以及其产品的应用领域等都应比较熟悉，这样才能比较准确地鉴别胶种。

4.3.2 废旧橡胶的再生加工技术

过去废旧橡胶的回收利用成本较高、技术难度大，人们将其看作废弃物，只考虑如何处理干净。进入 20 世纪 70 年代以后，随着科技的发展，人们发现回收利用废旧橡胶可以节约生产合成橡胶所消耗的大量原油，开始千方百计对其进行回收利用，作为橡胶和塑料的填充材料，或者单用胶粉生产橡胶制品，开辟了废旧橡胶资源化利用的新时代。在能源相对紧缺的今天，回收、再生利用废旧橡胶具有重大的意义。

我国是一个生胶资源相对短缺的国家，几乎每年有 45%～60% 的生胶消耗需要进口，寻找橡胶原料来源及其代用材料是十分迫切的任务。废旧橡胶利用是将废弃的轮胎、管、带、工业橡胶制品、胶鞋以及橡胶厂废料等经过回收、加工进行利用。废旧橡胶的资源化可以节约自然资源，减少废橡胶对环境的污染。

废旧橡胶制品以废旧轮胎为最多，故这里以废旧轮胎为例，介绍废旧橡胶的再生利用方法。废旧轮胎主要化学组成是天然橡胶和合成橡胶，除此之外还含有许多其他物质，如苯乙烯、丁二烯、丁基、异氧聚丁二烯、玻璃纤维、聚酯、锌氧化物、硬脂酸、硫磺、金属、色素、炭黑等，其典型化学成分见表 4-10，组成情况如图 4-2 所示。

表 4-10　轮胎的化学成分　　　　　　　　　　　　单位:%

组分 轮胎	碳	氢	氧	硫	氮	氯
完整轮胎	74.50	6.00	3.00	1.50	0.50	1.00
破碎后轮胎	77.60	10.40	0.00	2.00	0.50	1.00

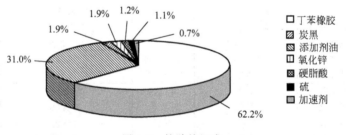

图 4-2　轮胎的组成

废旧轮胎的再生利用可以分为整体利用、再生利用和热利用三种方式，如图 4-3 所示。

图 4-3　废旧橡胶（轮胎）的再生利用方法

4.3.2.1　废旧橡胶的直接再生利用技术

废旧橡胶的直接再生利用是指废旧橡胶在不经过化学变化（如再生、热分解等）或在其形状不发生重大改变（如胶粉）的情况下，利用其原形或通过部分改制、修补而重新利用，主要有以下几种方式。

(1) 轮胎翻修

轮胎翻修是将已经磨损的、不能使用的旧轮胎，经局部修补、加工、重新贴覆胎面胶之后，进行硫化，恢复其使用价值的一种工艺流程。一条轮胎经过多次翻新后行驶里程相当于2～3条轮胎。而翻新一条旧轮胎所消耗的原材料只相当于生产一条同规格新轮胎的15%～30%，价格仅为新轮胎的20%～50%。因此，旧轮胎翻新也是废旧橡胶（轮胎）利用的一个重要方面。

传统的轮胎翻新工艺是废胎→打磨→清洗→贴面→硫化。所用的设备主要有充气仿形磨胎机、胎面绕贴机和硫化机。

随着技术的革新，目前世界上最先进的翻胎技术为预硫化翻胎法（又称冷翻法），即把已经硫化成形的胎面胶粘合到经过打磨处理的胎体上，装上充气内胎和包封套，送入大型硫化罐，在较低温度和压力下硫化，一次可生产多条翻新轮胎。

由于旧轮胎翻新保持了轮胎原始物性能和形状，耗用能源和人力都较少，普遍认为是旧轮胎利用最有效的方法之一，但是随着汽车和交通的现代化，对轮胎高速安全性的要求日益苛刻，用途不断受限，可供翻胎的废旧轮胎正在不断减少，轮胎翻新在一些发达国家的比例逐渐下降。

(2) 胎改制

有些8.25～20汽车外胎和9.00～20汽车外胎，当其胎侧、胎里、胎圈都保持完好，但胎面磨损较严重时，不宜翻修再用在汽车上，但可以改制成32×6的马车胎。

(3) 输送带翻修

输送带的翻修是将已经磨损、割伤、带芯局部破损或带宽减少的旧输送带，通过翻修，使之变成能够重新使用的输送带。

(4) 人工鱼礁

人工鱼礁是一项古老而新兴的渔业增产技术。目前，人工鱼礁的种类主要有两种，即混凝土鱼礁和废轮胎鱼礁。其中，废轮胎鱼礁近年来有较大发展。它是一种将废旧轮胎按特定的设计组合与形状捆扎在一起，沉入海底或一定水深内所构成的水下构筑物。据对全日本轮胎鱼礁长时间调查的结果表明，废轮胎鱼礁的集鱼效果十分明显，几乎所有种类的鱼都喜欢在轮胎鱼礁中栖息。用废轮胎建造鱼礁具有耐久性好、组装容易、施工费低廉、集鱼效果好和安全性好等优点。

(5) 用作水土保持材料

从1965年起，日本各地造林部门即开始使用废轮胎代替圆木，作为山区水土保持用材，据说已使用废轮胎 30 多万条。主要使用方法有废轮胎筑垒、废轮胎平铺护坡、砌筑废轮胎水道等。

此外，废旧橡胶还可直接再生用于制造树木保护材、牧场栅栏、护舷、道路防护壁、体育或游艺设施、施工用的防沉垫、轨道缓冲材、爆破防护罩以及防滑垫等。

与其他利用途径相比，直接再生利用是一种非常有价值的利用方式，在耗费能源和人工较少的情况下使废旧橡胶（轮胎）物尽其用，而且给人们提供了充分想象力的空间以及大胆实践的机会，但该方法消耗的废旧橡胶（轮胎）量不大。

4.3.2.2 废旧橡胶的再生利用技术

(1) 废旧橡胶制造再生胶

用废旧橡胶制作再生胶是我国废旧橡胶利用的主要方式。再生胶是由废旧橡胶制品或硫化橡胶经破碎、除杂质（纤维、金属等），再经物理、化学处理消除弹性，重新获得类似橡胶的刚性、黏性和可硫化性的一种橡胶代用材料。再生胶组分中除含有橡胶烃外，还含有如炭黑、软化剂和无机填料之类的配合剂，它的特点是具有高度分散性和相互掺混性，具有良好的塑性，收缩性小，流动性好，硫化速度快，耐焦烧性好，耐老化性好，耐热、耐油和耐酸碱性好，易与生胶和配合剂混合，易于制作模型制品，即能使制品有平滑的表面和准确的尺寸，能改善橡胶制品的耐自然老化性能。因此，在生产新轮胎时可投入少量的再生胶作为原料，再生胶与天然橡胶或其他橡胶掺混调和后，可以制成具有良好物理性质的低价橡胶制品。

再生胶的制作方法很多，目前主要有油法（直接蒸汽静态法）、水油法（蒸煮法）和高温动态脱硫法等。为了提高再生胶质量，降低能耗，提高经济效益和社会效益，再生胶生产的新工艺不断出现。如美国发表了微波脱硫法专利和低温相位移脱硫法专利，瑞士发表了常温塑化专利，我国出现了综合利用废橡胶生产亚生橡胶的新工艺。生产亚生橡胶工艺的最主要特点就是不需要用油，对环境的污染小，其产品亚生橡胶为高弹体物料，它不发生"可逆反应"，亚生橡胶中没有大分子链段。

最近世界上很多国家对废旧合成橡胶特别是对昂贵的硅、氟橡胶以及用量极大的顺丁橡胶的再生利用十分重视。美国对硅橡胶进行蒸汽粉碎法处理，可得到再生硅橡胶，作为填料减少硅橡胶配方的成本，得到的胶料有优良的抗老化性能，并能保持硅橡胶原有突出的电性能。硅橡胶的价格昂贵，而再生硅橡胶的价格较低，能够推广使用。

(2) 废旧橡胶生产胶粉

胶粉是将废胎整体粉碎后得到的粒度极小的橡胶粉粒。依据废旧橡胶原材料来源不同，胶粉可分为轮胎胶粉、胶鞋胶粉、制品胶粉等。

胶粉依据表面活化处理不同，可分为普通胶粉和活性胶粉（改性胶粉）。活性胶粉是表面进行了处理的胶粉，可等量代替或部分代替生胶料使用。活性胶粉的加入大大降低了橡胶制品的生产成本，同时提高了橡胶制品的耐疲劳性，并改善了胶料的加工性能。

根据胶粉粒度大小，胶粉可以分为粗胶粉（500～1500μm）、细胶粉（300～500μm）、精细胶粉（75～300μm）和超细胶粉（74μm 以下）。粗胶粉制造工艺相对简单，回用价值不大；细胶粉粒度小、比表面积大，可以满足制造高质量产品的要求，需求量大、回用价值高；超细胶粉颗粒细小，比表面积大，在显微镜下观察，其表面呈不规则毛刺状，表面布满微观裂纹，能悬浮于较高浓度的浆状液体中，能够较快速地溶入加热的沥青中，受热后易脱硫。

胶粉生产流程一般有预加工、初步粉碎、精细粉碎、分级处理和胶粉改性等。

在粉碎工艺中，目前主要有常温粉碎、低温粉碎法、湿法或溶液粉碎法、臭氧（O_3）粉碎和高压爆破粉碎等工艺方法。

与我国废旧橡胶以再生胶方式回收利用为主导方向不同，国外更加注重再生胶粉的生产与综合利用。与再生胶相比，生产再生胶粉具有明显的经济效益与社会效益。

① 制造胶粉可省去再生胶过程中的脱硫、清洗、挤水、干燥、捏炼、滤胶、精炼等工序，大幅度地降低设备投入、能源消耗。

② 生产胶粉可不需要软化剂、活化剂等化工原料。

③ 将胶粉掺用于生胶中，可取代部分生胶，使制品成本降低。

④ 在掺再生胶的制品中，胶粉比再生胶掺入量更大，且力学性能较好，如在工业制品的胶料中掺用精细胶粉可达50%，而再生胶仅可掺入20%以下，甚至对力学性能要求甚高的轮胎胎面胶及胎侧胶中，精细胶粉的掺入量也可达到20%~30%，而再生胶仅可用于低档次的人力车胎中，少量掺用。

⑤ 精细胶粉生产时不存在气、水的环境污染。

4.3.2.3　废旧橡胶的热利用技术

(1) 废旧橡胶的焚烧技术

废轮胎与新轮胎相比磨损掉了20%~30%，其发热量为27196~30962kJ/kg，可以用作工业生产中的燃料（如水泥厂、钢铁厂），也可用来燃烧发电。

目前直接燃烧废旧轮胎回收热能的工厂并不多，因为此法虽简单，但会造成大气污染。废轮胎破碎后，按一定比例与各种可燃废旧物混合，配制成固体垃圾燃料，供高炉喷吹代替煤、油和焦炭，供水泥回转窑代替煤以及火力发电用。

废旧轮胎用于焙烧水泥时热效率几乎与重油相同，1kg轮胎相当于0.8~0.9L重油，而且不必增加很多附加设备。但因其特殊性，燃烧过程中需要注意以下几点问题：a. 要通过粒度调整等办法尽量使燃烧速度不同的物质同时燃烧；b. 炭黑容易以未燃状态排出，排气装置及锅炉传热面易结垢，因此应设置清灰装置或工序；c. 钢丝圈等金属物熔化后易固着在炉床上，因此要考虑利用调节空气供给量和温度控制其熔化程度。

(2) 废旧橡胶的热解技术

橡胶分为天然与人工合成两类，可以用于热解的废旧橡胶主要是指天然橡胶。人工合成橡胶在热解过程中会产生有毒有害气体，所以一般不用热解法对其进行处理。在废旧橡胶中，废轮胎由于产生的量最大，分布最为广泛，因此对其热解技术的研究较多。

废旧轮胎热解是在缺氧或惰性气体中进行的不完全热降解过程，可形成气体、液体和固体产物，其中气体占20%~30%（质量分数）、液体占25%~35%、固体占35%~55%。气体产物主要包括CO_2、CO、H_2、CH_4、C_2H_6、C_3H_6、C_3H_8、C_4H_6等，可直接作为燃料气使用；液体产物的主要成分为烷烃、烯烃、苯、甲苯、二甲苯、苯乙烯及稠环芳烃等，可进一步精制成化学品或燃料油；固体产物主要由轮胎制作过程中添加的炭黑组成，还包括轮胎中橡胶热解所形成的少量焦炭，经过适当处理后可作为制作炭黑或活性炭的原料，也可作为无烟燃料使用。在气体、液体和固体产物中还有微量的硫化氢、噻吩和钢丝。热解产物组成随热解温度不同会有小幅度的变化，温度增加会使气体含量增加，反之则气体产物的含量减少。

① 废旧轮胎热解技术根据锁定目标物质的不同,可分为制备燃料油技术、制备炭黑技术和制备燃料气技术。

② 废旧轮胎热解技术根据热解时反应压力的不同,可分为高压热解技术、常压热解技术和真空热解技术。

③ 熔融盐热解技术 据文献报道,熔融盐热解技术有多种优势。熔融盐是出色的传热介质,可使液体和橡胶充分接触,反应速度快,这项工艺可应用于整个或半个轮胎及粉碎轮胎。使用类似氯化锂/氯化钾低共熔混合物作传热介质,这些混合物在反应前后没有改变,可循环使用。

④ 废旧橡胶的催化裂解工艺 热裂解方法处理橡胶,温度高,加热时间长,一般大于3h;原料多需事先处理为小块;热裂解产品中通常含有不希望有的杂元素,降低了产品质量,缩小了使用范围,为除去杂质,通常要增加附加反应装置。

⑤ 废旧橡胶的超临界裂解技术 对于水来说,当温度、压力超过临界区域(温度为374.1℃,压力为22.4MPa)值时,许多性质都发生了异常变化。其具有以下特点:a. 具有较小极性,能够溶解有机物,溶解度很高,而不溶解无机物;b. 具有液态的密度,极快的扩散速度;c. 在400℃以上水的离子积很小,特别适合于烃类热解的自由基反应。

废旧橡胶超临界裂解工艺避免了传统工艺存在的反应时间长、能耗大、传热效率低、易结焦等问题,是具有较好发展前景的废旧橡胶热解工艺。

4.4 纤维及其再生利用

4.4.1 废纤维概述

随着社会经济的飞速发展和人民生活水平的不断提高,纤维工业不断发展壮大并趋于成熟。据统计,我国纺织业每年消耗的棉、麻、化纤等各类纺织纤维原料达3500万吨。然而,在纤维及其制品产量日益增加的同时,废纤维的产生量也随之增加。根据专家测算,每年仅在生产环节产生的纺织边角料和家庭废弃的纺织品合计超过2000万吨。此外,再加上废纤维给环境及资源的可持续发展所带来的严重困扰,对废纤维的回收及资源化利用已受到广大学者的关注,并逐渐成为国内外专家学者研究的重点。

4.4.1.1 废纤维的种类和性能

废纤维的含义较广,一般指适纺性或适用性达不到规定标准的各种纤维,以及回收再生的纺织品中的纤维。纤维主要分为天然纤维和化学纤维两大类,具体分类如表4-11所列。

表4-11 纤维分类表

大类	亚类	种类	举例
天然纤维	植物纤维	种子纤维	棉花、木棉
		韧皮纤维	苎麻、亚麻、大麻、黄麻
	动物纤维	毛发纤维	绵羊毛、山羊毛、马海毛、兔毛、骆驼毛
		泌腺纤维	桑蚕丝、柞蚕丝、蓖麻蚕丝

续表

大类	亚类	种类	举例
化学纤维	再生纤维	再生纤维素纤维	黏胶、铜氨、醋酯
		再生蛋白质纤维	酪素、大豆、花生
	合成纤维	聚酰胺纤维	锦纶
		聚酯纤维	涤纶
		聚丙烯腈纤维	腈纶
		聚乙烯醇纤维	维纶
		聚氯乙烯纤维	氯纶
		聚丙烯纤维	丙纶
		聚乙烯纤维	乙纶
		聚氨酯纤维	氨纶

常见合成纤维（六大纶）的性能见表 4-12。

表 4-12　常见合成纤维的性能

品种	英文缩写	缩写代号	机械性能	吸湿性	热学性能	化学性能	耐旋光性
涤纶	PET	T	强力高，是锦纶的4倍、黏胶的20倍，耐磨，挺括，弹性足	吸湿性差，标准回潮率为0.4%，易产生静电，不易染色	导热性差，耐热性好，良好的热定性，熨烫温度为140～150℃	较为稳定，耐酸，不耐浓碱，利用碱减量处理可得仿真丝风格	好，仅次于腈纶
锦纶	PA	N	耐磨性居各种纤维之前，弹性好，刚性小，与涤纶相比，保形性差，很小的拉伸力织物就变形	标准回潮率为4%，易起静电，舒适性差	不如涤纶，熨烫温度为120～130℃	耐碱不耐酸	差，阳光下易泛黄
腈纶	PAN	A	强度比涤纶、锦纶低，断裂伸长率和它们相似，弹性低于涤纶、锦纶，尺寸稳定性差，是合成纤维中耐用性较差的一种	标准回潮率为1.5%～2.0%	熨烫温度为130～140℃	稳定性较好，但不耐浓酸浓碱	所有纤维中最好
维纶	PVA	A	强度和弹性高于棉，其耐磨性是棉的5倍	所有合成纤维之首，标准回潮率为4.5%～5%	耐干热较强，接近涤纶，熨烫温度为120～140℃，耐湿热较差	耐碱优良，但不耐强酸	较好
丙纶	PP	O	强伸性、弹性、耐磨性较好，与涤纶接近	不吸湿，回潮率为0%，但具有较强的芯吸作用，不仅能传递水分，而且能保持皮肤干燥	差，熨烫温度为90～100℃	酸碱抵抗力强	所有纤维中最差
氨纶	PU	SP（美国）EL（西欧）OP（日本）	强度较低，但具有高弹性、回复性	较差，标准回潮率为0.4%～1.3%	差，熨烫温度为90～110℃	较好，但氯化物和强碱会造成损伤	较好

4.4.1.2　废纤维的辨识

不同种类的纤维，在外观及物理、化学性质上存在一定的差异，借此可以进行辨识。常用的鉴别方法有感观鉴别法、燃烧鉴别法、显微镜观察法、化学试剂溶解法、熔点法和红外吸收光谱法。

(1) 感观鉴别法

感观鉴别法又称手感目测法，主要是根据纤维的外观形态、色泽、手感及拉伸强力等来进行简单鉴别。常用的纤维特征如下。

① 棉纤维　细而柔软，纤维长短不一。织物有天然棉光泽，柔软但不光滑。坯布布面有棉籽屑等细小杂质。

② 麻纤维　粗硬、手感硬爽，很难区分出单根纤维。织物硬而爽。

③ 毛纤维　比棉纤维粗而长，手感丰满、富于弹性，单根纤维呈天然卷曲。精纺织物呢面光洁平整、织纹清晰、光泽柔和、富有身骨、弹性好，手感滑糯，粗纺织物呢面丰厚、紧密柔软、弹性好、有膘光。

④ 蚕丝　光泽柔和，纤维细而长。织物绸面明亮、柔和、色泽鲜艳、细柔飘逸。

⑤ 有光再生丝　有刺眼的光泽，湿强度大大低于干强度。

⑥ 无光再生丝　光泽较差，湿强也大大低于干强。鉴别时可用水沾湿，可感强度明显下降。

⑦ 锦纶纤维　有蜡光、强力高、弹性好，受力易于变形。易被墨水沾污，且不易洗去。

⑧ 涤纶纤维　外观与锦纶非常相似，但受力变形性小，不易被墨水沾污。

(2) 燃烧鉴别法

用一根点燃的火柴，接近纤维将纤维点燃，根据纤维接近火焰时的状态、在火焰中燃烧的速度、火焰颜色、有没有黑烟、发出的气味、离开火焰后是否继续燃烧以及延燃速度、灰烬特征等进行鉴别。该法只能鉴别纯纺织品，不能用于混纺产品的鉴别。

一般说来，棉、麻、强胶等纤维素纤维，接触火焰会立即燃烧，且燃烧速度较快，并能自动蔓延，有烧纸味，灰烬呈灰白色且轻飘。蚕丝、羊毛等蛋白质纤维，接触火焰会产生收缩，然后燃烧，离开火焰虽能继续燃烧，但燃烧速度不如纤维素纤维快，且燃烧时发出烧羽毛气味，灰烬呈黑色易碎圆球状。合成纤维在接近火焰时一般先收缩，后熔融，然后燃烧，燃烧时发出各种气味，如锦纶发出芹菜味、涤纶发出芳香味、丙纶发出醋味。各种纤维的燃烧特征如表4-13所列。

表4-13　各种纤维的燃烧特征

纤维名称	燃烧现象				
	靠近火焰	在火焰中	离开火焰	味道	灰烬
棉、麻	即燃	燃烧	继续燃烧,燃烧快,有火焰	烧纸味	软的白灰色
丝	收缩	先缩后燃	继续燃烧,但速度较慢	烧毛发味	黑球易碎
羊毛	收缩	先缩后燃	继续燃烧,但速度较慢	烧毛发味	黑球易碎
黏胶、铜氨	即燃	燃烧	继续燃烧,燃烧快,有火焰	烧纸味	几乎无灰
醋酯	熔融	熔融燃烧	边熔边燃	醋味	硬脆
维纶	缩熔	熔后燃	边熔边燃	特有臭味	硬、焦茶色
锦纶	熔融	熔后燃	不延燃	芹菜味	硬、焦茶色、球状
聚偏氯乙烯	收缩	熔融、有烟、根部呈绿色	不延燃	刺激臭味	脆、不规则
氯纶	收缩	熔融,有大量黑烟	不延燃	刺激性臭味,但较弱	脆、不规则
涤纶	缩熔燃	熔融	延燃	芳香味	硬圆黑
腈纶	收缩	熔黑烟焰	不延燃	燃肥皂味	脆、不规则黑灰
聚丙烯	收缩	熔烟燃	燃烧慢	石蜡味	硬呈球状
聚乙烯	收缩	熔烟燃	燃烧慢	石蜡味	硬呈球状
氨纶	缩熔	熔燃	不延燃	特殊臭味	有黏性,成橡胶状

(3) 药品着色鉴别法

该方法是个根据各种纤维对某种化学药品的不同着色性能来鉴别纤维类型。但这种方法只能适用于没有着色的纤维及其制品，或只染浅色的制品。鉴别纤维用的着色剂分为专用着色剂和通用着色剂两种。用以鉴别某类特定纤维的着色剂为专用着色剂，而几种着色剂混合，可使各种纤维染成不同颜色的着色剂为通用着色剂。最常用的通用着色剂为碘-碘化钾溶液和 HI 纤维着色剂。碘-碘化钾溶液是将 20g 碘溶于 100mL 的碘化钾饱和溶液中，鉴别时把纤维浸入溶液，过 0.5～1.0min，取出后用水冲洗干净，根据表 4-14 所示的着色结果鉴别纤维。HI 纤维着色剂是由中国纺织大学与上海印染公司共同研制的一种着色剂，鉴别时把试样放入微沸的着色溶液中，沸染 1min，然后用冷水清洗、晒干。为了扩大色相差异，羊毛、蚕丝、锦纶需要沸染 3min，染完后与标准样对比，以确定纤维类别。

表 4-14　常见纤维着色反应色相

纤维品种	HI 纤维鉴别着色剂着色	碘-碘化钾溶液着色	纤维品种	HI 纤维鉴别着色剂着色	碘-碘化钾溶液着色
棉	灰	不染色	维纶	玫红	蓝灰
主麻	青莲	不染色	锦纶	绛红	黑褐
蚕丝	深紫	淡黄	腈纶	桃红	褐色
羊毛	红莲	淡黄	涤纶	红玉	不染色
黏胶	绿	墨蓝青	氯纶	—	不染色
铜氨	—	黑蓝青	丙纶	鹅黄	不染色
醋酯	橘红	黄褐	氨纶	姜黄	—

(4) 溶解法

溶解法是根据各种纤维在不同化学溶剂中的溶解性能来鉴别纤维。溶解法可适用于各种纤维，也适用于已染色纤维和混纺产品，并可用此法进行混纺产品的混纺比例分析。常用纤维的溶解性能如表 4-15 所列。应用该法鉴别纤维时，要注意溶剂的浓度和溶解时的温度。

表 4-15　常用纤维的溶解性能

纤维种类	盐酸(37%、24℃)	硫酸(75%、24℃)	氢氧化钠(5%煮沸)	甲酸(85%、24℃)	冰醋酸(24℃)	间甲酚(24℃)	二甲基甲酰胺(24℃)	二甲苯(24℃)
棉	不溶	溶解	不溶	不溶	不溶	不溶	不溶	不溶
羊毛	不溶	不溶	溶解	不溶	不溶	不溶	不溶	不溶
蚕丝	溶解	溶解	溶解	不溶	不溶	不溶	不溶	不溶
麻	不溶	溶解	不溶	不溶	不溶	不溶	不溶	不溶
黏胶	溶解	溶解	不溶	不溶	不溶	不溶	不溶	不溶
醋酯	溶解	溶解	部分溶解	溶解	溶解	溶解	溶解	不溶
涤纶	不溶	不溶	不溶	不溶	不溶	溶解(93℃)	不溶	不溶
锦纶	溶解	溶解	不溶	溶解	不溶	溶解	不溶	不溶
腈纶	不溶	微溶	不溶	不溶	不溶	不溶	溶解(93℃)	不溶
维纶	溶解	溶解	不溶	溶解	溶解	溶解	溶解	不溶
丙纶	不溶	不溶	不溶	不溶	不溶	不溶	不溶	溶解
氯纶	不溶	不溶	不溶	不溶	不溶	不溶	溶解(93℃)	不溶

（5）显微镜鉴别法

各种纤维的横截面与纵向形态都有各自的特点。在手感目测、燃烧鉴别仍没有把握时，可进一步用显微镜进行鉴别。各种纤维的横截面与纵向形态特征如表4-16所列。该方法不仅能鉴别纯纺产品，也可以鉴别截面形态不同的两种或两种以上纤维的混纺产品。

表4-16　各种纤维的横截面与纵向形态特征

纤维种类	横向形态特征	纵向形态特征	纤维种类	横向形态特征	纵向形态特征
棉	腰圆有中腔	扁平，有天然扭曲	铜氨	圆形	平滑
亚麻	多角形，中腔较小	横节，竖纹	醋酯	圆形或哑铃形	有1~2条沟槽
苎麻	腰圆形，有中腔裂纹	横节，竖纹	涤纶、锦纶、丙纶、氨纶	圆或近圆形	平滑
羊毛	圆或椭圆形，有时有毛髓	有鳞片			
丝	不规则三角形	平直	腈纶	圆或哑铃形	平中有1~2条沟槽
黏胶	锯齿形	有沟槽	维纶	腰圆形，有皮芯结构	有1~2条沟槽
富强	圆形，呈少数锯齿	平滑			

（6）其他鉴别方法

除上述方法外，还可以根据纤维的熔点鉴别可熔纤维；也可以根据纤维的双折射率、密度鉴别纤维；还可以利用现代测试手段，记录各种纤维的红外吸收光谱和X射线衍射图，依此鉴别纤维。

纤维的鉴别方法很多，在实际鉴别时，不能仅用单一方法，需用几种方法结合进行，综合分析鉴别结果，方能得出可靠结论。在鉴别时，首先确定大类，如用燃烧鉴别法区分纤维素纤维、蛋白质纤维、合成纤维，再细分出纤维类别。对于废旧纤维及纤维织物，在鉴别前，应当洗净、晒干。有时，为了再利用的方便，需对纤维织物的衬布涂层胶种进行鉴别，常用的方法有燃烧法和染色法。

4.4.2　废纤维的再生利用技术

人类对废纤维的利用具有久远的历史，可以上溯到几千年前。考古发现，人类最初利用废纤维的形式有动物纤维制毡，用棉花铺絮，用丝麻直接缝合树叶、兽皮。人类掌握纺织技术后，废旧纺织品还可用来做鞋、制毡、弹棉絮。随着生产技术的提高，各种加工、处理废纤维的机器相继问世，废纤维的利用才有了长足的进步。

我国每年对棉、毛、丝、麻等天然纤维的消费量相当巨大，对以不可再生资源——石化产品为主要原料生产的化学纤维工业依赖严重。化学纤维工业作为纤维工业的一个重要方面，其繁荣对人类文明有所促进，但其废弃物对人类生存环境的污染也很严重。早在20世纪40~50年代，为保护环境、克服石油危机对化纤原料的困扰，国外化纤工业较发达的国家对废化纤的再利用开始研究，并不断发展延续至今。

4.4.2.1　废涤纶的再生利用技术

涤纶是合成纤维中的一个重要品种，是我国聚酯纤维的商品名称。它是以对苯二甲酸（PTA）或对苯二甲酸二甲酯（DMT）和乙二醇（EG）为原料经酯化或酯交换和缩聚反应而制得的成纤高聚物——聚对苯二甲酸乙二醇酯（PET，简称聚酯），经纺丝和后处理制成的纤维。

涤纶是世界上产量最大、应用最广泛的合成纤维品种，目前涤纶占世界合成纤维产量的60%以上，大量用于衣料、床上用品、各种装饰布料、国防军工特殊织物等纺织品以及其他工业用纤维制品，如过滤材料、绝缘材料、轮胎帘子线、传送带等。近年来，随着国内经济持续快速增长和国内居民消费能力的不断提高，中国涤纶系列产品产能以惊人的速度增长，废涤纶的产量也在迅速增长，对其回收再生利用迫在眉睫。

废涤纶的回收利用是高分子回收利用中十分成功又广为应用的典型代表。从处理方法上，废涤纶的再生利用技术分为直接回收利用的物理再生利用技术和化学再生利用技术两大类。

物理再生利用技术是将废料加热熔融，提纯后通过螺杆挤压机挤出成型，一般过程是：分类—破碎—清洗—脱水—干燥—造粒（纺丝）。

化学再生利用技术是通过化学反应将废涤纶解聚成低分子化合物，如对苯二甲酸（TPA）、对苯二甲酸二甲酯（DMT）、对苯二甲酸乙二醇酯（BHET）、对苯二甲酸二异辛酯（DOTP）、乙二醇（EG）等，醇解产物经纯化后可重新作为聚酯原料，或制成其他产品。化学再生利用技术还包括化学改进，通常采用增链改性、交联改性、氯化改性等来改变其链长、结构，从而提高其某些特性。使用增链剂可使分子链加长，提高平均分子量和特性黏度，从而改善其理化性能。化学改进还可通过固态聚合的方法来实现。

（1）物理再生利用技术及应用

一般的物理再生利用加工过程中由于在熔融过程中物料发生副反应而导致物料被降解，特性黏度和分子量降低，故物理再生制造的聚酯产品不能多次用物理方法回收。所制备的再生纤维品质较差，一般作为玩具、枕芯等的填充物及工业用途的织物。物理再生利用法是目前采用比较广泛的方法，其主要优势是投资少，技术简单，但企业利润较低。

废涤纶典型的物理再生工艺流程如下。

① 预处理

1）废丝处理。废丝可分为有油和无油两种，将废丝切成150～200mm长。无油废丝切断后，可直接送去造粒。有油废丝洗去油和杂质后，送离心机脱水、干燥后，要求含水率<1%，最后送至造粒工序。

2）造粒。为了减少聚合物的黏度降，经预处理后的废丝，必须采用物理方法，重新进行造粒。典型的造粒方法有冷相造粒法、摩擦造粒法和熔融造粒法。

a. 冷相造粒法。所谓冷相造粒是将聚酯废料在低于聚酯熔融温度（258～260℃）条件下，重新获得聚酯粒子。具体操作为：将PET废丝洗净切断，经干燥后投入设备内，在低于熔点的条件下，利用机内离心作用，使废料与废料之间以及废丝与设备直接摩擦产生热量，进而使废丝表面接近软化点，注入水降温，废丝即变成粒状。重复操作，再经脱水筛选后可得到2～11mm不规则粒料。冷相造粒是近几年出现的新技术，应用范围极广，它不仅可回收聚酯废料，还可用于废塑料的回收。

b. 摩擦造粒法。废PET料进入设备固定盘和一个高速旋转盘之间，当摩擦产生热量达到适当温度时，将物料塑化成条，成条聚酯经风冷却硬化后，切成2～6mm粒料。

摩擦造粒的工艺流程：纤维喂入→皮带输送→检验→剪切→皮带输送→检验→纤维粉碎→计量推进→摩擦造条→风送冷却→剪切成粒→旋风分离→筛选→料仓。本工艺的特点是：流程短，三废少，黏度降低少，产品粒度均匀，质量较好。

c. 熔融造粒法。熔融造粒是通过挤出机加热使废PET熔为熔体铸条切粒的，故又称为挤出切粒。熔融造粒分为三个过程：原料准备；熔融塑化；切粒包装。

3)混料。根据来料性能,将粉碎、造粒过程中产生的废料及外切片按一定比例定量地送至干燥设备进行纺丝工序。

② 再生工艺过程 将混合料送至结晶罐进行预结晶,当达到结晶温度时,流入干燥器,经充分干燥后送至加色装置,以保证纺丝时对有色丝的色差要求。然后再进入螺杆挤压机,经卷绕、牵伸、水洗、卷曲、定型后,最后切断,包装出厂。工艺流程如图 4-4 所示。

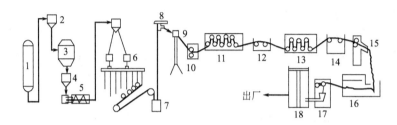

图 4-4 涤纶再生工艺流程

1—混合料仓;2—结晶罐;3—干燥罐;4—加色装置;5—螺杆挤压机;6—纺丝机;
7—盛丝桶;8—集水架;9—导丝架;10—卷绕;11—五辊牵伸;12—水洗槽;
13—七辊牵伸;14—水洗槽;15—卷曲;16—定型机;17—切断机;18—打包机

由于涤纶的分子量和特性黏度较低,因此经物理再生制备的产品品质不高,例如,只有特性黏度超过 0.7/(dl/g) 的废弃聚酯才能用物理回收法制作用于服装业细纤维,而涤纶经物理方法回收后只能生产作为填充材料的粗纤维,用于御寒夹克、睡袋、枕头及床等方面。物理方法回收涤纶具有很大的局限性。

(2)化学再生利用技术及应用

化学再生利用是涤纶(聚酯纤维)用甲醇、乙二醇或水解聚成为低分子物,如对苯二甲酸、乙二醇、二甲酯和聚酯单体,这些解聚产物经纯化后可重新用作聚酯生产的原料,也可以制成热熔胶和不饱和聚酯树脂等。

聚酯是可降解的高分子材料,聚酯的降解机理,有三个可逆反应发生:首先,大分子链中的羰基碳快速质子化,羰基氧转化变成次级羟基。接着,外来分子上的羟基氧慢慢攻击被质子化的羰基碳原子。最后羰基氧快速消去,羟基和质子生成水或一元醇,同时起催化作用的质子又产生了。催化剂对反应速率起了重要作用。反应中慢的一步,即羟基氧攻击羰基碳原子,也包括在解聚反应内。这种攻击可以发生在与大分子链端羟乙基相连的羰基碳,或分子链上任意的羰基碳。如此,通过羰基攻击,聚酯分解导致许多分子链越来越短的产物。在一定温度并且含有羟基物质存在的情况下,反应足够长的时间,聚酯将从聚合物分解成短链低聚体,再进一步生成 BHET,最后生成与羟基特性相一致的产物。

根据聚酯的降解机理,聚酯的化学解聚方法主要可分为乙二醇醇解法、甲醇醇解法、水解法和超临界流体降解法。

① 乙二醇醇解法 乙二醇醇解法是由美国 Dupont 公司推出的。它是把聚酯废料、过量乙二醇(摩尔比为 1:4)与催化剂(如醋酸钴、锰、锌盐,钛酸四丁酯等)在常压下加热到 170~190℃反应 2.5~3h,聚酯即解聚为 BHET,用 90℃的热水溶解 BHET,再过滤除去不溶物和低聚物,滤液用活性炭脱色精制,冷却析出白色针状结晶产品即为 BHET。乙二醇醇解法的反应机理为:

$$\text{OHCH}_2\text{CH}_2\text{-[OOCH}_2\text{CH}_2\text{OOC-C}_6\text{H}_4\text{-COOCH}_2\text{CH}_2\text{-]}_n\text{OH} + (n-1)\begin{array}{c}\text{CH}_2\text{OH}\\|\\\text{CH}_2\text{OH}\end{array}\xrightarrow[\text{加热}]{\text{催化剂}} n\,\text{COOCH}_2\text{CH}_2\text{OH-C}_6\text{H}_4\text{-COOCH}_2\text{CH}_2\text{OH}$$

乙二醇醇解不能分离出染色剂或着色剂,得到的产物是 BHET 和少量的齐聚物,很难用传统的技术如结晶或蒸馏提纯,通常采用一定压力下过滤滤体的方法除去 BHET 中的杂质,然后再用活性炭吸收除去引起着色的不纯物及引起氧化降解的物质。这也大大增加了乙二醇醇解法的成本。

② 甲醇醇解法 甲醇醇解作用在 200℃左右和高压下进行,形成定量的对苯二甲酸二甲酯 (DMT) 和乙二醇 (EG),DMT 通过结晶和蒸馏纯化。

1980 年美国 Easterman 公司探索成功了甲醇醇解法回收聚酯的途径,并于 1987 年建立了工业化回收装置。产品用于生产饮料、药品和普通食品的包装材料,形成一个良性循环。

甲醇醇解法得到的醇解产物 DMT 较易纯化,因此可醇解质量较低的聚酯原料,甲醇也很容易回收和重新循环利用。但是由于 DMT 不能直接用在基于 TPA 的 PET 制造工艺中,只有转化成 TPA 才能成为后续应用中的有用材料。并且醇解的产物含有较多的乙二醇、乙醇和邻苯二甲酸的衍生物,这些物质的分类和纯化需要的分离系列设备费用较高,使得甲醇法的醇解工艺投资成本很大,限制了甲醇法的发展。

③ 水解法制备对苯二甲酸 (TPA) 和乙二醇 (EG) 早在 1962 年,美国 Easterman 公司就取得了 PET 水解过程的专利权,水解使 PET 在高温高压条件下降解成对苯二甲酸和乙二醇。聚酯在温度高于 100℃时,温度升高,水解速度迅速增加。但聚酯要深度水解得到 TPA 和 EG,则必须在高温高压或在酸、碱、中性 pH 催化下进行,反应如下:

$$-\text{C(O)}-\text{C}_6\text{H}_4-\text{C(O)O}-\text{CH}_2\text{CH}_2\text{O}-+\text{H}_2\text{O}\longrightarrow-\text{C(O)}-\text{C}_6\text{H}_4-\text{C(O)}-\text{OH}+\text{HO}-\text{CH}_2\text{CH}_2-\text{O}-$$

水解法可用于降解带有 40% (质量分数) 杂质的 PET。但相比乙二醇醇解法和甲醇醇解法,水解法过程很慢,TPA 的纯化和杂质的去除非常困难。酸性水解获得的产物质量差,并且对设备要求很高。中性水解要求在高温高压下长时间反应,这样会增加成本。碱性水解反应时间短,并且在低温低压下就能达到工业上要求的反应速率,但产物是对苯二甲酸盐,必须转化成 TPA 才能使用。由此可见,水解是一种资本密集型工艺,要求生产规模大以补偿成本,因此商业上水解没有被广泛用于回收 PET。

④ 超临界流体降解法 SCF (超临界流体) 是处在 T_c (临界温度) 和 P_c (临界压力) 以上状态的流体,SCF 具有独特的物理化学性质,现有的 SCF 在回收 PET 方面应用较多的是超临界水和超临界甲醇。相比之下,超临界水降解反应温度较高,压力大,PET 分解不完全。而超临界甲醇降解反应速率快,反应条件适中,几乎得不到气体及其他副产物。但是超临界流体降解法对设备要求很高,醇解成本太高,目前还停留在实验阶段。超临界甲醇非常适合作为回收 PET 的溶剂。

随着科学技术的发展,涤纶废料的化学再生利用新技术也层出不穷,除了前面所述的回收技术外,国内外已报道了许多其他有关化学方法处理和利用涤纶废料,如通过氨解、氯代和霍夫曼重排制备对苯二胺;用 KOH 碱解制备对苯二甲酸氢钾;加入四氢呋喃,在采用特定的催化剂下发生共聚反应,得到的共聚体由高分子软硬链段组成,是一种性能很好的工程塑料。

化学回收方法除了用于生产常规再生聚酯产品以外，还在非纤维聚酯领域有着广泛的应用，显示出了巨大的发展前景。

① 制取增塑剂　在塑料工业上常用DOP（对苯二甲酸二辛酯）增塑体系，使体系更易流动，产品增加低温柔顺性等。用废聚酯生产DOTP（对苯二甲酸二异辛酯），其增塑效果与号称全能增塑剂的DOP相同，且电性能、低温柔顺性方面更优越，尤其是解决了与涤纶纤维工业争夺原料（对苯二甲酸二甲酯）的矛盾，变废为宝。

用涤纶废丝制取DOTP主要有两种方法，即直接制法和间接制法。

1）直接制法。该方法工艺简单，反应分为醇解（解聚）和酯交换两个过程。若这两个过程用不同的醇则为双醇法或两步法；如用同一种醇则称为单醇法或一步法。制得的DOTP是微黄色或淡黄色油状液体，且有耐热、耐寒、难挥发、抗抽出、电绝缘性能优良等特点，是一种性能较全面的增塑剂，特别适用于大功率、耐较高温度的电缆料。而且此DOTP放在日立260-30型红外分光光度仪所得的光谱与DOTP化学纯样品相比差别甚微。经渗入PVC树脂做应用试验，效果良好，其某些性能还优于DOP。

2）间接制法。该方法是将涤纶废丝（PET）先经碱解和酸化，使之转化为对苯二甲酸（TPA），然后与异辛醇进行酯化反应，则制得DOTP。其中，酯化过程是分两步进行的，第一步生成单酯，第二步生成双酯。生成单酯的过程是二级反应，反应容易且速率很快；生成双酯的过程是一级反应，反应速率很慢，所需时间较长，要4～6h，活化能为75.4kJ/mol，需由催化剂来降低反应的势能。

用废涤纶制取DOTP，经过几种方法并反复进行多次试验，实践证明，采用直接法在适当温度和催化剂作用下，以单醇方式进行醇解和酯交换过程，可制得合格的、较高收率的产品。

② 合成不饱和聚酯　不饱和聚酯是高分子家族中的一大类，是由饱和的二元酸或酸酐及不饱和的二元酸或酸酐与二元醇缩聚制得。由于该大分子主链上存在着许多不饱和双键，故可与乙烯基单体共聚、交联固化成具有多种优良特性的体型结构。可根据不同的应用目的制得不同的改性树脂。

国内外用废聚酯合成不饱和聚酯的技术路线多是采用废料经丙二醇醇解，醇解产物与不饱和酸（酐）缩聚成产品。例如利用废聚酯丝和反丁烯二酸合成不饱和聚酯，代替苯酐以缓解苯酐市场紧俏趋势；用聚酯块和顺丁烯二酸酐为原料缩合制备不饱和聚酯，考察醇解聚合工艺的影响因素，为工业化生产提供依据；聚酯碎片制备的不饱和聚酯与无机填料混合而成聚合物混凝土，用于修补路面、桥梁以及预制件等可与水泥混凝土竞争。

③ 合成黏合剂　据报道，用聚酯废料制备瓷器涂料黏合剂，黏合效果好，附着力强，放在水中浸泡24h不脱落，无毒，无光泽。

用乙酸锌为催化剂，在乙二醇存在下，使聚酯废料降解为单体；单体与对苯二甲酸酯化，再用癸二酸进一步酯化；酯化物在Sb_2O_3和三苯基磷酸酯存在下缩聚制得热熔胶，它对于许多柔性材料均有较好的黏合性。

④ 在涂料方面的应用　聚酯树脂本身具有良好的附着力、耐候性、耐磨性、绝缘性，其废料作为涂料工业的原料以提高涂层性能。

1）醇酸树脂。干性油和多元醇先在碱式催化剂存在下进行酯交换反应，达到稳定的单甘油酯含量后加入聚酯废料，在高温下使其溶解并在该体系中醇解，最后加入苯酐进行缩聚反应。其产品与全用苯酐生产的涂层相比，耐磨及耐候性均有改善，仅干性稍差。

为简化制备工艺,常采用一步法混合醇解。即用聚酯废料、植物油、顺酐及松香在PbO存在下高温酸解,然后加入多元醇酯化,使酸值逐步降低,树脂逐步趋向透明,进一步缩聚成合格的改性树脂漆。该法生产工艺简单,生产周期短,非常适合乡镇企业生产。

2) 饱和聚酯漆。聚酯废料改性的饱和聚酯漆除作为罩光漆外,以它的优良绝缘特性常用于作绝缘涂料。

聚酯废料在醋酸锌催化下与多元醇、多元酸高温酯化即可得到聚酯废料改性的聚酯绝缘漆,如1730聚酯绝缘漆。

3) 聚酯粉末涂料。将废聚酯破碎为一定大小的物料后加入反应釜中加热熔融,按比例滴加三元醇在高温下反应,反应后得一定熔点的室温为固体的树脂,再加入规定量的邻苯二甲酸酐及催化剂,进一步在低温下熔融混合均匀,以便引入羧基,使之将来制粉时可与环氧树脂或其他树脂发生交联作用。用酸值来控制反应程度,用软化点控制聚合度。反应达到要求后,终止反应,出料,冷却。该产品为块状,经粉碎制成聚酯粉末涂料。聚酯粉末涂料原材料易得,整个产品的重要成分来源于聚酯废料,经济效益显著。该产品耐候性好、强度高、耐冲击、无污染,是汽车、家电方面的高档涂料。我国粉末涂料起步晚,该方法给废聚酯综合利用开创了一条新途径。

4) 其他涂料方面的应用。用聚酯废料生产地面涂料,可得弹性好、耐磨、耐水、耐碱性优良的涂层。除此之外,还可用废聚酯醇解后的齐聚物与二官能度的异氰酸酯反应,生产双组分的聚氨酯涂料。该涂料具有良好的耐热性和耐碱性。

⑤ 其他方面的应用　用多元醇解聚废聚酯得到共聚酯多元醇,用以生产聚氨酯泡沫塑料。废聚酯醇解后加入聚醚可制备聚酯型热塑弹性体,也可作保温、隔声、密封材料,汽车车体夹层填充料。用PET废瓶制造木材状聚合物混合料,以注塑的方法来降低成本。制品美观耐用,用于制造镜框、窗台板等。而聚酯模塑碎屑可以用于制造装填滑雪夹克和睡袋的人造棉絮等。

化学再生利用方法的产业化投资巨大,技术含量要求很高,这是化学再生利用方法工业化最大的问题。但由于化学方法可以回收任何品质的聚酯,生产的再生产品与用石油生产的产品品质完全相同,因此应用领域丝毫不受限制,越来越受到大型聚酯企业的重视。

相对其他化学再生利用方法,乙二醇醇解工艺有最低的投资成本和相对完善的技术,醇解得到的高纯度BHET可直接用于合成聚酯,或再转化为DMT、TPA及其他化工产品,因此在化学方法再生利用聚酯中工业化的前景很好。

4.4.2.2　废腈纶的再生利用技术

随着社会经济的飞速发展,合成纤维工业中的腈纶产业不断发展壮大并趋于成熟。20世纪50年代,腈纶首先在美国、德国和日本实现了工业化生产;60~70年代,腈纶产业得以快速发展。在我国,腈纶产业发展迅猛,产能呈现跳跃式扩张。2005年,我国腈纶产量达到72.8万吨/年,年产量已跃居世界首位;2007年达到82.2万吨/年;受金融危机的影响,2008年我国腈纶产量为60.37万吨/年;2010年1~9月,我国腈纶产量已达52.2万吨,比上年同期增长24.45%,生产呈现复苏迹象。然而,腈纶产量日益增加的同时,腈纶废料的产生量也随之增加。据有关研究数据表明,腈纶生产过程中产生的腈纶废料总量为腈纶产量的1%~2%。此外,腈纶产业链的其他环节,如人造毛皮厂、毛线厂、毛纺厂、地毯厂等后续纺织厂和制品加工厂,在其生产过程中也会产生大量的腈纶废料。由此可见,我国每年的腈纶废丝产生量相当大,虽然部分废丝经牵伸后可得以重新利用,但仍有相当大的部分需另谋出路。此外,再加上腈纶废丝给环境及资源的可持续发展所带来的严重困扰,对腈纶废丝的回收及资源化利用已得到广大学者的关注,并逐渐成为国内外专家学者研究的重点。

腈纶废丝的主要成分是聚丙烯腈(PAN,含量≥98%),其余是纺丝添加剂、染料和微量的水分等。腈纶废丝包括喷头废胶、水洗废丝、纺丝头尾丝、牵伸废丝及烘干废丝等,主要来源于腈纶纤维生产和加工过程当中所产生的一些废丝或不适于喷丝的腈纶下脚料,相对分子质量小于10000,主要表现为柔软性、拉伸性、勾结性、弹性及卷曲度等不合格。由于废腈纶分子结构的特点,导致其解聚困难,不能热压成型,且在燃烧时会释放出大量的剧毒物质——氢氰酸(HCN),故不能通过焚烧对其进行处理或将其作为燃料使用。由此可见,对于腈纶废丝的再生利用具有较高的现实意义和广阔的发展前景。

对于腈纶废丝的处置,我国最早采用的是深埋法,但这种方法不仅会带来废腈纶和填埋过程中大量土地资源的浪费,而且也可能给土壤环境造成污染。随着研究的深入,一些新的再生利用技术逐渐出现,其中目前最常用的两种方法为化学处理技术和物理处理技术。

(1) 化学处理技术及应用

① 化学处理技术　目前,腈纶废丝的化学处理主要可分为酸性水解、碱性水解和高压水解三种。在无机酸、碱、加热或加压等条件下,腈纶废丝聚合物链中的侧基——氰基(—CN)可以发生水解,使之转变为极性较强的羧基(—COOH)和酰氨基(—CONH$_2$)等亲水基团,形成丙烯酰胺和丙烯酸的无规共聚物。腈纶废丝的水解,除了能提高其流动性和对材料的黏着性之外,更重要的是由于新形成的基团还能与其他的一些基团发生化合或配位,从而赋予了产物新的性质,进一步拓宽了其应用范围。腈纶废丝水解产物可用作絮凝剂、土壤改良剂、黏合剂、堵水剂、印染助剂、高效吸水性树脂等,而近年来研究发现其又可应用于膜材料表面性能改性、制备离子纤维及新型功能纤维材料等。

1) 酸性水解。在硫酸、盐酸等强酸和适当的温度条件下,腈纶废丝可发生水解。水解的实质是腈纶中的氰基在酸的作用下,首先水解为酰氨基,然后进一步水解为羧基。随着水解反应进行,邻基—COOH参与亲核进攻形成酸酐结构,发生自催化反应,导致反应速率加快,而后产生更多的羧基。

酸性水解的产物主要与酸的浓度、水解温度等因素有关,目前工业上一般选用浓H$_2$SO$_4$进行水解。周国伟等用75%~95%冷浓H$_2$SO$_4$水解4h,得到腈纶废丝的主要水解产物为聚丙烯酰胺 $\pm CH_2-CH \pm_n \atop | \atop CONH_2$ ；而用50% H$_2$SO$_4$加热到120~140℃,水解10 h,则主要产物是聚丙烯酸,其水解工艺如图4-5所示。余舜荣用65%~95%的热H$_2$SO$_4$,水解产物主要是 $-CH_2-CH-CH_2-CH- \atop | \qquad\qquad | \atop O=C-NH-C=O$ 。

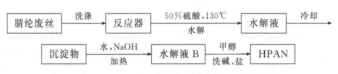

图4-5　腈纶废丝的酸性水解工艺

酸性水解虽然设备简单,使用耐酸的搪瓷反应釜即可,但对设备的气密度及回流冷凝器热的交换效率要求较高;此外,虽然酸性水解工艺能使腈纶废丝的氰基完全转变为羧基,但成本较高,且不利于实际操作、环境保护以及工业化的推广和应用,故一般很少使用。

2) 碱性水解。在碱性物质的催化和加热下,腈纶废丝可发生水解。碱性水解中常用的碱性物质有 NaOH、KOH、Na_3PO_4、K_3PO_4、Na_2S、$Ca(OH)_2$、水玻璃、氨水等,这些物质又称为水解皂化剂,因此碱性水解又可称为皂化水解。

碱性水解的反应机理已被很多学者所研究,其中,Arkady 较为完整地阐述了腈纶废丝碱法水解的机理。碱性水解的实质是聚丙烯腈和碱的反应,在碱性条件下,聚丙烯腈中一定数量的—C≡N 被皂化水解形成酰氨基,随着酰氨基浓度的逐渐增大,酰氨基进一步水解成羧基,而氰基浓度越来越小,最后形成聚丙烯酰胺或聚丙烯酸盐类聚合物,在一定条件下,还可生成多元嵌段聚合物。

影响水解程度的主要因素有时间、温度、碱丝比、水丝比等。水解过程中,腈纶废丝由白色转变为黄色,进而转变为橙红色(或棕红色),同时伴有氨气不断逸出,随着反应时间的延长,黏度变大,水解越完全,水解产物颜色变浅,氨味变小,最后纤维状消失,得到浅黄色或乳白色黏稠液体。皂化剂可单独使用,也可复合使用,其中,最常用 NaOH 作水解皂化剂,以其为皂化剂进行皂化水解,可形成亲水的水解 PAN 或丙烯腈类多元嵌段共聚物,其水解工艺流程如图 4-6 所示。

图 4-6 腈纶废丝的碱性水解工艺

碱性水解反应温和,设备简单,后续处理容易,成本低,而且安全可靠,便于操作,对环境污染较少,是目前水解腈纶废丝最常用的一种方法。但由于高分子链上邻位的静电排斥效应,碱性水解中氰基转化率达不到 100%,反应条件不同,产物中羧基的含量也不同。所以,在实际应用中,应注意控制反应条件,以提高氰基转化率。

3) 加压水解。加压水解一般是在过渡金属氧化物或碱土金属氧化物的催化下进行。影响加压水解反应的主要因素是催化剂的种类、压力和反应时间。其中,若反应时间不充分,水解则不完全;反应时间太长,水解产物则降解严重。

虽然高压水解效果好,产物固含量很高,且产物既含有羧基,又含有酰氨基,因此产物既具有聚丙烯酸的性质,又具有酰胺的性质,其应用范围较为广泛。但同时水解产物色泽相对较深,且高压水解对设备要求较高,并不利用实际操作和推广应用。此外,与其他水解方法相比,其在实际操作中的效益比较低,因此,近几年对加压水解的研究也较少。

② 废腈纶化学再生产品的应用 腈纶水解产物实质是丙烯酰胺、丙烯腈、丙烯酸的三元无规共聚物,且随着水解程度的不同而不同。如果要得到干燥的水解产物,可把水解产物加入到甲醇或乙醇溶液中,经静置沉降得到黏稠状聚合物,然后取出后于 80℃下干燥,得到的水解产物易溶解于水,不会有不溶物产生,可应用于多个领域中。

1) 制备高分子絮凝剂。利用废腈纶水解产物可制备高分子絮凝剂,且使用方便,其絮凝能力也比传统的无机盐絮凝剂强,污泥脱水效率高,可用于造纸、电镀、冶金、印染等多种工业废水及城市污水的处理。此外,此絮凝剂也比目前国内由水溶性单体经聚合而制得的高分子絮凝剂价格低。

2) 制备印染助剂。基于腈纶废丝碱性水解产物(HPAN)的各种成分,已有研究表明,其可用作纺织上浆剂和防泳移剂。当其用于涤纶、涤棉、涤黏织物的热熔染色,抗泳移效果好,且加工后织物匀染和增深效果得以明显提高,在一定程度上节约了分散染料、还原染料及硫化燃料；当将HPAN进行交联处理，可得与活性染料反应性小的变性腈纶胶，除少数染料外，其给色量均比海藻酸钠高10%～15%，因此，不仅可代替海藻酸钠使用，而且可以大大提高经济效益和社会效益。

3) 高吸水性树脂。高吸水性树脂因其优越的性能而在工业、农业和医药卫生等多个领域显示出广阔的应用前景，但同时其较高的生产成本也在很大程度上限制了其推广应用。而利用腈纶废丝制备高吸水性树脂不仅可以有效地降低生产成本，还能合理利用废腈纶，可谓一举两得。

4) 土壤改良剂或土质安定剂。腈纶废丝碱解液可与糊化淀粉相混、搅拌均匀，于150℃条件下烘干，制得红褐色土壤改良剂，加入水后其具有高吸水性和保水性，可作为种子的涂覆剂和保水剂，不仅可以使农作物耐干旱，而且可以提高出苗率和农作物的产量；此外，腈纶废丝的碱解产物可与黏土交联形成团粒化结构，使土壤成为适度的大粒子，进而使水的通过性及空气流通性得到改善，其作用数倍于腐殖土。在土壤中加入0.02%～0.03%的碱解产物，不仅能够保水保肥，而且能使土壤中的养料缓慢释放，提高肥力，从而显著促进农作物生长。

5) 用作黏合剂和涂料的基料。腈纶废丝的碱性水解产物（HPAN）是高分子电解质，具有较高的黏度和较大的初黏性，可用作速贴商标胶，也可替代骨胶、聚醋酸乙烯（PVAc）乳液、阿拉伯树胶、聚乙烯醇（PVA）等作为黏结剂使用。在PVAc乳液合成中，用HPAN代替PVA作为保护胶体，合成的白胶产品具有优良的贮存及冻融稳定性，且黏度较低。此外，HPAN具有拉伸强度高、发气量小、溃散性好，不蠕变等优点，可作为芯砂黏结剂应用于铸造业中。但同时也由于HPAN中—COONa具有很强的吸水性，因此所制得的砂芯在放置过程中会因吸湿而使得芯砂机械强度急剧下降，从而限制了其使用范围。

6) 用作油田化学品。开采油井的过程中，随着油水边缘的推进，会造成水的舌进或突进，从而导致油井过早水淹，出油含水量增多，而HPAN可作为采油堵水剂。在注入地下的水中加入HPAN，可有效地降低水的流速并减少注水量，进而降低出油含水量，使得油井增产。

腈纶废丝的水解产物HPAN还可用于钻井液处理剂。这类产品主要有Na—HPAN、K—HPAN、NH$_4$—HPAN、Ca—HPAN以及各种复配产品，其具有降滤失、增黏、降黏、润滑、防塌等作用。一般而言，当HPAN分子中的—COO$^-$与—CONH$_2$的比值为(2∶1)～(4∶1)时，产物才具有较好的降滤失性能；水解接近完全的、具有高聚合度的HPAN可用作钻井液增黏剂；若要用作降黏剂则需要对HPAN进行分子量降解。

7) 用作水处理阻垢剂。孙晓日研究表明，将制得的HPAN的pH值调到5左右，加入合适的氧化剂进行氧化降解，所得产物的阻垢性超过马来酸多元共聚物（SD-10）。雷良材等实验结果表明，当水中Ca^{2+}浓度为200mg/L，阻垢剂用量为2mg/L时，静态效果可达96%，对CaCO$_3$的阻垢率近乎100%，可有效地防止管道、锅炉、热交换器表面以及油田注水的结垢。文献同时也指出，25%酰氨基的HPAN可有效地防止碳钢锅炉、管道等的附垢，且效果优于聚丙烯酸钠。

8) 用作分散剂。文献指出，40%的HPAN溶液可作为水性涂料颜料的润湿分散剂，用量一般为颜料量的0.5%～1.5%，且其对CaCO$_3$、钛白粉、滑石粉和立德粉的润湿分散效果要优于焦磷酸钠和六偏磷酸钠。

9) 皮革填充剂。张举贤等研究表明，往HPAN中加入适当的改性剂和分子量调节剂等进行化学改性，可制得 KS-3 高分子皮革填充剂，将其应用于猪、牛正面革的填充，具有填充性好、皮革丰满、柔软，能消除松面，又能增进对铬液的吸收，减少铬污染等优点。

(2) 物理处理技术

物理处理法，是指在不改变腈纶废丝化学结构的前提下，将废丝加以重新利用（注射模塑、制原纤化纤带、缝线和绳索等）。除了可对废丝进行牵伸处理再回用外，腈纶废丝还可以用物理方法进行溶解处理。目前，常见的溶剂有二甲基甲酰胺（DMF）、二甲基亚砜（DMSO）、碳酸乙二酯（EC）、硫氰酸钠（NaSCN）、硝酸和氯化锌溶液等。以 DMSO 作溶剂，在一定条件下有选择地溶解 PAN 废丝，滤掉杂质后将溶液按一定比例掺到原纺丝液中，从而得到回用，回用后对纺丝、拉伸、卷曲等生产工序和产品质量无影响。虽然该方法具有一定的可行性，但也会导致腈纶的生产成本提高，同时操作过程中若掺杂比例不当还会影响产品质量。

4.4.2.3　废锦纶的再生利用技术

聚酰胺纤维（polyamide fiber，PF）是指其分子主链由酰胺键（—CO—NH—）连接的一类合成纤维，各国的商品名称不同，我国称聚酰胺纤维为锦纶，美国和英国称其为"尼龙或耐纶（Nylon）"，前苏联称"卡普隆（Kapron）"，德国称"贝纶（Perlon）"，日本称"阿米纶（Amilan）"等。聚酰胺纤维是世界上最早实现工业化生产的合成纤维，也是化学纤维的主要品种之一。

合成聚酰胺的研究可以追溯到 1928 年。1935 年，Carothers 及其合作者在进行缩聚反应的理论研究时，在实验室用己二酸和己二胺制成了高分子量的线型缩聚物聚己二酰己二胺（聚酰胺 66）。1936～1937 年，杜邦公司根据 Carothers 的研究结果，用熔体纺丝法制成聚酰胺 66 纤维，并将该纤维产品定名为尼龙（Nylon），这是第一个聚酰胺品种，1939 年实现了工业化生产。另外，德国的 Schlock 在 1938 年发明了用己内酰胺合成聚己内酰胺（聚酰胺 6）和生产纤维的技术，并于 1941 年实现工业化生产。

经过半个多世纪的发展，许多聚酰胺品种相继问世。脂肪族聚酰胺包括尼龙 6、尼龙 610、尼龙 612、尼龙 1010、尼龙 11、尼龙 12 和尼龙 46 等；芳香族聚酰胺包括聚对苯二甲酰对苯二胺纤维（Kevlar，我国称芳纶 1414）和聚间苯二甲酰间苯二胺纤维（Nomex，我国称芳纶 1313）等；混合型的聚酰胺包括聚己二酰间苯二胺（MXD6）和聚对苯二甲酰己二胺（聚酰胺 6T）等。另外，还合成了酰胺键部分或全部被酰亚胺键取代的聚酰胺亚胺和聚酰亚胺等品种。随着聚酰胺品种的增加，其应用领域也从纤维扩展到机械、电气、化工、汽车、日化、医药和建筑等更为广泛的领域。

由于聚酰胺工艺复杂且流程长，不可避免会产生废料和废渣以及纤维的废弃物。其中纤维废弃物包括了生产过程中的不合格产品和用后废弃物等。而废渣主要为萃取切片后的水液经过蒸发后的残留物。由于聚酰胺合成的反应均为可逆反应，因此在一定条件下，可以促使平衡向解聚方向移动。影响平衡的因素包括温度、催化剂、压力等。温度升高，热运动加剧，促使分子链间的原子振动加剧，使长链断裂，大分子分裂成为小分子；在较低压力下，反应生成的己内酰胺容易气化，从而易从体系中移走，有利于平衡的移动。根据解聚原理，为促使解聚过程有效彻底地进行，需要将生成的己内酰胺及时从体系中移走，所采用的方法包括利用热蒸汽为载体将己内酰胺带走，或是通过抽真空的方法将己内酰胺气体迅速抽走，而后者需要注意催化剂磷酸在抽真空条件下因沸点下降而大量气化。

回收聚酰胺的最大来源是废旧地毯，其次是汽车中使用的聚酰胺工程塑料、安全气囊和轮胎帘子线等，这些制品使用量大，且便于集中回收，组分相对简单，容易进行分类分离处理，从而降低回收成本，提高回收效益。

废旧聚酰胺的再生利用技术包括机械再生和化学再生。

（1）机械再生

经过适当分离破碎后回收的聚酰胺纤维可作为混凝土结构材料和土壤加固材料，甚至可直接把废塑料和废玻璃混在一起压成砖块，与普通黏土砖块相比表现出很好的压缩强度；从工程塑料回收而来的聚酰胺根据需要与新树脂混合，如聚酯、玻纤、无机物等，可作为汽车部件和其他工程塑料使用。

（2）化学再生

优化工艺参数，使聚酰胺在催化剂的作用下发生解聚反应，得到聚酰胺 6 或聚酰胺 66 单体，通过重新聚合获得洁净的聚酰胺材料。除此路线外，也可通过裂解方式将其转变为燃料油加以利用。

4.4.2.4 废丙纶的再生利用技术

丙纶又称聚丙烯纤维，生产过程与涤纶生产相似，因为聚丙烯中没有酯键不会发生水解，所以没有复杂的干燥过程。丙纶的性能不适合用于服装产品，因为吸水性差，蜡感也很强，缺少服用纤维的舒适性。丙纶的应用主要为低档地毯、非织造布、装饰织物、工业用过滤材料、农用编网、建筑用安全网、混凝土填料、船用绳索等。

废丙纶的再生利用技术包括直接回收利用和间接回收利用。

（1）直接回收利用

在纺丝和非织造布生产过程中，会产生废料和边角料。这些废料几乎没有杂质，可以直接回用。在回用时，由于非织造布的纤维蓬松，必须经过切断和压实才能使用。采用的回收工艺路线为：切断→压搓造粒→进入螺杆挤出机熔融挤出→纺丝→拉伸→铺网→加固→包装。

（2）间接回收利用

废丙纶比较难回收，因为与其他纺织材料交织在一起，产量比较低，不适应大工业回收生产。随着丙纶应用增加，构成规模化回收，可以采用下面的工艺路线：粉碎→清洗→浮选→脱水→干燥→压搓造粒→进行回收或催化裂解。

参 考 文 献

[1] 周少奇. 固体废物污染控制原理与技术. 北京：清华大学出版社，2009.
[2] 刘斌. 化学 农林牧渔类. 北京：高等教育出版社，2009.
[3] 林尚安. 高分子化学. 北京：科学出版社，1984：129.
[4] 柯以侃，董慧茹. 分析化学手册第三分册：光谱分析. 北京：化学工业出版社，2001：866.
[5] 赵由才，牛冬杰，柴晓利等. 固体废物处理与资源化. 北京：化学工业出版社，2006.
[6] 安恩科. 城市垃圾的处理与利用技术. 北京：化学工业出版社，2006.
[7] Williams P T, Canliffe, Adrian M. Composition of oils derived from the batch pu-rolusis of tires. J Anal Appl Pyrolysis, 1998, 44 (2)：131-152.
[8] Pakdel H, Pantea D M, Roy C. Production of dllin onene by vacuum pyrolysis of used tires. J Anal App Pyrolysis, 2001, 57 (1)：91-107.
[9] 梁蓉，梁桂屏. 实用服装材料学. 广州：中山大学出版社，2007.
[10] 卞有生. 生态农业中废弃物的处理与再生利用. 第 2 版. 北京：化学工业出版社，2005.
[11] 徐惠忠. 固体废弃物资源化技术. 北京：化学工业出版社，2004.

[12] 郑昌安,郑勇著. 废旧物资回收工作手册. 西安:陕西人民出版社,1991.
[13] 刘廷栋. 回收高分子材料的工艺与配方. 北京:化学工业出版社,2002.
[14] 钱汉卿,徐怡珊. 化学工业固体废物资源化技术与应用. 北京:中国石化出版社,2007.
[15] 李准准. 乙二醇醇解法回收涤纶废丝制备聚酯浆料的研究. 无锡:江南大学硕士论文,2008.
[16] 陈衍夏. 纤维材料改性. 北京:中国纺织出版社,2009.
[17] 蔡再生. 纤维化学与物理. 北京:中国纺织出版社,2009.

第 5 章
生物质材料的再生利用

5.1 生物质概述

古代，人们钻木取火，伐木为薪，作别万古长夜。19 世纪薪炭被煤取代；20 世纪石油、天然气等化石燃料占领了绝大部分能源和工业原料的市场。然而，化石能源的资源有限性和对人类生存环境的破坏作用，特别是 20 世纪 70 年代发生的石油危机引起国际社会的极大忧虑。20 世纪末，"登博斯宣言"、"21 实际议程"、"京都议定书"等相继公布于世，可持续发展已成为时代的强音，使一些国家又把那些古老而清洁的生物质资源与能源的开发利用提上日程。

木材、秸秆、竹材、淀粉、纤维素、木质素、蛋白质、甲壳素、植物油等生物质资源是由植物的光合作用、动物和微生物对自然资源的友好耗用形成的，不消耗石油、煤和天然气等石化资源，对环境的副作用小，通过植物的生长还能消耗大量的二氧化碳、矿石燃料及其他材料加工的副产物，实现环境净化。而且，这些生物质资源具有资源丰富、可再生等特点，废弃后容易被自然界微生物降解为水、二氧化碳和其他小分子，这些小分子产物又进入自然界循环，符合环境友好材料的要求。利用化工技术和材料成型加工技术可将生物质资源在化学品、能源、燃料以及材料等方面进行循环利用，如图 5-1 所示。因此，生物质资源是未来可代替石油、煤和天然气等化石资源，并支撑人类可持续发展的一种重要资源。由于石

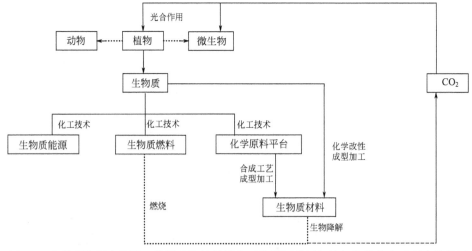

图 5-1 生物质资源在能源、燃料以及材料等方面的循环利用以及相关技术在过程中的作用

油、煤炭等储量有限的化石资源的不断消耗，其供需矛盾也日趋紧张，以及全球环境保护法规的压力日益增强，为生物质及材料的发展和利用提供了一个良好机遇。

美国国会于 2000 年 6 月通过了《生物质研究开发法案》，开展了利用生物质获得燃料、动力、化学品和原料的各项相关研究。2002 年又提出了《生物质技术路线图》，计划 2020 年生物质能源和生物质基产品较 2000 年增加 20 倍，达到每年减少碳排放量 1 亿吨和增加农民收入 200 亿美元的宏大目标。

欧盟则在 1997 年发表白皮书《能源的未来：可再生能源》，计划将再生能源占总能源的比例到 2010 年提高到 2 倍，其中重点是发展生物质能，将增加达 3 倍，届时生物质能产量将达到 1.35 亿吨油的能产量。此后又在 2002 年发表了绿皮书《欧洲能源供应安全战略》，计划欧盟的生物燃料比例到 2020 年占汽车燃料的 20%。

日本于 2002 年通过了《日本生物质综合战略》，资源作物作为能源和产品的原料将得到灵活利用。具体要求为：废弃物质 80% 以上可利用，未利用生物质 25% 以上可利用；资源作物中碳素量换算可利用量为 10 万吨。

我国政府也积极鼓励发展生物质资源的利用，并于 2005 年发布了《国家发展改革委办公厅关于组织实施生物工程高新技术产业化专项通知》，以贯彻落实我国能源发展战略和能源结构调整目标要求，推动我国生物质能源、生物质材料和生物质产业的技术创新和产业创新，促进我国国民经济和社会的可持续发展。在 2006～2007 年期间，实施生物质工程高新技术产业化专项，促使非粮原料生物质能源和生物质材料实现 10 万吨以上。

由此可见，利用生物质资源开发能源和材料是全世界各国的迫切需要，具有深远的人类社会可持续发展意义。

5.1.1 生物质的定义

生物质直接或间接来自于植物。广义地讲，生物质是一切直接或间接利用绿色植物进行光合作用而形成的有机物质，它包括世界上所有的动物、植物和微生物，以及由这些生物产生的排泄物和代谢物。狭义地说，生物质是指来源于草本植物、藻类、树木和农作物的有机物质。作为一种可再生资源，它可以在较短的时间周期内重新生成。从生物学的角度来看，木质纤维生物质的构成是木质素、纤维素和半纤维素；而从物理和化学角度来看，生物质由可燃质、无机物和水组成，主要含有 C、H、O 及极少量的 N、S 等元素，并含有灰分和水分。

现代的或狭义的生物质产业是指利用可再生或循环的有机物质，包括农作物、树木和其他植物及其残体、畜禽粪便、有机废弃物以及利用边际性土地和水面种植的能源植物为原料，通过工业性加工转化进行生物质产品、生物燃料和生物能源生产的一种新兴产业。

5.1.2 生物质的种类

从生物学角度，生物质可分为植物性和非植物性两类。植物性生物质指的是植物体以及人类利用植物体过程中产生的植物废弃物；非植物性生物质指的是动物及其排泄物、微生物体及其代谢物以及人类在利用动物、微生物过程中产生的废弃物，包括废水和垃圾中的有机成分。

从能源资源看，生物质主要分为森林资源、农业资源、水生生物资源和城乡工业与生活有机废物资源 4 种。

从生物质能开发、利用的历史出发,生物质可分为传统生物质和现代生物质两类。传统生物质有薪柴、稻草、稻谷、粪便及其他植物性废弃物。现代生物质着眼于可进行规模化利用的生物质,如林业或其他工业的木质废弃物、制糖工业与食品工业的作物残渣、城市有机垃圾、大规模种植的能源作物和薪炭林等。

生物质资源种类繁多,分布甚广,常见的生物质主要有如下几种。

(1) 薪柴和林业废弃物

以木质素为主体的生物质材料,曾是人类生存、发展过程中利用的主要能源,目前还是许多发展中国家的重要能源,是生物质气化转化的主要原料。

(2) 农作物残渣和秸秆

农作物残渣和秸秆是最常见的农业生物质资源,农作物残渣具有水土保持与土壤肥力固化的功能,一般不作为能源利用。秸秆传统用于饲料、烧柴等,目前是生物质气化和沼气发酵的重要原料。

(3) 养殖场牲畜粪便

养殖场牲畜粪便是一种富含 N 元素的生物质材料,可作为有机肥加工的重要原料。干燥后可直接燃烧供热,与秸秆一起构成沼气发酵的两大主要原料。

(4) 水生植物

水生植物是还未被充分注意和利用的生物质材料,主要有水生藻类、浮萍等各种水生植物。国内许多淡水湖泊因富营养化而滋生大量水生植物与藻类,如能有效结合水体的治理,大规模收集并转化水生植物为可利用的能源具有十分重要的意义。

(5) 制糖工业与食品工业的作物残渣

制糖工业与食品工业的作物残渣多为纤维素类生物质,比较集中,利于应用。特别是制糖作物残渣(如甘蔗渣)是世界各国都在重点利用的生物质能原料。

(6) 工业有机废水

城市有机垃圾的利用早为世界各国所关注。直接焚烧供热、气化发电以及用于发酵生产沼气等技术已日趋成熟。

(7) 城市污水

唯一属于非固体型的生物质能原料,通过发酵技术可在治理废水的同时获得以液体或气体为载体的二次能源。

(8) 能源植物

能源植物是以直接制取燃料为目标的栽培植物。与普通的生物质材料相比较,能源植物一般都进行规模化种植,所选择的植物需要经过筛选、嫁接、驯化与培育,以提高产量、产能效率和所产生能量的品位。以提供薪柴和木炭为目标的薪炭林即是一种能源林,美国、巴西、瑞典均有大规模的薪炭林场,可作为薪炭树种的植物很多,一般以速生树木为主,期望三五年即能收获,目前较好的树种有美国梧桐、加拿大杨、意大利杨、红桉树、桉树、松树、刺槐等。以制备燃料酒精为目标的草本植物是另一类重要的能源植物,甘蔗、甜高粱、木薯等均是生产燃料酒精的重要草本植物。另外,许多以制备汽油、柴油等燃料为目标的能源植物日益受到人们的重视,油料能源植物多属于木本植物,其组织内含有大量的油脂。可作为油料植物的种类很多,据统计,我国高等植物中有 15 科 697 属 1553 种可用作油料植物,但在选择油料植物时除了要求含油量高外,更需要考虑其所含油脂的燃烧特性,一般以所含植物油的分子结构和燃烧特性与石油相似为首选目标,结构特性与柴油、汽油相近则更佳。

5.1.3 生物质资源的特点

生物质作为一种能源物资，与化石资源相比，主要具有以下几个重要特点。

(1) 时空无限性

生物质的产生不受地域的限制；在符合光照条件前提下，也不受时间的限制。生物质的时空无限性是化石能源所无可比拟的，也正是这种无限性诱导人类将目光瞄准了生物质能。地球生命活动为人类提供了巨大的生物质资源，这是生物质特性的直接反映。初步估计，每年地球上由植物光合作用固定的碳约 $2×10^{11}$t，含有的能量约为 $3×10^{21}$J，相当于人类每年消耗能量的 10 倍。

(2) 可再生性与减少二氧化碳排放的特性

在太阳能转化为生物质能的过程中，CO_2 与 H_2O 是光合作用的反应物，在生物质能消耗利用时，CO_2 与 H_2O 又是过程的最终产物。生物质的可再生性表明，利用生物质能可实现温室气体 CO_2 的零排放，而化石燃料在使用过程中会排放 CO_2，导致地球温室效应。在实际利用生物质的过程中也需要投入能量，但可减少 CO_2 排放。

(3) 洁净性

生物质资源是一类清洁的低碳燃料，由于其含硫量和含氮量都较低，同时灰分含量也很小，因此燃烧后 SO_2、NO_x 和灰尘排放量均比化石燃料少得多，是一种清洁的燃料。以秸秆为例，1 万吨秸秆与能量相当的煤炭比较，其使用过程中，CO_2 排放量减少 1.4 万吨，SO_2 排放量减少 40t，烟尘减少 100t。

(4) 低能源品位性

生物质的化学结构更多地属于碳水化合物类，即化合物中的氧元素含量较高，可燃性元素 C、H 所占比例远低于化石能源，能源密度偏低。此外，以生物体形式体现的生物质含水量高达 90%。因此生物质在利用前需要经过预处理及提高能源品位等过程，从而增加了生物质能利用的实际成本。

(5) 分散性

除规模化种植的作物及大型工厂、农场的废弃生物质原料外，生物质的分布极为分散。生物质的分散处理与利用既不利于生物质转化成本的降低，也难使生物质能源成为能源资源系统的主流能源。生物质的集中处理必然加大运输成本，这是目前生物质能在能源系统中所占比例不高的重要原因。

5.1.4 生物质的资源量

地球上生物质资源相当丰富，据估算，地球上蕴藏的生物质达 18000 亿吨，而植物每年经太阳的光合作用生成的生物质总量为 1440 亿～1800 亿吨（干质量），其中，海洋年生产 500 亿吨生物质。

我国拥有丰富的生物质资源，据测算，我国理论生物质资源 50 亿吨左右。有资料表明，我国的生物质资源主要来自农林废弃物、薪柴、禽畜排泄物、城市有机垃圾和工业有机废弃物（如谷物加工厂、造纸厂、木材厂、糖厂、酒厂和食品厂等产生的）等，总量达 4.87 亿吨当量石油，其中约有相当于 3.7 亿吨石油的生物质资源可用于发电和供热，占总量的 76%。农林废弃物是我国最主要的生物质资源。然而，由于农业、林业、工业及生活方面的生物质资源状况非常复杂，缺乏相关的统计资料和数据，且各类生物质资源间以各种复杂的方式相互影响，因此，生物质的消耗量是最难确定或估计的。鉴于目前生物质资源对全球能源需求所做的贡献超过其他任何形式的可再生资源，对其进行简单定量分析和描述是非常必要的。

(1) 传统生物质资源

① 农作物秸秆　我国作为世界农业大国，农作物的种类很多，而且数量也较大。水稻、玉米和小麦是3种主要的农作物，其产生的废弃物秸秆是我国主要的生物质资源之一。据统计，目前全国年产各种农作物秸秆约7亿吨，可产生的生物能源约为1.5亿吨标准煤，粗蛋白含量为2000万～2500万吨，相当于1亿吨标准生猪饲料中的粗蛋白含量。

② 薪柴　薪柴是几个世纪以来人类所用的主要能源，它不仅可用于家庭，还可广泛应用于工业。能够提供薪柴的树种不只是薪炭林，其他如用材林、防护林、灌木林及周边散生林均可提供一定数量的薪柴。我国每年薪柴的产量达8860万吨，约占农村生活用能的40%。

③ 禽畜粪便　禽畜粪便是另一类生物质资源，其资源量与畜牧业具有重要的相关性。我国畜粪资源大约为每年30亿吨，主要分布在河南、山东、四川、河北、湖南等养殖业和畜牧业较为发达的地区，5省共占全国总量的39.50%。从构成上看，畜粪资源主要来源是大牲畜和大型畜禽养殖场。其中牛粪占全部畜禽粪便总量的33.61%，主要来自于养殖场的猪粪则占总量的34.45%。

④ 工业有机废弃物　工业有机废弃物可分为工业固体有机废弃物和工业有机废水两类。在我国，工业固体有机废弃物主要来自木材加工厂、造纸厂、糖厂和粮食加工厂等，包括木屑、树皮、蔗渣、谷壳等。工业有机废水资源主要来自食品、发酵、造纸工业等行业，全国工业有机废水年排放量超过25亿吨。

⑤ 城市有机垃圾　随着经济的快速发展，近年来我国城市化水平提高很快，城市数量和城市规模都在不断扩大，与此同时，我国城镇垃圾的产生量和堆积量均在逐年增加，年增长率在10%左右。城镇生活垃圾主要是由居民生活垃圾、商业垃圾、服务业垃圾和少量建筑垃圾等废弃物所构成的混合物。在我国，垃圾中有机成分一般在30%～60%之间，最高可达到95%。

(2) 现代生物质资源

现在，人们逐渐认识到矿物能源的重大缺陷，即资源的有限性，以及大量使用矿物能源所造成的日益沉重的环境压力。在不久的将来，矿物能源将会不可避免地退出历史舞台。因此，人类必须寻求新的替代能源，才能维持正常的生存条件，进入更加繁荣发达的未来社会，这一观念正在成为发展现代生物质能源工业的巨大推动力。

所谓现代生物质资源主要指专门为能源生产工业提供原料而发展的生物质资源，如能源植物等。事实上，基于能源植物的能源农业和能源林业等概念已经在国内外形成，并通过试验、示范逐步成熟。有些现代生物质能源工业技术已经成熟，并进入推广应用阶段，如巴西甘蔗乙醇燃料等。

① 薪炭林　指以生产燃料为主要目的的林木，该树种应具有生长快、适应性和抗逆性强、热能高、易点燃、无恶臭、不释放有毒气体、不易爆裂等特点。据统计，我国现有400多万公顷薪炭林，每年约可获得1亿多吨高燃烧值（生物量）的薪材。未来20年国家将再投资建设1600万公顷薪炭林，届时每年将产生3亿余吨薪材。

② 草本作物 甜高粱具有耐干旱、耐水涝、抗盐碱等多重抗逆性，素有"高能作物"之称，亩产 300～400kg 粮食以及 4t 以上茎秆，茎秆汁液含糖量 16%～20%，每 16～18t 茎秆可生产 1t 燃料乙醇。2008 年，全国高粱播种面积为 800 多万亩（其中甜高粱 40 万亩），高粱茎秆总产量 250 多万吨。2005 年我国木薯种植面积约 650 万亩，总产量约 730 万吨，可生产燃料乙醇约 100 万吨；甘薯种植面积约 7500 万亩，总产量 1 亿多吨，其淀粉含量在 18%～30%，约 8t 甘薯可生产 1t 燃料乙醇；甘蔗种植面积约 2000 多万亩，总产量 8600 多万吨，主要用于制糖，所产生的副产品糖蜜 340 万吨，可以生产燃料乙醇 80 万吨左右，折合标准煤 110 万吨左右。

③ 植物性油料作物 植物油本身（或与柴油混合）可作为内燃机燃料。绝大多数油料作物都有非常强的适应性和适寒性，种植技术简单，植物油贮存和使用安全。现已对 40 种不同的植物油在内燃机上进行了短期评价实验，其中包括豆油、花生油、棉籽油、葵花籽油、油菜籽油、棕榈油和蓖麻籽油。我国油料作物的种植面积为 1310 万公顷，含油籽粒年产量 2250 万吨，但主要为食用。目前我国科学家已经对一些野生油料植物进行能源利用研究，如光皮树等。

④ 含烃类化合物植物 已有人提议直接利用植物生产汽油和其他烃类化合物。例如，为了从绿玉树中提取分子量非常接近石油的烃类化合物和副产品（糖），已在加利福尼亚开展了对绿玉树的研究，在有灌溉的条件下，每公顷土地每年可以获得 2t 油和 5t 糖。为了评价这种方法的经济可行性，在世界其他地方已进行了多次尝试，但不同的研究者所获得的结果却不同。我国在"十五"期间已开展绿玉树的研究，试图培育一种能够通过光合作用直接生产液体烃类燃料的植物。

5.2 生物质材料概述

5.2.1 生物质材料的定义

生物质材料（biomass）是指由动物、植物及微生物等生命体衍生得到的材料，主要由有机高分子物质组成，在化学成分上生物质材料主要由碳、氢和氧三种元素组成。由于是由动物、植物及微生物等生命体衍生得到，未经化学修饰的生物质材料容易被自然界微生物降解为水、二氧化碳和其他小分子，其产物能再次进入自然界循环，因此生物质材料具备可再生和可生物降解的重要特征。

目前，许多文献和教科书存在多个与生物质材料相关或者相近的概念，主要有生物体材料、生物材料、天然高分子材料、生态材料、生物基材料等，下面将从这些名词的内涵、应用阐述它们的差别与关联。

生物体材料（Biological material），一般是指在生物体中合成的、具体组成某种组织细胞的成分，诸如纤维蛋白、胶原蛋白、磷脂、糖蛋白等，通常指蛋白质、核酸、脂类（脂质）和多糖四大类，有时也称作生物大分子或者生物高分子（Biomacromolecule）。基于生物体材料与生物质材料的定义可见，二者最为接近；但是生物体材料偏向于强调具体组成某种组织细胞的成分，那么木材、秸秆等由纤维素、半纤维素、木质素等生物质材料组成的复合体就不能划分到生物体材料中，而木材、秸秆等却无可争议地是生物质材料，因此生物体材料或者生物大分子是一类特殊的生物质材料。

生物材料（Biomaterial），一般是指与医学诊断、治疗有关的一类功能性材料，主要用于制备人工器官或医疗器械以代替或者修复人体受损的组织器官，有时也称为生物医学材料（Biomedical material）。广义上讲，生物材料包括生物体材料和生物医学材料。生物材料可以是生物质材料，例如用于制备人工肾的由铜氨法再生的纤维素和醋酸盐纤维素、制备人工血浆用的羟乙基淀粉等；生物材料也可以是金属材料、合成高分子材料或无机材料等，例如制备颅骨和关节的钛合金、钛金属、不锈钢、磷酸三钙、羟基磷灰石以及人工晶体用聚甲基丙烯酸甲酯、硅树脂等。因此，生物材料和生物质材料是交叉的。

天然高分子材料（Nature material），指由自然界产生的非人工合成的高分子材料，它是相对于合成高分子材料提出。它包括生物基材料以及石墨、石棉、云母、辉石等天然无机高分子。

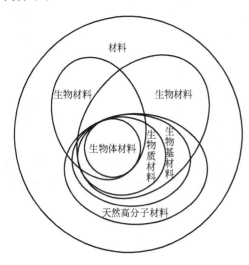

图 5-2 各种与生物质材料相关或者相近材料的含属关系示意
注：图中每个圈代表一类材料，圈大小不代表材料份额比例

生态材料（Ecomaterial），指同时具有满意使用性能和优良环境协调性的材料。所谓的环境协调性指资源和能源消耗少、环境污染小和循环再利用率高。生态材料的概念是 20 世纪 80 年代基于能源、资源和环境污染等压力，在人们强调材料与环境和可持续发展关系的背景下提出的。它通过研究材料整个生命周期的行为，强调材料对环境的影响。因此它可以包括所有材料，例如木材等生物质材料、金属材料、合成高分子材料、复合材料、陶瓷等，只要通过生态设计能够实现与环境协调的材料都是生态材料。

生物基材料（Bio-based material），按照 ASTM（美国试验与材料协会）的定义，是指一种有机材料，其中碳是经过生物体的作用后可再利用的资源。生物基材料强调经过生物体的作用后含碳可再利用的有机材料而不注重生物降解性和可再生性，因此，涵盖了生物蜡、天然橡胶等不易生物降解的有机材料。在内涵上，生物基材料包含生物质材料，在上面提及的几个与生物质材料相关或者相近的概念中，它与生物质材料最为接近。

基于上述分析，可将材料、生物质材料、生物体材料、生物材料、天然高分子材料、生态材料、生物基材料的含属关系用图 5-2 表示。

5.2.2 生物质材料的分类

生物质材料的种类繁多，目前尚未有任何文献或者著作对生物质材料进行分类。而对于材料的任何分类方法都是人为的，分类的目的是为了对比、了解和认知生物质材料。

（1）按照其来源分类

① 植物基生物质材料　是指由植物衍生得到的生物质材料或者直接利用具有细胞结构的植物本体作为材料。常见的植物衍生得到的生物质材料有纤维素、木质素、半纤维素、淀粉、植物蛋白、果胶、木聚糖、魔芋葡甘聚糖、果阿胶、鹿角菜胶等；直接利用具有细胞结构的植物本体实际上是由上述植物衍生的生物质"复合"组成的复合材料，诸如木材、稻

② 草本作物　甜高粱具有耐干旱、耐水涝、抗盐碱等多重抗逆性，素有"高能作物"之称，亩产 300～400kg 粮食以及 4t 以上茎秆，茎秆汁液含糖量 16%～20%，每 16～18t 茎秆可生产 1t 燃料乙醇。2008 年，全国高粱播种面积为 800 多万亩（其中甜高粱 40 万亩），高粱茎秆总产量 250 多万吨。2005 年我国木薯种植面积约 650 万亩，总产量约 730 万吨，可生产燃料乙醇约 100 万吨；甘薯种植面积约 7500 万亩，总产量 1 亿多吨，其淀粉含量在 18%～30%，约 8t 甘薯可生产 1t 燃料乙醇；甘蔗种植面积约 2000 多万亩，总产量 8600 多万吨，主要用于制糖，所产生的副产品糖蜜 340 万吨，可以生产燃料乙醇 80 万吨左右，折合标准煤 110 万吨左右。

③ 植物性油料作物　植物油本身（或与柴油混合）可作为内燃机燃料。绝大多数油料作物都有非常强的适应性和适寒性，种植技术简单，植物油贮存和使用安全。现已对 40 种不同的植物油在内燃机上进行了短期评价实验，其中包括豆油、花生油、棉籽油、葵花籽油、油菜籽油、棕榈油和蓖麻籽油。我国油料作物的种植面积为 1310 万公顷，含油籽粒年产量 2250 万吨，但主要为食用。目前我国科学家已经对一些野生油料植物进行能源利用研究，如光皮树等。

④ 含烃类化合物植物　已有人提议直接利用植物生产汽油和其他烃类化合物。例如，为了从绿玉树中提取分子量非常接近石油的烃类化合物和副产品（糖），已在加利福尼亚开展了对绿玉树的研究，在有灌溉的条件下，每公顷土地每年可以获得 2t 油和 5t 糖。为了评价这种方法的经济可行性，在世界其他地方已进行了多次尝试，但不同的研究者所获得的结果却不同。我国在"十五"期间已开展绿玉树的研究，试图培育一种能够通过光合作用直接生产液体烃类燃料的植物。

5.2　生物质材料概述

5.2.1　生物质材料的定义

生物质材料（biomass）是指由动物、植物及微生物等生命体衍生得到的材料，主要由有机高分子物质组成，在化学成分上生物质材料主要由碳、氢和氧三种元素组成。由于是由动物、植物及微生物等生命体衍生得到，未经化学修饰的生物质材料容易被自然界微生物降解为水、二氧化碳和其他小分子，其产物能再次进入自然界循环，因此生物质材料具备可再生和可生物降解的重要特征。

目前，许多文献和教科书存在多个与生物质材料相关或者相近的概念，主要有生物体材料、生物材料、天然高分子材料、生态材料、生物基材料等，下面将从这些名词的内涵、应用阐述它们的差别与关联。

生物体材料（Biological material），一般是指在生物体中合成的、具体组成某种组织细胞的成分，诸如纤维蛋白、胶原蛋白、磷脂、糖蛋白等，通常指蛋白质、核酸、脂类（脂质）和多糖四大类，有时也称作生物大分子或者生物高分子（Biomacromolecule）。基于生物体材料与生物质材料的定义可见，二者最为接近；但是生物体材料偏向于强调具体组成某种组织细胞的成分，那么木材、秸秆等由纤维素、半纤维素、木质素等生物质材料组成的复合体就不能划分到生物体材料中，而木材、秸秆等却无可争议地是生物质材料，因此生物体材料或者生物大分子是一类特殊的生物质材料。

生物材料（Biomaterial），一般是指与医学诊断、治疗有关的一类功能性材料，主要用于制备人工器官或医疗器械以代替或者修复人体受损的组织器官，有时也称为生物医学材料（Biomedical material）。广义上讲，生物材料包括生物体材料和生物医学材料。生物材料可以是生物质材料，例如用于制备人工肾的由铜氨法再生的纤维素和醋酸盐纤维素、制备人工血浆用的羟乙基淀粉等；生物材料也可以是金属材料、合成高分子材料或无机材料等，例如制备颅骨和关节的钛合金、钛金属、不锈钢、磷酸三钙、羟基磷灰石以及人工晶体用聚甲基丙烯酸甲酯、硅树脂等。因此，生物材料和生物质材料是交叉的。

天然高分子材料（Nature material），指由自然界产生的非人工合成的高分子材料，它是相对于合成高分子材料提出。它包括生物基材料以及石墨、石棉、云母、辉石等天然无机高分子。

生态材料（Ecomaterial），指同时具有满意使用性能和优良环境协调性的材料。所谓的环境协调性指资源和能源消耗少、环境污染小和循环再利用率高。生态材料的概念是 20 世纪 80 年代基于能源、资源和环境污染等压力，在人们强调材料与环境和可持续发展关系的背景下提出的。它通过研究材料整个生命周期的行为，强调材料对环境的影响。因此它可以包括所有材料，例如木材等生物质材料、金属材料、合成高分子材料、复合材料、陶瓷等，只要通过生态设计能够实现与环境协调的材料都是生态材料。

生物基材料（Bio-based material），按照 ASTM（美国试验与材料协会）的定义，是指一种有机材料，其中碳是经过生物体的作用后可再利用的资源。生物基材料强调经过生物体的作用后含碳可再利用的有机材料而不注重生物降解性

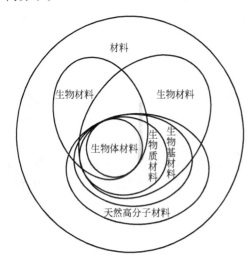

图 5-2 各种与生物质材料相关或者相近材料的含属关系示意

注：图中每个圈代表一类材料，圈大小不代表材料份额比例

和可再生性，因此，涵盖了生物蜡、天然橡胶等不易生物降解的有机材料。在内涵上，生物基材料包含生物质材料，在上面提及的几个与生物质材料相关或者相近的概念中，它与生物质材料最为接近。

基于上述分析，可将材料、生物质材料、生物体材料、生物材料、天然高分子材料、生态材料、生物基材料的含属关系用图 5-2 表示。

5.2.2 生物质材料的分类

生物质材料的种类繁多，目前尚未有任何文献或者著作对生物质材料进行分类。而对于材料的任何分类方法都是人为的，分类的目的是为了对比、了解和认知生物质材料。

（1）按照其来源分类

① 植物基生物质材料 是指由植物衍生得到的生物质材料或者直接利用具有细胞结构的植物本体作为材料。常见的植物衍生得到的生物质材料有纤维素、木质素、半纤维素、淀粉、植物蛋白、果胶、木聚糖、魔芋葡甘聚糖、果阿胶、鹿角菜胶等；直接利用具有细胞结构的植物本体实际上是由上述植物衍生的生物质"复合"组成的复合材料，诸如木材、稻

秸、麦秸、玉米秸等作物秸秆以及藤类、树皮等。

② 动物基生物质材料　是指由动物衍生得到的生物质材料或者直接利用具有细胞结构的动物的部分组织作为材料。常见的由动物衍生得到的生物质材料有甲壳素、壳聚糖、动物蛋白、透明质酸、紫虫胶、丝素蛋白、核酸、磷脂等；直接利用具有细胞结构的动物的部分组织主要是皮、毛等。

③ 微生物基生物质材料　是指通过微生物的生命活动合成出的一种可生物降解的聚合物。主要有出芽霉聚糖（pullulans）、凝胶多糖（curdlan）、黄原胶（xanthan gum）、聚羟基烷酸酯（polyhydroxyalkanoate，PHA）、聚氨基酸等。

(2) 按照组分分类

① 均质生物质材料　所谓的均质指每个生物质材料分子都具有相同或者相似的化学结构组分，例如纤维素、木质素、半纤维素、淀粉、蛋白质、木聚糖、魔芋葡甘聚糖、甲壳素、壳聚糖、核酸、黄原胶、聚羟基烷酸酯等，它们的特征是结构已知或者用化学结构式可以表达。对于均质生物质材料又可分为均聚型生物质材料和共聚型生物质材料，前者表示生物质材料由一种化学结构组成（类似均聚高分子材料），组成单一、易于纯化、化学性质差异小，例如纤维素和聚木糖分别只由吡喃型 D-葡萄糖基和吡喃型-木糖基聚合而得，如图 5-3 所示；后者表示生物质材料分子链由多种化学结构组成（类似共聚高分子材料），例如海藻酸钠是由 α-L-古罗糖醛酸（GC）和 β-D-甘露糖醛酸（MM）形成的共聚物（图 5-4），而半纤维素则是由戊糖基、己糖基、己糖醛酸基及脱氧己糖基构成的支化线性高分子。

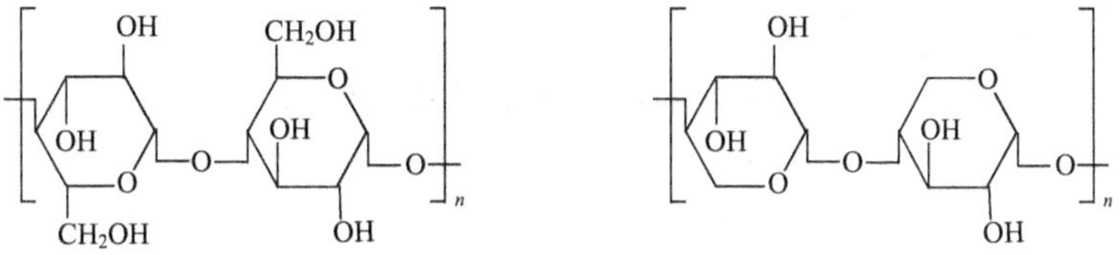

图 5-3　纤维素和聚木糖的结构单元

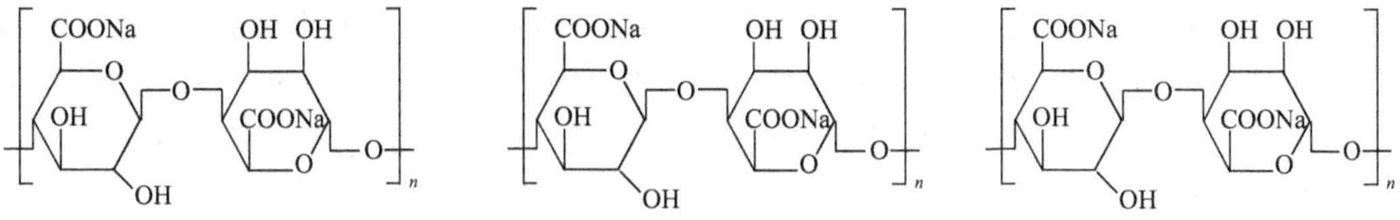

图 5-4　海藻酸钠的组成结构单元

② 复合生物质材料　所谓复合指材料中同时含有两种以上结构单元而组成不同的分子，它是一种混合物或者复合体，例如木材、作物秸秆、树皮、皮、毛等，它们主要由纤维素、木质素、半纤维素、其他多糖、果胶、胶原、角蛋白、黏蛋白或脂类等生物质材料组成，其主要特点是多组分、通常具有细胞残留结构。

生物质材料 { 均质生物质材料 { 均聚型生物质材料：纤维素、木聚糖、淀粉、甲壳素、壳聚糖等　　　　　　　　　　　共聚型生物质材料：半纤维素、海藻酸钠、黄胶原、魔芋葡甘聚糖等　　　　　复合生物质材料：木材、作物秸秆、树皮、皮、毛等

(3) 按照所含的化学结构单元分类

可分为多糖类、蛋白质类、核酸、脂类（脂质）、酚类、聚羟基烷酸酯、聚氨基酸、综合类等。

① 多糖类生物质材料　指分子的结构单元由吡喃糖基或/和呋喃糖基组成的有机高分子物质，常见的多糖类生物质材料有纤维素、半纤维素、淀粉、木聚糖、魔芋葡甘聚糖、甲壳素、壳聚糖、黄原胶等。

② 蛋白质类生物质材料　指分子的结构单元含有肽键（由一个氨基酸的氨基与另一个氨基酸羧基反应形成的酰胺键）的有机高分子物质，常见的蛋白质类生物质材料有大豆蛋白、丝蛋白、胶原、角蛋白、酪蛋白、藤壶胶、明胶、透明质酸等。

③ 核酸　是由核苷酸聚合而成的大分子，它是构成生命现象非常重要的一种高分子，主要指核糖核酸（RNA）和脱氧核糖核酸（DNA）。

④ 脂类（脂质）　指分子的结构单元含有机酯键的有机高分子物质。它包含由动物体内衍生出的脂质和通过微生物的生命活动合成出的聚酯。动物体内衍生出的脂质主要有磷脂、神经磷脂、糖脂、紫胶等，单个脂类分子虽较小（分子量750~1500u），但上千个脂质分子经常结合在一起，形成非常大的结构，就像高分子那样发挥作用，因此，脂类结构也可纳入生物大分子之列。由微生物通过生命活动合成出的一种可生物降解的聚酯通常称为聚羟基烷酸酯，也称聚羟基脂肪酸酯（polyhydroxyalkanoate，PHA），现在报道的聚羟基脂肪酸酯有聚3-羟基丁酸（PHB）、聚3-羟基戊酸、聚3-羟基己酸、聚3-羟基庚酸、聚3-羟基辛酸、聚3-羟基壬酸以及它们的共聚物等。

⑤ 酚类　指分子的结构单元含有丰富的酚基或者酚的衍生物，属于多酚类的生物质材料有木质素、大漆（中华漆）、单宁等。

⑥ 聚氨基酸　是指分子的结构单元含有一种氨基酸形成的酰胺键的有机高分子物质。这里所说的聚氨基酸指由微生物通过生命活动合成出的一种可生物降解的聚合物，目前报道的聚氨基酸主要是聚γ-谷氨酸（PGA）和聚ε-赖氨酸（PL）两种。

⑦ 综合类生物质材料　指材料或者分子中同时含有两种以上不同类别的化学结构单元，例如皮革中的硫酸肤质蛋白多糖是由硫酸肤质（由艾杜糖醛酸与硫酸化氨基半乳糖生成的直链多糖聚合物）与非胶原蛋白通过共价键结合而得，阿拉伯树胶是由多糖和阿拉伯胶糖蛋白（GAGP）组成，木材和作物秸秆是由多糖类（纤维素与半纤维素）和多酚类（木质素）生物质材料复合而成。

5.2.3　生物质材料的特点

生物质材料普遍存在以下特点。

① 生物质材料都含有碳、氢和氧三种元素，部分生物质材料还可能含有氮、硫或者钠等元素，如含有氮元素和硫元素的生物质材料通常为蛋白质和聚氨基酸，含钠元素的通常就是海藻酸钠。因此，生物质材料归属于有机高分子材料，具有有机物和高分子的一般特性，例如可以燃烧、分子量大、分子量分布不均一、能够进行与功能基相关的聚合物化学反应、存在多级结构等。

② 生物质材料的种类多、分布广、储量丰富。生物质材料由动物、植物和微生物衍生得到，包括动植物本身具有细胞结构的组织，因此不同的动物、植物和微生物能够产生不同

的生物质材料。这些原因也导致生物质材料的结构和性能变异大，即使同类生物质材料也因来源、产地、气候、取材、生长期的差别而导致分子结构和多种性能及性质不尽相同。这种结构差异主要表现为分子量大小与分布的差异、分子中结构单元及其含量不同、结构单元的排序差异等。然而，材料的诸多性能与分子量大小、分子量分布、所含功能基种类和含量以及分子种类等因素密切相关，并且随着生物质材料的结构变化而发生不同程度的变异。因此，生物质资源的多组分伴生以及结构性能变异大的特征，造成生物质材料提取、加工和利用相对困难，以及材料质量的稳定性较差。

③ 生物质材料具有较好的可生物降解性，绝大部分生物质材料在自然环境中很快被微生物完全降解为水、二氧化碳和其他小分子。由于绝大多数生物质材料的分子结构中都含有醚键、酰胺键或酯基，而且多数为脂肪族类物质，因此生物质材料易于被生物降解。对于木质素，因其分子主体结构是苯丙烷，相对于其他生物质材料生物降解较为困难，但它也能够为白腐菌分解。正是由于生物质材料的生物降解性，使其废弃物不会产生像合成高分子一样的"白色垃圾"，属于环境友好性材料。

④ 生物质材料能够再生。合成高分子材料的原料是储量有限的石油和煤炭等化石资源，而生物质材料的原料是二氧化碳和水。通过植物的光合作用，将二氧化碳和水转化成植物基生物材料，部分动物或者微生物再以植物基生物质材料为原料就可获得动物基生物材料或者微生物基生物材料。合成高分子材料废弃后，通过降解、燃烧等处理不能再转为起始的石油和煤炭，而绝大部分生物质材料在自然环境中通过生物降解，完全降解为水、二氧化碳和其他小分子有机组分，产物又进入自然界循环。因此，生物质材料是资源丰富、可再生的材料，通过自然界碳循环可以实现永续利用，是未来支撑人类可持续发展的重要材料资源。

5.2.4 生物质材料的应用

生物质材料具有资源丰富、来源广阔、可生物降解以及可再生等特点，使其得到了广泛的应用。20世纪70年代的石油危机，唤起了世界各国在寻求可替代化石资源和对可持续发展、保护环境和循环经济的追求中，纷纷把目光集中到可再生资源上，"生物质经济"渐渐浮出水面。目前，生物质材料已逐渐得到广泛的应用。像合成高分子材料一样，生物质材料可以制成塑料、工程塑料、纤维、涂料、胶黏剂、功能材料、复合材料等，应用在生产生活的各个领域中。生物质材料的利用方法主要有以下四个方面。

(1) 直接利用

通过物理或者机械加工，直接将生物质材料制成各种产品，例如将棉花纺线，再制成布匹、纱布等；将木材制成各种实木家具、饰品，或者制成各种用途的板条、圆木、木方等；将猪皮移植到烧伤的皮肤；西药制备中，将淀粉提纯后用于稀释医药；通过将提纯的纤维素溶于铜铵溶液或者尿素/氢氧化钠溶液，再经纺丝制成纤维等。

(2) 改性利用

基于生物质材料所含的功能基，通过聚合物化学反应，制备出化学结构和性能与反应前不同的材料，这是生物质材料应用的主要方法。主要的聚合物化学反应有如下几种。

① 衍生化　基于生物质材料所具有的功能基，通过与有机化学相似的相关聚合物化学反应，在生物质材料分子上连接一定数量的新基团或将原有的部分基团转变成新基团，例如通过纤维素在氢氧化钠水溶液中与一氯代乙酸反应制备羟甲基纤维素钠，使纤维素可以溶解在水中，纤维素原有的羟基衍生成为羧甲基醚。

② 接枝　在生物质材料分子上连接一定数量的链段，使得生物质材料获得新的功能、物理化学性质，或者改良生物质材料原来不理想的性质，例如纤维素极性较大，与聚乙烯等非极性聚合物相容性较差，在制备纤维素-聚合物复合材料前，纤维素与甲基丙烯酸甲酯在自由基引发剂存在下，使纤维素分子接枝上一定分子量的聚甲基丙烯酸酯链段，从而提高纤维素与聚乙烯的相容性。

③ 交联　应用多官能度扩链剂或者通过自由基体系的反应，将生物质材料分子连接在一起，例如利用环氧氯丙烷与淀粉的羟基反应制备交联淀粉。

(3) 复合或者共混

将一种生物质材料与另一种生物质材料或者合成高分子材料通过复合或者共混的方法，制备具有更好品质的新材料，这是生物质材料应用的另一种主要方法。例如，将淀粉添加到聚乙烯中，制成淀粉共混型聚乙烯农用薄膜，使之具有一定的生物降解性；将木质素在偶联剂存在下与聚乙烯复合，制得的木质素-聚乙烯复合材料不仅成本降低，还能够增加力学强度和提高热稳定性。

(4) 转化利用

在热、催化剂存在下，将生物质材料转化成为分子量较小的化工原料，这是近十几年来逐渐兴起的一种生物质材料利用途径。例如将木材、木质素、单宁、淀粉、树皮等在苯酚或者聚乙二醇存在下液化，转变成为活性基团更多、分子量小的产物。这些产物被用作制备塑料、泡沫、胶黏剂等高分子材料。当然，通过裂解或者发酵，采用生物质制备燃油、燃气、乙醇等能源物质也是生物质材料的一种转化利用方法。

总之，生物质材料的加工利用受到各国政府和学者的密切关注，大量的人力、物力投入到高效、低成本、高性能的生物质材料研究与开发上，生物质材料科学与工程将不断发展，其应用也不断扩展，在未来必将能够支撑人类的持续发展。

5.2.5　生物质材料的发展方向

生物质材料的发展方向同任何材料的发展方向具有一致性，就是提高材料的实用性并实现高性能化。但是，由于生物质资源具有来源的多样性和结构的不均一性，以及某些生物质资源难以溶解和熔融以及较高的亲水性，造成了生物质材料特有的研究和开发困难。因此，生物质材料的发展在原料部分，主要通过生物化工技术得到分子量及分布在一定程度可控和结构相对均一的高分子原料，例如可控降解以及分子结构裁切等。对于小分子化工原料，则需要致力于提高产率和纯度的研究，同时如何扩展小分子化工原料来源的生物质资源的种类也是需要研究的重要问题。并且，开发低污染甚至无污染的溶剂体系是发展某些生物质高分子溶液纺丝绿色工艺的关键。以纤维素为例，目前已经开发出离子液体以及氢氧化钠/尿素（或硫脲）新溶剂体系，并且建立了能制备出满意性能纤维的绿色工艺。利用生物质资源制备的小分子化工原料开发的生物质材料，在使用性能方面具有优势，特别是具有较好的加工成型性能和疏水性能。但是，成本问题是制约这类材料应用的主要问题，这需要在小分子化工原料的制备工艺和聚合工艺方面取得突破。

对于直接以生物质高分子作为原料开发的材料，需要解决加工成型和亲水性的问题，这是目前制约淀粉和蛋白质塑料广泛应用的瓶颈问题。目前，化学改性和物理共混是最有效的手段，纳米复合技术被认为是最有研究价值的方法。但是，要获得成本适中、具有实际应用价值的产品，还需要更为深入的研究。此外，来源于生物质资源的纳米刚性结晶体具有和无机纳米填料同样的增强功能,被认为是一种环境友好的生物可降解纳米填料。关于利用这些生物质纳米粒开发高性能复合材料和功能材料的研究日益活跃,可望产生出具有应用价值的成果。最近,仿生材料的研究和开发成为高分子材料研究的活跃领域。仿生材料具有某些结构特点,这些结构特点能像自然界中的生物材料一样产生特殊的性能,如何可控地构筑这些结构成为研究的关键。来源于生物质资源的各种高分子原料,如何有序地将其组合在一起实现特殊的结构和性质,将成为一个新兴的研究方向。

5.2.6 中国生物质材料发展战略

在我国石油资源短缺、能源严重依赖进口、"白色污染"严重的背景下,推动生物质材料的应用乃至催生一个新的生物质材料产业,已成为我国新材料发展的一个重大方向。根据生物质材料技术水平、市场需求、原料资源现状,我们提出发展生物质材料产业的策略:成熟技术与创新技术相结合,实现渐趋成熟技术的产业化,突破性能、成本两个难关。近期发展以玉米淀粉为原料的生物质材料,包括全淀粉塑料、以聚乳酸为代表的脂肪族聚酯、淀粉及其混炼材料,具体产品为一次性缓冲包装材料、酒店用品及日用杂品的淀粉与可生物降解高分子树脂混炼塑料。中期目标是以甜高粱、甘蔗为代表的茎秆产糖植物、薯类淀粉等非粮食类生物质为原料制备的生物合成生物质材料的产业化,尤其是实现能与石油基塑料竞争的可生物降解农用地膜的商业化生产。长期目标是发展以资源丰富和成本更低的秸秆类木质纤维素为原料制备的生物质材料产业,满足消费市场需求,完成二氧化碳共聚物催化剂活性研究及其下游产品的开发工作,争取实现有经济效益地生产二氧化碳共聚物。

5.3 纤维素及其再生利用

5.3.1 纤维素概述

纤维素是自然界最丰富的天然高分子,主要来源于树木、棉花、麻、谷类植物和其他高等植物,占植物界碳含量的50%以上,是自然界取之不尽、用之不竭的可再生资源,每年通过光合作用合成量达到1.5×10^{12}t。棉花的纤维素含量接近100%,是天然最纯的纤维素来源;亚麻含纤维素约80%;木材含纤维素约50%;此外,麦秆、稻草、甘蔗渣等,都是纤维素的丰富来源(表5-1)。纤维素为植物细胞壁的主要成分,对植物体有支持和保护作用。纤维素不能为一般动物所直接消化利用,但能为若干微生物所消化分解,对人类无营养价值,但有刺激肠道蠕动的生理作用,故是膳食中不应缺少的成分。

表5-1 纤维素原料中的纤维素含量

植物种类	存在部位	纤维素/%	植物种类	存在部位	纤维素/%
木材	树干、树枝	40~50	马尼拉麻	叶、纤维	65
棉花	种子、毛	88~96	蔗渣	茎	35~40
亚麻	韧皮纤维	75~90	纸草	叶	40
大麻	韧皮纤维	77	竹材	茎	40~50
黄麻	韧皮纤维	65~75	芦苇	茎、叶	40~50
苎麻	韧皮	85	禾秆	茎、壳	40~50

由于纤维素具有来源丰富、可生物降解、易衍生化、生物相容性好等特点,且可以粉

状、片状、膜以及长短丝等不同形式出现，使得纤维素作为基质材料的潜在使用范围非常广泛，其作为功能材料应用于人类生活各领域的潜力得到充分肯定，世界各国都十分重视对纤维素的研究与开发。

近年来，欧洲各国以及日本的农业及化学科学家正在积极探索以纤维素等可再生资源为原料生产化工新产品，用来替代以石油为原料的化工产品。美国能源部制订的以植物和农作物等纤维素原料为基础的可再生资源利用规划中预计，以纤维素可再生资源为基础的化工产品所占比例到2020年将达10%，到2050年将达50%。美国农业、林业、生命科学和化学学会已经预见，农作物、木材和农业废弃物等纤维素原料将大规模用于工业生产。

5.3.1.1 纤维素的结构

纤维素（cellulose）是一种多糖类天然高分子化合物，经过长期的研究，确定其化学结构是由很多 β-D-吡喃葡萄糖基彼此以 (1-4)-β-苷键连接而成的具有线性结构的高分子，由碳（44.44%）、氢（6.17%）、氧（49.39%）三种元素组成，其化学式为 $C_6H_{10}O_5$，实验分子式为 $(C_6H_{10}O_5)_n$（n 为聚合度），其结构式如图5-5所示。

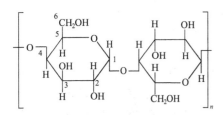

图5-5 纤维素的结构式

(1) 葡萄糖环形结构

纤维素完全水解时得到99%的葡萄糖，其分子式为 $C_6H_{10}O_5$，说明有一定的未饱和，其还原反应产物证明相当于6个碳原子组成的直链，并存在着羰酰基。

很多实验证明葡萄糖有一个醛基，这个醛基位于葡萄糖分子的端部，且是半缩醛的形式。已证明葡萄糖的半缩醛基由同一葡萄糖分子中的两种基团——OH、—CHO形成，所以是环状的半缩醛结构，位于 C_5 上的羟基优先与醛羰酰基起作用，形成 $C_1\sim C_5$ 糖苷键连接的六环（吡喃环）结构。

葡萄糖的3个游离羟基位于2，3，6三个碳原子上。由于葡萄糖环内为（1-5）连接，葡萄糖基间形成（1-4）连接，所以留下的3个羟基经证明，分别为位于 C_2、C_3 上的仲羟基和位于 C_6 上的伯羟基。3个羟基的酸性大小按 C_2、C_3、C_6 位排列，反应能力也不同，C_6 位上羟基的酯化反应速率比其他两位羟基约快10倍，C_2 位上羟基的醚化反应速率比 C_3 位上的羟基快2倍左右。

(2) 物理结构

纤维素的物理结构是指组成纤维素高分子的不同尺度的结构单元在空间的相对排列，它包括高分子的链结构和聚集态结构。

链结构又称一级结构，它表明一个分子链中原子或基团的几何排列情况，其中又包括尺度不同的二类结构。近程结构即第一层次结构，指单个高分子内一个或几个结构单元的化学结构和立体化学结构。远程结构即第二层次结构，指单个高分子的大小和在空间所存在的各种形状（构型）。例如，是伸直链、无规律团还是折叠链、螺旋链等。

聚集态结构又称二级结构，指高分子整体的内部结构，包括晶体结构、非晶体结构、取向结构、液晶结构，它们是描述高分子聚集体每个分子之间是如何堆砌的，称为第三层次结构。如相互交缠的线团结构、由折叠链规整堆砌而成的晶体等。

高分子的链结构是反映高分子各种特性的最主要的结构层次，直接影响聚合物的某种特性，例如熔点、密度、溶解度、黏度、黏附性等。聚集态结构则是决定高分子化合物制品使用性能的主要因素。

纤维素与很多其他高聚物一样是多晶，即由无数微晶体与非晶区交织在一起，其结晶的程度视纤维品种而异。天然纤维素如苎麻的结晶度略高于70%，而再生纤维素如黏胶纤维则只有35%左右。具有一定构象的纤维素高分子链按一定的秩序堆砌，便成为纤维素的微晶体，微晶体的组成单元称为晶胞。代表晶胞尺寸的参数可以从纤维素的宽角X射线图像中直接算出。

在纤维素中存在着化学组成相同而单元晶胞不同的同质多晶体（结晶变体），常见的结晶变体有5种，即纤维素Ⅰ、Ⅱ、Ⅲ、Ⅳ和Ⅹ，其中纤维素Ⅰ是天然的。这5种结晶变体各有其不同的晶胞结构，并可由X射线衍射、红外光谱、拉曼光谱等方法分析鉴定。

5.3.1.2 纤维素的物理性质

纤维素是白色纤维状晶体，不溶于水和有机溶剂，但能溶于铜氨溶液、氯化锌盐酸溶液、氢氧化钠和二硫化碳中，形成黏稠溶液。纤维素的相对密度为1.5～1.56，但天然棉花纤维素相对密度只有0.78～1.05，这是因为纤维中有很多微孔隙，含有空气，故密度较小。纤维素比热容为1.34～1.38J/(kg·K)。杂质越多，比热容就越大。

(1) 纤维素的吸湿与解吸

纤维素的游离羟基对极性溶剂和溶液具有很强的亲和力。干的纤维素置于大气中，能从空气中吸收水分到一定的水分含量。纤维素自大气中吸取水或蒸汽称为吸附；因大气中降低了蒸汽分压而自纤维素放出水或蒸汽称为解吸。纤维素吸附水蒸气这一现象影响到纤维素纤维的许多重要性质，例如随着纤维素吸附水量的变化而引起纤维润胀或收缩，纤维的强度性质和电化学性质也会发生变化。另外，在纸的干燥过程中，产生纤维素对水的解吸。

(2) 纤维素纤维的润胀和溶解

纤维素纤维的润胀分为有限润胀和无限润胀。纤维素吸收润胀剂的量有一定限度，其润胀的程度亦有限度，称为有限润胀；无限润胀是指润胀剂可以进到纤维素的无定形区和结晶区发生润胀，但并不形成新的润胀化合物，因此对于进入无定形区和结晶区的润胀剂的量并无限制。纤维素的润胀剂多是有极性的，因为纤维素上的羟基本身是有极性的。通常水或LiOH、NaOH、KOH、RbOH、CsOH水溶液等可以作为纤维素的润胀剂，磷酸也可以导致纤维润胀。在显微镜下观察纤维的外观结构和反应性能，常通过滴入磷酸把纤维润胀后进行观察比较。其他的极性液体，例如甲醇、乙醇、苯胺、苯甲醛等也出现类似的现象。一般来说，液体的极性越大，润胀的程度越大，但上述几种液体引起的润胀程度都比水小。

纤维素的溶解分两步进行，首先是润胀阶段，在纤维素无限润胀时即出现溶解，此时原来纤维素的X射线图消失，不再出现新的X射线图。纤维素可以溶解于某些无机的酸、碱、盐中。一般纤维素的溶解多使用氢氧化铜与氨或胺的配位化合物，如铜氨溶液或铜乙二胺溶液。纤维素还可以溶于以有机溶剂为基础的非水溶剂中。

(3) 纤维素的热降解

纤维素在受热时产生聚合度下降，在大多数情况下，纤维素热降解时发生纤维素的水解和氧化降解，严重时还会产生纤维素的分解，甚至发生碳化反应或石墨化反应。25～150℃时纤维素物理吸附的水开始进行解吸；150～240℃时纤维素结构中某些葡萄糖基开始脱水；

240~400℃时纤维素结构中糖苷键开始断裂，一些C—O键和C—C键也开始断裂，并产生一些新的产物和低分子量的挥发性化合物；400℃以上，纤维素结构的残余部分进行芳环化，逐步形成石墨结构。

5.3.1.3 纤维素的化学性质

纤维素的化学反应主要有两类：纤维素链的降解反应及与纤维素羟基有关的反应。前者指纤维素的酸水解降解、氧化降解、微生物和酶水解降解等反应，后者是由于纤维素链中每个葡萄糖基环上有3个活泼的羟基（一个伯羟基和两个仲羟基）而发生的一系列与羟基有关的化学反应，包括纤维素的酯化、醚化、接枝共聚和交联等化学反应。

纤维素葡萄糖基环中的羟基既可发生一系列与羟基有关的化学反应，又可缔合成分子内和分子间氢键。它们对纤维素的形成和反应性有着深远的影响，尤其是C_3羟基与邻近分子环上的氢所形成的分子间氢键，不仅增强了纤维素分子链的线性完整性和刚性，而且使其分子链紧密排列而成高侧序的结晶区。其中也存在分子链疏松堆砌的无定形区。

（1）纤维素的可及度

纤维素的可及度是指反应试剂抵达纤维素羟基的难易程度，是纤维素化学反应的一个重要因素。在多相反应中，纤维素的可及度主要受纤维素结晶区与无定形区比率的影响。普遍认为，大多数反应试剂只能穿透到纤维素的无定形区，而不能进入紧密的结晶区。人们也把纤维素的无定形区称为可及区。

纤维素的可及度不仅受纤维素物理结构的真实状态所制约，而且也取决于试剂分子的化学性质、大小和空间位阻作用。由于与溶胀剂作用的纤维素真正基元不是单一的大分子，而是由分子间氢键结合而成的纤维素链片，因此，小的、简单的以及不含支链分子的试剂，具有穿透到纤维素链片间间隙的能力，并引起片间氢键破裂，如二硫化碳、丙烯腈、氯代乙酸等均可在多相介质中与羟基反应，生成高取代度的纤维素衍生物。具有庞大分子但不属于平面非极性结构的试剂，如3-氯-2-羟丙基二乙胺和对硝基苄卤化物，即使与活化的纤维素反应，也只能抵达其无定形区和结晶区表面，生成取代度较低的衍生物。

（2）纤维素的反应性

纤维素的反应性是指纤维素大分子基环上的伯、仲羟基的反应能力。影响纤维素的反应性能及其产品均一性的因素如下。

① 纤维素形态结构差异的影响　来源不同和纯制方法不同的纤维素纤维有不同的形态结构，导致其反应性能不同。例如，初生壁对化学试剂的浸透、润胀和反应能力低于次生壁。

② 纤维素纤维超分子结构差异的影响　纤维素纤维的超分子结构，如结晶区-无定形区结构、原纤结构、侧序及其分布、微孔大小及其分布、氢键及其分布等，对其反应性有重要的影响。在结晶区，分子堆砌紧密，氢键数量多，试剂不易进入，其可及度低、反应性能差；在无定形区，分子堆砌疏松，氢键数量少，孔隙多，易被试剂渗入，其可及度高，反应性能好。

③ 纤维素基环上不同羟基的影响　纤维素基环上的3个羟基，由于立体化学的位置不同，反应能力各不相同，多数情况下，伯羟基的反应能力比仲羟基高，尤其是与较庞大基团的反应，由于空间位阻小，伯羟基的反应能力显得更高，如与甲苯磺酰氯的酯化反应，主要发生在伯羟基。然而，取代基的直接测定又表明，对于不同类型的反应，纤维素各羟

基的反应能力不同，可逆反应主要发生在 C_6—OH，而不可逆反应则有利于 C_2—OH。因此，对于纤维素的酯化反应，C_6—OH 反应能力最高，纤维素醚化时，C_2—OH 反应能力最高。

纤维素醚化的先决条件是羟基的离子化。由于邻位取代基的诱导效应，纤维素基环中羟基的酸性和离解倾向的排序为：C_2—OH＞C_3—OH＞C_6—OH。因此，C_2—OH 易于醚化，C_2—OH 被取代后增强了 C_3—OH 的反应性。由上述排序也可推断：在碱性介质中，主要进行纤维素仲羟基的化学反应，而酸性介质则有利于伯羟基的反应。

④ 聚合度及其分布的影响　一般来说，平均聚合度较高的纤维素原料反应性能较低；平均聚合度较低，反应性能较高；聚合度分布较窄的纤维素反应性能较好；聚合度太低（DP＜200）和太高部分的含量过大都将使反应性能变差。

(3) 取代度及取代度的分布

取代度是指纤维素分子链上平均每个失水葡萄糖单元上被反应试剂取代的羟基数目。由于纤维素分子链中每个失水葡萄糖单元上有 3 个羟基，所以取代度只能小于或等于 3。

取代基的分布包括取代基沿纤维素分子链的分布及取代基在每个葡萄糖单元的分布。取代基沿纤维素分子链分布的均一性影响产品的溶解度，对电解质、温度和添加物的稳定性，溶液的切变性质和流变性质。取代基在每个葡萄糖单元上的分布的均一性影响产品的溶解度、溶液的稳定性和产品的溶解性质。

5.3.2　纤维素的溶解

纤维素材料的加工成型及应用都离不开溶解。由于纤维素分子间及分子内强烈的氢键作用，以及纤维素的聚集态结构复杂，具有高结晶度，使试剂对纤维素的可及度低，一般有机和无机溶剂难以溶解纤维素，阻止了纤维素作为最丰富的天然产物的开发和利用。从确认纤维素分子结构以来，研究人员一直努力寻找和开发适合的能使纤维素溶解的溶剂体系，特别是近年来，在该方面取得了较大的进展。一般溶解纤维素的溶剂可分为传统纤维素溶剂体系和新型纤维素溶解体系两大类。

5.3.2.1　传统纤维素溶剂体系

传统纤维素溶剂体系包括铜氨法、黏胶法、酸溶剂法 3 种。

(1) 铜氨法

铜氨法溶解纤维素是生产铜氨纤维的主要手段。铜氨溶液是氢氧化铜溶于氨水中所形成的络合物，分子式是 $Cu(NH_3)_4(OH)_2$。这种深蓝色的溶剂对纤维素的溶解能力很强，其溶解机理被认为是形成纤维素与金属的络合物。现有两种不同的说法：一种是 Hess-Messmer 提出的，认为纤维素与铜氨氢氧化物相互作用，生成纤维素醇化物；另一种是 Reeves 提出的，认为在铜氨氢氧化物内铜是二价的，由一个分子铜氨氢氧化物与两个羟基作用，即可形成分子化合物。其溶解度主要取决于纤维素的聚合度、温度以及金属络合物的浓度。

铜氨溶液有一个缺点，其对氧和空气非常敏感，如果在溶解和测定过程中稍有微量的氧参与，也会使纤维素发生剧烈的氧化降解，纤维素铜氨化合物可被无机酸分解，产生纤维素沉淀——再生纤维素。曾有研究利用这一特性来制造铜氨纤维，即将纤维素溶解于铜氨溶液中，然后将溶液通过喷丝板进入蒸浴，溶剂在这里被分离，纤维素则再生成长丝，但因铜和氨的消耗量大，很难完全回收，导致生产成本太高，加之纤维质量不如黏胶法，污染严重、设备腐蚀严重、工艺烦琐，现已基本被淘汰。目前铜氨溶剂主要用于纤维素聚合度测试。

（2）黏胶法

黏胶法曾是最广泛采用的生产方法，从1904年在英国首先建厂生产至今已有100多年的历史，因其成本低廉而且品质提高较快，故其诞生后就以绝对优势胜过当时的硝酸纤维、铜氨纤维和醋酸纤维，发展极为迅速，但因黏胶法生产纤维素纤维工艺冗长、投资巨大、污染严重、能源消耗高等缺点，使黏胶纤维的生产受到一定的限制。

黏胶法是先将纤维素用强碱处理生成碱纤维素，再与二硫化碳反应得到纤维素黄酸酯，纤维素黄酸酯易溶于稀碱溶液变成黏胶液（纺丝液），黏胶液经熟成后在稀酸溶液中再生，可制得黏胶纤维或制成平板膜。其溶解机理是先把纤维素转化为中间化合物（即生成纤维素衍生物），然后溶解于无机溶剂中，纺织溶液挤出的同时（即米黄色黏胶纤维素黄酸酯基团除去时），中间化合物重新转化为纤维素，再生成丝状态。其中，纤维素黄酸酯的溶解，首先是NaOH和水分子向黄酸酯内部扩散，黄酸基团发生溶剂化作用，黄酸酯先行溶胀，扩大分子间距离，当极度溶胀时就溶解而成黏胶溶液。溶解实际上就是无限溶胀的结果，均首先发生在非晶区内，而后由黄酸酯产生的溶液来溶剂化微晶的表面并渗入微晶的内部，从而使黄酸酯的片状晶胞溶胀，随着扩散和溶剂化作用的继续进行，逐步在微晶内部发生黄酸酯分子或其分子束的分散，最后使黄酸酯全部溶解。传统的黏胶法生产工艺是一种包含化学反应的复杂过程，其工艺流程如图5-6所示。

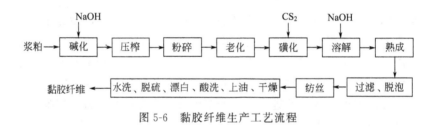

图5-6 黏胶纤维生产工艺流程

用黏胶法制得的黏胶纤维具有良好的物理机械性能和透气性，有似棉的吸湿性、易染色性、抗静电性以及易于进行接枝改性。黏胶纤维最大的缺陷就是使用CS_2，且在生产过程中放出CS_2和H_2S等有毒气体和含锌废水，对空气和水造成污染，使生态环境遭到破坏，而且半纤维素和包含在黄酸酯分解产物里的硫醇与H_2S的处理，需要大数额的经费支出以及昂贵的操作费用。因此，黏胶法在过去的几年中已大量减少，特别是在发达国家已基本不再使用。

（3）酸溶剂法

对于酸溶剂，强调的是纤维素酸碱两性特征的"酸-碱概念"。质子酸、刘易斯酸能在适当的浓度下溶胀和溶解纤维素，使纤维素的羟基质子化。当质子酸的量足够多、浓度适当时，纤维素就会溶解，例如硫酸和磷酸。硫酸的浓度小于75%时，只能使纤维素溶胀，不会溶解。对硫酸而言，最适宜的温度范围是0～20℃，温度过高将会导致纤维素的过度降解。同样，磷酸也只能在81%～85%和92%～97%这两个浓度区间内才能溶解纤维素，浓度小于81%时只会溶胀，在这两个浓度区间范围内只能部分溶解。此外，溶解纤维素的质子酸还有硝酸（68%）、盐酸（40%～42%）等。对于作为纤维素溶剂的刘易斯酸，要求其反离子通常是一些低电荷大体积的阴离子，而且都需要相当高的浓度。

5.3.2.2 新型纤维素溶解体系

传统纤维素溶解体系在生产过程中由于二硫化碳和氨等有毒残留物质的存在，对环境污染大，且耗能大，溶剂不易回收，导致其发展和应用受到限制，有的已被淘汰。为了扩宽纤维素的应用领域，现在已有大量新的溶剂体系开发出来。

(1) 有机溶剂体系

纤维素在有机溶剂中的溶解机理是基于电子给予体-接受体配合物的假设，有机溶剂与纤维素羟基相互作用，生成新的化学物质，破坏纤维素分子内氢键和分子间氢键，分离纤维素大分子羟基的电荷部分，断开纤维素大分子链，最终溶解纤维素。

① 四氧化二氮/二甲基甲酰胺（N_2O_4/DMF）体系　二甲基甲酰胺（DMF）对纤维素与四氧化二氮（N_2O_4）反应生成的亚硝酸异戊酯中间衍生物具有良好的溶解性能。N_2O_4/DMF 体系具有成本低、易控制纺丝条件等优点，但 N_2O_4 毒性较大，不利于回收利用；而且，在溶解过程中 N_2O_4 与 DMF 能够生成副产物，目前该法已被淘汰。

② 多聚甲醛/二甲基亚砜（PF/DMSO）体系　纤维素在 PF/DMSO 体系中的溶解反应式如图 5-7 所示。该体系溶解纤维素的溶解机理为多聚甲醛（PF）受热分解与纤维素反应生成羟甲基纤维素，从而溶解在二甲基亚砜（DMSO）中。DMSO 能够促进纤维素溶胀，阻止纤维素大分子集聚，并且使羟甲基纤维素稳定溶解。该溶剂体系原料易得，并且具有溶解迅速、过滤容易、无降解等优点，但费用昂贵，而且生成的纤维品质不均一，结构存在严重缺陷。

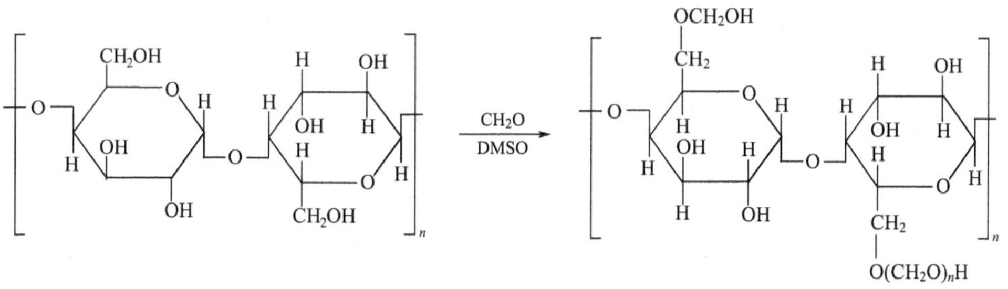

图 5-7　纤维素在 PF/DMSO 体系中的溶解反应

③ 氨/硫氰酸铵（NH_3/NH_4SCN）体系　詹怀宇等人研究发现，硫氰酸铵、氨、水以质量比为 72∶26∶1.5 混合制得的纤维素溶剂对纤维素具有最大的溶解能力。该体系能够将纤维素溶解成无色透明溶液，但溶解条件比较苛刻。

④ 氯化锂/二甲基乙酰胺（LiCl/DMAc）体系　氯化锂和二甲基乙酰胺溶解体系机理如图 5-8 所示。该溶解过程是直接溶解，因为二甲基乙酰胺分子中 N 原子和 O 原子含有孤对电子，它们能够与空轨道原子配位。氯化锂与二甲基乙酰胺反应生成的带有锂离子的配合物，能够改变 Li^+ 与 Cl^- 之间的电荷分布，使得电子更容易偏向 Cl^-，Cl^- 所带有的负电荷增多，因此，Cl^- 更容易进攻纤维素羟基上的氢原子。因为 DMAc-LiCl 能够与纤维素分子之间形成稳定的氢键，所以纤维素能以大分子形式存在，得到均匀透明的真溶液。

⑤ 二甲基亚砜/四乙基氯化铵（DMSO/TEAC）体系　二甲基亚砜和四乙基氯化铵溶解

体系在溶解纤维素过程中，由于四乙基氯化铵具有强渗透性，能够渗透到纤维素微晶内部，切断分子间氢键，形成如图 5-9 所示的复合物，这使得二甲基亚砜的溶剂化作用增强，形成均相透明的溶液。

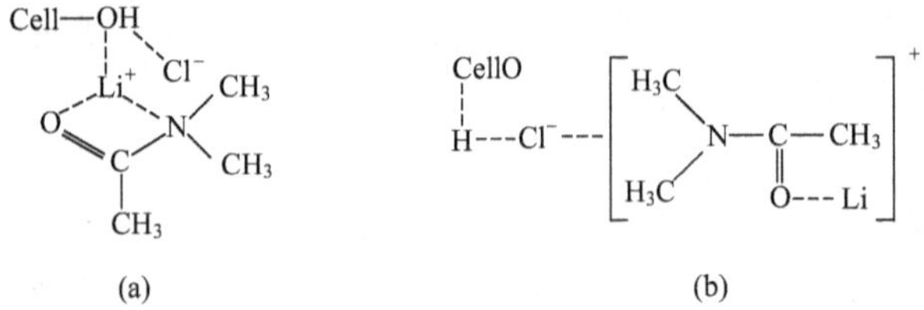

图 5-8　纤维素在 LiCl/DMAc 中的溶解反应式

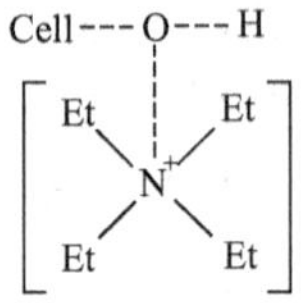

图 5-9　纤维素与 TEAC 的复合体

⑥ N-甲基吗啉-N-氧化物（NMMO）体系　N-甲基吗啉-N-氧化物（NMMO）是一种脂肪族环状叔胺氧化物，其发展迅速，被认为是目前最有前途的纤维素有机溶剂，也是目前能真正实现工业化生产且前景可观的一种溶剂。NMMO 能很好地溶解纤维素，得到成纤、成膜性能良好的纤维素溶液，但其对纤维素的溶解条件比较严格。水和纤维素分子都可以与 NMMO 形成氢键，而显然 NMMO 更易于与水形成氢键。据 Romanov 研究，无水 NMMO 对纤维素的溶解性最好，但因熔点过高（184℃）使得纤维素和溶剂发生降解，随着 NMMO 水合物的含水量增加，对纤维素的溶解性也下降，含水量超过 17% 后即失去溶解性，含水量 13.3% 的水化合物（NMMO·H_2O）最适合溶解纤维素，熔点约 76℃。

NMMO 溶解纤维素的方法大致可分直接溶解法和间接溶解法两类。市场上购买的 NMMO 溶剂一般含水率在 50% 左右，不能作为纤维素的直接溶剂，通过减压蒸馏的方法将溶剂的含水率降至 13% 以下，然后在适当的工艺条件下将 NMMO 和纤维素混合溶解成适当浓度的溶液，称为直接溶解法。未经增浓的溶剂首先与纤维素混合，纤维素在溶剂中只能溶胀，然后将溶胀均匀的浆液经减压蒸馏脱水后制得适于纺丝的溶液，称为间接溶解法。

⑦ 离子液体溶解体系　国内外的很多科技工作者都投入了大量的精力开发新型纤维素溶剂体系，离子液体的出现有望成为纤维素的一种新型的绿色溶剂。离子液体是由有机阳离子和无机阴离子构成的离子化合物，在室温或室温附近温度下呈液体状态，又称低温熔融盐。与传统有机溶剂、水和超临界流体等相比，具有许多优良的性能，包括：对很多化学物质包括有机物和无机物具有良好的溶解性能；具有较高的离子传导性；热稳定性较高；液态温度范围较宽；极性较高，溶剂化性能较好；几乎不挥发、不氧化、不燃烧；黏度低、热容大；对水和空气均稳定；易回收，可循环使用；设备简单、易于制造。现已发现，多种咪唑型的离子液体对纤维素均有良好的溶解性能，如 1-烯丙基-3-甲基咪唑氯盐、1-乙基-3-甲基咪唑氯盐等。

（2）无机溶剂体系

无机溶剂体系主要指水溶剂体系。在水溶剂体系中除了以铜氨溶液为代表的配合物类外，目前研究较多的是基于碱金属氢氧化物的溶剂体系。由于纤维素结构中的羟基本身是有极性的，因此各种碱液是纤维素良好的润胀剂。碱溶液中的金属通常以"水合离子"形式存在，半径很小，很容易进入纤维素分子之间，打开它们之间的作用力，使纤维素溶于碱液中。曾经有报道称将一定量的尿素和硫脲加入到氢氧化钠水溶液中可以改善纤维素的溶解性能。

① 氢氧化钠/水（NaOH/H$_2$O）体系 这是溶解纤维素最便宜的溶剂。当天然纤维素的氢键被破坏到一定程度时，纤维素在4℃左右下可溶解在7%～9% NaOH（质量分数，下同）溶液中。但这一溶剂仅能溶解经过蒸汽爆破处理后的且聚合度低于250的木浆纤维素，不能溶解棉短绒浆等纤维素。

Kamide等在特定条件下，从纤维素的铜氨溶液中获得具有明显纤维素非结晶态结构的再生纤维素样品。4℃下，该样品在8%～10% NaOH溶液中溶解并形成稳定的溶液。Chevalier等利用蒸汽爆破技术对纤维素进行预处理，破坏纤维素超分子结构，使分子内氢键断裂程度增加，所得纤维素在低温下溶解于NaOH溶液中。Isogai等用8%～9% NaOH溶液来溶解微晶纤维素，经过冷冻-解冻-稀释等一系列的过程后得到了透明的溶液，并得出微晶纤维素的溶解和纤维的结晶形态以及结晶指数无关。Kuo等对不同质量分数NaOH溶液所能溶解的微晶纤维素的量进行了研究，指出当NaOH在7.9%～14.9%时适于制备纤维素质量分数小于5%的溶液。

② 氢氧化锂/尿素/水（LiOH/Urea/H$_2$O）体系 LiOH/Urea的组合物是一种能够溶解高分子质量（$M_\eta=3.7\times10^5$）纤维素的溶剂。这种溶剂可通过冷冻-解冻或者直接的方法来溶解天然纤维素（棉短绒、草浆、甘蔗渣浆、木浆等）和再生纤维素（纤维素无纺布、玻璃纸、黏胶丝等），并得到溶解度达100%的透明纤维素浓溶液。此法原料消耗少、生产周期短、工艺流程简单，整个过程中没有化学反应，比传统的黏胶法少了碱化、老成、磺酸化和熟成等工艺，且所用的Urea无毒并可回收循环使用，是一种绿色的、适合工业化的生产工艺。由此制得的纤维素浓溶液具有良好的纤维可纺性和膜的成型性，可用于纺丝和制膜。

③ 氢氧化钠/尿素/水（NaOH/Urea/H$_2$O）体系 此溶剂在溶解纤维素时操作简单方便，废液可用于化肥生产，对黏均相对分子质量较大的纤维素（棉短绒浆、草浆、甘蔗渣浆、木浆和纤维无纺布等）有较好的溶解性，尤其是对于蒸汽爆破的木浆纤维素和再生纤维素。由于尿素能有效地破坏聚多糖分子间的氢键，加速纤维素的溶解并可防止溶液凝胶的形成，故该体系所制成的纤维素溶液在低温下能稳定存在、不产生凝胶化现象。该溶剂组合物溶解的纤维素黏均相对分子质量较大，而溶剂本身浓度低，在纤维素溶液性质的研究和纤维素制品的生产中有着广泛的应用前景。

④ 氢氧化钠/硫脲/水（NaOH/Thiourea/H$_2$O）体系 NaOH/Thiourea/H$_2$O组合物比NaOH/Urea/H$_2$O有更强的溶解纤维素的能力，对各种纤维素（棉短绒浆、草浆、甘蔗渣浆、木浆、纤维素无纺布以及蒸汽爆破浆等）有着较大的溶解度，尤其是对于高结晶度的天然棉短绒，通过添加少量硫脲，不必经过由液相转为固相的冷冻过程就能够有效溶解天然纤维素（$M_\eta<10.2\times10^4$），其主要原因是NaOH和Thiourea的协同效应能有效地破坏聚多糖分子间和分子内氢键而加速其溶解，同时硫脲还能防止纤维素凝胶的形成。

5.3.3 再生纤维素纤维

再生纤维素纤维的主要组成物质都是纤维素大分子，与棉、麻相同，所以许多物理化学性能也与棉、麻类似。例如，适用的染料与棉相同，而且容易染色，色谱全；吸湿性好，抗静电性好，穿着舒适性好，适合制作内、外衣、床品等日用纺织品。在崇尚天然材料的当今社会，再生纤维素纤维成为仅次于天然纤维的首选材料。

再生纤维素纤维的分类如图 5-10 所示。

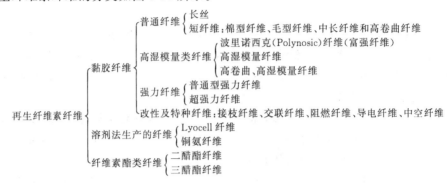

图 5-10 再生纤维素纤维的分类

5.3.3.1 黏胶纤维

黏胶纤维是以天然纤维素为基本原料，经纤维素黄酸酯溶液纺制而成的再生纤维素纤维。在各类化学纤维中，黏胶纤维是最早投入工业化生产的纤维，它仅迟于纤维素硝酸酯，是最古老的化学纤维素品种之一。早在 1891 年，Cross、Bevan 和 Beadle 等首先制成纤维素黄酸钠溶液，这种溶液黏度很大，因而命名为"黏胶"。黏胶遇酸后，纤维素又重新析出。根据这一原理，在 1893 年发展成为一种制备化学纤维的方法，这种纤维叫作"黏胶纤维"。到 1905 年，Müller 等发明了一种稀硫酸和硫酸盐组成的凝固浴，使黏胶纤维性能得到较大改善，从而实现了黏胶的工业化生产。

早期的黏胶纤维都是长丝，俗称人造丝；后来发展了短纤维，棉型的叫人造棉，毛型的叫人造毛。目前，在黏胶纤维中，短纤维的产量约占 2/3，其余 1/3 是黏胶长丝和强力纤维。

20 世纪 30 年代末期，出现了强力黏胶纤维。20 世纪 40 年代初，日本研制成功高湿模量黏胶短纤维，称为"Toramomen 虎木棉"，国际上命名为"Polynisic 波里诺西克纤维"，我国在 1965 年也生产出这种纤维，取名为"富强纤维"，简称"富纤"，这种纤维克服了黏胶纤维的致命缺点，性能接近于棉纤维。20 世纪 50 年代初期，高湿模量黏胶纤维实现了工业化生产；60 年代初期，黏胶纤维的发展达到高峰，其产量占化学纤维总产量的 80% 以上。在这个时期，美国开发了一种高湿模量（HWM）黏胶纤维"Avril 阿夫列尔"，其有些性能优于波里诺西克纤维，另外，美国还开发出中等强力黏胶短纤维"Avron 阿芙纶"、高强力高伸长耐磨性好的黏胶短纤维"XL 阿芙纶"和高湿模量高卷曲黏胶短纤维"Prima 普列玛"等。在欧洲，富强纤维和高湿模量黏胶纤维统称为"Modal 莫代尔"。其他国家也有许多黏胶纤维新品种，使黏胶纤维的纺织产品性能更加接近于棉纤维。从 20 世纪 60 年代中期起，由于合成纤维的兴起，并因其强度高、力学性能好，备受人们青睐，黏胶纤维则在湿强等性能方面有明显不足，因此，黏胶纤维的发展趋于平缓，到 1968 年产量开始落后于合成纤维；至 80 年代，随着纺织科技的发展，黏胶纤维可以做到既具有其他化学纤维所不可相比的舒适性，又克服了湿强力、湿模量低的弱点，出现了换代产品。近年来，黏胶纤维也有向细旦化方面发展的趋向，细旦黏胶纤维有利于开发轻薄型、桃皮绒、仿真丝等新风格、高档次的纺织品。黏胶纤维突出的干爽等风格，受到广泛的重视。

黏胶纤维以含有纤维素但不能直接纺纱的物质为原料，经蒸煮、漂白等提纯过程制成黏胶纤维浆粕，由黏胶纤维浆粕制成黏胶纤维。各种黏胶纤维，不论采用何种浆粕原料和生产设备，其生产的基本过程都是相同的，都必须经过下列 4 个过程。

(1) 黏胶的制备

包括浆粕的准备、碱纤维素的制备及其老化、纤维素黄酸酯的制备及溶解等。先将纤维素制成碱纤维素,然后与二硫化碳发生化学反应,生成纤维素黄原酸酯,而纤维素黄原酸酯能溶解于稀碱溶液,制成黏胶。经典的生产方法是:将已精炼和漂白的粕(纤维素)在17.5%烧碱溶液中浸渍1~4h,压去多余的液体,然后将由此所得的碱纤维素加以粉碎、放置,进行老成。在老成过程中,由于碱的存在,纤维素受到空气中氧的氧化作用而降解,分子量变低。经过老成后的碱纤维素,再用二硫化碳进行处理黄化(或黄酸化),生成纤维素黄原酸钠盐,即纤维素黄原酸酯。其反应式可表示如下:

$$\text{Cell—OH} + \text{NaOH} \longrightarrow \text{Cell—ONa} + \text{H}_2\text{O}$$
碱纤维素

$$\text{Cell—ONa} + \text{CS}_2 \longrightarrow \text{Cell—O—}\overset{\overset{\text{S}}{\|}}{\underset{\text{SNa}}{\text{C}}}$$
纤维素黄原酸酯

将纤维素黄原酸酯溶解于4%~6%的氢氧化钠溶液中成为黏胶溶液,维持一定温度,放置一定时间,使之熟成。

(2) 黏胶的纺前准备

包括黏胶的混合、过滤和脱泡等。

(3) 纺丝成形

黏胶纤维的纺丝成型,是以黏胶纺丝液通过纺丝头形成细流,通过凝固浴(常规黏胶纤维的凝固浴一般是由硫酸、硫酸钠和少量硫酸锌组成的溶液)便发生凝固和纤维素的再生。纤维素的再生可由下式表示:

$$\text{Cell—O—}\overset{\overset{\text{S}}{\|}}{\underset{\text{SNa}}{\text{C}}} + \text{H}_2\text{SO}_4 \longrightarrow \text{NaHSO}_4 + \text{CS}_2 + \text{Cell—OH}$$
再生纤维素

黏胶纤维在成型时包括凝固、拉伸和再生等过程。黏胶纺丝的几种工艺流程如图5-11所示。

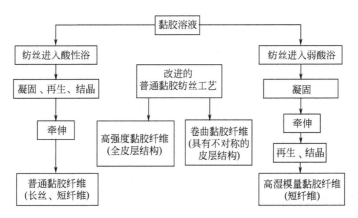

图5-11 黏胶纤维的纺丝工艺流程

(4) 黏胶纤维的后处理

纺丝成型后的纤维上存在有硫酸和硫酸盐、二硫化碳等，必须进行水洗加以除去。黏胶纤维成型时残留的分子硫虽然经水洗可以大部分去除，但仍然有一部分残留在纤维上，必须经脱硫处理。如果残硫不去除，储存日久会使纤维发脆，并使加工器件发黑。另外，纤维须经过漂白以提高纤维的白度；酸洗去除金属盐类或其他杂质；最后纤维还必须加上油剂以降低纤维的动静摩擦系数，使纤维柔软平滑，以适应纺织加工的需要。短纤维还需经切断加工，切断的长度根据纺织加工和成品要求决定。长丝还要经过成筒（绞）等工序。

5.3.3.2 Lyocell 纤维

工业上生产纤维素纤维的传统方法大多以黏胶法为主。黏胶法虽然历史悠久，工艺成熟，但工艺路线冗长，生产复杂，原材料和能量消耗多，特别是对环境污染严重，致使西方一些黏胶纤维厂在近几十年内不断被迫关闭或减产。

为了解决这一环境问题，各国都在研究新的环保型的纤维素纤维生产工艺。1969 年，Eastman Kodak 发表了以 N-甲基吗啉制备的氮氧化物作为纤维素溶剂的专利。1969～1976 年 Akzo Nobel 公司在美国 Euka Oemburg 的 ENKA 研究所从事 NMMO（N-甲基吗啉-N-氧化物）新溶剂纤维素纺丝工艺的基础研究。英国 Caurtaulds 公司在获得 Akzo Nobel 公司 Tencel 短纤生产许可证后，经过几年研究，终于在 1989 年研制成功第一个全新的无污染人造天然纤维（精制纤维素纤维）——Tencel 纤维（天丝）。Lyocell 纤维是国际人造纤维及合成纤维标准化局（BISFA）为有机溶剂纺织法制得的新纤维素纤维确定的属名。Tencel 是英国 Caurtaulds 公司独家注册的商标名，在我国俗称为天丝。

Lyocell 纤维的研究和不断改进直至实现工业化生产经历了 23 年，其生产技术之所以得到发展，是因为 Lyocell 纤维生产工艺是以 NMMO 为溶剂，直接将纤维素浆粕溶解后，以干喷湿纺方式，经后处理制取的一种全新的纤维素纤维——Lyocell 纤维。其生产过程是在一个密闭系统中进行，溶剂可以回收重新加工利用，回收率达 98%～99%，是一种基本无环境污染的纺丝方法，和传统的黏胶纤维生产工艺相比有很大的区别，用水量只有传统黏胶纤维生产所需水量的 2%，省去了碱煮、老化、黄化、熟成等工序，工艺流程大大缩短，并且具有不污染环境的优点。其工艺流程如图 5-12 所示。

Lyocell 纤维与普通黏胶纤维不同，它是一种高聚合度、高结晶度、纤维截面呈圆形的纤维，具有高强度、高湿模量、沸水收缩率低、易于原纤化的特点，并具有吸湿性、舒适性、染色性和可生物降解等纤维素纤维的优点。

Lyocell 纤维干、湿强力都很大，干强远超过其他纤维素纤维，与聚酯纤维接近，湿强约为干强的 85%，比一般黏胶纤维湿强下降少，这说明 Lyocell 纤维能承受机械作用力及化学药剂的处理，不易使织物造成损伤。Lyocell 纤维除具有天然纤维本身的特性外，还具有良好的吸湿性、舒适性、光泽性、染色性及生物降解性。

由于 Lyocell 纤维的干、湿强力都大，因此其织物不易破损，且耐用。其分子排列紧密程度比棉和一般黏胶纤维大，因此，其织物拥有独特的柔软光滑感，经原纤化后具有桃皮绒感，且丰厚，富有弹力，具有悬垂感和挺度。加之又能与棉、毛、麻、腈、涤、锦等混纺或交织，可以环锭纺、气流纺、包芯纺，分别纺成各种棉型和毛型纱、气流纱、包芯纱等，因此，可开发出高附加值的机织、针织时装织物，运动服，休闲服织物，牛仔织物，产业用织物等。

Lyocell 纤维的优异性能，使得它在产业用纺织品领域应用前景广阔。据报道，已开发有涂层织物、耐磨织物、香烟滤嘴、水刺无纺布、湿法和干法无纺布、人造麂皮、过滤材料

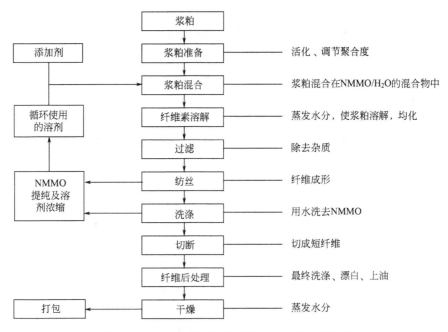

图 5-12　NMMO 溶剂法纺制纤维素纤维工艺流程

等，正在开发生态复合材料、医用纱布绷带、电池隔板、工业揩布、特种纸张等。Lyocell 纤维具有良好的亲水性，克服了合成纤维亲水性差的缺点，赋予了 Lyocell 纤维良好的分散性，使得这种溶剂法纤维素纤维具有与植物纤维相同的抄造特性。同时，Lyocell 纤维具有易于通过打浆产生原纤化的特点，使得 Lyocell 纤维在造纸过程中产生氢键，并赋予纸张良好的强度。上述优点使得 Lyocell 纤维有可能成为性能优良的造纸用纤维，用它可以抄造出高附加值的特种纸，如电池隔膜纸、过滤纸、高吸水性纸等。

5.3.3.3　铜氨纤维

铜氨纤维是将纤维素浆粕溶解在铜氨溶液中制成纺丝液，再经过湿法纺丝而制成的一种再生纤维素纤维。

铜氨溶液是深蓝色液体，它是将氢氧化铜溶解于浓的氨水中制得。将棉短绒（或木材）浆粕溶解在铜氨溶液中，可制得铜氨纤维素纺丝液，纺丝液中含铜约 4%、氨约 29%、纤维纱约 10%。

铜氨纤维的纺丝液从喷丝头细孔压出后，首先被喷水漏斗中喷出的高速水流所拉伸，使纺丝液一边变细、一边凝固；凝固丝通过稀酸浴（一般采用 5% H_2SO_3）还原再生成铜氨纤维。刚纺出的铜氨纤维中含有其他物质，所以还需要进行酸洗、水洗等后处理。

由于铜氨纤维纺丝液的可塑性很好，可承受高度拉伸，因此可制成很细的纤维，其单纤维线密度为 0.44~1.44dtex。铜氨纤维的横截面是结构均匀的圆形无皮芯结构，纵向表面光滑。在铜氨纤维的制造过程中，纤维素的破坏比较小，平均聚合度比黏胶纤维高，可达 450~550。

(1) 吸湿性和染色性

在标准状态下，铜氨纤维的回潮率为 12%~13.5%，吸湿性比棉纤维好，与黏胶纤维相近，但吸水量比黏胶纤维高 20% 左右，吸水膨胀率也较高。铜氨纤维的无皮层结构使其对染料的亲和力较大，上色较快，上染率较高。

(2) 力学性质

铜氨纤维的断裂比强度较黏胶纤维稍高,干态断裂比强度为 2.6~3.0cN/dtex,湿干强度比为 65%~70%。这主要是因为铜氨纤维的聚合度较高,而且铜氨纤维经过高度拉伸,大分子的取向度较好。此外,铜氨纤维的耐磨性和耐疲劳性也比黏胶纤维好。

(3) 光泽和手感

铜氨纤维的单纤维很细,制成的织物手感柔软光滑,并且由于其单纤维的线密度小,同样线密度的长丝纱中可有更多根单纤维,使成纱散射反射增加,光泽柔和,具有蚕丝织物的风格。

(4) 其他性能

铜氨纤维的密度与棉纤维及黏胶纤维接近或相同,为 $1.52g/cm^3$。铜氨纤维的耐酸性与黏胶纤维相似,能被热稀酸和冷浓酸溶解;遇强碱会发生膨化并使纤维的强度降低,直至溶解。铜氨纤维一般不溶于有机溶剂,但溶于铜氨溶液。

5.3.3.4 醋酯纤维

醋酯纤维是由纤维素和醋酐发生反应生成纤维素醋酸酯纺丝而得的纤维。按酯化程度不同,醋酯纤维可分为二醋酯纤维和三醋酯纤维两大类。二醋酯纤维的酯化程度低,能够溶解于丙酮;三醋酯纤维的酯化程度高,不溶于丙酮,但能溶于三氯甲烷或二氯甲烷。

醋酯纤维的性能与纤维素纤维差异较大,最明显的特征是光泽和手感接近真丝,在涤纶仿真丝技术进步以前曾经是很好的化纤仿真丝原料。醋酯纤维的模量仅为 28.2~29cN/dtex,所以柔软、易变形,而且在低伸长下仍然有较高的弹性回复率。醋酯纤维还具有热塑性,即将其加热到一定温度以上,纤维及其制品的空间形态能够根据人为的控制发生变化,并且降温后保持该形态不变。这些优良特性使醋酯纤维适合制作内衣、儿童衣物、妇女服装和装饰用品等。醋酯纤维还被广泛用于香烟过滤嘴、具有透析功能的人工肾、化工净化和分离等用途。醋酯纤维的缺点是耐磨性差、强度低、染色性较差。

5.3.4 功能化纤维素材料

工业纤维素应用最广的行业是造纸工业和纺织工业。随着科学技术的发展,纤维素作为一种工业原材料,已不再限于纸浆、纸和纺织品,功能化纤维素及其应用已越来越显示其重要地位。利用丰富的纤维素资源,采用新工艺、新技术,制备性能特殊、附加值高的纤维素新材料,成为国内外最活跃的研究领域之一。纤维素的酯化、醚化和接枝共聚、交联,其实质也是赋予纤维素某些特殊性质,使纤维素功能化。吸附分离纤维素材料、膜分离纤维素材料、高吸水性纤维素材料、微晶纤维素材料、液晶纤维素材料、医用纤维素材料等是几种较为重要的功能化纤维素材料。

5.3.4.1 吸附分离纤维素材料

吸附作为自然界和日常生活中一种常见的现象,是指液体或气体中的分子通过各种键力的相互作用在固体材料上的结合。利用吸附现象实现物质的分离,称为吸附性分离。吸附分离材料按化学结构分类,可分为无机吸附剂、高分子吸附剂以及炭质吸附剂;按材料形态分类,可分为无定形、球形和纤维状吸附剂。

纤维素本身就具有一定的吸附作用,但其吸附容量小,选择性低。改性纤维素类吸附剂是目前纤维素功能高分子材料的重要发展方向之一。这类吸附剂既具有活性炭的吸附能力,又比吸附树脂更易再生,而且稳定性高,吸附选择性强,制备成本低。其中球形纤维素吸附剂不仅具有疏松和亲水性网络结构的基体，而且具有比表面积大、通透性能和水力性能好、适应性强等优点。

制备球形纤维素吸附剂时，首先要制成纤维素珠体。通过选择适当的介质，如烃类、卤代烃等，将黏胶分散成球状液滴，继而使球状纤维素液滴固化，再使纤维素珠体再生，然后使球形再生纤维素功能化。一般分为两个步骤：首先采用交联剂（常用环氧氯丙烷）与纤维素珠体进行交联反应，以改变纤维素珠体的溶胀性质，提高其稳定性；然后按一般酯化、醚化或接枝共聚等方法将交联纤维素珠体官能化，可引入的基团有磺酸基、羧基、羧甲基、脂肪氨基、氨乙基、氰基、氰乙基、乙酰基、磷酸基、胺基、肟基等。

球形纤维素吸附剂广泛用于生命科学的许多方面，如血液中不良成分的去除和血液分析，酶的分离纯化，医药、生化工程材料及普通蛋白质的分离纯化，还可用作凝胶色谱、亲和色谱的固定相，吸附分离和回收金属离子，从海水中提取铀、金等贵金属，吸附废水中染料等化学物质。

纤维素经过酯化、醚化、磺化、膦化、氧化及羧基化后可制得阳离子交换纤维，经过胺化可制得阴离子交换纤维。早期的离子交换纤维是指以天然纤维素为骨架的离子交换剂，有粒状的，也有纤维状的，可以制成离子交换纸或布。至今，离子交换纤维已经从原来以天然纤维素为骨架的离子交换剂扩展成为以合成纤维和天然纤维为基体（骨架）的纤维状离子交换材料。

离子交换纤维与通常合成的离子交换树脂相似，具有离子交换性质，由于结构上的特点，纤维素有一定键角并由氢键形成网状交联结构，活性交换基的距离大多为500nm左右，容易和大分子进行交换，又由于纤维素在结构上属于开放性的长键，而且纤维材料的比表面积显著大于颗粒树脂，吸附容量大，所以作用速度快，分离柱流通阻力较小且不会出现材料密化而引起堵塞，容易洗脱，分离系数高，应用灵活。纤维素离子交换剂的化学通式为：

$$R = -SO_3H, -PO(OH)_2, -CH_2CH_2HR_1, -\overset{O}{\overset{\|}{C}}-CH_2CH_2\overset{O}{\overset{\|}{C}}-OH,$$

$$-CH_2CH_2-SO_3H, -CH_2COOR_2, -CH_2CH_2N^+R_3X^-, -\overset{S}{\overset{\|}{C}}SNa$$

离子交换纤维素是一种重要的生化试剂，在层析分离中可作为固定相来分离、提纯许多高分子物质，可用于回收、分离、鉴定无机离子，如铀、金、铜等，它广泛用于处理含金属、有机物的废水，有利于环境保护。

5.3.4.2 膜分离纤维素材料

用天然或人工合成的高分子薄膜，以外界能量或化学位差（浓度差、压力差、分压差和电位差）为推动力，对双组分或多组分的溶质和溶剂进行分离、分级、提纯和富集的方法，统称为膜分离法。膜分离过程没有相的变化（渗透蒸发膜分离过程除外），不需要使液体沸腾，也不需要使气体液化，能耗和化学药品消耗少，是一种低能耗分离技术。膜分离过程一般在常温下进行，因而对需避免高温分级、浓缩与富集的物质，如果汁、药品等，显示出其独特的优点。膜分离装置较简便，操作控制容易。膜分离技术应用范围广，对无机物、有机物及生物制品均可适用，并且不产生二次污染。

纤维素酯、醚及其他衍生物可用于制备多种膜材料，其中最重要的是纤维素酯系膜。

最早发明的膜分离过程是透析，透析的驱动力是浓度差。透析用人工肾膜材料以前主要采用再生纤维素膜，如铜氨纤维素膜和水解醋酸纤维素膜。早期的超滤膜主要用纤维素酯类（如醋酸纤维素）制成。醋酸纤维素至今仍是主要的通用膜材料之一。醋酸纤维素超滤膜水解的再生纤维素膜也已广泛应用。国内开发的氰乙基取代醋酸纤维素超滤膜能抗霉菌。近年来还研制了各种醋酸纤维素混合膜，将不同取代度的醋酸纤维素，如二醋酸纤维素和三醋酸纤维素，进行适当混合，制得的渗透膜长期运行的稳定性好，透水速度高，压密系数小。随着中空纤维膜制造技术的进步，醋酸纤维素系的中空纤维膜也得到发展，如三醋酸纤维素中空纤维膜，由于制成中空纤维状，提高了膜的装填密度，达到提高产水率的目的。

近年发展的由 N-甲基吗啉-N-氧化物真溶液中纺丝而制得 Lyocell 纤维预示着从此纤维素溶液中可制得高强度、亲水、不易被蛋白质污塞的超滤、微滤纤维素膜（平膜和中空纤维膜），其中在纤维素溶液中添加抗氧化剂是技术关键，以避免制膜过程中纤维素的氧化降解。

醋酸纤维素也可用作反渗透膜材料。反渗透膜可用于海水的淡化，其分离机理有氢键理论、选择吸附-毛细管流动机理和溶液扩散机理。其中氢键理论认为反渗透膜材料如醋酸纤维素是一种具有高度有序矩阵结构的聚合物，具有与水或醇等溶剂形成氢键的能力。盐水中的水分子能与醋酸纤维素半透膜上的羰基形成氢键，在反渗透压的推动下，以氢键结合的进入醋酸纤维素膜的水分子能够由一个氢键位置断裂而转移到另一个位置形成键。这些水分子通过一连串的位移，直至离开表皮层，进入多孔支撑后流出淡水。

5.3.4.3 高吸水性纤维素材料

纤维素中含有大量的醇羟基，具有亲水性。植物纤维的物理结构呈多毛细管性，比表面积大，因此可作为吸水材料，但天然纤维的吸水能力不大，必须通过化学改性，使之具有更强或更多的亲水基团，提高其吸水性能，从而可制得吸水性能比纤维自身吸水性高几十倍甚至上千倍的高吸水性纤维素。

高吸水性纤维素有两类：醚化纤维素类和接枝共聚纤维素类。

通过纤维素的醚化，可以制造各种类型的吸水性纤维。所用的纤维原料有棉纤维、木质纤维和再生纤维素纤维，交联剂有环氧化合物、氯化物和酰胺类化合物，主要的醚化剂有一氯乙酸、二氯乙酸及其盐。醚化纤维素，如羟乙基纤维素、甲基羟乙基纤维素、羧甲基纤维素，可以采用先交联后醚化或先醚化后交联两种方法来制造。为了提高吸水性能，可将醚化纤维素进一步加工制造高吸水性能的产品，如羧甲基纤维素碳酸盐。

对天然纤维素或纤维素衍生物进行接枝共聚，例如，纤维素与丙烯酸或丙烯酰胺接枝共聚，可以得到高吸水性纤维素材料。

5.3.4.4 微晶纤维素材料

纤维素纤维由结晶区和非结晶区组成，在温和的条件下加水降解，就能得到大小为微米级的结晶的微小物质。微晶纤维素是由天然的或再生的纤维素，在较高的温度（110℃）下通过 HCl、SO_2 或 H_2SO_4 酸催化降解而得到。产物的形状、大小和聚合度可以由降聚的反应条件来控制，微晶纤维素的聚合度视纤维素原料的品质而有区别。微晶聚集颗粒的尺寸为 1500～3000nm，呈棒状或薄片状。微晶纤维素为高度结晶体，其密度相当于纤维素单晶的密度，为 1.538～1.545g/cm^3。

微晶纤维素是一种水相稳定剂，它在水中形成胶质分散体。微晶纤维素适合作为食品纤维、非能量膨化剂、不透明剂、抗裂剂和抗压剂，在各种食品中，除了使乳化稳定、不透光以及悬浮外，还能显著改善口感，赋予或增加食品的类脂性。微晶纤维素在医药工业中作为载体和药片基质，用作赋形填充剂、崩解剂、胶囊剂和缓释剂等；在日用化学品工业中用于头发护理用品、染发剂、洗发液和牙膏等。最近的研究发现，微晶纤维素可以作为一种能够形成固定液态结晶相的新材料。

5.3.4.5 液晶纤维素材料

如果一种物质已部分或全部丧失其结构上的平移有序性而保留取向有序性，它即处于液晶态。液晶态与晶态的区别在于它部分缺乏或完全没有平移序，而它与液态的区别在于它仍存在一定的取向有序性。液晶态材料既具有液体的特性，又有晶体的特性，可以随外界条件（温度、电场、磁场等）的变化，在颜色或透明度等性质上表现出相应的变化。

形成液晶态的分子要具有适当的刚性和较大的长径比，可通过加热的方法实现其热致液晶相，或通过制成溶液的方法实现其溶致液晶相。有的高分子，如羟丙基纤维素，既能生成溶致液晶相，又能生成热致液晶相。

对纤维素衍生物具有液晶性的认识始于1976年，此后，液晶纤维素衍生物引起国内外广泛的兴趣，至今已发现几十种纤维素衍生物具有溶致或热致液晶性能。从理论上讲，纤维素本身可以形成液晶态，但因其分子间大量的氢键限制了分子链段运动，同时由于纤维素溶解能力差，在溶液中难以达到形成液晶态所需的浓度，以前一直认为它不能显示溶致液晶性。近年来纤维素新溶剂如 DMAC/LiCl、NMMO/H_2O 的应用以及在纤维素侧链中引入极性取代基的活化处理，大大提高了纤维素衍生物的溶解能力，使其在适当的溶剂中显示出溶致液晶性，如羟丙基纤维素、羟丁基纤维素、乙酰氧丙基纤维素、乙基羟乙基纤维素、正己基纤维素、醋酸纤维素、氰乙基纤维素、对甲苯乙酰氧纤维素等。

纤维素及大多数纤维素脂肪酯由于热稳定性较差，所以不显示热致液晶性。纤维素醚侧链易于旋转起增塑作用，使纤维素主链即使无溶剂也能运动获得分子的有序排列，故既显示溶致液晶性，又显示热致液晶性。在纤维素侧链中引入一定长度的柔性侧链或体积较大的取代基如苯环，能有效地破坏纤维素分子间的氢键，使纤维素衍生物分子链段受热时具有足够的可动性，能自发取向形成各向异性的液晶态。目前已发现许多纤维素衍生物具有热致液晶性，如正丁基纤维素、羟基纤维素、三苯甲基纤维素、对甲苯乙酰氧纤维素、苯甲酰氧丙基纤维素、甲基三甘醇纤维素等。

液晶纤维素常用于电子、材料、分析仪器等工业领域，可用作光记录存储材料、气相色谱的固定液，可纺制高强高模量纤维素液晶纤维。在工程塑料中加入液晶纤维素后，可改善工程塑料的尺寸稳定性、耐热性、耐磨性、阻燃性、耐化学性和加工性能等。

5.3.4.6 生物医学材料

生物医学材料是指以医疗为目的，用于与组织接触以形成功能的无生命的材料。生物医学材料必须具备两个条件：一是要求材料与活体组织接触时无急性毒性，无致敏、致炎、致变和其他不良反应；二是应具有耐腐蚀性能及相应的生物力学性能和良好的加工性能。生物医学材料可分为金属材料、无机非金属材料和有机高分子材料三大类。纤维素材料是其中一种高分子材料。

生物医用纤维素材料主要有用于人工脏器的纤维素材料、用于血液净化的纤维素材料和用于医药的纤维素材料。

用于人工脏器的纤维素材料包括用于人工肾脏的铜氨再生纤维素、醋酸纤维素（火棉胶），用于人工肝脏的硝酸纤维素（赛璐玢），用于人工皮肤的火棉胶以及用于人工血浆的羧甲基纤维素和甲基纤维素。

用于血液透析、血液过滤和血浆交换的高分子膜必须具有良好的通透性、机械强度以及与血液的相容性。纤维素的化学结构、立体结构和微细结构使其具有良好的透析性，在水中尺寸稳定性好，并有足够的强度。因此纤维素及其衍生物产品广泛用于血液净化体系，用得最多的是铜氨法再生纤维素和三醋酸纤维素。

用于医药的纤维素产品较多，如微晶纤维素、羧甲基纤维素、甲基纤维素、乙基纤维素、醋酸纤维素、醋酸纤维素酞酸酯、羟丙基纤维素、羟丙基甲基纤维素和羟丙基甲基纤维素酞酸酯等，表5-2列出了口服制剂药用纤维素辅料。

表 5-2　口服制剂药用纤维素辅料

功　　能	纤　维　素　辅　料
黏合剂	羧甲基纤维素钠、微晶纤维素、乙基纤维素、羟丙基甲基纤维素、甲基纤维素
稀释剂	微晶纤维素、粉状纤维
崩解剂	微晶纤维素
肠溶包衣	醋酸纤维素邻苯二甲酸酯、醋酸纤维素三苯六羧酸酯、羟丙基甲基纤维素邻苯二甲酸酯
非肠溶包衣	羧甲基纤维素钠、羟乙基纤维素、羟丙基纤维素、羟丙基甲基纤维素、甲基纤维素

纤维素经高碘酸盐选择性氧化生成二醛纤维素，再进一步氧化可得到分子链中具有均一电荷性的羧酸纤维素。初步研究表明，羧酸纤维素具有较高的抗凝血性，可用作抗凝血材料。

5.4　半纤维素及其再生利用

5.4.1　半纤维素概述

植物细胞壁中的纤维素和木质素是由聚糖混合物紧密地相互贯穿在一起的，横向分布在细胞壁各层，这些聚糖混合物属于碳水化合物类，被称为半纤维素。半纤维素几乎存在于所有的植物细胞壁当中，是植物细胞壁的三大组分之一。统计资料表明，全球的植物每年生成的半纤维素有 3.5×10^{10} t 之多，半纤维素是地球上最丰富、最廉价的可再生资源之一。

半纤维素这个名称最早是由 Schulze 于 1891 年提出的，用以表示植物中能够用碱液抽提出来的那些聚糖。当时之所以这样命名，是因为发现在细胞壁中这些聚糖总是与纤维素紧密地结合在一起，以致误认为这些聚糖是纤维素生物合成过程中的中间产物。现已证明，半纤维素并不是纤维素合成的前驱物质，半纤维素的合成与纤维素的合成无关。20 世纪 50 年代以来，随着新实验方法的产生及分离方法的发展，尤其是各种色谱法在聚糖研究中的应用，人们掌握了半纤维素的知识，故可以比较清楚地叙述它的概念。

Aspinall 于 1962 年提出："半纤维素是来源于植物的聚糖，它们含有 D-木糖基、D-甘露糖基与 D-葡萄糖基或 D-半乳糖基的主链，其他糖基可以成为支链而连接在主链上。"Timell 于 1964 年这样叙述："半纤维素是低相对分子质量的聚碳水化合物（其平均聚合度近 200），它和纤维素一起正常地产生在植物组织中，它们可以从原来的或从脱去木质素的原料中被水或碱水溶液（这是常用的）抽提而分离出来。"随着半纤维素研究的深入，提出过更适于半纤维素概念的名词，像"木聚糖"、"非纤维素的碳水化合物"等，但终因半纤维素这一名词应用已久已广，现仍习惯地继续延用，但在此名词中已澄清了一些老观念，增添了新内容。需要指出的是，Whister提出的半纤维素是"高等植物细胞壁中非纤维素也非果胶类物质的多糖"这个概念就学术观点而论是较为合理的。

5.4.1.1 半纤维素的结构

与纤维素不同，半纤维素是两种或两种以上单糖组成的不均一聚糖，是一群复合聚糖的总称。原料不同，复合聚糖的组分也不同。组成半纤维素的糖基主要有 D-木糖基、D-甘露糖基、D-葡萄糖基、D-半乳糖基、L-阿拉伯糖基、4-O-甲基-D-葡萄糖醛酸基、D-半乳糖醛酸基、D-葡萄糖醛酸基等，还有少量的 L-鼠李糖基、L-岩藻糖基和乙酰基等。几种常见的半纤维素糖基结构式如图 5-13 所示。

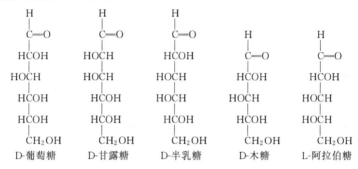

图 5-13　几种常见的半纤维素糖基结构式

一种半纤维素一般由两种或两种以上糖基组成，且大多带有短支链的线状结构。构成半纤维素主链的主要单糖有木糖、甘露糖和葡萄糖，构成半纤维素支链的主要单糖有半乳糖、阿拉伯糖、木糖、葡萄糖、岩藻糖、鼠李糖、葡萄糖醛酸和半乳糖醛酸等。一种植物往往含有几种由两或三种糖基构成的半纤维素，其化学结构各不相同，树茎、树枝、树根和树皮的半纤维素含量和组成也不同。因此，半纤维素是一类物质的名称。

(1) 聚木糖类

聚木糖类半纤维素广泛存在于自然界中，差不多所有植物都含有，其主链是由 D-木糖基相互连接成均聚物线状分子，在木糖基之间一般都是以 β-（1→4）方式连接，但掌状红皮藻糖却以 β-（1→3）与 β-（1→4）方式连接。

① 木材中聚木糖类半纤维素　木材有针叶木与阔叶木之分，其聚木糖类半纤维素结构也有差别。

阔叶中最重要的半纤维素是聚-O-乙酰基-4-O-甲基葡萄糖醛酸木糖，其主链的平均聚合度随木材种属和分离方式不同而在 100～200 之间变动，桦木聚木糖的聚合度分布在 20～200 之间。阔叶木中存在有乙酰基。

针叶木中的聚木糖类主要是聚阿拉伯糖-4-O-甲基葡萄糖醛酸木糖，可以看出针叶木的聚木糖中基本不存在乙酰基。这种聚糖在针叶木中的含量一般为 7%～12%，有些低于 7%。针叶木中的聚木糖分子似乎比阔叶木的短，其聚合度在 90～130。与阔叶木相比，它具有较高比例的 4-O-甲基葡萄糖醛酸，同时存在一定量的阿拉伯糖。阔叶木只有少量阿拉伯糖基，以非还原性末端基形式存在，其量只有 2%（以聚木糖为基准）。

② 禾本科植物中的聚木糖类半纤维素　聚木糖是禾本科植物中主要的半纤维素，其典型的化学结构是 D-木糖基以 β-（1→4）糖苷键连接成主链，在主链木糖基的 C_2 和 C_3 位上

分别连接有 L-呋喃式阿拉伯糖基和 D-吡喃式葡萄糖醛酸基作为支链。且禾本科植物中的聚木糖类半纤维素可以只具有此主链而无支链，如西班牙草。

(2) 聚甘露糖类

聚甘露糖类在植物界中也广泛存在，尤其在针叶木中含量甚丰，在草类中含量甚少。针叶木半纤维素中最多的是聚半乳糖葡萄糖甘露糖，实际上它包括两类结构不同的聚糖，一类含有少量（3%～5%）半乳糖基，另一类含有的半乳糖基则较多一些。含半乳糖基较多的聚半乳糖葡萄糖甘露糖在针叶木中只有少量，这是一种分子量较低的水溶性的聚糖，半乳糖基比例越大（分支度越高），越易溶于水。其半乳糖基以 α-(1→6) 连接到主链上的葡萄糖或甘露糖基的 C_6 上形成支链。

阔叶木聚甘露糖类半纤维素由葡萄糖与甘露糖两种糖基 β-(1→4) 连接构成不均聚合物主链，稍有分支，因而称为聚葡萄糖甘露类更为确切。

阔叶木聚甘露糖类半纤维素的平均聚合度低于针叶木。

(3) 聚半乳糖类

① 聚阿拉伯糖半乳糖　这种聚糖在针叶木中都存在，是高分支度水溶性的，通常与水溶性聚半乳糖葡萄糖甘露糖一起存在，一般含量很少，但落叶松属含量比较多，大约有 5%～30%。它以 β-(1→3) 连接起来的 D-吡喃式半乳糖单元为主链，另外还有半乳糖单元、半乳糖和阿拉伯糖单元、单一葡萄糖醛酸单元和单一阿拉伯糖单元分别构成的各支链以 β-(1→6) 连接于主链上。

阔叶木的聚半乳糖类半纤维素中特征性地含有鼠李糖单元，从金合欢树、棉以及其他一些植物中分离出来的聚阿拉伯糖半乳糖中，有一个由半乳糖单元以 β-(1→3) 连接的主链，支链则是由阿拉伯糖、鼠李糖、半乳糖醛酸和 4-O-甲基葡萄糖醛酸构成。

② 聚鼠李糖半乳糖醛酸木糖　桦木半纤维素中含有聚鼠李糖半乳糖醛酸木糖，其结构为：鼠李糖基连接在两个相邻的木糖基与半乳糖醛酸基之间，α-L-鼠李糖基与 β-D 半乳糖醛酸基之间以 (1→2) 糖苷键连接，α-L-鼠李糖基与 β-D-木糖基之间以 (1→3) 糖苷键连接，半乳糖醛酸基与木糖基之间以 (1→4) 糖苷键连接。

(4) 聚葡萄糖类

由葡萄糖单元构成的少量半纤维素，是除纤维素与淀粉以外的聚葡萄糖类，广泛存在于植物组织中。根据研究结果又可分为下列 3 种。

① 筛管素　是由葡萄糖基以 β-(1→3) 方式连接起来的聚糖。它作为细胞壁的碳水化合物组分存在于韧皮部的筛管细胞中，也是木质部薄壁细胞中的一种组分，形成半具缘纹孔膜上的保护层。

② 美洲落叶松聚糖　是由约 200 个葡萄糖单元以 β-(1→3) 连接构成的，其中少量是以 β-(1→4) 连接的。此葡萄糖主链约有 8 个支链点，连有一些葡萄糖醛酸和少量半乳糖醛酸基。

③ 聚木糖葡萄糖　由葡萄糖单元以 β-(1→4) 连接为主链，其上连有单一的木糖基。

5.4.1.2　半纤维素的溶解度

一般情况下，分离出来的半纤维素的溶解度要比天然状态的半纤维素溶解度高。

聚阿拉伯糖半乳糖易溶于水。针叶木的聚阿拉伯糖葡萄糖醛酸木糖易溶于水，而阔叶木的聚葡萄糖醛酸木糖在水中的溶解度较针叶木的小。已证实当用碱液分级抽提桦木综纤维素时，含较多葡萄糖醛酸基的聚木糖容易抽提。

在针叶木中，例如东部铁杉中有聚半乳糖葡萄糖甘露糖，其分子结构上的半乳糖基皆为单个的支链，此支链愈多则其在水中的溶解度愈高，支链少则只能溶于 NaOH 溶液中。

阔叶木和针叶木中的聚葡萄糖甘露糖即使在强碱溶液中也难溶解，需溶于碱性硼酸盐溶液中（即 NaOH＋硼酸溶液）。

5.4.2 半纤维素的分离纯化

半纤维素存在于各种植物纤维原料中，为了研究半纤维素的结构，以及在与半纤维素有关的基础理论研究或应用研究中，往往需要把半纤维素从原料中分离出来，在分离过程中应尽量彻底分离，并且要尽量减少半纤维素的变化。由于植物纤维原料中有多种化学组分，其主要化学组分之一的木质素与半纤维素之间有化学连接，纤维素与半纤维素之间虽然没有化学连接，但它们之间的结合比较紧密，所以，半纤维素的分离是比较困难和复杂的。

5.4.2.1 分离前的准备

在植物纤维原料中还含有盐类、萜烯类化合物、脂肪、蜡、糖、鞣质、多酚类物质、色素和水溶性聚糖等物质，在分离半纤维素之前必须把这些杂质除去。一般的无机物不必分离。萜烯类化合物、脂肪、蜡、鞣质等可用苯醇混合液或丙酮等有机溶剂抽提除去。单糖、若干配糖化物、少量的低聚糖和水溶性聚糖可用 70% 乙醇或冷水抽提出来。对果胶质或半乳糖醛酸含量较多的原料，可用草酸盐或草酸溶液预抽提。因此，在分离半纤维素之前，一般可用水抽提，再用苯-乙醇混合液抽提，必要时再用草酸盐溶液抽提。原料经这些抽提处理后就成为了无抽提物试料。

对于阔叶木和草类原料可以直接从无抽提物试料中抽提分离半纤维素，这种方法叫直接抽提法。针叶木不能用直接抽提法抽提分离半纤维素，这是因为针叶木管胞次生壁高度木质化，使溶剂不易进到次生壁将半纤维素抽提出来，所以，针叶木直接从无抽提物试料抽提分离的半纤维素得率很低，无实用价值，但落叶松除外，因为它含有较高量的水溶性聚阿拉伯糖半乳糖，此聚糖可用冷水自木粉中抽提出来。所以，针叶木一般必须经无抽提物试料制成综纤维素后再抽提分离半纤维素。

直接抽提法所得半纤维素量少，且杂质也伴随半纤维素被同时抽出，给提纯工作增加了困难。因此，大多是先将无抽提物试料制备成综纤维，再从综纤维素抽提分离半纤维素。

制备综纤维素时，由于要尽量使纤维素与半纤维素减少降解损失，所以，制备的综纤维素中一般还残留有 1%～2% 的木质素与半纤维素在一起，使半纤维素的分级有时发生困难。

5.4.2.2 半纤维素的分离方法

半纤维素的分离一般是用各种溶剂抽取综纤维素，利用不同浓度的碱液与某些助剂的共同作用或某种有机溶剂的单独作用，将不同的聚糖抽提出来并加以分离。常用的方法有碱液分离提取法、有机溶剂分离提取法、蒸汽预处理分离提取法、微波辅助分离提取法、超声辅助分离提取法等。

（1）碱液分离提取法

提取半纤维素的主要障碍来自于木质素的存在，传统碱提取方法主要运用化学方法脱除木质素，应用最广的是碱液分离提取半纤维素。碱液具有溶胀纤维素、断裂纤维素与半纤维素间氢键和破坏半纤维素与木质素间酯键的作用，可在不降低半纤维素相对分子质量的前提下使半纤维素溶解。

常用的碱提取试剂有 NaOH 和 KOH。通过对比 NaOH 和 KOH 提取半纤维素的能力，证明 NaOH 分离提取半纤维素的效果比较好。质量分数 10% 的 NaOH 提取半纤维素的得率为 22.6%，相同质量分数 KOH 的提取得率为 21.9%，但是 KOH 提取得到的半纤维素纯度比较高。$Ca(OH)_2$ 和 $Ba(OH)_2$ 也可用于提取半纤维素，但实验结果证实使用 $Ca(OH)_2$ 和 $Ba(OH)_2$ 时半纤维素得率低，而且提取后无法将不溶物分离出来，相比较而言，使用 NaOH 提取植物半纤维素不仅最终得率高而且易于操作。

碱浓度的选择是碱提取过程中的另一个重要环节。Persson 等证明阿拉伯木聚糖的提取效率与 pH 值密切相关。酸性条件下，阿拉伯木聚糖分子中的 β-糖苷键容易断裂，最终导致多糖分子降解；若在 pH 值高于 9 的条件下进行蒸汽预处理并利用碱提取则可得到高分子质量的产物，得率在 30%~40%。理论上，延长反应时间会提高半纤维素得率，但是热水处理后高碱浓、短时间（碱液质量分数为 18%，处理时间为 2h）提取比低碱浓、长时间（碱液质量分数为 10%，处理时间为 16h）提取得到的半纤维素保留的分支更多，分子结构也比较完整。

传统碱提取过程中应用亚氯酸盐脱木素，极易造成环境污染。过氧化氢代替亚氯酸盐脱木素，不仅经济、环保，而且可有效去除木素并兼有漂白和提高半纤维素溶解度等作用，因而逐渐受到重视。Brienzo 等发现蔗渣在 20℃、质量分数为 6% H_2O_2 存在的条件下处理 4h，可有效提取出半纤维素，得率为 86%，木素含量为 5.9%。同时发现，得率与 H_2O_2 用量成正比，与反应时间成反比，而温度对得率的影响不大。Sun 等提出反应体系中过氧化物用量超过 3%（质量分数）之后，分子质量会随过氧化物用量的增加而降低。这说明当反应体系中过氧化物的质量分数超过 3% 后，半纤维素发生降解。Naran 等证实亚氯酸钠不会引起木聚糖乙酰基团的丢失，而 QPD 脱木素技术（Q 为螯合剂处理；P 为过氧化物处理；D 为亚铝酸盐处理）往往在碱性过氧化物处理中一步脱除掉木聚糖的乙酰基。乙酰基可影响半纤维素的溶解性，保留较多乙酰基的半纤维素难溶于水。

(2) 有机溶剂分离提取法

目前，应用于半纤维素提取的有机溶剂主要有二甲基亚砜（DMSO）和二氧六环。在提取过程中一般不以单纯的有机溶剂形式进行提取，而是将有机溶剂与水、碱甚至酸混合作为提取试剂。以 DMSO 为例，由于含水的 DMSO 比不含水的 DMSO 传质阻力大，因此含水的 DMSO 能够分离出结构完整的半纤维素，并且得率较高。通过 GPC 检测得知，DMSO 与水的混合液提取得到的半纤维素在 150℃ 下分子结构也不会发生显著的改变，只发生轻微的氧化。DMSO 与酸性二氧六环联用也可从麦草秸秆中分级提取出高得率、高纯度的半纤维素。Jin 等分别使用 4 种溶剂连续分级提取大麦和玉蜀黍中的半纤维素，这 4 种溶剂分别是质量分数为 90% 的中性二氧六环、质量分数为 80% 的酸性二氧六环（即含有 0.05mol/L HCl）、质量分数 80% 的 DMSO 和质量分数为 8% 的 KOH。通过研究发现酸性二氧六环可断裂一定数量的糖苷键，半纤维素发生明显的降解；而质量分数为 90% 的中性二氧六环分离出的半纤维素结构比较完整，主要由带有分支的阿拉伯木聚糖组成，并含有葡萄糖残基；同时，这种分级分离方法的另一优势在于无需脱木素即可直接分离得到半纤维素，弥补了用高浓度碱液提取半纤维素的缺陷。

(3) 蒸汽预处理分离提取法

蒸汽预处理是利用水蒸气在高温高压条件下可渗透进入细胞壁内部的特性，使之在进入细胞壁时冷凝成为液态，然后突然释放压力造成细胞壁内的冷凝液体突然蒸发形成巨大的剪切力，从而破坏细胞壁结构，水解半纤维素和木质素之间的化学键，使半纤维素溶于水。这种预处理方法需在高温条件下进行，优点是不添加任何化学试剂、无环境污染，缺点是半纤维素极易降解而溶于水中，最终导致溶液酸度增加，从而进一步引起半纤维素降解。但是，通过机械手段可以改善这一状况。Makishima 等使用管状反应器利用流动热水系统提取玉米芯中的半纤维素，得到的半纤维素聚合度在 20 以上，得率超过 82%。另外，这一反应系统与其他蒸汽预处理装置的不同在于反应后生成的糠醛不超过产物总质量的 2%，有效地改善了蒸汽预处理的不足。

（4）微波辅助分离提取法

微波辅助提取是利用微波辐射对分子运动产生的影响，促进分子间的摩擦，导致细胞破裂，从而分离提取出细胞壁中的半纤维素成分。这种新型预处理方法已被证明是耗时最短的半纤维素提取方法，提取时间在几分钟到十几分钟之间，而传统碱提取往往需要几小时。微波辅助提取的另一个优点是提取过程中乙酰基的损失不大，提取物相对分子质量与碱提取得到的半纤维素相对分子质量相似。Jacobs 等应用微波辅助法从亚麻中提取出 O-乙酰基-4-O-甲基葡萄糖醛酸木聚糖，聚合度达到 28，乙酰基取代度达到 0.7，与 Hazendonk 利用 DMSO 提取得到的半纤维素乙酰基取代度接近，后者仅为 0.5。Sun 等在碱性条件下提取蔗渣半纤维素得到相对分子质量为 45370 的半纤维素组分。而 Roos 等则只应用微波和蒸汽处理在不添加任何化学提取剂的条件下得到相对分子质量为 40000 的半纤维素成分，同时证明增强微波强度系数可提高得率，但相对分子质量随之下降。另外，Lundqvist 等应用微波处理从云杉木片中提取半纤维素，结果证明只有少量乙酰基损失，相对分子质量峰值为 8000～80000。微波辅助提取半纤维素的得率比较低，仅为 19%～40%。

（5）超声辅助分离提取法

超声辅助是通过超声波产生的高频率震动使溶质和溶液之间产生声波空化作用，引发溶液内产生微小气泡并突然破裂产生一定压力，最终导致溶质增溶。在碱液提取半纤维素前期利用超声辅助提取的优势明显：a. 可有效地破坏细胞壁结构和简化分离步骤；b. 不影响半纤维素的活性功能；c. 可有效缩短反应时间、提高产物得率。Sun 等对比了经超声辅助抽提和传统提取方法得到的半纤维素，发现产物在组成和分子结构上无异，延长超声处理时间，得率提高了 6.3%。Hromádková 等也得到相似的结论，并指出经超声处理后提取时间大大缩短，同时碱用量也大大降低，如果可以合理地控制超声辅助的条件，还可以得到具有不同阿拉伯糖与木糖比的半纤维素组分。Ebringerová 等发现超声过程若在稀碱溶液中进行，最终总糖得率更高。

（6）超声辅助分离提取法

改善机械手段也可使半纤维素的提取效果产生明显的变化。N'Diaye 等于 1996 年提出螺旋反应器适用于半纤维素提取，同时指出，与传统方法相比，应用螺旋反应器提取半纤维素反应时间短、固液比低，最大的优点是提取过程和固液分离过程可以同时进行。2000 年，N'Diaye 等又检测了应用螺旋反应器提取白杨半纤维素的主要影响因素，得出了碱浓度是反应液黏稠度的主要影响因素，而温度则是影响得率的主要因素的结论。

5.4.2.3 半纤维素的纯化

半纤维素种类繁多，提取方法各异，根据具体需要分离得到的半纤维素还需经过进一步纯化。纯化的方法也有很多，随着技术的进步，由最初的简单沉淀分离发展到层析分离，近来又出现了以纳滤膜和超滤膜为代表的膜分离技术。

(1) 脱色和除蛋白

目前，植物多糖除蛋白和脱色工艺已得到深入研究和广泛应用。由于用于提取半纤维素的原料一般是植物的根、茎、叶或压榨后的渣滓，蛋白含量很低，因而纯化过程中一般不考虑脱蛋白，除非原料中蛋白含量特别高，可考虑根据得率或者纯度要求选用不同的除蛋白方法。相比较而言，脱除色素更重要。提取半纤维素前，原料需经过苯-醇抽提，这一过程可脱除大部分醇溶性物质，其中就包括一部分脂溶性色素；另外，EDAE-离子交换柱纯化过程也有分离色素的作用，其特有的离子分离特性还可以达到进一步纯化的效果；此外，还有活性炭脱色法和 H_2O_2 脱色法，后者由于对分离木质素的良好作用已应用于分离过程，前者则未见报道。

(2) 乙醇沉淀法

乙醇沉淀法是最简单、常用的半纤维素纯化方法。在传统的碱提取过程中往往利用乙醇将已溶解于碱液中的半纤维素沉淀下来。Bian 等用不同浓度乙醇沉淀经碱液提取后的锦鸡儿属植物柠条茎秆中的半纤维素，结果表明乙醇浓度对半纤维素分子质量和分子结构影响很大，高浓度乙醇沉降得到的半纤维素分支多但相对分子质量小，低浓度乙醇沉降得到的半纤维素分支少但分子质量大。Xu 等采用乙醇沉淀水溶性和碱溶性黑麦草叶中的半纤维素，再经过滤及质量分数 70% 酸化乙醇清洗最后风干得到半纤维素样品，该样品可用于结构分析。

(3) 超临界二氧化碳沉淀法

超临界二氧化碳是指在一定的温度和压力下处于临界状态，既保持了气体的高渗透和低黏度特性，又拥有液体良好溶解能力的二氧化碳，正因其具有这种特殊的性能，所以超临界二氧化碳已在物质合成和萃取领域得到深入的研究和应用。近年来，已有关于利用超临界二氧化碳技术将 DMSO 提取出来的半纤维素组分从提取液中沉淀出来的报道。已溶解半纤维素沉降的原理是，在溶液体系中，大量的超临界二氧化碳分子可以包裹住溶剂分子，从而降低溶剂分子与溶质分子的结合程度，最终导致溶质析出。由于沉淀过程并不改变溶质分子的结构，因而可在不破坏半纤维素生物结构的前提下，将半纤维素从含有木质素的组分中分离出来。另外，经过超临界二氧化碳处理过的样品明显比处理前的样品颜色白，这也可以归因于处理后的样品木质素含量减少而导致颜色变浅。

(4) 柱层析法

DEAE 离子交换柱层析根据分子所带电荷的不同进行分离，由于该柱种类繁多，半纤维素纯化过程中应根据分子中酸性基团的数量选择合适的离子交换柱。严浪、钟俊桢和 Peng 等分别采用 EDAE-Sepharose Fast Flow 离子交换柱和 DEAE-纤维素-52 离子交换柱纯化从菠萝皮、大豆和蔗渣中提取得到的半纤维素成分，经检测知这 3 种半纤维素均是以木聚糖为主链，阿拉伯糖、葡萄糖、半乳糖为取代基的杂多糖。另外，纯化过程中洗脱剂的种类和浓度也会影响半纤维素纯化效果。Peng 等证实利用 DEAE-纤维素-52 离子交换柱纯化蔗渣中的半纤维素成分时，去离子水、0.1mol/L NaCl 和 0.3mol/L NaCl 分别洗脱出 39.6%、15.9% 和 9.4% 的水溶性半纤维素及 47.5%、15.9% 和 3.2% 的碱溶性半纤维素，共占蔗渣中半纤维素组分的 68.1%，另有微量吸附于柱上的半纤维素可用 0.5mol/L NaCl 洗脱下来。

凝胶柱层析根据相对分子质量大小的不同进行分离。Wang 等用 Q-阴离子凝胶色谱柱和凝胶 CL-6B 色谱柱处理米糠提取物，从多种多糖成分中纯化精制出一种与半纤维素结构类似的新型杂多糖 RBPS2a,经气相色谱证实这种杂多糖由阿拉伯糖、木糖、葡萄糖和半乳糖组成,同时测得 4 种单糖摩尔比为 4∶2∶1∶4。Palm 等使用 Superdex 30 PG 凝胶柱纯化云杉半纤维素,同时证实凝胶色谱柱具有去除大部分残留木质素的作用。分子排阻色谱是凝胶色谱柱中比较特殊的一员,其特有的分子筛功能使其能够在纯化进行的同时确定半纤维素的分子质量。

(5) 膜纯化法

膜分离技术操作简便、分离效果显著,超滤膜和纳滤膜作为膜分离技术中重要的一部分已成功应用于污水处理、食品分离和制药工业。近年来,膜分离技术还被应用到半纤维素纯化过程中。Zeitoun 等证实相对分子质量截留量为 30000 的超滤膜可代替乙醇沉淀进行半纤维素纯化,有效地降低了生产成本,若将超滤技术与离子交换柱技术结合,不仅能够纯化半纤维素,更可有效脱除植物色素。有研究分别应用 3000NWMCO 超滤膜和 10000 NWMCO 含氟超滤膜成功过滤纯化阿拉伯木聚糖。

纳滤膜纯化技术主要用于分离低相对分子质量化合物和多价无机盐,将该技术应用于半纤维素纯化取得了理想效果。Vegas 等应用纳滤膜纯化技术得到了纯度高于 91% 的木聚糖类物质。Schlesinger 等则成功验证两种耐碱性的纳滤膜 NTR-7470 和 MPF-34 的相对分子质量截留量是膜技术研究中最低的,在 380~1090 之间,同时半纤维素的保留率在 90% 以上。

5.4.3 半纤维素及其衍生物的应用

半纤维素在自然界中的存在量是很大的,但是除了作为纸浆中的一种成分被用于造纸外,在其他方面的利用还是很少的。造纸工业的制浆废液中含有大量的半纤维素,农作物秸秆中含有大量的半纤维素,城市垃圾的废纸中也含有相当数量的半纤维素,这些废弃物中的半纤维素一部分作为燃料被利用了,一部分被丢弃掉,造成了环境的污染。除了用于造纸和作为燃料外,半纤维素还有其他很多利用途径。半纤维素可用于化学、食品、造纸、制药等工业生产中。

5.4.3.1 半纤维素降解产物己糖的利用

存在于农作物秸秆、城市垃圾中的废纸、亚硫酸盐废液及预水解废液中的己糖可用于生产乙醇及山梨糖醇(己六醇)。

(1) 生产乙醇

葡萄糖、甘露糖和半乳糖这些己糖经过发酵可以生产乙醇,这是目前亚硫酸盐纸浆厂废液综合利用的主要方向,这种方法不仅可以得到乙醇,还可以降低木质素磺酸盐中的含糖量。农作物秸秆和城市垃圾中的废纸等通过发酵都可以生产乙醇。反应如下:

$$C_6H_{12}O_6 \xrightarrow{发酵} 2C_2H_5OH + 2CO_2 \uparrow$$

反应产生的 CO_2 可以制成干冰。

(2) 生产山梨糖醇(己六醇)

己糖可还原成山梨糖醇,如葡萄糖以镍作催化剂在 120~130℃ 下用氢还原成山梨糖醇,其反应如下:

$$CH_2OH(CHOH)_4CHO \xrightarrow[12.0\sim 12.5MPa]{Ni,H_2} CH_2OH(CHOH)_4CH_2OH$$

山梨糖醇具有清凉的甜味，其甜度约相当于蔗糖甜度的60%，与碳水化合物有相同的热量值，而且比碳水化合物代谢慢，在肝脏中大部分转化为果糖，不会引起糖尿病。在冰淇淋、巧克力、口香糖中，用山梨糖醇代替糖可起到减肥效果。它的工业用途还很多，如可作为制造炸药及维生素C的原料，在卷烟生产中它可用来防止烟丝成末或断裂，可作为牙膏、食品、化妆品等的添加剂，还可用于涂料、表面活性剂和增塑剂等的生产。山梨糖醇在皮革、造纸和冶金等工业中可用作柔软剂、金属表面处理剂和胶黏剂等。

5.4.3.2 半纤维素降解产物戊糖的利用

半纤维素降解产物戊糖可用于生产饲料酵母、糠醛、木糖与木糖醇等。

(1) 生产饲料酵母

含戊糖多的亚硫酸盐废液，可用于生产饲料酵母。生产时，戊糖作为酵母的食料，另外，还需要添加含氮化合物作为营养盐。饲料酵母含蛋白质丰富，是动物很好的饲料。

(2) 生产糠醛

聚戊糖用稀酸在高压下加热可以蒸馏出糠醛，其反应如下：

$$(C_5H_8O_4)_n + nH_2O \xrightarrow{稀酸} nC_5H_{10}O_5$$

$$C_5H_{10}O_5 \xrightarrow[高温]{稀酸} \underset{O}{\underset{|}{CH=CH}}-\underset{|}{C}-CHO + 3H_2O$$

在工业上，可以利用玉米芯、甘蔗渣、棉籽壳、废木料等为原料，使聚戊糖经水解，脱水后生成糠醛。糠醛是由半纤维素生产的最重要的化工产品。糠醛可用于润滑油的精制，还可用于生产溶剂、呋喃树脂和尼龙等，是一种重要的化工厂原料，尼龙最初就是用糠醛为原料生产的。

(3) 生产木糖与木糖醇

聚木糖经水解可制成结晶木糖或木糖浆，木糖可用于糖果、水果罐头及冰淇淋的制造。但人体只能消化15%~20%的木糖，而动物可消化90%的木糖，对动物来说木糖是一种高热量的饲料。农业副产品特别是玉米芯，是生产木糖的好原料。用0.1%~0.25%稀硫酸水解玉米芯能获得高产率的木糖。先用水在140℃预处理玉米芯90min，能除去一部分灰分、水溶糖分和蛋白质，这样做有利于提高木糖的产率和纯度，木糖产率可达到15%，纯度可达到94%。用木糖酶进行水解的效果比酸水解好。

木糖经氢化可还原成木糖醇，其反应如下：

$$\begin{array}{c} H-C=O \\ H-C-OH \\ HO-C-H \\ H-C-OH \\ CH_2OH \end{array} \xrightarrow[水溶液,120\sim 150℃]{Ni,H_2,9\sim 10MPa} \begin{array}{c} CH_2OH \\ H-C-OH \\ HO-C-H \\ H-C-OH \\ CH_2OH \end{array}$$

木糖醇是20世纪60年代发展起来的一种甜味剂，它是白色无臭对热稳定的结晶粉末，它的甜度和热容量与蔗糖相同，能量值仅为11.7~12.1kJ/g，比蔗糖低。木糖醇能调整糖的代谢，是糖尿病人的营养剂和治疗剂。木糖醇有较强的抗酮体作用，制成注射液后可作为抗酮剂和代谢纠正剂,用以抢救酮体病人。木糖醇能减慢血浆中产生脂肪酸的速率,但不会使血糖上升,也是肝炎病人的保肝药物。木糖醇热稳定性好,和氨基酸一起加热不产生化学反应,可以和氨基酸配制各种制剂,作为营养药物。木糖醇不能被口腔细菌利用,故不会引起龋齿病,适用于口香糖类糖果。木糖醇溶解时吸热,每克吸热 145.7J,吃起来有凉爽的感觉,是制造凉爽型糖果的添加剂。木糖醇是多元醇,其性质与甘油、山梨糖醇相似,故其可能的工业用途还有待进一步开发。

目前,工业化生产木糖醇的方法是:首先水解富含聚木糖(木糖的多聚物)的半纤维素,纯化制得木糖,再经催化氢化、柱层析、重结晶等步骤制得木糖醇。由于整个过程包含了一系列复杂的纯化步骤,从木糖到木糖醇的得率只有 50%～60%,生产成本约为蔗糖的 10 倍。相对较高的价格限制了木糖醇的使用范围。生物转化工艺生产木糖醇是可能有效降低生产成本的工艺路线,其中发酵法不需纯化木糖,还可以简化木糖醇的分离步骤,酶法合成则有可能实现连续高效生产。

(4) 生产三羟基戊二酸

木糖用密度为 $1.2\sim1.4\text{g/cm}^3$ 的硝酸在 $60\sim90$℃下氧化 $2\sim3$h 可生成三羟基戊二酸,其反应如下:

$$\begin{array}{c} \text{H—C=O} \\ \text{H—C—OH} \\ \text{HO—C—H} \\ \text{H—C—OH} \\ \text{CH}_2\text{OH} \end{array} \xrightarrow[60\sim90℃]{\text{HNO}_3} \begin{array}{c} \text{COOH} \\ \text{H—C—OH} \\ \text{HO—C—H} \\ \text{H—C—OH} \\ \text{CH}_2\text{OH} \end{array} \xrightarrow[60\sim90℃]{\text{HNO}_3} \begin{array}{c} \text{COOH} \\ \text{H—C—OH} \\ \text{HO—C—H} \\ \text{H—C—OH} \\ \text{COOH} \end{array}$$

三羟基戊二酸

三羟基戊二酸具有愉快的酸味,故在食品工业上可代替柠檬酸,它还可作保存血浆之用,也可作为火药的稳定剂。

(5) 木糖发酵生产乙醇

木糖过去一直被认为不能被微生物发酵成乙醇,直到 1980 年,Wang 等提出木糖可被一些微生物发酵成乙醇。迄今为止,已发现 100 多种微生物能代谢木糖发酵生成乙醇,包括细菌、真菌、酵母菌。其中,酵母的木糖发酵能力最强,目前人们研究最多且最有工业应用前景的木糖发酵产乙醇的微生物有 3 种酵母菌种,即管囊酵母、树干毕赤酵母和休哈塔假丝酵母。木质纤维素发酵生产乙醇的路线、酵母菌属的木糖代谢途径分别见图 5-14 和图 5-15。

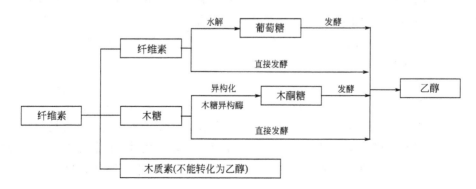

图 5-14　木质纤维素发酵生产乙醇的路线

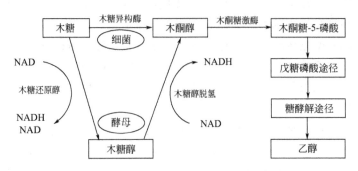

图 5-15 酵母菌属的木糖代谢途径

植物纤维原料制取乙醇包括纤维素和半纤维素糖化、糖液发酵和乙醇蒸馏 3 个过程。由于聚戊糖占植物纤维原料干质量的 10%～40%，植物纤维原料水解液中含有戊糖和己糖，其中戊糖（主要是木糖）占 30% 左右，因此，戊糖、己糖同步转化成乙醇是决定植物纤维原料制取乙醇经济可行的关键。利用可再生的植物纤维资源制取乙醇目前存在的主要问题是成本偏高。选择性能优良的纤维素酶生产菌株和戊糖发酵菌种，以及进一步完善工艺、降低成本是未来该领域努力的方向。

(6) 功能性低聚木糖

低聚糖又称寡糖，是由 2～10 个单糖通过糖苷键连接形成的具有直链或支链的低聚合度碳水化合物的总称，相对分子质量 300～2000。功能性低聚糖是指具有特殊的生物学功能，特别是能促进肠道内双歧杆菌的增殖，有益于人体健康的一类低聚糖，即所谓的双歧因子。功能性低聚糖包括水苏糖、棉子糖、异麦芽酮糖、乳酮糖、低聚果糖、低聚木糖、低聚半乳糖、低聚乳果糖、低聚异麦芽糖、低聚异麦芽酮糖和低聚龙胆糖等。其中，低聚木糖由于具有对双歧杆菌高选择性增殖效果，很难被人体消化酶系统所分解及独特的酸稳定性和难发酵性等优点而备受人们的青睐。低聚木糖的制备方法包括酸水解法和生物降解法两种，由于酸水解法存在各种问题，工业上多采用生物降解法。研究发现，自然界中许多细菌、真菌都能产生可使聚木糖降解成低聚木糖的聚木糖酶。工业上一般以富含聚木糖的植物纤维资源如玉米芯、甘蔗渣、棉籽壳、麸皮、稻草、花生壳等为原料，通过聚木糖酶的降解作用及分离纯化而制得低聚木糖。

5.4.3.3 在造纸工业中的应用

半纤维素的种类比较多，结构比较复杂，半纤维素作为造纸助剂的研究也比较复杂。许多研究者针对不同种类的半纤维素（如葡萄糖甘露聚糖、聚阿拉伯糖-4-O-甲基葡萄糖醛酸木糖等）和半纤维素上不同的功能基（如羧基、乙酰基），以及不同半纤维素含量等对纸张性能的影响开展研究。

(1) 作打浆助剂

纸浆中保留或加入半纤维素有利于纸浆的打浆，这是因为半纤维素比纤维素更容易水化润胀，半纤维素吸附到纤维素上，增加了纤维的润胀和弹性，主要造成纤维精磨而不是被切断，因此能够降低打浆能耗，得到理想的纸浆强度。另外，短时间内打浆，加入半纤维素能够改善浆的性能（更好的成型和更快的滤水）。总之，在低成本、高速纸机上能够得到较好强度的纸张。

在 20 世纪 60～70 年代有许多人研究半纤维素在打浆方面的应用，并且对打浆机理的研究也比较详细，而近年来人们比较热衷于研究半纤维素衍生物作为打浆助剂。例如，为了增加纸浆的撕裂强度，Antal 等用 3-氯-2-羟丙基三甲基氯化铵（CHMAC）在碱性水溶液中对白杨木粉进行烷基化，用水抽提得到富含木聚糖的多糖衍生物（三甲基铵-2-羟丙基木聚糖），加入浆中能够增加打浆阻力，显著提高了漂白云杉有机溶剂溶解浆的撕裂强度。Bhaduri 等从苎麻纤维的脱胶废液中分离出降解的半纤维素，这种半纤维素主要组分是酸性聚糖（鼠李糖和半乳糖），将酸性聚糖添加到黄麻浆的打浆过程中。发现在打浆过程中加入少量的半纤维素（0.5%～2.0%），可降低打浆能耗，缩短打浆时间，同时能够得到理想的纸张物理强度。

(2) 作湿部助剂

半纤维素具有亲水性能，这将造成细胞壁的润胀，可赋予纤维弹性。在纸页成型过程中有利于纤维的构造和纤维间的结合。因此，半纤维素的加入影响了表面纤维的吸附，对纸张强度有较大影响。

早在 20 世纪 60 年代就有人研究半纤维素的改性，主要是对木聚糖。木聚糖是一种优良的添加剂，作为湿部助剂主要提高纸浆强度。国外许多学者对从山毛榉、玉米芯中分离出的木聚糖半纤维素对漂白硫酸盐浆和未漂热磨机械浆强度的影响进行了研究，发现木聚糖能够提高纸页强度，主要是因为木聚糖对纤维的吸附作用，纸页强度的增加主要取决于吸附在纤维上木聚糖的量，而不是总木聚糖的量。天然的针叶木木聚糖含有甲基葡萄糖醛酸残基，这对纤维的电荷有利，纤维的离子性能够影响纸页机械性能。离子性木聚糖的吸附影响了纤维的电荷，因此也影响了纤维在水中的留着，这和 Laine 等的研究结果相一致。EbringerováÁ 等制备了季铵型木聚糖，这种改性物能够提高未漂热磨机械浆和漂白硫酸盐浆的强度，并且增加了细小纤维的留着，这也间接表明了季铵型木聚糖具有絮凝的性能。因此木聚糖代表一种重要的可再生资源用来生产新型阳离子型聚合物具有很大前景。

在植物种子中，尤其双子叶植物种子中富含大量的半纤维素资源，主要是木葡聚糖和半乳糖甘露聚糖。Dems 等对从几种雨林植物种子中提取的半纤维素进行了研究，首次将木葡聚糖作为湿部添加剂应用于造纸中，发现半纤维素的添加量为 1%（质量分数）时，桉木硫酸盐浆纸张物理强度提高了 30%，同时还发现无论加入木葡聚糖还是半乳糖甘露聚糖，对纸浆的光学性能不会产生影响。与通过调节制浆条件来增加半纤维素在浆中的含量相比，作为添加剂来增加纸浆中半纤维素的含量对纸张强度有更大的影响，Sundberg 也证实了脱乙酰化的甘露糖对纸张有增强作用。

(3) 作其他方面的助剂

聚甘露糖具有独特的性能，能够和不同的物质表面相互作用，这在造纸控制树脂障碍方面得到很好的体现。聚甘露糖具有稳定木材树脂的特性，聚甘露糖的量越大，对树脂的稳定性能越好。针叶木含有黏性的树脂物质，一般被称为木材树脂。木材树脂的聚集和堆积会对纸机的运行产生损害，同时对纸张的质量产生不良影响。针叶木含有的半乳糖葡甘聚糖在磨浆时溶解在水中，溶解的半乳糖葡甘聚糖能够稳定木材树脂并防止带电离子导致它的聚集。另外，阳离子木聚糖具有抗菌性，能够抵抗某些革兰阴性细菌和革兰阳性细菌，使植物原料抵抗细菌侵蚀的能力增加。半纤维素还可以用作瓦楞纸板和箱纸板的黏合剂，半纤维素的凝胶性能与工业用的淀粉作用效果相当。

5.4.3.4 在生物和医药工业中的应用

近年来，半纤维素特别是木聚糖在生物和制药工业中的应用引起人们的广泛兴趣，木聚糖很容易从农林废弃物（如玉米芯、稻壳、农作物秸秆、果皮、果壳、刨花和锯末）中获得，半纤维素的分离也相对容易。从几种禾本科植物分离出的阿拉伯糖葡萄糖木聚糖具有免疫刺激行为。从肉桂树皮中分离出的阿拉伯糖木聚糖与网状内皮组织系统的功能有关。从车前草种子中分离出的高分支度的半纤维素具有很强的抗补体行为，其结构主链为部分 O-乙酰化的 β-1,4-D-木聚糖，侧链为末端 β-D-吡喃木聚糖单元和酸性二糖。从木姜子属植物中分离出来的高分支度、水溶性的阿拉伯糖木聚糖，经水煎熬出的汁在斯里兰卡用作土产医药。据报道，从富含木聚糖的一年生植物废弃物（如竹叶、玉米秆、小麦草）和从日本山毛榉中分离的 4-O-甲基葡萄糖醛酸木糖，具有明显的抑制恶性肿瘤-180 及其他肿瘤的行为，这可能是由于其对非特异性免疫防御主体的直接刺激所致。含有羧甲基化木聚糖的木材半纤维素具有刺激 T-淋巴细胞和免疫细胞的作用，被称为中国新的抗癌药物。研究还发现，从某些植物中分离出的 4-O-甲基葡萄糖醛酸木糖和高分支度乙酰异木糖具有抗发炎性。

改性的或衍生的半纤维素的应用范围更广。磷酸化的木聚糖及其他多糖的抗凝血作用可与硫酸化多糖相媲美。在欧洲，近 30 年来从山毛榉葡萄糖醛酸木糖衍生的戊聚糖多硫酸盐（PPS）一直被作为抗凝血剂，其抗凝血能力可比得上肝素钠。另外 PPS 的生物学行为非常广泛，目前文献中对其应用方面的报道也越来越多。与肝素钠对比，PPS 能延迟皮肤过敏反应，降低患有结石的老鼠体内血清中胆固醇和甘油三酯的水平。研究还表明，PPS 不仅是一种有效的抗癌剂，还对疼痛、急症和间质性膀胱炎等有显著疗效。标记了红色的木聚糖硫酸盐可以做一种新型荧光探针，用来探测人类克隆组织的冷冻切片中肿瘤细胞的位置，它还具有将细胞素的化合物运输到克隆组织的作用。半纤维素还可以作为一种新型的预防和治疗变性关节疾病的药物，或作为胆固醇抑制剂、镇静剂、药片分解剂和艾滋病毒抑制剂等用于医药卫生行业。

5.4.3.5 在其他工业上的应用

改性后的半纤维素可作为表面活性剂，应用在洗涤和肥皂等化学工业生产中。

在食品工业中，半纤维素可作为食品黏合剂、增稠剂、稳定剂、水凝胶、薄膜形成剂及乳化剂，如应用在面包生产中可增加面包的体积和吸水量，并提高面包的质量。谷类原料中的聚阿拉伯糖木糖能够抑制细胞之间冰的形成，该性质使其可以用于生产冷冻食品。

对麦草中半纤维素的广泛研究发现，天然半纤维素胶乳具有良好的制造装饰涂料的性质，可以用来生产商用装饰涂料。羟丙基聚木糖是一种低相对分子质量、低分支的水溶性多糖，它具有低特性黏度和热塑性，可用于相关原料的工业生产。

半纤维素是一种取之不尽而又亟待开发利用的碳水化合物，对它们的合理开发利用必将带来巨大的社会效益和经济效益。

5.5 木质素及其再生利用

5.5.1 木质素概述

1838 年，法国农学家 P. Payen 从木材中分离出了纤维素，同时还发现一种含碳量更高的化合物，他称之为 "lamatrere hgneuseveritable"。后来，F. Schulze 仔细分离出了这种化合物，并称之为 "lignin"，是从木材的拉丁文 "lignum" 衍生而来，中文译为"木质素"。

19世纪后半叶，随着亚硫酸盐法和硫酸盐法制浆技术的发明，人们对木质素的化学结构及其化学反应的研究越来越多。20世纪初Klasson木质素定量法的发明，木质素起源于松柏醇学说的提出，乃至30年代木质素模型化合物研究方法的开发，40年代的木质素乙醇分解试验，50年代的脱氢聚合试验等，对木质素研究的每一次贡献都是人类对木质素认识的巨大进步。但是由于石油化工的高速发展，木质素并没有受到过多的关注，特别是20世纪30年代以来，正是烃类经济的快速发展时期，主要资源多来自于石化资源（煤、石油和天然气），许多国家都认为石化资源是保证能源和原材料供应的基础，直到20世纪80年代末对木质素的各项研究才多了起来。80年代末对木质素的结构和性质基本清楚了，这促进了制浆化学和木质素化学的进一步发展。与此同时，能源危机和环境污染问题逐渐受到人们的关注，木质素的应用也因此受到了广泛重视，木质素在工业上有了广泛的用途。

5.5.1.1 木质素的存在

木质素简称木素，是植物细胞中一类复杂的芳香聚合物，是一种仅次于纤维素的丰富且重要的大分子有机物质，与纤维素（Cellulose）和半纤维素（Hemicellulose）构成植物骨架的主要成分。

木质素是针叶树类、阔叶树类和草类植物的基本化学组成之一，还存在于所有的维管植物之中（杪椤除外）。在针叶木（裸子植物）中木质素含量25%～35%，阔叶木（被子植物中的双子叶植物）中木质素含量达20%～25%，单子叶植物的禾本科植物中一般含有15%～25%的木质素，植物原料中木质素的含量随不同植物品种和同一品种的不同形态学部位而有很大变化。

特别是在木本植物中，木质素是木质部细胞壁的主要成分之一，在木材中木质素作为一种填充和黏结物质，在木材细胞壁中能以物理和化学的方式使纤维素纤维之间黏结和加固，增加木材的机械强度和抵抗微生物侵蚀的能力，使木化植物直立挺拔、不易腐朽。木质素和半纤维素一起作为细胞间质时，填充在细胞壁的微细纤维之间，加固木化组织的细胞壁；当木质素存在于细胞间层时，把相邻的细胞黏结在一起，如图5-16所示。另外，木质素能减小细胞壁的透水性，对植物中输导水分的组织也很重要。

木质素的三种前驱物，即松伯醇、芥子醇和对香豆醇，是由葡萄糖经过莽草酸途径和肉桂酸途径合成的。根据木质素生物合成的研究及对木质素进行化学分析，得出针叶材木质素是由其前驱物松伯醇脱氢聚合而成，阔叶材木质素是由松伯醇和芥子醇脱氢聚合而成，草本类木质素是由松伯醇、芥子醇和对香豆醇的混合物脱氢聚合而成。

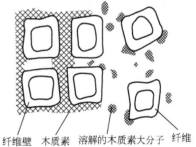

图5-16 木质素存在状态示意

木质素在自然界存在的数量很大，就总量而言，地球上木质素的数量仅次于纤维素，估计每年全世界由植物生长可产生1500亿吨木质素，但是由于木质素复杂的无定形结构特点，限制了其工业化利用。例如，1998年，制浆造纸等工业产生的木质素仅仅只有1%转化为有价值的工业产品。因此，世界各国都十分重视木质素的研究与发展，在21世纪的今天，如何有效地利用好木质素这种可再生资源，提高其附加值并解决环境污染问题显得日益迫切。

5.5.1.2 木质素的分类

根据原材料来源不同,可以将木质素分为阔叶材木质素、草本类木质素、针叶材木质素。

制浆的过程也是木质素的分离过程,木质素在制浆过程中会发生降解或磺化等化学反应,相同来源的木质素经过不同的制浆方法化学性质差异很大。目前工业上用到的木质素都是造纸制浆的副产品,根据造纸制浆方法(即木质素从植物体中分离出来的方法)的不同,主要可以分为以下四种类型。

① 水解木质素(年产约150万吨),是木材糖化的残渣,溶解度很小,反应性较低,一般作为燃料或煤砖原料,应用有限。

② 碱木素(年产约4500万吨),由硫酸盐法造纸制浆而得,含硫量(小于1.5%)低,产品具有反应性和多样性,目前主要通过回收制浆化学物质作燃料使用,只有大约10万吨碱木素作为化学原料使用。

③ 木素磺酸盐(年产约500万吨),是亚硫酸盐法制浆的副产品,由于存在磺酸基团,含有10%的硫,具有水溶性,是目前应用最广的木质素产品。

④ 近年来,为了减少木质素与纤维素分离过程中的化学变化,大规模地利用这一资源,许多新型的制浆方法得到了研究和发展。如有机溶胶木质素(有机溶剂蒸煮而得)、AL-CELL木质素(硬木有机可溶木质素,酒精/水蒸煮而得)、MILOX木质素(过甲酸蒸煮)、ACETOSOLV木质素(乙酸蒸煮),还有酯蒸煮而得的木质素、蒸汽爆破木质素等。

5.5.1.3 木质素的结构

(1) 元素组成

木质素主要由碳、氢、氧三种元素组成,各种元素的含量随原料品种和分离方法不同而略有不同。一般含碳量可高达60%~66%,而含氢量仅为5%~6.5%,这显示出木质素的芳香族物质特性。木质素具有的紫外吸收光谱和较高的折射率也表明它属于芳香族化合物。

(2) 基本结构单元

木质素是一类无定型、具有巨大网状空间结构的有机高分子,是由木质素先驱物按照连续脱氢聚合作用的机理,用不止一种或少数几种形式相互无规则地连接起来,形成一个三维网状结构的聚酚化合物,因此它像纤维素或蛋白质等有规则天然聚合物可用化学式来表示。

木质素的基本结构单元是带正丙基侧链的苯环碳骨架,苯环上含有羟基和甲氧基,正丙基侧链上也含有羟基。近代分析方法证实,木质素的基本结构单元有许多种,根据苯基上所连功能基不同,常见的木质素基本结构单元有以下三种:

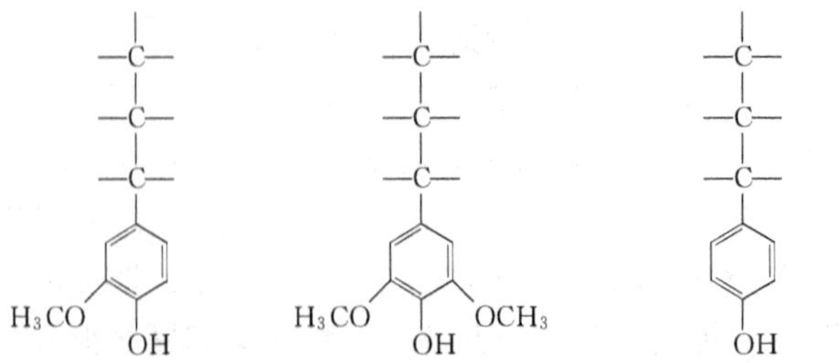

愈创木基结构　　紫丁香基结构　　对羟苯基结构

随着物质种类不同，木质素中三种基本结构单元的比例各不相同。在针叶木的木质素中主要存在愈创木基丙基结构单元，并有少量的对羟基苯丙基结构单元；阔叶材木质素主要由愈创木基丙烷单元和紫丁香基丙烷结构构成；禾本科植物木质素主要由愈创木基丙烷单元和紫丁香基丙烷单元及对羟基苯丙烷单元所构成。

（3）结构单元的连接方式

木质素结构单元之间的连接主要有两种方式：一种是羟基失水而成的醚键连接；另一种是碳碳键连接。其中醚键连接为主要的连接形式。木质素的醚键结构使其在造纸制浆过程中引起大分子降解，因此这种结构在木质素的加工和溶解中起着重要的作用；木质素的碳碳键结构使其对各种化学药品具有高度的稳定性，这种结构的存在使其在各种加工处理过程中不能分解成基本结构单元。

木质素各结构单元的连接部位，可在苯环的酚羟基之间，或在结构单元侧链的碳原子之间，也可在苯环侧链之间。因此，可以认为木质素是一组结构复杂且具有同类官能团、近似结构单元、不同相对分子质量的化合物群。木质素结构单元之间的连接如下：

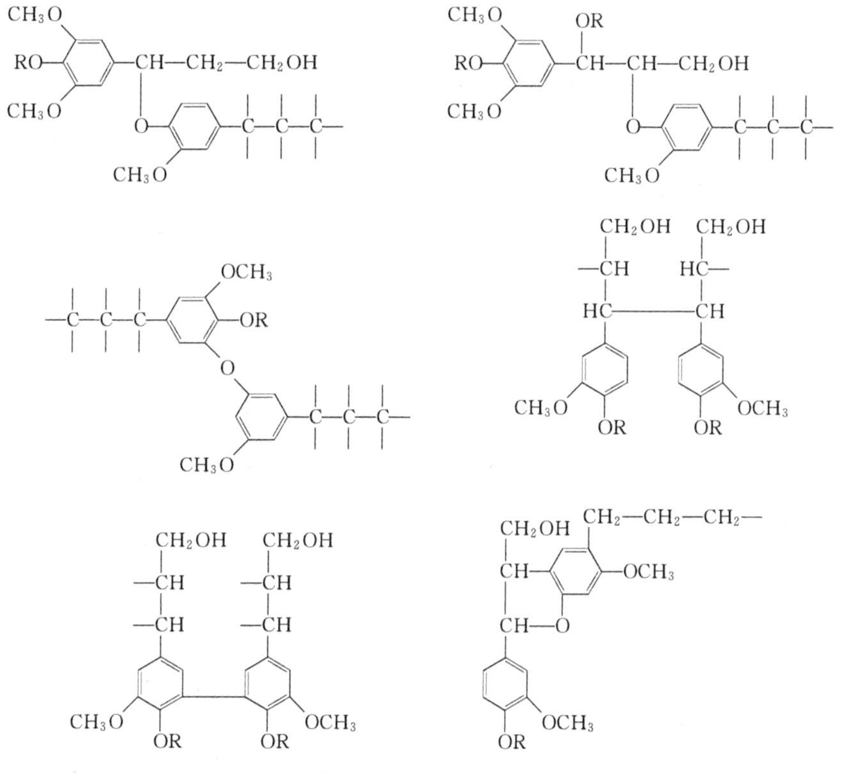

（4）官能团

木质素结构中有复杂的官能团，其分布与种类有关，也与提取分离方法有关。正是由于有许多官能团的存在，所以木质素能发生多种化学反应。木质素官能团主要有以下几种。

① 甲氧基　甲氧基是木质素最有特征的功能基。甲氧基含量，针叶木木质素中为14%～16%，阔叶木木质素中为19%～22%，草本类木质素中为14%～15%。因为阔叶木木质素除含愈创木基外，还含有较多的紫丁香基，所以阔叶木木质素甲氧基含量比针叶木高。木质素中的甲氧基一般比较稳定，但在高温作用下其甲氧基将断裂形成甲醇。

② 羟基　羟基是木质素的重要功能基之一。按其存在状态，可分为两种类型：一种是存在于木质素结构单元苯环上的酚羟基（Phenolic hydroxyl group），另一种是存在于木质素结构单元侧链上的脂肪族羟基（Aliphatic hydroxyl group）。其中，酚羟基是一个非常重要的结构参数，酚羟基的多少会直接影响到木质素的物理和化学性质，如能反映木质素的醚化和缩合程度，同时也能衡量木质素的溶解性能及反应能力。

羟基既可以游离的羟基存在，也可以醚的形式和其他烷基、芳基连接。羟基的存在使木质素具有很强的分子内和分子间的氢键，对木质素的化学性质有较大影响。由于木质素的化学不稳定性，不同的化学处理后，木质素的羟基含量有很大差别。

③ 羰基　木质素结构中存在多种羰基，其定量通常用盐酸羟胺进行肟化，再滴定游离的盐酸进行测定，对于芳香环共轭的羰基，则可用紫外吸收光谱法定量测定。试验结果证明，磨木木质素中对应每个甲氧基羰基含量为 $0.09\sim0.11/OCH_3$，没有共轭的羰基也许以同样的数量存在。木质素结构中的羰基大体可分为如图5-17所示六种，其中只有图5-17（e）和（f）是非共轭性的羰基，其含量约占羰基总量的50%；图5-17（a）和（b）是松伯醛型结构，是木质素的典型结构。

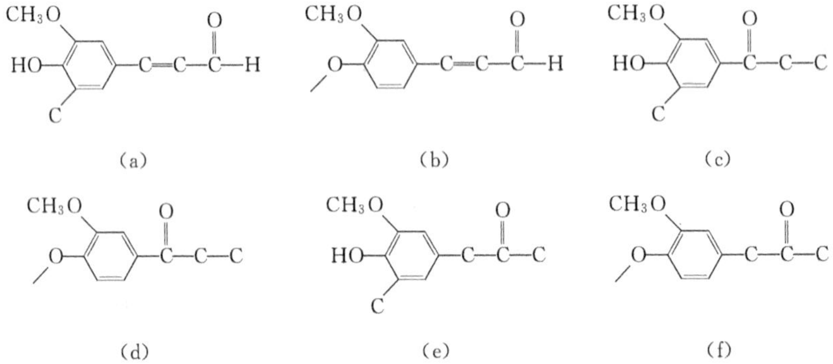

图 5-17　木质素中羰基的结构类型

④ 双键结构　基于木质素是由肉桂醇脱氢聚合形成的事实，人们认为木质素有可能以不饱和的侧链作为末端基保留下来。

⑤ 羧基　一般认为木质素中是不存在羧基的，但在磨木木质素中发现存在羧基为 $0.01\sim0.02/OCH_3$。

(5) 结构模型

由于木质素本身在结构上具有庞大性和复杂性，在化学性质上具有极不稳定性等，使得迄今为止还没有一种方法能得到完整的天然木质素结构，而只能得到一些木质素的结构模型。这些结构模型只是木质素大分子的一部分，或只是按照测定结果平均出来的一种假定结构。根据元素分析、功能基分布、结构单元间连接形式以及连接的量、光学分析、化学方法的构造分析的结果，木质素研究工作者描绘出了一些木质素的模型构造图。图5-18是Orlandi等所得到的软木木质素的结构模型。图5-19为Alder根据木质素氧化降解研究于1977年提出的由16个苯丙烷单元构成的云杉木质素模型图，它能比较完整地反映针叶材木质素的结构。

为了阐述方便，通常对苯基丙烷结构单元中的碳原子按图5-20所示的方法进行标记。

5.5.1.4　木质素的物理性质

(1) 颜色

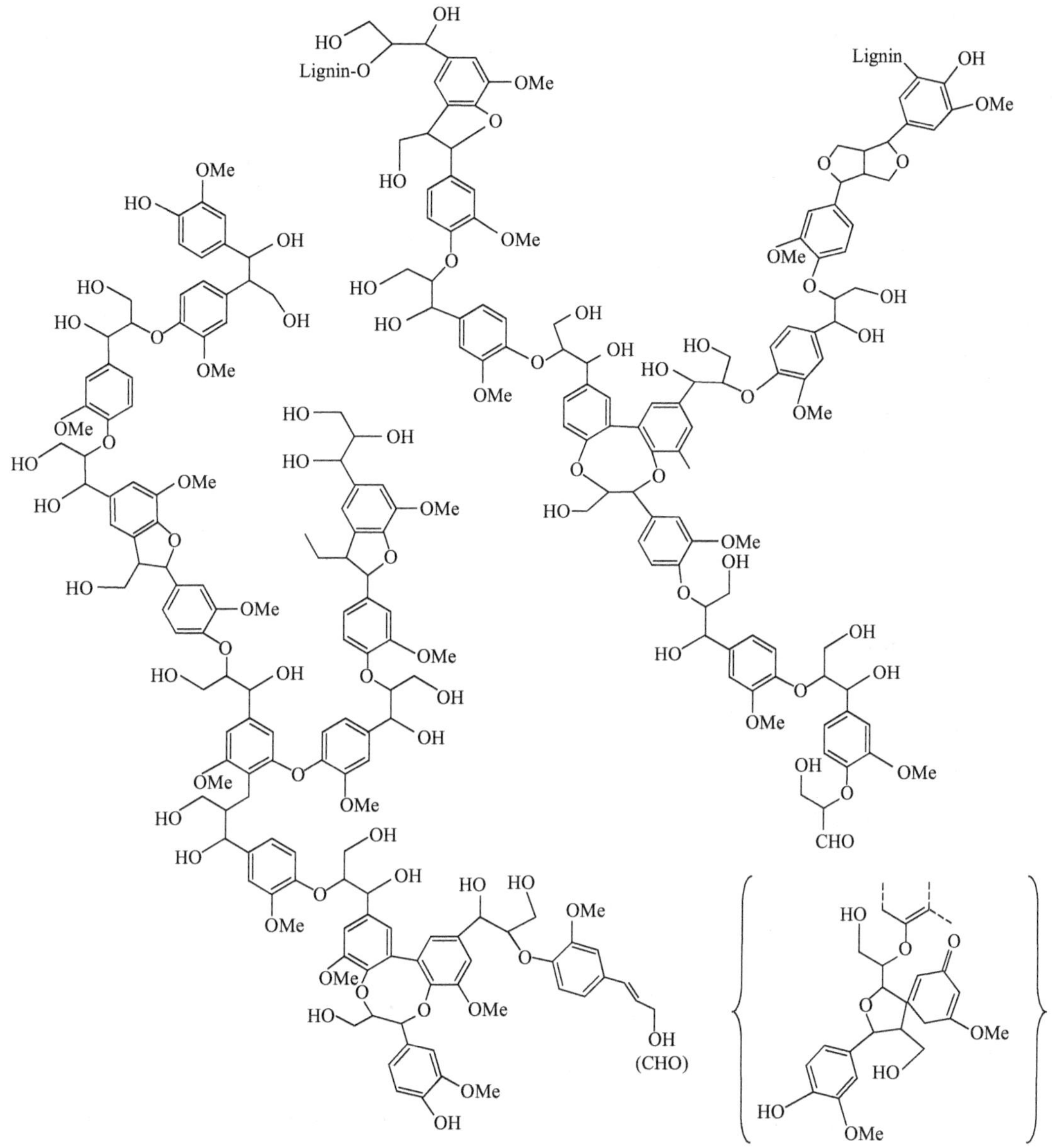

图 5-18 软木木质素的结构模型

原本木质素是一种白色或接近无色的物质。一般见到的木质素是在分离和制备过程中形成的，随着分离和制备方法的不同，呈现出深浅不同的颜色。如云杉 Brauns 木质素是浅奶油色，酸木质素、铜氨木质素和过碘酸盐木质素的颜色较深，在浅黄褐色到深褐色之间。通过化学等方法可使木质素的颜色变浅直至变白。

（2）相对密度

从木化植物分离的木质素大多是无定形的粉末，其密度在 1.35～1.50g/L 之间。测定时用不同的液体，得到的数值略有不同，如用水测定，松木硫酸木质素的相对密度是 1.451，若换用苯测定，则是 1.436；在 20℃时用水测定云杉二氧六环木质素，相对密度为 1.33，换用二氧六环，则是 1.391。制备方法不同，相对密度也略有不同。

（3）相对分子质量

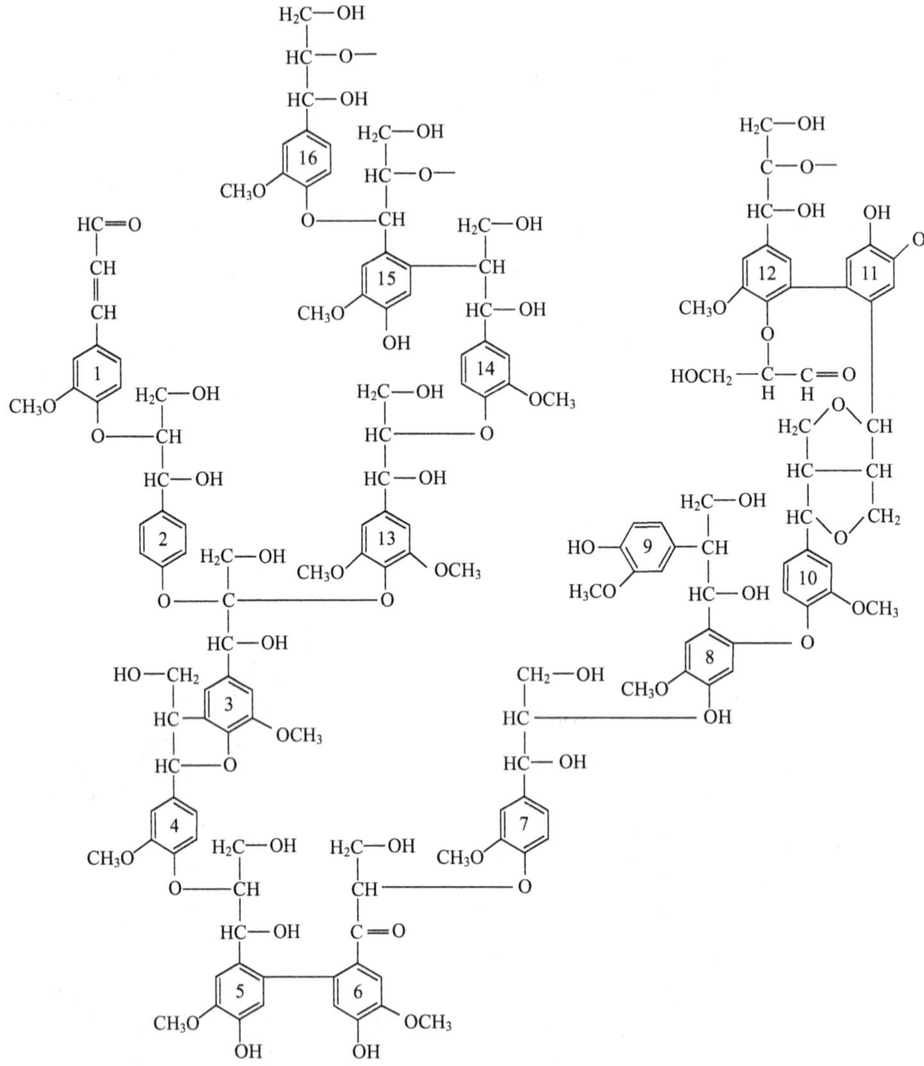

图 5-19 云杉木质素结构模型

木质素虽然也是高分子化合物，但分离木质素的相对分子质量要低得多，一般是几千到几万，只有原本木质素，才能达到几十万，并具有明显的多分散性。相对分子质量的高低与分离方法有关，各种分离方法的相对分子质量有较大的差异。表 5-3 所列为不同分离方法得到的云杉木质素的重均分子量（M_W）、数均分子量（M_n）和分散度指数（M_W/M_n）。

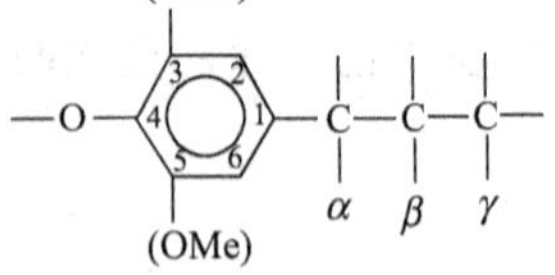

图 5-20 苯丙烷结构单元中碳原子的标记方法

表 5-3　不同分离方法得到的木质素分子量

分离木质素	$M_W \times 10^{-3}$	$M_n \times 10^{-3}$	M_W/M_n
Brsuns 木质素	2.8~5.7		
磨木木质素	20.6	8.0	2.6
木质素磺酸	5.3~13.1		3.1
二氧六环木质素	4.3~8.5		3.1
甘蔗渣磨木木质素	17.8	2.45	7.3

（4）溶解度

木质素是一种聚集体，结构中存在许多极性基团，尤其是较多的羟基，造成了很强的分子内和分子间的氢键,因此原本木质素是不溶于任何溶剂的。以各种方法分离的木质素,因发生了缩合或降解,许多物理性质改变了,溶解度也随之有改变,从而有可溶性木质素和不溶性木质素之分,前者是无定形结构,后者则是原料纤维的形态结构。分离木质素在某种溶剂中溶解与否,取决于木质素的性质和溶剂的溶解性参数与氢键结合能。酚羟基和羧基的存在,使木素能在浓的强碱溶液中溶解。分离的Brauns木质素和有机溶剂木质素可溶于二氧六环、吡啶、甲醇、乙醇、丙酮及稀碱中,但必须在这些溶剂中加几滴水,否则几乎不溶,因此在用乙醇提取木质素时,都是配成50%的溶液。碱木质素和硫酸木质素在二氧六环中溶解后类似胶体溶液。碱木质素可溶于稀碱水、碱性或中性的极性溶剂中,木质素磺酸盐可溶于水中,它们的溶液是真正的胶体溶液。Brauns木质素、酚木质素和许多有机溶剂木质素在二氧六环中溶解后是澄清的,很像是真溶液,酸木质素则不溶于所有的溶剂。表5-4列出了自不同方法获得的各种云杉木质素的溶解性能。

表5-4 云杉分离木质素在几种溶剂中的溶解性能

木质素样品	乙醇	丙酮	亚硫酸氢盐溶液	冷的碱	水
盐酸木质素	−	−	−	−	−
硫酸木质素	−	−	−	−	−
水解木质素	−	−	−	−	−
铜氨木质素	−	−	−	−	−
乙醇木质素(HCl,天然)	+	+	+	+	−
乙醇木质素(加HCl)	+	+	−	+	−
碱木质素	+	+	−	+	−
硝酸木质素	+	+	+	+	−
高碘酸钠木质素	−	−	+	−	−
木质素磺酸	+	+	+	+	+
生物木质素	+	+	+	+	−
二氧六环木质素	−	−	−	−	+
酚木质素	+	+	−	+	−

注:"+"表示可溶,"−"表示不溶。

(5) 光学性质(折射率)

木质素结构中没有不对称碳,所以没有光学活性。云杉铜氨木质素的折射率是1.16,这证明了木质素的芳香族特性。

(6) 燃烧热

木质素的燃烧热值是比较高的,这正是造纸黑液碱回收的依据之一,如无灰分的云杉盐酸木质素的燃烧热是110kJ/g,硫酸木质素的燃烧热是109.6kJ/g。

(7) 热性质

除了酸木质素和铜氨木质素外,原本木质素和大多数分离木质素为一种热塑性高分子物质,在溶液中不成膜,只有玻璃态转化性质,在玻璃化温度(T_g,链段运动的解冻温度)以下,木质素呈玻璃固态;在玻璃化温度以上,分子链发生运动,木质素软化发黏,并具有黏胶力。

分离木质素的玻璃化温度随树种、分离方法、相对分子质量和含水率而异,绝干木质素的软化温度在127~129℃之间,随着木质素试样含水量的增加,软化温度明显下降,水分在木质素中起了增塑剂的作用。木质素的分子量高,则软化点也高。各种分离木质素的玻璃化温度见表5-5。

表 5-5　各种分离木质素的玻璃化温度

树种	分离木质素名称	玻璃化温度/℃		树种	分离木质素名称	玻璃化温度/℃	
		干燥状态	吸湿状态(含水率/%)			干燥状态	吸湿状态(含水率/%)
云杉	高碘酸盐木质素	193	115(12.6)	云杉	二氧六环木质素(高分子量)	176	92(7.2)
云杉	高碘酸盐木质素	95	90(27.1)	桦木	高碘酸盐木质素	179	128(12.2)
云杉	二氧六环木质素(低分子量)	127	72(7.1)	针叶树	木质素磺酸盐(Na)	235	118(21.2)

(8) 黏度

研究结果表明，木质素溶液的黏度较低。表 5-6 列出了云杉乙醇木质素在不同浓度条件下的比黏度。其三个试样分别是用含盐酸的氯仿-乙醇混合物连续三次抽提云杉木材而得到的。木质素的溶剂是二氧六环。由表内数据可知，在不同浓度下云杉乙醇木质素的比黏度为 0.050～0.078，黏度值不大。从硫酸盐制浆黑液中分离获得的硫化木质素，当浓度为每 1000g 溶液含木质素 0.012～2.5g 时，测出溶液的比黏度相应为 0.026～0.330 (20℃)。

表 5-6　云杉乙醇木质素在不同浓度条件下的比黏度

木质素组分	浓度/[g/(100mL)]				
	4.00	3.20	2.56	2.05	1.46
1	0.0548	0.0516	0.0518	0.0198	0.0495
2	0.0692	0.0642	0.0616	0.0618	0.0567
3	0.0783	0.0740	0.0718	0.0722	0.0680

(9) 红外光谱

木质素分子结构特别复杂，其红外光谱受试样来源、分离方法及红外测定方法的影响。在红外光谱上木质素分子结构中的特征基团有明确的特征峰，主要位于 1610～1600cm^{-1} 和 1520～1500cm^{-1}，它们属芳香环骨架振动。同时，在 1665～1670cm^{-1} 有共轭羰基，在 1470～1460cm^{-1} 有甲基和亚甲基的 C—H 弯曲振动，在这些波数范围内很少有其他谱带，因此可以用来证明木质素的存在，而 1510cm^{-1} 和 1600cm^{-1} 的芳香环振动可以用来定量测定木质素。表 5-7 列出了木质素分子结构中的特征基团的红外吸收谱带。

表 5-7　木质素的红外吸收光谱

波数	特征基团	波数	特征基团
3425	羟基	1370～1365	芳香环(C—H 环)
2920	甲基、亚甲基、次甲基	1326～1325	紫丁香环(C—O)
1715～1710	非共轭羰基、酯基	1270	愈创木环(C—O)
1675～1660	共轭羰基	1275～1220	紫丁香环(C—O)
1605～1595	芳香环(骨架振动)	1120	紫丁香环(C—O)
1510～1505	芳香环(骨架振动)	1085	仲醇、醚(C—H 弯曲振动)
1470～1460	C—H 弯曲振动	1030	仲醇、醚(C—O 弯曲振动)
1430～1425	芳香环(骨架振动)	830	芳香环(C—H 弯曲振动)

(10) 核磁共振谱 (NMR)

木质素的 ^{13}C NMR 谱图中，位于 115×10^{-6}、135×10^{-6} 和 150×10^{-6} 处的化学位移归属于芳香族碳。147×10^{-6} 处的化学位移归属于愈创木基单元的 C-3 和 C-4；153×10^{-6} 处的肩峰归属于紫丁香基的 C-3 和 C-5。此外，84×10^{-6}、73×10^{-6}、60×10^{-6} 和 56×10^{-6} 分别归属于 C_β、C_α-OH 和 —OCH_3。

5.5.1.5　木质素的化学性质

(1) 黏合性

木质素具有芳香环以及高度交联的三维网状结构，在木质素的结构中含有酚羟基和甲氧基等，并且在苯环上的5-碳没有取代基，即苯环上有可反应交联的游离空位（酚羟基的邻、对位），可以进一步交联固化，这是木质素可以制胶的依据。利用木质素的制胶特性目前已经得到了木质素树脂、木质素-脲醛树脂、木质素-酚醛树脂、木质素-环氧树脂及木质素-聚氨酯等，广泛地运用于胶合板、刨花板、纤维板及各种人造板的生产中。但是木质素芳环上取代基较多，酚羟基和可交联的游离空位较少，因此制得的木质素胶不如酚醛胶，它需要较高的温度和较长的固化时间。为了生产出优良的胶合剂，通常可以对木质素进行改性。

（2）螯合性和迟效性

木质素结构中含有一定量的酚羟基和羧基等，它们使木质素具有较强的螯合性和胶体性能，从而为木质素制备螯合微肥提供了可能性。同时木质素是一种可以缓慢达到完全降解的天然高分子材料，因此通过在木质素结构中引入氮元素，然后利用木质素的缓慢降解制成新型的缓释氮肥。但是，由于木质素本身含氮量较低，通常需要对木质素进行改性来提高其含氮量，其中主要采用的是氧化氨解法。目前利用其螯合性和迟效性，木质素已经作为螯合铁微肥、土壤改良剂、农药缓释剂等广泛用于农业生产中。

（3）吸附性

大量的酚羟基、羧基以及羰基，相对较低的溶解性，以及不同含氧基团的存在使得木质素成为一种非常适宜的吸附剂。水解木质素已经被广泛用于合成染料、重金属氨化物以及酚醛树脂生产废水中微量酚类物质的吸附剂。为了提高木质素的吸附位点，必须对木质素进行改性，如引入碱性氨基等。水解木质素的亲水性使得木质素对水溶液中有机污染物的吸附能力大大降低，可以通过与含有季铵基的低分子表面活性剂进行反应，在木质素结构中引入疏水阳离子，所得到的改性木质素对有机污染物的吸附能力大大增强。

5.5.1.6 木质素-碳水化合物复合体（LCC）

很久以来，人们就在议论木质素和碳水化合物之间是否存在着化学结合。研究者认为，木质素不是简单地沉积在细胞壁聚糖（碳水化合物）间，亲水性的多糖和疏水性的木质素之间肯定是具有某种相互作用的。例如在制备综纤维素时，如果要从木材中把木质素完全除去，必然会使一部分聚糖随之损失，如果要保持聚糖的完整，则不能把木质素彻底除净。另外，在木材的硫酸盐蒸煮过程中，从初期到后期，在蒸煮液中均能发现木质素和半纤维素的复合体。这些事实使人们逐步认识到，木质素和聚糖之间有着牢固的连接。现已查明，木质素和半纤维素之间确实存在化学键，构成木质素-碳水化合物复合体（Lignin-Carbohydrate Complex，LCC）。

越岛从日本红松中分离出磨木木质素后，再通过凝胶柱仔细分离出木质素-碳水化合物复合体，所分出的复合体中，木质素和聚糖之比为1∶1。这也说明木质素-碳水化合物复合体是存在的。

为了了解木质素与聚糖的结合状态，D Fengel把云杉综纤维素的碱抽出物用离子交换色谱法分离成六组分，把这些组分用高分辨电子显微镜进行观察，发现木质素含量低的组分，由于连接到聚糖上的木质素质点较少，在电子显微镜下呈细纤维状，但木质素含量高的组分，细纤维状的聚糖形成弯曲状盘绕状态，在这些部位上木质素小质点连接到细纤维表面。根据观察的结果，他给出木质素和聚糖之间连接的示意图（图5-21）。

与木质素缩合的糖基有如下几种（图5-22）：阿拉伯呋喃糖基、木吡喃糖基、半乳吡喃糖基和吡喃型糖醛酸基。Freudenberg等对木质素多糖复合体进行了大量研究，根据实验推测木质素和多糖之间可能的结合形式是：α-醚键结合（f）、苯基糖苷键［(a)、(b)］、缩醛键［(c)、(d)］、酯键(e)和由自由基结合而成的—C—O—或—C—C—结合。其中，多数

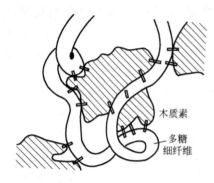

图 5-21　木质素和聚糖间的连接示意

学者认为醚键结合和侧链 β 位的缩醛键结合存在的可能性较大。此外，木质素与碳水化合物间的氢键作用也是值得重视的。

许凤等研究发现，半纤维素和木质素之间的化学键主要有以下两种：阿魏酸以酯键与半纤维素连接，以醚键与木质素连接（半纤维素-酯-阿魏酸-醚-木质素桥联）。在这种桥联情况下，阿魏酸醚可能在木质素和半纤维素之间形成交联结构（在木质素侧链的 β 位），通过羧基同时在阿拉伯糖葡萄糖醛酸基木糖的阿拉伯糖取代基的 C-5 位进行酯化作用，见图 5-23。已鉴定麦草细胞壁中二阿魏酸与阿拉伯糖木聚糖和木质素之间存在交

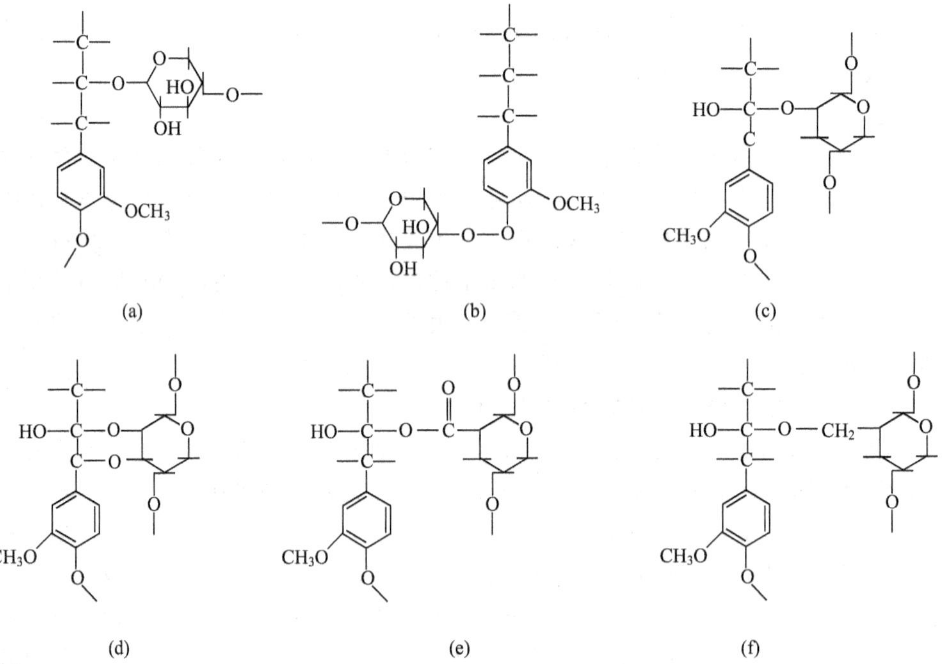

图 5-22　木质素与糖类的主要连接方式

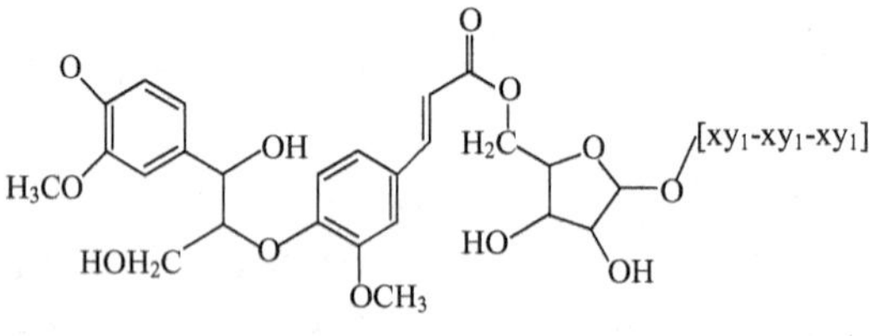

图 5-23　半纤维素-酯-阿魏酸-醚-木质素桥联结构

联作用，见图 5-24。

5.5.2　木质素的分离和精制

在植物体内的木质素与分离后的木质素，在结构上是有差别的，而且分离方法不同，其结构也有变化，因此将未分离的木质素称作原本木质素。作为科学研究来说，木质素的分离是要获得比较纯的木质素样品，或者是具有特定结构、性质的样品，所以有许多分离方法。

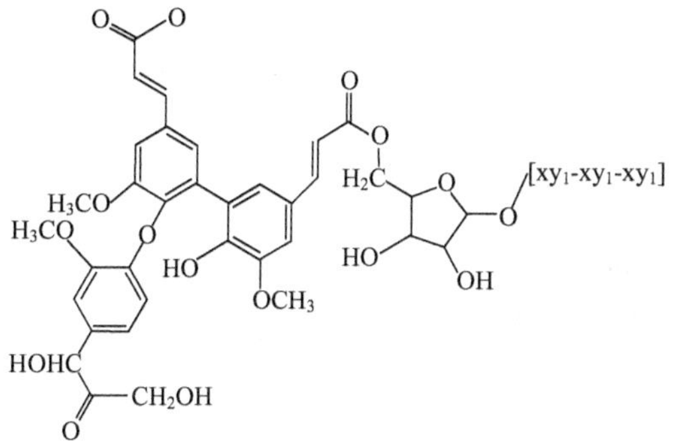

图 5-24　半纤维素-酯-二阿魏酸-醚-木质素桥联结构

在工业上，一般是在利用纤维素时将木质素分离出来。

木质素的分离方法大体可分为两类：一类是将植物体中木质素以外的成分溶解去，木质素作为不溶性成分过滤分离出来，例如木材的酸水解，纤维素被水解成葡萄糖，木质素作为水解残渣被分离；另一类正好相反，木质素作为可溶性成分，将植物体中的木质素溶解而纤维素等其他成分不溶解进行的分离，例如造纸的制浆过程。植物纤维原料在制浆过程中降解溶出的木质素称为工业木质素。其中，从碱法制浆黑液中分离出来的为碱木质素，从亚硫酸法制浆废液中分离出来的为木质素磺酸盐。碱木质素的分子量较低，水溶性差，很多场合不能直接使用，但经适当改性后，可用作染料分散剂、橡胶添加剂、水泥添加剂等。木质素磺酸盐的分子量达数万至上百万，具有良好的水溶性，其分子结构包括疏水性的芳香环和亲水性的磺酸基，具有一定的表面活性。

5.5.2.1　天然木质素的提取

木质素的分离可以采用不同的方法，然而，经研究发现，这些方法中只有 3 种不会引起木质素的化学改变。Brauns 建议用有机溶剂萃取，这种方法获得的木质素样品与 Brauns 木质素相关。Björkman 在 1953 年介绍了使用深度球磨的方法，接着用溶剂萃取，得到了磨木木质素（milled wood lignin，MWL）。随后，经研究发现，在溶剂萃取前，如果用纤维素酶水解处理磨得很细的木粉来除去缔合的多糖，那么溶解的木质素量会增大，所得到的木质素被称为纤维素水解酶木质素（cellulolytic enzyme lignin，CEL）。

磨木木质素（MWL）的分离和纯化过程，大部分遵从 Björkman 提出的标准过程，但是纯化过程按照 Lundquist 等的理论进行了修改。

对于初始原料的选择，若木材来自树木的不同部分，则木质素的组成也随之变化。因此，不发生反应的边材可以用来制备特定种类的参比木质素。磨碎过程以及木材提出物的除去可按照 Björkman 的方法完成。

如图 5-25 所示为改进后的木质素提取和纯化的方法。

5.5.2.2　纸浆中木质素的分离

对化学浆，尤其是可漂级的化学浆，残余木质素比较难分离，这是因为浆中残余木质素的含量相对较低，而且可能与碳水化合物有化学连接。在 20 世纪 80 年代初期，随着结构研究的发展，出现了一种在化学浆中定量分离残余木质素的方法。这个过程建立在浆中碳水化合物的选择性水解和溶解上，采用商品化的易得到的纤维素酶将浆中的木质素变为不溶的残渣。这个过程由木材中分离木质素的酶催化方法改变而来，这种酶催化方法由 Pew 和 Weyna 最先报道，后来又经过 Chang 等修改。这两个过程的主要区别是化学浆不像木材，即使不用球磨研磨，它也易于通过纤维素水解酶进行水解，因此，对化学浆来说，这种方法不会发生结构改变，是理想的分离残余木质素的方法。

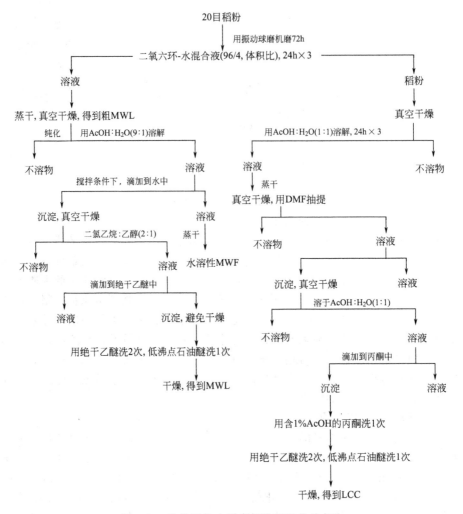

图 5-25 改进后的木质素提取和纯化的方法

酶催化过程可以用来分离各种得率化学浆中的残余木质素,从而进行结构特性的研究,然而,对于高得率的化学浆,如挂面纸板级别的化学浆,纤维素水解酶处理后回收的残余木质素只有部分溶解在普通的木质素溶剂中,如在二氧六环水溶液、二甲基甲酰胺、二甲基亚砜和 1mol/L NaOH 中。这些限制使得在高得率浆中难以完全研究清楚残余木质素的特性。另一方面,可漂浆中的残余木质素几乎可以完全溶解在上述溶剂中。酶催化过程也可以用来从半漂浆中分离残余木质素,如氧漂浆和氯化并用碱抽提的浆。在这些例子中,一部分残余木质素在酶处理过程中的溶解能力增大,必须用酸化作用从滤液中将这部分残余木质素沉淀出来。而且,纤维素水解酶容易吸附到半漂浆中的残余木质素上,因此也必须从半漂浆中除去纤维素水解酶。

纸浆中木质素的分离流程如下:纸浆处理→酶溶液的准备→未漂 KP 浆残留木质素的提取→残余木质素的净化。

5.5.2.3 制浆废液中木质素的分离

制浆造纸工业每年要从植物中分离出大约 14 亿吨纤维素,同时得到 5000 万吨左右的木质素副产品。木质素是一种富有工业价值的有机原料,工业用木质素主要来源于造纸黑液,然而,超过 95% 的木质素仍以造纸废水的形式直接排入江河,或浓缩后烧掉,没有得到高效利用，不仅浪费了资源，而且造成了土壤、水等的严重污染。所以，研究较经济的提取木质素的方法，对造纸黑液中的木质素进行回收和综合利用，是减少污染、增加效益的有效途径。

从硫酸盐浆和亚硫酸盐浆的制浆废液中分离残余木质素并进行净化，现在已有多种工艺。工艺的选择应依据木质素和杂质溶解性及相对分子质量的不同或者是两者的结合而决定。用不同的溶剂萃取和通过降低废液的pH值使木质素沉淀是根据溶解性进行分级的例子；超滤以及凝胶渗透分离木质素和杂质首先取决于相对分子质量和尺寸。

木质素的提取方法有以下几种。

(1) 碱析法

王三反等用碱析法处理不同蒸煮工艺造纸黑液的实验，证明用碱析法提取木质素，是行之有效的方法。碱析法的原理是：由于造纸黑液中的木质素含有酚羟基、酚醇基、羧酸基、羰基等易螯合基团，是一种典型的多基配位体，可与投加的金属离子形成具有"螯合作用"的木质素螯合物（形成的木质素螯合物比一般的螯合物更稳定）。

影响木质素析出率的主要原因是pH值和金属离子的投加量。只有在碱性条件下投加高价金属阳离子，才可形成木质素螯合物，木质素的析出率随着pH值的增大而增大，当pH>13.0时，则基本保持恒定（约在60%）；投加的金属离子价态越高，半径越小，越容易发生螯合，投加量越大，木质素析出率越大。

(2) 酸沉淀法

在工厂里一般用硫酸或二氧化硫调节造纸黑液的pH值使木质素沉淀出来，再进行后处理。

据报道，草浆黑液比木浆难以处理；用硫酸析草浆黑液木质素是切实可行的，酸析过程对木质素破坏很小，木质素结构基本没有变化；木质素提取率随着酸沉淀终点pH值的降低而升高，pH值在6.0~6.5时木质素开始沉淀，pH值为3.0时沉淀量最大；与木质素结合的钠也在酸析时与之分离进入酸液，可以进行回收。析出木质素量最高的工艺条件为酸浓度10%，pH值为3.0，温度为50~55℃。另外，在酸沉淀过程中，用有机酸会更易于木质素的析出和提高其纯度。

(3) 超滤法

木质素是分子量为5~50ku的高分子化合物，原则上可以用超滤法从造纸黑液中提取。据报道，超滤方法可以有效地回收造纸黑液中的木质素，回收率达95.9%；高浓度溶液比低浓度溶液的透过通量小，且达到恒定透过通量所需要的时间较短；用浓度为5g/L聚氧乙烯山梨醇单月桂酸酯表面活性剂处理超滤膜，可以减少溶质在膜表面的沉积或被吸附，提高超滤膜的抗污染性能。

(4) 混凝沉淀法

造纸黑液中存在很多胶体物质，在一定条件下具有胶体性质，因此，可以采用加入木质素沉淀剂的方法，使带负电荷的木质素微粒由沉淀剂的阳离子吸附从而破坏胶体的稳定性，达到木质素产品吸附沉淀的目的。用优良的混凝剂对造纸黑液进行混凝处理是很有开发前景的方法。

(5) 化学药剂法

珠海大东洋环能科技发展有限公司研制和生产出一种化学药剂，能有效地从造纸黑液中提取木质素。将稀释后的这种化学药剂喷洒在造纸黑液中，静置2h后，黑色密实的木质素沉淀物随即从黑液中析出，而分离出的上清液在加入一定比例的生石灰进行苛化后，还将生成每升约10g含碱量的回收液，回收液的再利用则减少了造纸过程中新碱的投加量。利用这种技术处理黑液具有明显优势：化学药剂价格便宜，使用量少，因此运行成本较低；化学药剂能在碱性条件下使较高浓度黑液中的木质素析出；分离了木质素的黑液可以再利用，重新用于配制蒸煮液，该化学药品对制浆造纸过程和产品质量无影响；黑液提取木质素后，加入生石灰进行苛化，能回收一部分碱，以降低处理成本。

(6) 花岗岩法

花岗岩法是最近在用1年生作物生产纸浆过程中采用的一种新型方法，可以得到具有独特构型的木质素，其析选出的木质素具有高的官能度，可参与多种化学反应。花岗岩法析出的木质素具有可熔融、可溶于有机溶剂等性质，可以有高分子量或低分子量并且不含糖分，无半纤维素成分。由于众多的小型纤维纸浆造纸厂采用这种碎解法处理原材料并生产特殊用纸，从而可生产出多种多样的木质素成品。由于要求环境保护的呼声日益高涨，小型造纸厂将面对废液处理问题，开发可回收再生的木质素作为原材料是造纸业的一大突破，如此可在不改变生产工艺的前提下获得解决废弃物的处理方法。表5-8为部分1年生植物花岗岩法生产木质素的性能。

表5-8 部分1年生植物花岗岩法生产木质素性能

花岗岩	木质素	植物类型	摩尔质量/(g/mol)	熔点/℃	黏度/Pa·s
PF	3124	剑麻	1030	180	1810(190℃)
PF	3111	吕宋麻	780	150	580(160℃)
PF	3010	亚麻	600	—	—

(7) 湿式氧化法

湿式氧化法是在高温（150～350℃）、高压（5～20MPa）下用氧气或空气作为氧化剂，氧化水中溶解态或悬浮态的有机物或还原态的无机物使之生成二氧化碳和水的一种处理方法。Granit SA公司开发了湿式氧化法，专用于处理造纸黑液。在此方法处理过程中，可容易地在黑色液体中分离出无硫木质素，也就使得湿式氧化法更为切实有效。与木质素作为燃烧能源利用的大型造纸厂相比较，小型专业造纸厂在选择原材料和加工处理方面有更大的灵活性，这项开发成果开启了获得价格合理、符合用户要求、无硫木质素的一个途径。

5.5.2.4 木质素-碳水化合物复合体的分离

经过二氧六环-水（96∶4，体积比）抽提后，木粉在真空下干燥，用50%的乙酸进行抽提，用离心法将木粉和乙酸溶液分离，再重复两次乙酸抽提和离心分离操作，然后将得到的乙酸抽提液减压蒸馏以除去溶剂，将蒸馏所得的残留物溶解于二甲基甲酰胺中（约1.5g残留物溶于25mL DMF中），离心分离得到澄清的DMF溶液，并在搅拌下将其滴加到二氯乙烷-乙酸（2∶1，体积比）中，所得沉淀经离心分离后用二氯乙烷-乙酸（2∶1，体积比）洗涤一次，用无水乙醚洗涤三次后将沉淀干燥。然后再将沉淀物溶于50%乙酸溶液，经离心分离除去不溶性杂质后在搅拌下将其滴加到丙酮中，使LCC沉淀出来，离心分离后先用含1%乙酸的丙酮洗涤一次，然后用乙醚洗涤，再用低沸点石油醚洗涤，最后在真空下用P_2O_5干燥，所得LCC组分如表5-9所列。

表5-9 松木中提取的LCC的化学组分

聚糖	含量/%	聚糖	含量/%
聚半乳糖	15	聚阿拉伯糖	13
聚葡萄糖	25	聚木糖	15
聚甘露糖	32		

5.5.3 木质素的高值化利用

自然界中,木质素是仅次于纤维素的第二大可再生资源,据估测,全球每年可产生约 6×10^{14} t。但是由于木质素复杂的无定形结构特点,限制了其工业化利用。目前,木质素主要存在于造纸工业废水和农业废弃物中,利用率非常低。例如,1998 年,制浆造纸等工业产生的木质素仅有 1% 转化为有价值的工业产品。因此,寻找木质素新的利用途径已经成为国内外的研究焦点。

对于木质素的高附加值利用,从 19 世纪末就已经有研究,到目前为止,国外一些先进的工业国家,木质素的化学产品已经蓬勃发展,产品达到数百种,被广泛用作混凝土减水剂、水泥助磨剂、沥青乳化剂、燃料分散剂、稠油降黏剂、采油用表面活性剂、橡胶补强剂、水煤浆添加剂、树脂胶黏剂、土壤改良剂及农药缓释剂等。

5.5.3.1 木质素基高分子材料

图 5-26 为一部分利用化学反应制备不同种类木质素基高分子材料的途径。

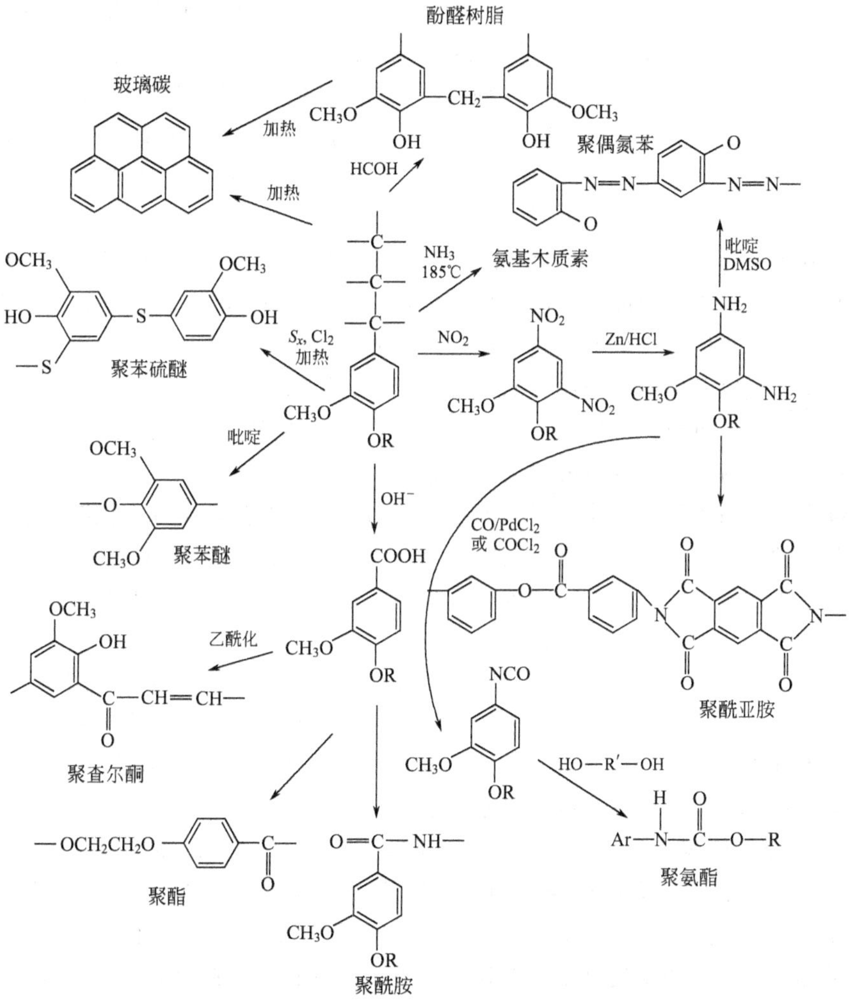

图 5-26 木质素制备各种材料的示意

(1) 木质素基黏合剂

木质素基黏合剂的研究最早可追溯到19世纪末，但直到20世纪70年代，在丹麦、瑞士、芬兰等国家才开始进行生产性实验，20世纪80年代以后，相关研究的重点放在木质素的化学改性上。木质素分子上存在羧基、羟基和双键，内聚力大、强度高，添加其他有相似官能团的化合物，如妥尔油树脂，便可作为黏合剂在纤维板制造中使用。目前，木质素基酚醛树脂（L-PF）、木质素基脲醛（L-UF）、木质素基聚氨酯（L-PU）、木质素基聚异氰酸酯（L-PU）黏合剂等许多品种已达到了工业化的阶段。

① 木质素基酚醛树脂（L-PF） 全世界酚醛树脂的用量十分巨大，在酚醛树脂制胶中，以苯酚和甲醛缩聚形成的酚醛树脂应用最广泛，其胶合制品的胶接强度、耐水、耐热、耐腐蚀等性能都很好，但是酚醛树脂存在热压温度高、时间长和对单板含水率要求高等缺点，在使用中受到一定的限制。再加上原料苯酚的价格不断上涨，以及生产苯酚的石油原料日益减少，吸引着人们努力寻求其代用品。木质素分子中含有大量的苯酚结构单元，特别是愈创木基和对羟苯基的邻间位有很强的反应活性，在合成L-PF树脂时，木质素既可以与甲醛发生缩合反应，又可以与苯酚发生交联反应，制备的L-PF树脂固化温度较酚醛树脂低，固化速度较酚醛树脂快，节约苯酚并减少甲醛残余量，因而是一种极具前途的酚醛树脂替代品。

木质素既可在碱性条件下作为酚与甲醛反应，又可在酸性条件下作为醛与苯酚反应，制备出木质素基酚醛树脂，主要有以下3种方法：a. 通过调节酸、碱性来控制木质素与苯酚或甲醛的反应次序制备酚醛树脂；b. 木质素与甲阶酚醛树脂反应制备酚醛树脂，通过共聚交联可产生较好的化学亲和性；c. 在酚醛树脂的固化反应过程中加入木质素，组分间形成接枝共聚物，木质素起扩链的作用。

这三种方法制备的木质素基酚醛树脂性能依次下降，但是木质素用量却可以逐渐增加，利用牛皮纸木质素代替酚的最高质量分数可达到50%（质量分数）。此外，木质素还可以直接通过共混改性酚醛树脂，虽然木质素在材料形成过程中没有参与化学反应，但是其与酚醛树脂结构的相似性以及极性基团诱导的相互作用导致了组分间的部分相容，显示出一定的力学性能指标。此外，可以针对性地引入第三组分聚合物以弥补引入木质素造成的性能下降，如韧性下降可以考虑引入与其相容的柔性聚合物。

将适量木质素引入酚醛树脂，可在保持材料力学性能和热稳定性的同时，明显地提高绝缘性和高温下的模量。但是木质素分子体积大，芳环上的位阻大，存在反应活性不足的缺点，甚至还会阻碍苯酚与甲醛的正常缩合，虽然可通过甲基化或羟甲基化改性木质素加以弥补，但是用其完全代替苯酚是极为困难的。

据报道，将木质素、苯酚、甲醛三种原料按1:1:0.8的比例混合，用苛性钠作催化剂反应后，可用来作为纤维胶合板、锯末刨花板以及颗粒板、稻壳板的黏合剂，性能良好。造纸厂的木质素残渣可部分代替苯酚用作微粒纸板的树脂黏合剂，木质素代替40%苯酚的微粒纸板显示了良好的力学强度，降低了纸板的成本。

② 木质素基脲醛树脂（L-UF） 脲醛树脂由尿素与甲醛经过缩聚反应而生成，其缺点在于：一是用L-UF制的人造板释放的甲醛气体污染环境；二是用L-UF所制板的耐水性差，尤其是耐沸水性差。木质素分子中的羟基和羧基官能团可以和脲醛树脂中的甲氧基发生高分子间的缩合反应，以醚键和亚甲基键的形式发生连接，由此得到类似于酚醛树脂结构的高分子物质，而且将木质素引入脲醛树脂制备中可以提高脲醛树脂胶黏剂的耐水性，降低甲醛释放量。

木质素基脲醛体系主要用于室内颗粒板的黏合上，硫酸盐木质素可代替10%～50%的脲醛树脂（UF）。氧化硫酸盐木质素（LS-OB）在热缩合过程中会发生高度的交联。当 LS-OB 在木材黏合剂中部分代替 UF 时，对树脂硫化有促进作用。LS-OB 的高表面活性可减少黏合剂溶液的表面张力，促进其在木材粒子上的分散，从而提高黏合的力学性质。

③ 木质素基三聚氰胺甲醛树脂（L-MF）　三聚氰胺甲醛树脂是由三聚氰胺和甲醛在催化剂作用下经缩聚反应而制成的，其性能优良，但存在成本较高、性脆易裂、柔韧性差等缺点。木质素在三聚氰胺甲醛树脂中的应用不如在脲醛树脂和酚醛树脂中的应用那么多，其主要应用是将木质素与三聚氰胺甲醛共聚合制得黏合剂，以降低 MF 树脂的交联度，增加其柔性和降低脆性。

④ 木质素基聚异氰酸酯（L-PU）　木质素基聚异氰酸酯体系是由 Glasser 等开创的，其黏合强度可以和 PF 树脂或环氧树脂相当。Feldman 发现，木质素在 L-PU 体系中具有有效的补强作用。

⑤ 木质素基环氧树脂　木质素也用于开发价值较高的环氧树脂，主要方法如下：a. 木质素衍生物与环氧树脂共混；b. 环氧化改性木质素；c. 在环氧化前先改性木质素以提高反应活性。其中，木质素与环氧化合物在固化剂作用下可通过互穿聚合物网络的形式获得较高的相容性。

木质素基环氧树脂的黏结强度高，将木质素与环氧树脂共混后于 100℃加热处理 2h，与未改性树脂相比黏结强度提高了 78%。但是大多数木质素基环氧树脂存在有机溶剂溶解性不好的缺点，该问题目前尚未找到有效的解决方法。

木质素基环氧树脂作为黏合剂，在木材、燃煤、建筑领域的应用较多，此外在石棉、玻纤等制动材料和绝缘材料诸方面的应用也不乏实例。造纸黑液提取的碱木质素具有良好的分散、渗透、吸收和黏结等性能，且其分子间长链结构相互交织，能使煤粉黏结，成型后强度得到提高。因此，碱木质素是一种良好的新型煤粉黏结剂。加拿大木材研究所在积极研究以废液为主要原料的黏合剂，报道酸缩聚的脱盐木质素磺酸与其他黏合剂相比，其强度和耐水性等毫不逊色。

(2) 木质素基聚氨酯

代替多元醇合成聚氨酯（PU）也是木质素在高分子材料应用领域中的研究热点之一。木质素的活性羟基与异氰酸酯反应可制备聚氨酯材料。由木质素及其衍生物制备的聚氨酯，根据其性能可用作工程塑料、黏合剂、泡沫、薄膜等。其中，影响性能的主要因素包括木质素类型、含量和分子量、异氰酸酯类型、异氰酸酯基/羟基摩尔比等。

利用羟烷基化提高木质素羟基活性后制备聚氨酯，其羟基的活性和数目以及高分子质量组分的增加均可使材料的模量增大、玻璃化转变温度升高。为了解决木质素基聚氨酯硬度太高、易脆的缺点，使用刚性小的二异氰酸酯或引入聚乙二醇（PEG）软段，可得到力学性能优良且不易碎的、具有低玻璃化转变温度的聚氨酯材料。引入官能度更多的聚酯三醇，适当的异氰酸酯基/羟基摩尔比和木质素含量有利于材料内部三维网络的形成，得到坚韧的聚氨酯。在木质素聚氨酯的制备过程中，木质素分子充当了交联剂和硬链段的双重作用，木质素分子量的增大使交联密度增加，当木质素含量低于 30%（质量分数）且分子量较低时聚氨酯具有优良的弹性。但是，部分木质素充当硬链段组分后会因自身的热不稳定性而导致材料热稳定性下降。综上所述，适当含量、适中分子量的木质素在异氰酸酯基/羟基摩尔比较低时，与软段聚乙二醇协同和异氰酸酯反应将得到优良的聚氨酯材料，通常木质素添加后导致强度增加和伸长率降低。制备木质素基聚氨酯的关键在于提高两者之间的化学反应程度，增加醇羟基的数量,可通过甲醛、环氧乙烷或环氧丙烷等进行羟烷基化或利用己内酯衍生化得以实现。

将木质素与聚氨酯复合,使部分木质素参加聚氨酯的固化反应,也能够达到改善材料力学性能的目的。该复合材料力学性能主要依赖于聚氨酯与木质素之间的反应程度,拉伸模量与两相截面的黏合平衡功成正比。将不同类型的木质素填充聚氨酯,材料的杨氏模量增加,力学性能得到提高,固体高分辨^{13}C NMR结果显示该共混物体系中一定程度微相分离的相区间存在相互作用,说明适度的微相分离结构有利于提高聚氨酯的力学性能。溶胀实验测定的聚氨酯交联键间的平均相对分子质量,说明木质素与弹性体基质的相互作用程度小于二氧化钛填充的聚氨酯。羟丙基木质素聚氨酯/聚甲基丙烯酸甲酯复合材料中交联键之间的分子量随木质素含量的增加而减小,当木质素含量超过25%(质量)时形成完善的互穿聚合物网络结构,其拉伸性能、动态力学性能以及热性能的变化都符合双连续相特点,木质素完全成为聚氨酯网络的一部分。

利用极少量的木质素硝酸酯与聚氨酯复合形成接枝/互穿聚合物网络结构,使材料的强度和伸长率同时显著提高,而且纯聚氨酯中代表橡胶态向塑态转变的应力屈服点消失。这是由于硝化木质素与聚氨酯分子上的异氰酸酯基发生接枝反应,形成以硝化木质素为中心接有多个聚氨酯或其网络的大星形网络结构。该结构中聚氨酯分子及其网络之间相互缠结和穿透(图5-27),在发挥刚性硝化木质素增强作用的同时提高了伸长率。质量分数为2.8%的硝化木质素、4,4′-二苯甲烷二异氰酸酯(MDI)和交联剂(三羟甲基丙烷)在异氰酸酯基/羟基摩尔比为1.2的条件下,有利于在材料内部形成适当交联度的接枝网络结构,同时促进了聚氨酯硬段间氢键的物理交联。引入硝化木质素,材料的拉伸强度和断裂伸长率最大可分别提高3倍和1.5倍。同时,在另一低木质素含量[小于9.3%(质量分数)]的聚氨酯体系中也出现了强度和伸长率同步提高的情况,强度、韧性和伸长率分别增加到370%、470%和160%,在木质素含量为4.2%(质量分数)时材料的热-力性质最佳。

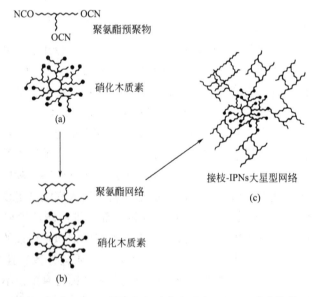

图5-27 线型聚氨酯(PU)预聚物与硝化木质素(NL)形成接枝-IPNs的过程

(3)木质素基分散剂

① 木质素基水煤浆添加剂　水煤浆是20世纪80年代初开发的一种煤基流体燃料，是污染低、效率高、流动性强、洁净的液体原料。但是高浓度水煤浆的制备受很多因素影响，选择适宜、高效的添加剂无疑是制备高浓度、低黏度水煤浆的关键因素之一。

水煤浆添加剂分为稳定剂和分散剂两大类。造纸黑液提取的木质素具有一定的分散性和稳定作用，可分别制成水煤浆的分散剂和稳定剂。在碱性和一定的温度条件下，木质素与甲醛、亚硫酸钠进行磺化反应，可制得水溶性良好的分散剂。木质素进行降解改性，使其结构中既有疏水的木质素苯丙基单链，又有亲水性的聚糖链，制得性能良好的稳定剂。在中性条件下，以改性木质素为基料，与分散剂或表面活性剂复配，能制得性能优良的水煤浆添加剂。

木质素磺酸盐是一种较好的水煤浆分散剂，其在煤水体系中可起到以下作用：a. 增加煤粒子表面电位，使煤粒子带上同种电荷，起到分散作用；b. 表面活性剂吸附在煤表面上，形成空间阻碍，有利于煤浆的分散。通过采用 Mannich 反应和缩合反应的方法可分别增加木钠疏水性官能团和分子量，水煤浆的成浆性和稳定性取得令人满意的效果。

② 木质素基混凝土减水剂　混凝土减水剂是一类阴离子表面活性剂，混凝土中掺加少量的减水剂就可以明显改善拌和物的流动性和可塑性，提高混凝土强度和耐久性。混凝土减水剂根据其减水率的大小可分为普通型减水剂和高效型减水剂，目前国内常用的减水剂产品主要有 β-萘磺酸盐甲醛缩合物、三聚氰胺磺酸盐甲醛缩合物和改性木质素磺酸钙等。

20世纪40年代初，木质素衍生物已用作混凝土减水剂，早期利用造纸黑液中的木质素直接生产减水剂。60年代开始，使用经脱糖后的造纸黑液制取减水剂。这种方法生产的减水剂质量不稳定，性能较差，一般减水率仅为7%~9%，混凝土的抗压强度提高少。近期主要通过化学改性、复配或两种方法联合的方式，提高减水剂性能。

1) 化学改性法。从造纸黑液中回收的木质素，通过引入或改变其活性基团，使其与单体接枝共聚等方法制成性能较好的减水剂。麦草制浆黑液经酸化分离的木质素，在pH>11、温度70℃左右，与甲醛进行甲基化反应2h，然后，再加入磺化剂亚硫酸钠，控制温度、压力和反应时间等参数，制取 2S-3 型减水剂，以水泥净浆流动度指标判断磺化效果，2S-3 型减水剂的减水率达到10%，28d后，混凝土的抗压强度提高5%左右。

依据造纸的不同原料、不同的蒸煮方法产生的造纸黑液，采用回用制浆蒸煮制得的回收液，经过调整、浓缩、喷雾干燥制以木质素磺酸盐为主要成分的减水剂。这类减水剂在掺加量为2‰~5‰时，净浆流动度达到119~174mm；掺入量3‰的砂浆减水率达到15.7%~16.7%，砂浆3d、7d减水抗压强度比>115%。

2) 复配法。通过机械混合方法，将不同的物质或外加剂均匀地混合为一整体，一般不经过化学反应或加热处理。为充分利用减水剂自身突出的某一性能和克服单一应用时存在的某些性能的不足，将两种或两种以上的减水剂按一定比例复配在一起，达到弥补自身某些性能不足的缺陷，同时又使某一性能的协同作用得到加强。通过这种复配方法，可获得高性能的减水剂，如聚羧酸盐与改性木质素的复合物、萘磺酸甲醛缩合物与木质素磺酸钙的复合物、三聚氰胺甲醛缩合物与木质素磺酸钙复合物。将木质素磺酸钙、环氧乙烷化合物、尿素和硫酸钠分别按质量分数为30%~40%、45%~55%、8%~12%、8%~12%的比例混合，常温、常压下搅拌100~140min，可制得高性能减水剂。

3) 联合法。采用化学改性和复配相结合的方法，制取高性能减水剂。木质素磺酸盐用 NaOH 溶液调节pH值为9~10.5，边搅拌边加热至40~85℃，然后加入一种或多种引发剂

[如 $FeCl_3$、$FeSO_4$、$Cu(NO_3)_2$、KNO_3、$NaNO_3$]、氧化剂[如 H_2O_2、$KMnO_4$、$K_2Cr_2O_7$、O_3、O_2]反应1~8h。经改性后，加入适量表面活性剂，如硅油、脂肪酸等，快速搅拌20~60min，冷却后经喷雾干燥制得粉状产品。木质素磺酸盐减水剂经改性复配后，其基团、结构发生变化，表面活性得到改善，羟基比原来增加20%~70%，甲氧基增加30%~50%，磺酸根为原有的0.6~0.9倍，分子量下降，亲水性稍有减弱，憎水基团增加，对水泥的吸附量和分散能力大于木质素磺酸钙。

③ 木质素基染料分散剂　染料用木质素基分散剂是木质素磺酸盐衍生物的诸多用途之一，在染料工业的应用越来越受到染料工作者的重视。这是因为：首先，木质素基染料分散剂来自丰富的可再生的森林资源，对人体、动物及鱼类均无害，容易降解，对环境无污染，木质素基染料分散剂可称为"绿色"产品；其次，木质素基染料分散剂的优良性能丝毫不比萘系染料分散剂逊色，不仅可用于分散染料、还原染料，还可用于活性染料和其他染料。据介绍，国外的分散染料加工助剂中木质素基染料分散剂的用量占95%以上，而我国分散染料加工助剂中木质素基染料分散剂的用量仅占30%~40%，其中进口的约占50%。

20世纪初，开始有人把亚硫酸废液固体用于纺织染色工业中。30年代，发表了第一篇从亚硫酸废液中分离木质素磺酸盐工艺的专利。伴随着染料工业的发展，木质素磺酸盐分散剂不断改进和提高，特别是分散染料的迅速发展，极大地促进了染料用木质素基分散剂的开发和研究工作。有资料介绍，70~80年代的十几年间是木质素技术发展硕果累累的年代，据统计，有大约100多篇美国专利发表，推荐用于染料的木质素磺酸盐分散剂多达数十个，可谓其发展的鼎盛时期。

我国染料用木质素基分散剂开始于20世纪70年代，发展于80年代和90年代初，国家安排了"六五"、"七五"、"八五"攻关计划，先后开发了多种染料分散剂产品，为染料工业作出贡献。

目前，我国以松木硫酸盐木质素类分散剂为原料合成染料分散剂。硫酸盐木质素类分散剂经亚硫酸盐磺化或亚硫酸盐-甲醛磺甲基化，再用环氧氯丙烷将部分酚羟基封闭，同时使木质素类分散剂分子间交联，得到改性木质素类染料分散剂。

碱木质素类分散剂溶解性、分散性差，直接使用受到限制，大都作为燃料烧掉或者随制浆废液排掉，造成资源的极大浪费，并引起严重的环境污染。1954年有人提出碱木质素类分散剂的磺甲基化反应，之后有许多人对该反应进行了研究。美国专利报道，用过二硫酸钠引发碱木质素类分散剂自由基聚合，再用酸性亚硫酸钠使聚合物磺烷基化，得到的产物可用作染料分散剂和乳化剂、凝聚剂，减少流动性损失、促进膜形成等。

此外，由于木质素的分散性，用在三次采油中可使之在石油助剂产品中起到良好的悬浮作用，并广泛应用于石油堵水剂、石油驱油剂，是石油三采以后增加产量的主要添加剂，这方面的内容将在接下来作详细的介绍。

(4) 木质素基油田化学品

油田采油过程中遇到很多的问题，严重影响了采油率的提高和油品的质量，因此需要使用各种化学品来解决这些难题，如钻井液处理剂、堵水剂、调剖剂和驱油剂等。由于木质素及其改性产品具有良好的分散性和表面活性，被广泛用来制造大量使用的石油化学品。

① 钻井液处理剂——降黏剂及降黏降滤失剂　木质素被广泛用于钻井液处理剂的制备。从酸法制浆废液中分离出的木质素磺酸盐是最早用于制备钻井液降黏剂的原料之一，制得的铁铬木质素磺酸盐（FCLS）适用于各种类型的钻井液体系，数十年来其用量一直很大。近

年来由于对环境保护的重视，FCLS 的应用受到了限制，已不能满足勘探开发的需要和环境保护的要求，为此研究人员在无污染降黏降滤失剂方面开展了大量的工作。

将碱法制浆废液与具有热稳定的苯环结构且能与制浆废液起协同效应的天然高分子产物复合，并用无毒金属离子络合、改性得到的降黏剂 CT327，降黏效果优于磺化栲胶 SMK，抗盐、抗石膏污染能力略优于或相当于 SMK，适用于各种钻井液体系。以木质素磺酸钙、腐殖酸和有机络合物等为原料合成的降黏剂 XG21，具有较强的抗温（大于 80℃）和抗盐能力，适用于淡水、海水和饱和盐水钻井液。将木质素磺酸盐与烯类单体共聚也是制备无污染降黏剂的有效途径，共聚产物适用于淡水、盐水或钙处理钻井液体系。以木质素磺酸盐为主要原料，通过甲醛缩合反应、烯类单体接枝共聚合反应、金属离子络合反应及磺化剂磺化反应等一系列化学改性处理，合成了兼具降黏、降滤失作用的新型系列钻井液处理剂 MG-BM21、MGAC21、MGAC22，在室内性能评价中降黏和降滤失效果明显，在加量为 0.5% 时表观黏度下降 50%，滤失量下降 51%，动切力下降 80%，静切力下降幅度更大，抗温抗盐能力优于 FCLS，热稳定性较好，岩心回收率明显高于 FCLS。用木质素磺酸钙（SL）与 AM 和 AMPS 接枝共聚，合成了一种木质素接枝共聚物，在 AMPS 摩尔分数为 20%、SL 用量为 50%～60%（以 AM、AMPS、LS 总质量计）条件下合成的共聚物，在淡水、饱和盐水和复合盐水钻井液中均有较好的降滤失作用和较好的耐温抗钙污染能力。

② 驱油用木质素基表面活性剂　木质素磺酸盐本身不能产生超低油水界面张力，因而不能单独用于驱油，目前主要作为辅助表面活性剂和主表面活性剂复配使用。

制浆废液经特殊工艺处理生成的新型表面活性剂木质素磺酸碱 PS 剂，物理化学性能稳定，能降低原油黏度和油水界面张力，用作驱油剂可提高采收率。对兴安落叶松树皮栲胶废渣进行了磺化处理，获得了性能优良的木质素磺酸盐，可用作混凝土添加剂和油田驱油剂的复配剂，为树皮废渣的高效利用提供了可能。亚硫酸盐法木浆废液经脱糖、转化、缩合、喷雾干燥制得的改性碱木质素磺酸钠，在水驱后期综合含水率很高时能显著降低含水率，可与碱、表面活性剂复配用作驱油剂，能显著降低油水界面张力。

③ 木质素基调剖剂　化学调剖是通过在地层中注入调剖剂，调整非均质地层的吸水剖面，提高水驱波及系数，从而提高原油采收率的技术。目前国内使用的调剖剂很大一部分是利用聚丙烯酰胺类聚合物在地下交联生成的凝胶对高渗透层进行物理堵塞。这类调剖剂多使用无机铬交联剂，交联反应快且不易控制，使用的铬盐有毒，易污染环境，聚合物浓度较高，调剖剂材料费用高，不利于大剂量使用。

为了克服聚合物类调剖剂的缺点，开展了天然木质素磺酸盐类调剖剂的研究。将木质素磺酸钠用苯酚、甲醛改性制成中间产物 MSL，再将 MSL 与聚丙烯酰胺、六次甲基四胺等复配成适用于 60～90℃温度范围的 MS2881 油藏深部调剖剂。该调剖剂成胶时间变化范围宽，形成的凝胶黏弹性和热稳定性好，堵水效率高，耐水冲刷性强，在河南油田现场试验中，调剖后水井的启动压力上升，吸水指数下降，吸水剖面明显改善，取得了增油降水的效果。

④ 木质素基堵水剂　在泡沫型、沉淀型、凝胶型和树脂型等各种类型的堵剂中，树脂型堵剂的封堵强度大大高于其他各类堵剂，但材料费用一般较高，而且是非选择性的，不能解堵，因此需开发价廉、无毒、使用方便的天然堵剂。

以木质素磺酸盐和磺化栲胶混合物为主要原料配制的高强度堵剂 LT，适用于 40～50℃ 温度范围的油井高强度堵水，固化时间为 2～25h，固结后的抗压强度达 1.2MPa，耐酸、耐碱和耐水性良好。将麦草碱木质素与丙烯酰胺在水中用 $(NH_4)_2S_2O_8\text{-}2FeSO_4 \cdot 7H_2O$ 体系引发得到的接枝共聚物,水溶性明显改善,可用作堵水剂或调剖剂。

(5) 木质素基水处理化学品

木质素基水处理剂的研究始于20世纪60年代,一般是以造纸工业产生的木质素为原料,通过改性方法制备木质素系水处理剂,其研究和应用已经取得一定成果。国内也已在木质素基水处理剂研究方面做了比较多的工作,多将木质素改性作为功能较为单一的絮凝剂、缓蚀剂、阻垢剂、离子交换树脂等,但没有见到利用木质素制备同时兼有多种功能的水处理剂的报道。由于木质素是天然高分子混合物,成分复杂,以木质素为主要原料制备水处理剂产品的功能较为单一,没有充分发挥木质素作为天然高分子特有的分子结构多样化优势,性能尚无法与以石油为原料制备的产品竞争,故在一定程度上限制了其实际应用。

① 木质素基絮凝剂

1) 直接用作絮凝剂。在制浆造纸过程中,植物原料中的木质素经过化学药品的作用,木质素发生降解而溶于蒸煮液。在此过程中,木质素的相对分子质量降低,可直接用作絮凝剂,具有一定的絮凝性能。如对于木质素磺酸盐,相对分子质量低的可与蛋白质反应生成在酸性溶液中不溶解的复合体,相对分子质量高的通过架桥作用使蛋白质形成絮体。F. Felicetta Vincent 等发现,经过多次分离提纯后的低相对分子质量的木质素磺酸盐具有沉淀蛋白质的效果。Joerg Striker 等发现适度磺化后的高相对分子质量的木质素磺酸盐可用作蛋白质废水的絮凝剂。

2) 改性后用作絮凝剂。木质素虽可直接用于絮凝剂,但由于平均相对分子质量偏低,活性吸附点少,直接影响了其絮凝性能。为此人们提出了多种方法使木质素改性以改变木质素的空间构型、增大相对分子质量、引进具有絮凝性能的官能团,进一步提高木质素的絮凝性能。

木质素的聚合反应是改变木质素结构、提高木质素絮凝性能的一种重要方法。根据反应机理,木质素的聚合可分为两类:a. 木质素的游离酚羟基与双官能团或叁官能团化合物的交联反应;b. 木质素在非酚羟基位置的缩合反应。

通过交联反应可将木质素分子用柔软的化学键联结在一起形成大分子。当这种产物溶解在水介质中后,能形成一种疏松的柔软分子,从而增加木质素分子吸附和捕捉悬浮液中细小固体粒子或胶体粒子的面积,提高了絮凝效果。木质素分子上的酚羟基及其 α 碳原子有较强的反应活性,此反应需要价格比较昂贵的交联试剂如卤化物、环氧化合物等。此外,由于封闭了酚羟基,降低了木质素的水溶性,也降低了木质素的活性。

碱木质素与甲醛交联反应,再磺化可得到碱木质素阴离子型高分子絮凝剂,与聚氧化烷或其他试剂交联的产物也可用作絮凝剂。芬兰的 Erkki Pulkkinen 等提出,通过碱木质素与环氧试剂如氯化三甲基胺、氯化缩水甘油基三甲基胺等反应制成碱木质素阳离子型絮凝剂,具有良好的絮凝性能;还有将稻草碱木质素与一氯代乙酸和丙烯腈等作用,通过皂化反应得到羧乙基木质素和氨丙基木质素,用于处理含有高岭土的水溶液。为了增强木质素分子的反应活性,先用碱处理木质素以增加其酚基,然后胺烷化增加链长,再用双酯试剂进行交联反应,最后制得阳离子表面活性剂,用其处理染料废水有良好的絮凝效果。还有将碱木质素制备为阴离子型高分子絮凝剂或制备木质素季铵盐作为脱色絮凝剂。为了获得性能更好的絮凝剂,与木质素进行交联反应的试剂也越来越复杂,成本也随之提高。

缩合反应可以在木质素分子上接上特定的官能团,如 $-CH_2N(CH_3)_2$、$-CONH_2$、$-C(=NH)NH_2$、$-OSO_3CH_3$、$-N(CH_3)_2$、$-NH-R$ 等基团,从而增加木质素分子上

的活性吸附点。薛菁雯等研究了木质素磺酸盐与甲醛的缩合反应，结果表明，该缩合产物能有效提高改性木质素对无机盐的分散能力。其分散能力优于接枝共聚物，表明木质素磺酸盐缩合物在用作分散剂方面具有潜力，为其他类型的工业木质素的改性提供了参考。

② 木质素基缓蚀剂　木质素的磺酸基、酚羟基具有表面活性，吸附在金属表面保护金属。其分子中酚羟基、醇羟基、羰基上的氧原子具有未共用电子对，与介质中的多价金属离子产生螯合作用，使木质素吸附在金属表面，另外，木质素磺酸盐上的酚醚结构具有稳定保护膜的作用。

氮质量分数 2%～3% 的氨木质素在工业上可用于处理金属表面的防锈剂。硫酸盐木质素按 Mannich 反应，与三氯化磷和甲醛作用，可得到用作冷却水系统的阳极型缓蚀剂，该药剂可以明显地抑制酸性介质中 A3 钢的腐蚀速度，当加入质量浓度为 20mg/L 时，缓蚀率最高可达 87% 以上，是一类较好的酸性介质缓蚀剂。有研究表明，木质素磺酸钠在低投加量时加速碳钢腐蚀；在高投加量时具有缓蚀性能，但缓蚀率较低，仅为 19.8%。任以伟等从造纸黑液中提取木质素，与二甲基二烯丙基氯化铵、丙烯酰胺接枝共聚，得到三元共聚物 HGL-Z。采用静态挂片法和电化学方法研究了 HGL-Z 的缓蚀性能，效果良好。

③ 木质素基阻垢剂　通过化学改性可提高木质素的阻垢性能。采用自由基聚合反应，对工业磺化木质素进行接枝羧基的改性，得到了羧酸型磺化木质素 LA。通过提高木质素大分子中螯合能力较强的羧基官能团的含量，以增强改性木质素对碳酸钙垢的阻垢作用。静态阻垢试验结果表明，改性后其对碳酸钙垢的阻垢性能大幅度提高。当 LA 质量浓度为 10mg/g 时，阻垢率达 85.2%。以工业木质素磺酸盐 LS 为原料，H_2O_2-Fe(Ⅱ) 为引发剂，采用自由基共聚反应对 LS 进行羧基接枝改性，制备得到改性磺化木质素 LSA，通过静态阻垢法和鼓泡法测定 LSA 对碳酸钙垢、磷酸钙垢和锌垢的阻垢性能，证明改性产物 LSA 为一种阻垢分散性能较为理想的绿色阻垢剂。

④ 木质素基吸附剂　将酸水解木质素氨基化得到吸附性能增强的木质素基吸附剂，该吸附剂不仅能够吸附重金属离子，还对胆汁和胆固醇具有很高的吸附容量，可望在环保领域和医学领域得到应用。

利用木质素磺酸、水解木质素和牛皮纸木质素可制备离子交换树脂。将硫酸处理牛皮纸制浆废液得到的木质素与甲醛或糠醛聚合，得到磺化木质素离子交换树脂。最近，利用羟甲基木质素经苯酚/甲醛处理得到树脂，对其磺化后再用甲醛交联得到离子交换树脂，该树脂具有较高的离子交换容量。国内则分别利用木质素磺酸盐和碱木质素合成了大孔球形木质素阳离子交换树脂和阴离子交换树脂，并且将制得的木质素阳离子交换树脂进一步制备出具有良好吸附功能的球型多孔木质素炭化树脂。邓玲等合成出了具有合适机械强度及稳定性、颗粒均匀、交换容量为 1.1mmol/g 的球状树脂（LAR）。刘明华等利用制浆造纸黑液研制出大孔球形木质素珠体，并在此基础上对其进行皂化、偕胺肟化改性，成功地制备了大孔球形木质素螯合树脂。林耀瑞等以麦草木质素为原料，通过酚化，再与氨基酸发生曼尼希反应以及羧甲基化等一系列化学改性，制备了氨基酸型木质素螯合树脂，对 Cu^{2+} 表现出选择性亲和力。对于碱木质素，用硫酸处理后可与甲醛或糠醛聚合，再经磺化得到阳离子交换树脂。

(6) 木质素基农用化学品

① 木质素基功能肥料　木质素含有羟基、羧基、醛基等多种活性基团，是腐殖酸的来源之一，可以改良土壤，促进植物的生长，在肥料中的应用已经引起了广泛的关注。Flaig

等认为木质素在土壤中降解之初,随着甲氧基含量减少,酚羟基的含量逐渐增加,并能与氨基酸或肽缩合生成腐殖酸。另有实验表明,木质素降解中间产物的醌结构在碱性介质中发生反应,以开环方式得到二元羧酸,它们是木质素降解产物构成腐殖酸的模型物质。

1) 木质素氮肥。木质素是一种可完全生物降解的天然高分子材料,但立体网状分子结构的存在大大延缓了降解过程,因此如果通过一定的反应将氮元素接在木质素的苯环上,再施加到土壤中,氮元素不会立即释放,而是随着木质素分子的降解而缓慢释放出,成为一种新型的缓释氮肥。

a. 氨氧化木质素氮肥。近年来,国内外的一些科学工作者对氨氧化木质素氮肥进行了一些研究。Raskin 等用亚硫酸铵及氨水处理经过净化的碱法制浆黑液,制得含氨木质素衍生物。Gonzele 则将硫酸盐黑液先氧化制得腐殖物质,然后氨化制得含氮 11.8% 的木质素产品。西班牙学者 Lapierre 等用氨化氧化法处理硫酸盐木质素制得的木质素缓释氮肥氮含量达到 12.1%。马涛等通过实验证明,在氨化氧化过程中,木质素分子苯环发生开环,羧基含量增加,酚羟基含量减少。碱木质素经氨氧化后的产物主要以含氮羧酸(盐)、酰胺类化合物和含氮杂环化合物形式存在,另外还有少量脂肪酸及酯类,这些物质的生成对氮的固定及总氮、有机氮含量的提高都是有益的。同时,室内培养实验表明,氨氧化木质素有抑制硝化和延缓尿素分解的作用。

b. 木质素尿素。将造纸黑液中回收的碱木质素与尿素及其他助剂按一定的比例混合,送入反应器中进行改性合成。碱木质素氮肥具有缓释、长效、抑制脲酶活性、提高氮肥利用率等作用。盆栽实验表明,木质素尿素供氮水平较普通尿素高 0.4~1.1 倍。两年大田实验结果表明,冬小麦、夏玉米分别增产 21.4% 和 12.1%。

此外,木质素磺酸盐氮肥具有缓溶解、慢释放、不挥发、难淋溶、利用率高等优良性能。木质素磺酸钙(铵)对脲酶活性以及硝化和反硝化具有一定的抑制作用,能减少氨的挥发损失。可在尿素中加入 1.01% 木质素磺酸钙,并以 19.4% 硫包裹制成缓释尿素。

2) 木质素磷肥

a. 增效磷肥。磷素化肥施入土壤后,由于土壤组分对磷素的固定作用,致使磷的当季利用率一般仅为 10%~25%。木质素分子中的活性基团及其网状分子结构特性,使其具有与土壤中 Fe、Al、Ca 等金属的离子形成络合物、螯合物的能力。因此,利用木质素对磷化肥改性能减少磷酸根的化学沉淀和固定,可提高磷肥利用率,达到节肥、增产的效果。

木质素和其他辅助材料与磷酸二铵按比例复配,送入反应器中,在适当的温度及适宜的转速条件下,制得木质素增效磷肥。经 14 周土壤培养观测实验表明,木质素增效磷肥的有效磷含量较普通磷酸二铵提高了 10%~20%。木质素的引入有效抑制了高溶磷肥被土壤成分固定的作用。在北方地区沙壤质地农田进行夏玉米和冬小麦的田间施用实验,结果表明,使用木质素磷酸二铵较普通磷酸二铵增产分别为 14.36% 和 18.5%。通过田间实验表明,木质素改性的氮肥和磷肥能提高冬小麦的分蘖率,增加穗数和千粒重,从而提高产量,增产 18% 以上。

b. 活化磷肥。木质素具有特殊的反应活性,表现出较强的离子交换性能,对磷矿粉的活化效果明显。利用木质素对磷矿粉的活化作用,可制得活化磷肥。通过盆栽实验,对油麦菜、玉米使用结果表明,麦草烧碱法制浆黑液和酸析木质素对磷矿粉有明显的活化效果,其活性作用优于常用的沸石。

c. 氧化木质素磷肥。将木质素与 40% 的 HNO_3 按固液比 1∶10 配制,于 50℃ 条件下反应 2h 后，经冷却、过滤、干燥制得氧化木质素。这种氧化木质素对 $Ca(H_2PO_4)_2 \cdot H_2O$、$CaHPO_4 \cdot 2H_2O$ 和 $Ca_3(PO_4)_2$ 均有促进磷酸钙溶解的作用，并随其添加量的增加，水溶性 P_2O_5 的数量增加。氧化木质素对上述几种磷酸钙水溶性的作用，为其在磷肥改良方面的应用提供了依据。

3) 木质素螯合微肥。由于木质素含有多种活性基团，具有较强的螯合性能和胶体性能，能与一些微量元素如铁、铜、锌等络合，这就为用木质素制备螯合微肥提供了可能性。

用磺化硫酸盐木质素制得阳离子交换剂，可以螯合 5% 的 Fe、Cu、Zn 用作螯合微量元素肥料。这种螯合肥料不仅能调节植物体内新陈代谢，还可以促进植物叶绿素的形成，提高谷类植物的产量。木质素铁螯合微肥能将可溶性铁供给植物，防止植物缺铁现象发生。还有研究者对碱木质素制备螯合锌肥进行了初步研究，用磺化木质素与无机锌化合物反应制得木质素磺酸锌螯合锌肥，盆栽实验表明，施加 2mg/kg 木质素磺酸锌后玉米的生物量相当于施加 20mg/kg 无机锌化合物的玉米的生物量，说明木质素磺酸锌是一种高效有机螯合微肥。

4) 木质素复合肥。有机无机复合肥是肥料工业发展的主要趋势。以木质素作为复合肥原料不仅可以提高肥效，而且可以改良土壤质量，提高土壤的综合肥力，减少肥料流失导致的生态环境破坏和危害，有利于提高肥料的利用率，实现节肥增产效益。将普通化学肥料磷肥、氮肥和钾肥等经粉碎筛分处理，与木质素按比例复配匀化，然后送入造粒机中完成造粒，制得不同配比养分和含量的木质素复合肥料。这种木质素复合肥的盆栽肥效实验表明，施用木质素复合肥与施用等养分水平的普通肥料相比冬小麦和大田春玉米的增产量均可达到 20% 以上。

植物生长依赖于多种元素，除 N、P、K 外，还需要较多数量的中等量元素，如 Ca、Mg、S 及其他一些微量元素，在 N、P、K 肥料中加入适量的 Ca、Mg、Fe、Cu、Zn、Mo、Co 的木质素磺酸盐，可用于制取含多元素的液体复合肥。这种肥料适用于园艺和果树的施用。

造纸黑液中含有大量的木质素和其他有机质，可直接作为有机复混肥的原料。徐美生等在 $2m^3$ 的黑液中添加 1kg 胶凝剂（含有大量羟基的蛋白多糖类物质），搅拌均匀，加入 160kg 胶联剂（某种含有羟基的物质加入含有某金属离子的混合物，进行一定时间的搅拌反应），搅拌至黑液完全固化为止，自然风干。黑液固化物与一定量的磷酸二铵、氯化钾和氯化铵混合、造粒、干燥、筛分制得有机复合肥。

近年来随着耕地的腐殖质土壤质量逐年下降，地表水被矿质肥料中释放的硝酸盐严重污染，人们的环保意识大大增强，以木质素为基础的肥料市场前景将十分广阔。

② 木质素基农药缓释剂　我国是农业大国，农药用量很大，很多农药的毒性很大，每年都有很多的中毒事件发生，同时由于技术落后，施药量大，既造成浪费也造成污染，寻找一种新型的技术成了人类关注的问题。木质素比表面积大，质轻，能与农药充分混合，尤其是分子结构中有许多的活性基团，能通过简单的化学反应与农药分子产生化学结合，即使不进行化学反应，两者之间也会产生各种各样的次级键结合，使农药从木质素的网状结构中缓慢释放出来。同时，它还具有很好的吸收紫外线的性能，对光敏、氧敏的农药有很好的稳定作用。此外，木质素在土壤中能缓慢降解，最终不会有污染物残留。因此，加强木质素基农药缓释剂的研究和推广应用是十分有意义的。

③ 木质素基植物生长调节剂

1) 邻醌类植物生长激素。木质素经稀硝酸氧化降解，再用氨水中和，可生产出邻醌类植物生长激素。这种激素对于促进植物幼苗根系生长、提高移栽成活率有显著作用，还可使植物的叶色较绿，叶片较大。同时，该激素不仅可使水稻提前成熟，还对水稻、小麦、棉花、茶叶及白芨等作物有一定的增产效果。

2) 类吲哚环类植物激素。在用量为木质素量的20倍的6%氨水中，压力2.94～3.92MPa，温度180～250℃，反应时间3～5h，空气量5～10L/min的条件下进行反应。在第一阶段产生羧酸的铵盐、低级脂肪酸的酰胺及吲哚环、吡咯环等杂环化合物。在第二阶段发生缩合，使吲哚环上的氮含量在20%以上，从而得到约30%的氨木质素。这就具有与吲哚环植物激素相类似的作用。

④ 木质素基饲料添加剂　酸析木质素是一种有着特殊活性的有机化合物，既含有60%的碳元素又含有比较丰富的微量元素，还有少量的蛋白质，经毒理研究，无毒副作用，可以作为饲料的添加剂。在颗粒配合饲料中使用木质素，还能起到黏合剂的作用，提高颗粒度，降低粉料的返回率，从而降低饲料的成本，提高了饲料的利用率。

⑤ 木质素基土壤改良剂　利用硫酸盐法处理造纸黑液，将得到的氨化硫酸盐木质素作为土壤改良剂，可用来改良紧密、含盐和被腐蚀的土壤，使土壤产生团粒结构，进而改变土壤的水分特性，还可以促进P、N、Fe等的肥效，尤其是使用磷肥时，由于木质素具有螯合性，因此使用木质素土壤改良剂能有效防止磷肥固着在土壤上，显著地提高肥效。例如，用2%的氨化木质素和1%的氨化硫代木质素作盐分高的土壤改良剂，可用水洗走土壤中的盐分，这对我国许多盐碱地的改良是非常有益的。此外，用木质素∶氢氧化钠∶六亚甲基四胺＝（100～120）∶（10～12）∶（20～30）（以干重计）配制出来的土壤改良剂可适用于各种类型的土壤，如森林冻土带、沙质土壤或坚实的土壤等。

木质素磺酸盐分子结构中含有羟基、磺酸基等，将其喷洒在沙土表面后，首先与沙土表层的沙土颗粒结合，通过静电引力、氢键、络合等化学作用，在沙土颗粒之间产生架桥作用，促进了沙土颗粒的聚集。Zaslavsky等报道了利用木质素磺酸盐与乙烯类单体接枝共聚制备土壤改良剂的方法，并指出该改性产物可用于抵御土壤风蚀。

⑥ 木质素基植物防腐剂　造纸黑液木质素具有防腐性质及杀菌和抑制霉菌活性的能力，适用于预防食用根块植物的根腐病。抑制霉菌生长活性的效果好坏主要取决于木质素的浓度、密度和吸湿性等。试验表明，造纸黑液木质素是一种杀菌剂，可防止植物在存储过程中发生霉变。用含造纸黑液木质素的溶液喷洒水果和植物，如土豆、胡萝卜等，存储期为7个月以上。另经动物试验表明，采用造纸黑液木质素作为水果和植物防腐剂是安全的。

⑦ 木质素基液体地膜　聚乙烯塑料地膜已在农业生产上大量使用，但是，由于它不能降解，又称为"白色污染"，是当前迫切需要解决的问题。木质素是一种可溶性的天然高分子化合物，向其中加入少量的碱既具有一定的成膜性，也具有一定的强度。如果在木质素溶液中添加少量甲醛做交联剂，增大相对分子质量，增加其强度和成膜性，再添加少量短纤维或其他可溶性高分子化合物，可进一步增加其强度和成膜性。此外，添加一些表面活性剂和气泡剂，这样制成的液体混合物用喷雾器喷到土壤表面，形成一厚层均匀的泡沫，消泡后便在土壤表面形成一层均匀的地膜。这种膜的优点是在土壤表面形成，减轻了劳动强度，作物幼苗长出时可自行顶破，不必人工破膜；它会逐步降解，变成腐殖酸肥料，并能改善土壤团粒结构，在降解前覆盖在土壤表面，防止土壤水分蒸发，防止杂草生长；由于木质素有杀菌作用，又有吸收紫外线的能力，可以提高地温，更能帮助作物提高抗病能力；这种地膜中还可加入农药和肥料，成为多功能复合地膜，其成本低于各种合成地膜。

(7) 木质素基医药化学品

① 制作药物　在医药上以木质素为原料制造的香草素，不仅是香料的原料，而且在医药方面是甲基多巴（血管扩张剂）或多巴（帕金森病药）的原料。

② 诱导肿瘤坏死因子　木质素在生理生化方面也很有引人瞩目的表现。由木质素与其他多糖脂相互结合，可以有效地诱导肿瘤坏死因子 TNF-α 的产生。多种木质素的活性成分已被证明有抑制肿瘤的作用。

③ 木质素的抗癌抗诱变　Mária 等对通过不同方式分离得到的木质素对 4-硝基喹啉-氧化物（4NQO）、3-(5-硝基-2-呋喃) 丙烯酸（5NFAA）、H_2O_2 等诱变试剂的吸附作用研究，借助 Escherichia. coli PQ37 的 SOS 显色反应，得出木质素对上述诱变剂有很好的吸附作用，使木质素成为一种很有前景的保护 DNA 的抗诱变剂。

(8) 其他木质素基高分子材料

利用木质素的胶体性质制备水凝胶，其方法是将木质素改性后引入交联剂或直接进行接枝共聚。利用己二异氰酸酯或聚乙二醇二缩水甘油醚交联带有木质素的羟丙基纤维素，得到响应温度与人体温度十分接近的水凝胶；或者将丙烯酰胺和聚乙烯醇与木质素接枝共聚制备水凝胶。

在北方干旱地区，尤其在沙尘暴季节，利用制浆黑液制备的木质素抑沉剂喷洒在地面上可有效抑制灰尘，并起到固定砂土的作用，此外在农业上还可起到保水、保温和抗旱作用。

在多碎石混凝土中加入木质素可以提高马歇尔稳定度，不定向分布的纤维起到加筋和桥梁的作用，有效提高了混凝土的抗高温车辙的能力，并且纤维又可以吸收和吸附一部分轻质沥青，改善了沥青与集料的黏附效果。

由于木质素具有热塑性，因此开发的木质素基材料几乎均属于热塑性材料，但是最近利用木质素制备热固性树脂及其应用的研究也逐渐兴起。最先探索性的工作是将木质素作为填料加入热固性不饱和聚酯或大豆油树脂，木质素在其中起到了增塑的作用，导致模量降低，但玻璃化温度增加。利用马来酸酐和环氧豆油修饰木质素后，可以在一定程度上解决其与未饱和树脂的溶剂——苯乙烯不相容的难题，特别是马来酸酐修饰的木质素由于含有双键，还可进行自由基反应而提高力学性能。采用这种木质素改性树脂处理纤维，添加的适量木质素在树脂与纤维界面形成的互锁结构提高了界面黏结强度，进而改善了复合材料的性能。酯化木质素与丙烯酸环氧豆油和苯乙烯未饱和热固性树脂体系也可用于处理天然纤维，木质素丁酯的引入同样改善了树脂与麻纤维的界面，促进了两者的黏合，提高了弯曲强度。最近，针对上述酯化木质素在苯乙烯中的溶解性问题进行了研究，通过对木质素丁酯和木质素丙烯酸甲酯的研究，建立了理论溶解模型。

5.5.3.2　木质素共混材料

聚合物共混已成为开发高聚物新材料最重要和最经济的方法。通过共混或填充改性引入低成本和多活性的木质素有望降低成本，保持甚至提高材料的性能。

(1) 木质素共混聚烯烃

木质素及其衍生物能与聚乙烯（PE）和聚丙烯（PP）、聚氯乙烯（PVC）、聚甲基丙烯酸甲酯（PMMA）、聚乙烯醇（PVA）、乙烯-乙烯乙酸酯共聚物等合成高分子进行共混。在共混体系中，木质素除了发挥增强作用外，同时能提高材料的热稳定、抗光降解等性能。根据效果的差异及相容性的不同，主要可以分为两类：与极性聚烯烃的共混和与非极性聚烯烃的共混。

① 木质素与极性聚烯烃共混　木质素可以依靠与基体间分子氢键的作用力，与极性高分子聚合物共混，得到相容性较好的复合材料，并赋予材料某些特殊的性能。在聚烯烃中，PVC、PMMA 和 PVA 等属于极性高分子聚合物。

据报道，在木质素和 PVC 的共混体系中，木质素中的受阻酚结构可以捕获自由基而终止链反应，从而提高 PVC 的热稳定性，同时还极大地提高了 PVC 的抗紫外线降解性。木质素上的羰基和羟基能够分别与 PVC 的氢原子和氯原子之间产生强的相互作用，有利于力学性能的提高。对木质素进行羟丙基或己内酯衍生化，可以进一步提高它与含极性基团聚烯烃的相容性。己内酯修饰木质素可提高极性并得到星型结构的接枝共聚物，因此与 PVC 形成的共混物具有很好的相容性，出现单一玻璃化温度 T_g 且符合 Fox 方程。己内酯修饰的木质素以 10～30nm 的尺度分散在 PVC 基质中，使材料的杨氏模量和拉伸强度增加，而断裂伸长率降低。

由于 PVA 结晶度的不同，蔗渣碱木质素与不同醇解度 PVA 共混材料中两组分的相容性随 PVA 醇解度的下降而提高。通过热挤出的方式将阔叶木硫酸盐木质素与不同分子量的PVA 共混，低分子量的 PVA 可以任意比例与木质素共混纺丝得到复合纤维材料，随木质素用量的提高，PVA 的结晶度下降。根据硫酸盐木质素在丙酮中溶解性的不同，对其进行了分级处理，并以铸膜法与 PVA 共混得到复合膜材料，共混膜中木质素的质量分数最高可达25%，高酚羟基低羰基含量的级分可以形成更加均一的复合膜材料，且在紫外光照射后结晶指数不变，证明具有良好的抗紫外辐射性能。

② 木质素与非极性聚烯烃共混　含有大量极性官能团的木质素与非极性的 PE 和 PP 之间相容性不好，是导致复合材料性能不理想的主要原因。这可依靠木质素自身的改性或增容技术加以弥补。

PE-PP-木质素共混物以乙烯/丙烯酸共聚物为增容剂，同时使用钛酸酯，木质素最高含量可达 30%（质量分数），由此改善了材料力学性能并提高了击穿电压。应用催化接枝技术在熔融共混过程中增容材料，两相间的化学反应增进了界面间的相互作用并赋予材料更好的力学性能。在 PP-木质素共混物中加入 PP 接枝共聚物作为增容剂或加入环氧化木质素可促进组分间的相容性，特别是马来酸酐接枝 PP 能与木质素发生酯化反应，显示出更好的效果。等离子表面改性也是提高木质素与 PP 相容性的一种有效手段，可以在木质素及基体表面引入更多的活性基团，同时避免了常规化学反应时间过长的不足。

木质素的填充可显著改善 PP 的力学性能、抗老化性能、热稳定性、阻燃性能、导电性质和在光、热、氧下的降解行为，在提高力学性能方面优于碳酸钙或滑石粉等无机填充剂，并且材料的密度相对更低。

木质素的添加虽然提高了强度，但通常导致材料冲击强度的较大下降，在实际应用中需要添加适量的增塑剂来弥补。增塑剂中的羰基与木质素中的羟基作用，降低了木质素大分子间的结合力，经增塑的木质素玻璃转化温度均有一定下降，同时溶解度参数高的增塑剂如磷酸三苯酯更加适用。将增塑木质素与氯乙烯-乙烯乙酸酯共聚物进行共混，混溶性很好，共混物的力学性能与形态和木质素的粒径和分布有关。通常对材料添加 25%～40%（质量分数）木质素就导致材料变脆，但将木质素与聚乙酸乙烯酯共混，在两种增塑剂作用下，通过溶液流延法得到木质素含量可达 85%（质量分数）且力学性能良好的热塑性塑料，这是目前得到的最高木质素含量的材料。该塑料的拉伸强度和杨氏模量随木质素的重均分子量增加而增加，分别可达到 25MPa 和 1.5GPa，同时其玻璃化温度 T_g 为 29.9℃，接近室温，熔融指数测定表明，这种塑料完全适合挤出成型。

(2) 木质素填充橡胶

木质素是既有芳香环刚性的基本结构又有柔顺侧链、既有众多反应活性基团又有较大比表面积的微细颗粒状亚高分子物质，因而可替代炭黑而广泛地作为优良的补强剂填充改性橡胶。木质素的羟基可与橡胶中共轭双键的电子云形成氢键，还可以与橡胶发生接枝、交联等反应，从而表现出良好的补强能力，但应用中存在如何提高木质素与橡胶相容程度的问题。

目前，通过适当的改性方法和加工工艺，木质素在丁腈橡胶、天然橡胶、丁苯橡胶和溴化丁基橡胶等许多橡胶中，都已达到或明显超过炭黑的补强水平。表5-10反映了木质素和半补强炉法炭黑（SRF）在用量为0和27份（体积分数，相当于木质素36质量份和半补强炭黑50质量份）时对硫化胶力学性能的影响。从表5-10可以看到，木质素对NBR具有显著的补强作用，与炭黑相比，在提高硫化胶的扯断强度、撕裂强度和扯断伸长率等方面有明显的优势。

表5-10　木质素、半补强炭黑对NBR硫化胶力学性能的影响

补强剂	300%定伸强度/MPa	扯断强度/MPa	扯断伸长率/%	永久变形/%	撕裂强度/(kN/m)	邵氏硬度
未补强	1.4	4.3	623	2.0	10.3	45
SRF	6.3	14.5	580	9.2	30.0	62
木质素	5.7	20.0	730	17.1	42.0	62

橡胶基体与木质素相互之间作用力的强弱，是影响硫化胶模量的重要原因之一，因此对木质素进行化学改性以提高反应活性与分散性，是推动木质素在橡胶材料中广泛应用的有效方法。木质素填充橡胶，主要通过工艺改良和化学改性解决木质素在橡胶基质中的分散问题，同时利用木质素分子的反应活性构筑树脂-树脂、树脂-橡胶及橡胶交联的多重网络结构。相同类型的木质素，在橡胶基质中分布的颗粒尺度越小，与橡胶的相容性越高，则化学作用越多、补强作用越为明显。目前通常采用共沉、干混、湿混工艺将木质素填充橡胶，借助搅拌和射流装置，产生一定的剪切力细化木质素颗粒，同时借助水等小分子抑制木质素粒子间氢键导致的黏结。但是，分离过程将导致木质素物化性质的改变，而强的表面作用将导致木质素微细颗粒的团聚。因此，必须进行碱活化分散和化学改性以产生更加疏松的颗粒结构，有利于在混炼时剪切变细。通过动态热处理、羟甲基化等技术，可以实现木质素粒子在纳米尺度的分散，在橡胶中的相尺寸达到100~300nm。

相对于炭黑和其他无机填料，木质素上多种活性基团能够容易地进行各种衍生化反应，一方面可以扩链增加分子量以实现更好的增强作用，还能够形成与橡胶更相容的链结构以利于分散。例如，将木质素进行甲醛改性后，降低了由于酚羟基所引起的木质素分子自聚形成超分子微粒的趋势，提高粒子与橡胶基质的表面亲和力并促进了分散，而且还增强了木质素本体的强度。此外，利用木质素强的化学反应能力，利用醛和二胺将分散于天然橡胶中的木质素分子相互连接，伴随着化学交联和协同效应，在柔软的橡胶网络中形成了贯穿较完整、坚硬的木质素网络，热处理后可改善橡胶的力学、磨耗和撕裂性能，同时赋予材料优良的耐油和耐老化性能。

木质素填充橡胶的一个重要优势是可以有很高的填充量。以丁腈橡胶为例，填充量按体积计可达200份仍具有优良的综合性能，体积上相当于280份炭黑，可大幅度节省生胶的消耗量。

(3) 木质素共混聚酯/聚醚

木质素具有热塑性，可增塑得到热塑性塑料。除了常用的小分子增塑剂外，利用低相对分子质量的聚酯或聚醚同样可以达到增塑的目的，并给出力学性能优良的共混材料。

① 木质素与聚酯共混 聚对苯二甲酸乙二醇酯（PET）是其中一种有代表性的聚酯。Canetti 等研究了水解木质素和 PET 复合体系的形貌学及结晶动力学，结果证明木质素以几十纳米到几微米的粒径分散在 PET 基体中，分散良好，同时发现木质素在复合体中起到了成核剂的作用，加快了 PET 的结晶速率。

将牛皮纸木质素进行烷基化得到结构和拉伸行为与聚苯乙烯相似的衍生物。将该木质素衍生物与脂肪族聚酯共混，聚酯作为增塑剂能够有效地提高材料的伸长率，并且共混组分间具有很好的相容性。聚酯上的羰基与木质素上的羟基能够发生氢键作用，但实现聚酯最好的增塑效果的条件是两者之间的氢键作用要强度适中，因为适中的强度有利于增强聚酯-扁球状木质素超分子微区联系，相互作用太强将明显破坏超分子微区的结构，反而不利于材料的综合性能。

用马来酸酐接枝的聚己内酯作为增容剂，通过反应挤出得到聚己内酯/木质素共混物，所得材料具有较高的杨氏模量和较强的界面黏合，在 40%（质量分数）的木质素添加量时断裂伸长率超过 500%。此外，高含量的木质素作为无毒的生物稳定剂，提高了聚己内酯复合材料在户外的使用寿命。聚己内酯与木质素的共混物还能通过机械共混和溶液流延的方法制备，溶液流延易于使木质素组分在材料内均匀分散，并因分子间氢键而具有部分相容性，随着木质素含量的增加强度和伸长率下降而杨氏模量增加，含 25%（质量分数）木质素的材料具有最优的力学性能。

② 木质素与聚醚共混 牛皮纸木质素和有机溶胶木质素分别与聚醚-聚氧化乙烯（PEO）进行共混，两种分子之间形成的氢键作用见图 5-28。值得注意的是，在其他体系中，木质素分子上形成分子间氢键能力较差的酚羟基却与 PEO 链上的氧具有较强的氢键作用，因此在整个共混比例下都可得到相容的材料。在共混体系中，PEO 与木质素间的特征相互作用破坏了木质素的超分子结构，少量木质素作为成核剂增加了 PEO 的结晶微区的数目，但当木质素含量偏高时，PEO 结晶度和晶区尺寸下降。木质素的侧链起着内增塑剂的作用，而 PEO 则赋予了材料优良的热变形性质。整体来看，PEO 对木质素起到了增塑作用，虽然强度有所下降，但伸长率却从 $(0.6\pm0.1)\%$ 增加到 $(19.7\pm3.7)\%$，甚至在强度和伸长率方面均优于纯 PEO［参比 PEO 伸长率为 $(5.4\pm0.6)\%$］。

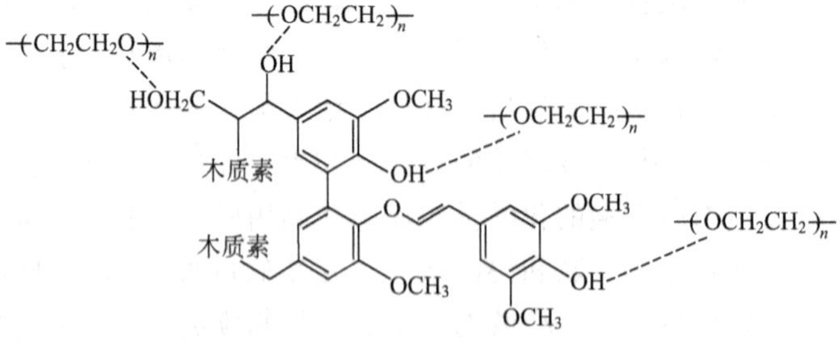

图 5-28 PEO 链上的氧与木质素分子上羟基的氢键作用示意

(4) 木质素复合天然高分子

尽管木质素是较稳定的芳香族高分子，但它依然具有可生物降解性。将它与其他天然高分子共混，可以得到具有良好生物降解性能的复合材料，且可以达到性能方面的互补。目前已有木质素与淀粉、纤维素、聚乳酸、大豆蛋白等原料制备复合材料的报道。

将木质素磺酸盐和牛皮纸木质素分别作为淀粉薄膜的填料，木质素磺酸盐对淀粉膜具有一定的增塑作用，两者间具有良好的相容性，但不能提高淀粉膜的耐水性；加入疏水性牛皮纸木质素后能改善淀粉膜的力学性能并且提高了耐水性，同时其小分子量级分起着增塑剂的作用。

聚乳酸（PLA）具备良好的生物相容性和降解性，是一种优良的天然高分子材料，木质素可与其直接共混。Li等将木质素填充聚乳酸，木质素的质量分数最高可达20%，两组分间具有较强的分子间氢键结合，虽然拉伸强度和断裂伸长率有所降低，但杨氏模量保持恒定，同时木质素的存在可加速聚乳酸的热降解。木质素也可以作为碳源以较高比例用于聚乳酸的膨胀阻燃体系。

大豆蛋白塑料是一种可完全生物降解的天然产物塑料，具有成本低、易加工、性能稳定、耐水性好等特点，而且使用后可用来增肥土壤或加工成动物饲料达到再利用。将工业木质素在甘油增塑剂的作用下通过熔融共混方法填充改性大豆蛋白塑料，热压成型得到一系列耐水性能提高的共混试片。适量木质素磺酸盐能同时提高大豆蛋白塑料的拉伸强度和伸长率，木质素磺酸盐含量30%（质量分数）时拉伸强度最大，而40%（质量分数）时伸长率最高。这主要因为共混体系内存在多个大豆蛋白分子束缚于多极性基团的木质素磺酸盐分子上，形成以木质素磺酸盐分子为中心的物理交联网络结构。该网络结构降低了吸水率并保持了材料的湿态力学性能，提高了耐水性。碱木质素在复合材料中显示出更明显的增强作用和耐水性，这分别来源于碱木质素的刚性和相对较高的疏水性。由碱木质素衍生化的羟丙基木质素凭借其伸展的支链，能够与大豆蛋白基质产生更多的联系和更强的相互作用，仅添加2%（质量分数）的羟丙基木质素就使大豆蛋白材料在保持伸长率的情况下拉伸强度提高1.3倍。随着羟丙基木质素含量的增加，羟丙基木质素聚集形成纳米尺度的超分子微区，值得注意的是氧化丙烯支链的空间排斥提供了可与其他聚合物链互穿的空间（图5-29）。将羟丙基木质素共混入大豆蛋白并用戊二醛交联、甘油增塑后热压得到具有纳米尺度微区的复合片材，可观测到约50nm的羟丙基木质素微区均匀分布在大豆蛋白基质中。复合材料的拉伸强度提高到23MPa，而断裂伸长率保持在20%左右。利用MDI（4,4-二苯甲烷二异氰酸酯）原位增容牛皮纸木质素填充的大豆蛋白体系，形成牛皮纸木质素-大豆蛋白共聚物和交联结构，增加了共混体系中组分间的缠结而提高了材料的伸长率，同时适度的交联有利于材料的增强。共聚物和适度交联网络的形成降低了材料的吸水率，同时共聚物和交联结构富集的微区成为促使力学性能提高的应力集中点。

木质素和纤维素、半纤维素在植物中共存，同时还与一些蛋白质发生结构作用，因此可以考虑将其与这些组分或其衍生物复合，期望得到仿生材料。虽然半纤维素与木质素在植物中共存，但是半纤维素与木质素的共混材料却呈现相分离的形态，通过添加木质素/碳水化合物的共聚物能在一定程度上提高它们的相容性。将纤维素衍生化，得到的产物也尝试用于与木质素共混形成多相材料，如羟丙基纤维素。此后，通过反应活性挤出，将纤维素乙酸酯及丙酸酯与木质素共混，得到的材料具有较高的强度和模量。通过对木质素酯化后分别与乙酸或丁酸纤维素形成的熔融和溶液共混物进行研究，发现木质素酯与纤维素酯之间均可发生酯交换反应，导致相界面间产生强烈的相互作用，使相区尺寸降到15~30nm。利用微晶纤维素对木质素磺酸盐-大豆蛋白共混物进行增强改性，加剧了体系内微相分离程度，并利用纤维素分子的刚性及其聚集的结晶区明显提高了材料的强度，纤维素微区与木质素磺酸盐/

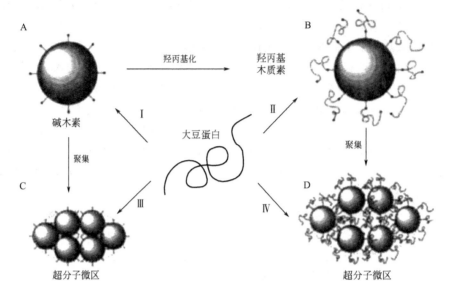

C对应碱木素、D对应羟丙基木质素的结构模型。木质素和超分子微区与大豆蛋白（SPI）的相互作用有如下情况：
Ⅰ—弱相互作用；Ⅱ—弱相互左右；Ⅲ—不能互穿；Ⅳ—互穿

图 5-29　碱木质素（A）和羟丙基衍生物（B）及对应的超分子微区

大豆蛋白混合物微区之间存在较强的黏结作用，抑制了大豆蛋白组分的溶胀，并进一步降低了吸水率。

5.5.3.3　木质素基纳米材料

（1）木质素纳米颗粒

与一般的木质素颗粒相比，纳米级木质素颗粒具有更大的比表面积。这一特点有利于让原来因为其芳香环及高度交联的三维网状结构所包围的一些官能团暴露在表面，增加木质素的活性。

木质素纳米颗粒加工不能与金属纳米加工相提并论，如果工艺要求粒度进一步减小，就涉及能耗加大、工艺复杂、设备要求更精密等问题，因此常常利用非机械的物理和化学方法使木质素达到纳米级数。造成木质素粒子难以分散和尺寸难以减小的主要原因是其分子间强烈的氢键作用，而且粒子越小，表面能越大，氢键的作用越强烈，木质素粒子就越易聚集。如果采用有效的方法将木质素中的羟基加以屏蔽，使木质素分子间的作用力完全或基本上只是范德华力，有利于进一步提高其分散水平。

木质素纳米颗粒已应用到了许多方面。利用纳米木粉和其他材料，可以形成新的木基材料，并形成纳米木基复合材料及其形成机理的新理论。木质素纳米微粒和高分子材料结构重组、仿生材料研究都将开创木材科学研究的新领域。将纳米木质素与磁性材料复合成木磁材料和木绝磁材料的研究将使得磁材料和绝磁材料生产成本大大降低；发光木材的开发也依赖木质素纳米技术的开发；利用高沸醇（HBS）木质素制备得到 HBS 木质素/纳米 SiO_2，这种复合材料可作为橡胶的补强剂用于乙丙橡胶，能显著提高胶料的断裂伸长率——从 165% 到 229%。除此之外，纳米木质素被用在亚麻织物中来阻挡紫外线也已见诸报道。Zimniewska 等将通过超声处理得到的纳米结构的木质素在整理工艺中填充到亚麻织物中，从而形成多功能且对人体健康有积极影响的纺织产品。添加的纳米木质素不仅能使织物具有抗紫外线功能，同时还有抗菌和抗静电的功能。

(2) 木质素纳米薄膜

由于木质素中含有较多的羟基、羰基和甲氧基，这些基团可以作为吸附点，所以木质素具有良好的吸附性能。此外，木质素是天然大分子，可降解，因此关于木质素基纳米薄膜降解性的研究也比较热门。

北卡罗来纳州立大学的 Jeong 等介绍了利用压电共鸣器来检测木质素纳米薄膜的降解过程。在这项研究中，他们测试了纤维素酶和漆酶在薄纤维素/木质素薄膜上的界面行为，研究了在纳米级木质素基体上酶活性的动力学。这一研究为木质素纳米薄膜提供了另一个表征方法，丰富了该领域的研究内容。

Constatino 等用醇有机溶剂-超临界 CO_2 方法溶解蔗糖渣，从中抽取木质素，并采用 Langmuir-Blodgett 方法制得超薄的薄膜，通过 II 2A 等温线研究了不同重金属离子对纳米结构的木质素薄膜灵敏度的影响。研究发现，当在次相中出现重金属离子时，因为金属离子间静电排斥作用，使得 II 2A 等温线向大分子区域移动。应用这一点，他们把 Langmuir 单层移动到固态基体上做成 Langmuir-Blodgett 膜，该膜可以作为"电子舌"系统的传感器来发现水溶液中含量很低的 Cu^{2+}。

碳膜作为一种新型的无机膜，不仅具有较高的耐高温、耐酸碱、耐化学溶剂的能力以及较高的机械强度，而且还具有比较均一的孔径分布和较高的渗透性和分离性能。由于碳膜具有这些优异的性能，近年来有了迅速发展，已经成为无机膜领域的重要组成部分。钟磊等介绍了应用甲醛、苯酚和木质素制得的酚醛树脂及进一步制膜、碳化得到不同木质素含量的碳膜的过程。通过固体核磁共振分析碳膜，发现碳膜依然有着非常明显的酚醛树脂的特征。SEM 扫描发现，随着木质素含量的不同，碳膜中孔洞的大小也随之发生变化。当木质素含量为 14% 时，碳膜中形成了分布紧凑的纳米级的微孔，直径在 80～830 nm 之间。这说明，木质素在其中既是碳膜的基体，又是碳膜中形成微孔结构的主要原因。之后对碳膜进行的亚甲基蓝溶液吸附性能测试，结果发现，该木质素基碳膜有着良好的吸附性能。

(3) 木质素纳米碳纤维

因为木质素的碳元素含量较高，可以作为原驱体用来制备碳素材料，因此在木质素纳米纤维研究方面，国内外研究人员着重研究了木质素纳米碳纤维。纳米碳纤维（CNFs）依其结构特性可分为纳米碳管即空心纳米碳纤维和实心纳米碳纤维。

目前已经发展成熟的制备纳米碳纤维的技术主要为气相沉积法（CVD）和静电纺丝法。CVD 法是在催化剂表面气相生长 CNFs，可制备出高纯 CNFs，但纳米级催化剂颗粒制备困难，一般颗粒直径较大。况且，反应之后，金属离子残留于纳米碳纤维中，难以完全除去，影响到纳米碳纤维的应用。静电纺丝技术是使高分子溶液或熔融体充电带高静电压作为一电极，另一电极连接在接地的收集网上，使纺丝口至收集网之间产生高静电场，当电场强度增加到静电引力足以克服高分子溶液或熔融体的表面张力时，金属尖端的带电流体会产生喷射现象，形成纳米纤维，而后进行高温碳化，形成碳纤维。该方法制备的纳米碳纤维纯净、连续，工艺简单，但是受设备的限制，难以低成本大批量制备。

5.5.3.4 裂解为低分子产品

木质素可以通过溶剂分解作用裂解为低分子量化学物质，如香兰素、二甲基硫醚（DMS）、二甲亚砜（DMSO）、苯和苯酚以及它们的同系物。香兰素不仅是香料，而且可用于药物合成，目前以木质素为原料制造的香兰素仍感供不应求。苯酚及其取代物可通过裂解、碱溶、氢解木质素得到，目前主要的缺点是产量低（一般单体苯酚低于 35%）和反应混合产物复杂。苯酚混合产物通过加氢脱烷基均化可使苯酚含量达到40%～50%，苯含量达到30%。

20世纪20年代，在欧美开始研究木质素和木质素磺酸盐的加氢裂解，然而由于石油化工的迅速发展，木质素加氢裂解在经济上不利，所以妨碍了以后的研究进展。石油危机以来，对木质素加氢裂解的研究热度再度高涨。在直通型反应釜中进行的氢裂解属木质素和生物质液化最有希望的发展，产生的低黏度稳定油类（含H组分约10%）共计70%，固体残余物的数量甚微。简单油类混合物中可以萃取苯酚、甲氧苯酚、二甲苯酚和其他酚类约计60%。萃取有用单体后的残余油类，可用传统原油的方法处理。

5.6 淀粉及其再生利用

5.6.1 淀粉概述

淀粉在自然界中分布非常广泛，是高等植物体内存在的一种资源丰富的天然高分子化合物，是绿色植物进行光合作用的产物，植物以叶绿素为催化剂，通过光合作用将二氧化碳和水合成葡萄糖，葡萄糖再经过各种生物化学反应，最终生成淀粉等多聚糖，从而将能量以碳水化合物的形式储藏在植物体内。在大多数高等植物的所有器官中都含有淀粉，这些器官包括叶、茎（或木质组织）、根（或块茎）、球茎（根、种子）、果实和花粉等。除高等植物外，在某些原生动物、藻类以及细菌中也都可以找到淀粉粒。

淀粉是一种储能物质，为人类和动物的主要食粮来源。更重要的是，淀粉也可作为基础工业的原料。与石油化工原料相比，淀粉具有价廉、可再生、可生物降解、污染小等特点，符合环境保护和可持续发展战略。因此，淀粉在农业、工业和科学技术等领域都一直受到人们的高度重视。目前广泛应用于工业生产的主要有玉米、木薯、马铃薯、小麦淀粉等，与淀粉工业相关的工业领域主要包括食品、造纸、医药、纺织、饲料、建筑、石油、化工、冶金及环保等。

淀粉作为一种可由生物合成的可再生资源，是取之不尽、用之不竭的有机原料，必将愈来愈受到人们的重视，淀粉及其深加工产品的开发与应用前景广阔、机遇无限。我国淀粉资源十分丰富，是世界第二大玉米生产国，因此在我们国家开展淀粉的深加工更有利于促进可再生资源的利用和农副产物的高值化。

5.6.1.1 淀粉的分类

天然淀粉又称原淀粉，就其分布而言，来源遍布整个自然界，其广泛存在于高等植物的根、块茎、籽粒、髓、果实、叶子等。淀粉的种类很多，一般按来源可分为以下几类：a. 谷类淀粉，主要包括玉米、大米、大麦、小麦、燕麦和黑麦等；b. 薯类淀粉，在我国以甘薯、马铃薯和木薯为主；c. 豆类淀粉，主要有蚕豆、绿豆、豌豆和赤豆等；d. 其他淀粉，在一些植物的果实（如香蕉、芭蕉、白果等）、基髓（如西米、豆苗、菠萝等）中含有淀粉。此外，一些细菌、藻类中也含有淀粉或糖原。

根据生产淀粉的植物来源命名或分类，可见到种类繁多的淀粉品种，如玉米淀粉、木薯淀粉、马铃薯淀粉、甘薯淀粉、小麦淀粉、稻米淀粉、高粱淀粉、绿豆淀粉、豌豆淀粉、蚕豆淀粉、藕淀粉、菱淀粉、百合淀粉、山药淀粉、葛根淀粉、蕨根淀粉等。但作为商业化生产的原料，淀粉原料一般仅局限在少数几个品种的范围内。以我国为例，目前玉米淀粉约占总产量的 80%，木薯淀粉占 14%，其他薯类、谷类及野生物淀粉占 6%。

5.6.1.2 淀粉的结构

淀粉是由 α-D-葡萄糖单元通过 α-(1,4)-D-糖苷键连接而成的聚合物，其化学结构式为 $(C_6H_{10}O_5)_n$，式中 $C_6H_{10}O_5$ 为脱水葡萄糖单元，n 为组成淀粉高分子的脱水葡萄糖单元的数量，即聚合度（简称 DP）。除 α-(1,4)-D-糖苷键外，淀粉中还含有一定量的 α-(1,6)-D-糖苷键。1940 年，瑞士 Merey 和 Schoch 首先发现淀粉由两种高分子组成，即直链淀粉（Amylose）和支链淀粉（Amylopectin）。直链淀粉和支链淀粉结构和性质具有明显的差异，直链淀粉可溶解于 70~80℃ 的热水中，而支链淀粉则不溶，借此特性可将二者区分开并测定出二者所占天然淀粉的比例。不同来源的淀粉，这两种组分的比例不同。

(1) 分子结构

① 直链淀粉　直链淀粉是一种线性高聚物，由 α-D-葡萄糖通过 α-D-糖苷键连接，含有大约 99% 的 α-(1,4)-D-糖苷键和 1% 的 α-(1,6)-D-糖苷键，其分子结构如图 5-30 所示。直链淀粉的分子量依据来源不同而差别很大，相对分子质量一般为 10^5~10^6，流体力学半径为 7~22nm。直链淀粉的聚合度（DP）一般在 100~6000 之间。根据计算，每个普通的淀粉颗粒约有 $1.8×10^9$ 个直链淀粉分子。但直链淀粉的大小、结构及其多分散性随植物来源不同而不同。

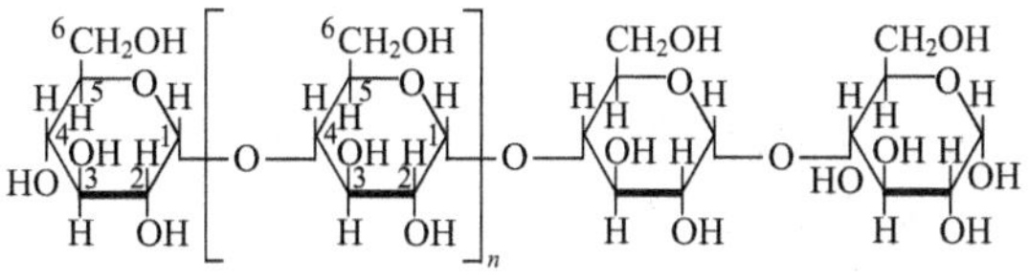

图 5-30　直链淀粉的结构

直链淀粉不是完全伸直的，如图 5-31 所示。它的分子通常为卷曲的螺旋形，每一螺旋圈有 6 个葡萄糖分子，每 6 个葡萄糖单元组成螺旋的一个螺距，在螺旋内部只有氢原子，羟基位于螺旋外侧。

最新研究结果表明，直链淀粉一般也存在微量的支化现象，分支点由 α-(1,6)-D-糖苷键连接，平均每 180~320 个葡萄糖单元有一个支链，分支点 α-(1,6)-D-糖苷键占总糖苷键的 0.3%~0.5%。

② 支链淀粉　支链淀粉的直链部分仍是由 α-(1,4)-D-糖苷键连接，而在其分支位置则由 α-(1,6)-D-糖苷键连接，如图 5-32 所示。其中，直链部分约有 1000 个葡萄糖单位，每隔 25~30 个单位有一分支，且每分支约含 20~30 个葡萄糖单位，各分支也为螺旋状。支链淀粉的相对分子质量要比直链淀粉大很多，高达 10^7~10^9，然而其流体力学半径却仅为 21~75nm，呈现高密度线团构象。

支链淀粉是一种高度支化的大分子，研究结果表明，分支点的 α-(1,6)-D-糖苷键占总糖苷键的 4%~

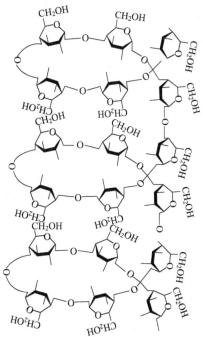

图 5-31　直链淀粉的螺旋形结构

5%，其主链和侧链的连接方式如图 5-33 所示。A 链以 α-(1,6)-D-糖苷键连接到 B 链上，而这一 B 链有可能与另一个 B 链相连，也可能连接到唯一的主链 C 链上。

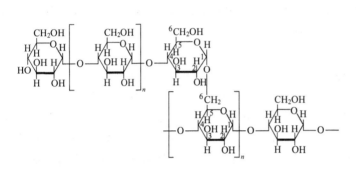

图 5-32 支链淀粉的结构

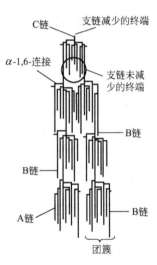

图 5-33 支链淀粉主链和侧链的连接方式

目前，自然界中尚未发现完全由直链淀粉构成的植物品种，普通品种的淀粉多由直链淀粉和支链淀粉共同组成，其中少数品种均由支链淀粉组成。不同品种淀粉的直链淀粉含量见表 5-11 所列。

表 5-11 不同品种淀粉的直链淀粉含量 单位：%

淀粉	含量	淀粉	含量	淀粉	含量
玉米	27	黏高粱	0	马铃薯	20
黏玉米	0	稻米	19	木薯	17
高直链淀粉玉米	>70	糯米	0	甘薯	18
高粱	27	小麦	27		

直链淀粉和支链淀粉在天然淀粉中的含量与淀粉的来源有关。从表 5-11 可以看出，普通的玉米淀粉仅含有 27% 的直链淀粉，而经人工特别培育的玉米品种，可获得含直链淀粉 70% 以上的"高直链淀粉"，从而可以通过在直链淀粉与支链淀粉的混合物中分离出直链淀粉用于特殊用途。天然淀粉中，支链淀粉含量较高，占 70%～80%，由表 5-11 所知，有的淀粉不含直链淀粉，完全由支链淀粉组成，如黏玉米、黏高粱和糯米淀粉等。

实验室分离提纯直链淀粉和支链淀粉的方法一般采用正丁醇法，即用热水溶解直链淀粉，然后用正丁醇结晶沉淀分离得到纯直链淀粉。

由于直链淀粉具有螺旋链结构，在一定条件下，它可以键合相当于它本身质量 20% 的碘而产生纯蓝色复合物，而支链淀粉的碘键合量不到 1%，由此用这种方法不仅可以区分直链淀粉和支链淀粉，还可以算出天然淀粉中直链淀粉的含量。

上述结构的差异决定了直链淀粉与支链淀粉具有不同的性质，二者的主要差别见表 5-12。

表 5-12　直链淀粉与支链淀粉的比较

项　　目	直链淀粉	支链淀粉
分子形状	直链分子	支链分子
聚合度	100~6000	1000~3000000
尾端基	一端为非还原尾端基,另一端为还原尾端基	分子具有一个还原尾端基和许多个非还原尾端基
碘着色反应	深蓝色	红紫色
吸附碘量/%	19~20	<1
凝沉性质	溶液不稳定,凝沉性强	溶液稳定,凝沉性很弱
络合结构	能与极性有机物和碘生成络合结构	不能与极性有机物和碘生成络合结构
X 射线衍射分析	高度结晶	无定形
乙酰衍生物	能制成强度很高的薄膜	制成的薄膜很脆弱

(2) 淀粉颗粒的结构模型

早在 1895 年，A. Meyer 在《淀粉颗粒的研究》一书中提出了淀粉颗粒的结构模型，这是最早的淀粉颗粒模型。1969 年 Nikuni 根据直链淀粉分子是和支链淀粉结合而存在的设想提出淀粉粒的单分子主张 [图 5-34 (a)]。1984 年 D. R. Lineback 在此基础上稍稍改进 [图 5-34 (b)]，他主要是基于支链淀粉分子为"簇"的概念，而直链淀粉则随机或呈螺旋结构而存在，这取决于颗粒中的脂类物质，因为大多数谷类淀粉存在着这类物质。而 Oostergetel 和 Van Bruggen 认为：结晶区由连续的超分子螺旋结构的支链淀粉组成，螺旋结构中有许多空隙，可以容纳直链淀粉分子。一般认为，直链淀粉单链也容易形成双螺旋结构，这些双螺旋又通过氢键和范德华力得到稳定，最后形成 A 型或 B 型结构，它取决于键长和水分含量。尽管支链淀粉的分支有时出现在无定形区，但科学家发现支链之间极易形成双螺旋结构。

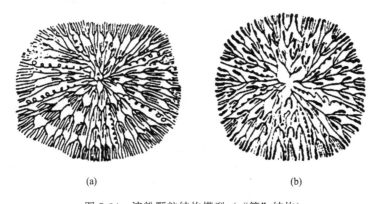

图 5-34　淀粉颗粒结构模型（"簇"结构）

1997 年，Gallant 等提出淀粉颗粒中有晶体（坚固的壳体）颗粒状结构物（blocklets），根据不同的淀粉类型及在颗粒中的定位，其直径范围为 20~500nm（图 5-35），这种结构与半晶体（软壳体）小颗粒状结构物（20~50nm）交替出现。小颗粒（约 9nm 厚）又由交替出现的晶型和非晶型层组成。非晶型层中非晶型物质呈正切线状 [主要是 α-(1,6) 分支点处] 和辐射状（在支链淀粉簇内）。据原子力显微镜观察，这种 blocklets 具显著的非对称性结构，轴比为 2:1 或 3:1，在豌豆淀粉粒中最大长度在 130~250nm，马铃薯淀粉粒中 20~50nm，玉米淀粉粒中 10~30nm。blocklets 结构在形状上相似，但其尺寸与植物来源有关，同种植物淀粉中的尺寸尽管不尽相同，但基本类似，blocklets 在淀粉粒中以连续状态存在，尺寸未必与淀粉粒尺寸及生长环或无定形环的厚度有关，在无定形环中可能有"缺陷"，并且组装得较为松散，有的以复合体存在，生长环和无定形环并不总是连续的。然而由于从淀粉粒中分离出 blocklets 的方法至今还没有建立，有关其内部结构还不是十分清楚。

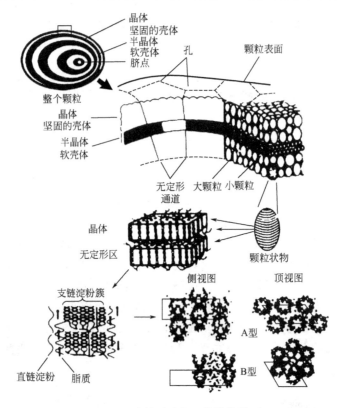

图 5-35　淀粉颗粒的整体结构模型

5.6.1.3　淀粉的性质

（1）基本组成

淀粉颗粒是由多种成分组成的混合物，每种成分的含量因原料的不同而异，表 5-13 列出了玉米、甘薯、木薯等淀粉的主要组成。

表 5-13　淀粉的主要组成

品　种	水分(20℃,相对湿度65%)	类脂物(干基)	蛋白质(干基)	灰分(干基)	磷(干基)
玉米淀粉	13	0.8	0.35	0.1	0.015
马铃薯淀粉	19	0.05	0.06	0.4	0.08
木薯淀粉	13	0.1	0.1	0.2	0.01
小麦淀粉	14	0.8	0.4	0.15	0.06
甘薯淀粉	13			0.1	

（2）物理性状

淀粉为白色粉末，具有很强的吸湿性和渗透性，水能够自由地渗入淀粉颗粒内部。淀粉颗粒不溶于一般的有机溶剂，但可溶于二甲亚砜。淀粉的热降解温度为 180～220℃，比热容为 1.25～1.84kJ/(kg·K)。淀粉的密度随含水量的不同略有变化。通常干淀粉的密度为 1.52g/cm^3。表 5-14 列出了几种植物淀粉颗粒的物理性质。

表 5-14 几种植物淀粉颗粒的物理性质

性　　质	小麦淀粉	玉米淀粉	大米淀粉	土豆淀粉	木薯淀粉
颗粒大小/μm	20～35	5～25	3～8	15～100	15～25
直链淀粉含量/%	23～28	24～28	14～25	20～24	约17
密度/(g/cm^3)	1.65	1.50	1.48～1.51	1.62	—
结晶度/%	36	39	38	25	—
凝胶温度/K	325～336	335～345	334～350	329～339	331～343
凝胶焓/(kJ/mol)	2.0	2.8～3.3	2.3～2.6	3.0	2.7
熔点/K	454	460	—	441	—
熔化焓/(kJ/mol)	52.7	57.7	—	59.8	—
比表面积/(m^2/g)	0.51	0.70	1.04	0.11	0.28

(3) 玻璃化转变温度

玻璃化转变温度 (T_g) 是非晶态高聚物的重要特征,它反映分子链段开始运动的温度。一般高聚物难以形成100%的结晶,因此总有部分非晶区存在,即存在对应的玻璃化转变。淀粉作为半结晶聚合物,也具有玻璃化转变温度。高聚物发生玻璃化转变时,许多物理性质必然发生急剧变化,例如比体积、折射率、形变、比热容等。淀粉受热时的物理化学变化包括糊化、熔融、玻璃化转变、结晶、晶型的转变、体积膨胀、分子降解等,比一般的高聚物要复杂得多,因而会导致测试结果的不一致性。虽然淀粉 T_g 的测量结果不尽相同,但水分含量对 T_g 有着重要影响却是毋庸置疑的。由于淀粉存在很强的分子内和分子间氢键,致使 T_g 高于热降解温度,因此无法通过实验得到纯淀粉的玻璃化转变温度 T_g。在淀粉中加入水,可以明显降低 T_g,水对淀粉具有很好的增塑作用。虽然水是一种增塑剂,但是它具有挥发性,水分含量的轻微变化会导致玻璃化转变行为的较大改变。因此,常使用低挥发性的增塑剂与水混合使用,比如甘油、乙二醇、聚乙烯醇和山梨醇等。在淀粉/水/甘油三元共混物材料中,淀粉具有两个玻璃化转变温度,这是由于共混体系的微观相分离,从而导致对应于富甘油区的 T_{g1} 和富淀粉区的 T_{g2}。

(4) 溶解度

淀粉的溶解度是指在一定温度下,在水中加热30min后,淀粉的溶解质量分数。天然淀粉几乎不溶于冷水,而且其在水中的溶解度随温度的升高而增加。同时,晶型的不同对淀粉的溶解行为也有影响。

(5) 吸水性

由于淀粉分子中存在大量的羟基,羟基与水分子间相互作用形成氢键,这使得淀粉亲水,但是并不溶于水,而且在空气中淀粉吸水却不显干燥。另外,淀粉的吸水是一个有限的可逆过程,在可逆吸水有限膨胀范围内,一般淀粉吸水都能超过30%。

(6) 膨胀力

膨胀力是在一定温度下在水中加热30min后,淀粉体积相对于原体积的倍数。各类淀粉中马铃薯淀粉的膨胀能力最强,最大达1153,小麦淀粉仅21。

(7) 红外光谱

淀粉分子的特征红外吸收峰归属为:位于3500～3300cm^{-1}处的—OH伸缩振动峰,1263cm^{-1}(V型结晶)、1254cm^{-1}(B型结晶)处的—CH$_2$OH弯曲振动峰,以及946cm^{-1}(V型结晶)、936cm^{-1}(B型结晶)处的—CH$_2$—振动峰。

(8) 显色反应

淀粉一个最重要的性质就是遇碘变蓝色的显色反应,这能表征淀粉的存在与否,但并不是所有的淀粉都有这个显色反应，只有当淀粉的聚合度大于 45 的时候才显蓝色，低于 45 会显示不同的颜色（表 5-15）。

表 5-15　淀粉的显色反应

DP/APG	螺旋圈数/个	颜色	DP/APG	螺旋圈数/个	颜色
6～8		无色	20～30	3～5	红色
9～12		黄色	30～45	5～7	红紫色
12～15	2	黄褐色或淡红色	>45	>7	蓝色

（9）糊化

淀粉在加热和大量水存在下半结晶性消失，即发生糊化，又称为 α 化。糊化是淀粉的基本特性之一。通常，把淀粉分散在纯水中，搅拌制成乳白色不透明的淀粉乳悬浮液，再对体系进行缓慢加热，使之糊化。淀粉颗粒由吸水溶胀到完全糊化可分为三个阶段：第一阶段，加热初期（低于 50℃），颗粒吸收少量水分，在无定形区域发生膨胀，其体积膨胀较少，颗粒表面变软并逐渐发黏，但没有溶解，水溶液黏度也没有增加，此时若脱水干燥后仍为颗粒状态；第二阶段，随着温度升高到一定程度（如 65℃，随淀粉来源而定），淀粉颗粒急剧膨胀，表面黏度大大提高，淀粉开始糊化，由于有少量淀粉溶解于水中，因此溶液的黏度也开始上升，此时的温度称为淀粉糊化的开始温度；第三阶段，随着温度继续上升至 80℃以上，淀粉颗粒增大到数百甚至上千倍，大部分淀粉颗粒逐渐消失，体系黏度逐渐升高，最后变成透明或半透明淀粉胶液，这时淀粉完全糊化，处于这种状态的淀粉通常被称为 α-淀粉。

淀粉结晶受热后发生糊化的温度，称为糊化温度，也称为胶化温度。糊化温度是淀粉的一个重要指标，不同的淀粉有不同的糊化温度和范围，表 5-16 列出了部分淀粉的糊化温度。

表 5-16　淀粉的糊化温度

淀粉品种	糊化温度范围/℃			淀粉品种	糊化温度范围/℃		
	开始	中点	完结		开始	中点	完结
玉米	62.0	67.0	70.0	小麦淀粉	59.5	62.5	64.0
大米	68.0	74.5	78.0	木薯淀粉	52.0	59.0	64.0
马铃薯淀粉	65.0	71.0	77.0				

淀粉糊化使得淀粉失去 X 射线衍射现象和光学结晶性，糊化的本质就是水分子进入淀粉粒中，结晶相和无定形相的淀粉分子之间的氢键断裂，破坏了淀粉分子间的缔合状态，分散在水中成为亲水性的胶体溶液。

糊化后的淀粉"溶液"并不是真正的溶液，是混杂着不完全崩溃的淀粉粒、溶解状态的支、直链淀粉和部分机械性破坏的粉粒碎片等的不均匀体系。淀粉糊化后黏度大为增加，冷却时由于分子聚集形成交联网络，抵抗变形的能力增加，糊保持流动或形成一种半固体或固体凝胶，显示出相当的保持形状的力量。不同品种的淀粉糊化后，糊的性质，如黏度、黏韧性、透明度、抗剪切力及凝沉作用等都存在着差别。淀粉制造和使用者为了判断淀粉的品质和应用中的流动行为，需要测定和了解淀粉糊的这些性质。表 5-17 中列出了部分不同品种淀粉糊的性质。

由于淀粉颗粒本身的结构比较复杂，影响淀粉糊化温度的因素很多，如下所述。

表 5-17　淀粉糊的主要性质

糊性质	玉米淀粉	马铃薯淀粉	小麦淀粉	木薯淀粉
蒸煮难易	慢	快	慢	快
蒸煮稳定性	好	差	好	差
峰黏	中等	高	中等	高
老化性能	很高	低	高	低
冷糊稠度	短,不凝固	长,成丝	短	长,易凝固
凝胶强度	强	很弱	强	很弱
抗剪切性	低	差	中低	差
冷冻稳定性	差	好	差	稍差
透明性	差	好	模糊不透明	稍差

① 淀粉颗粒的大小和直链淀粉的含量　一般说来，小颗粒淀粉内部结构紧密，糊化温度比大颗粒高。直链淀粉分子间结合较强，故直链淀粉含量高的淀粉比含量低的淀粉难糊化。

② 电解质　如氢氧化钠等电解质可以破坏分子间氢键，因而可促进淀粉的糊化。

③ 非质子有机溶剂　二甲基亚砜、盐酸胍、脲等在室温或低温下可以破坏分子氢键促进淀粉糊化。

④ 物理因素　如强烈研磨、挤压蒸煮、γ射线等物理因素也能使淀粉的糊化温度下降。

⑤ 化学因素　经酯化、醚化等化学变性处理，在淀粉分子上引入亲水基团，使淀粉糊化温度下降。

(10) 老化

淀粉保存一定时间会发生老化，这是淀粉另一个重要的性质。一般来说，淀粉稀溶液或者淀粉糊在低温下静置一定时间，浑浊度增加，溶解度减少，在稀溶液中会有沉淀析出，如果是高浓度的淀粉糊，就会变成凝胶体，相反，如果体系的浓度较小，就会变成溶胶体，这种现象称为回生（或老化）。回生的本质是糊化的淀粉分子在温度降低时由于分子运动减慢，直链淀粉分子和支链淀粉分子的分支都回头趋向于平行排列，互相靠拢，彼此以氢键结合，重新组合成零乱的混合微晶束。影响回生的因素有很多，包括支链淀粉-直链淀粉比例、分子链的大小、水分、温度、冷却速度、pH值、各种无机离子及添加剂等。另外，防止回生可以通过快速冷却干燥或加乳化剂完成。

5.6.2　淀粉的深加工利用

天然淀粉只是各类淀粉植物的初级产品，为了进一步提高经济效益，还应该对淀粉进行深加工利用，以提高淀粉产品的附加值，从而更为合理地利用资源。

据统计，用淀粉和淀粉质原料可以生产包括 20 多个门类的 2000 多种产品。图 5-36 列出了玉米淀粉深加工的工业化产品种类。

5.6.2.1　变性淀粉

(1) 变性淀粉的基本概念

在淀粉深加工产品中，有一大类非常重要的产品——变性淀粉。所谓变性淀粉（也称改性淀粉或淀粉衍生物）是指天然淀粉经物理、化学、生物等方法处理改变了淀粉分子中的某些 D-吡喃葡萄糖单元的化学结构，同时也不同程度地改变天然淀粉的物理性质和化学性质，经过这种变性处理的淀粉通称为变性淀粉。变性的目的有：提高淀粉糊的稳定性，改善糊的黏度、糊化温度，赋予淀粉离子亲和性或亲油亲水性等。

```
                ┌ 变性淀粉 ┬ 抗消化淀粉、预糊化淀粉、糊精、酸变性淀粉、氧化淀粉、交联淀粉、酯化淀粉
                │          └ 醚化淀粉、两性淀粉、复合变性淀粉、接枝淀粉、多孔淀粉
                │          ┌ 麦芽糊精
                │          │ 固体葡萄糖(口服葡萄糖、结晶葡萄糖、工业葡萄糖、全糖粉)
                │          │ 液体葡萄糖(低DE值糖浆、中DE值糖浆、高DE值糖浆)
                │          │ 麦芽糖(饴糖浆、高麦芽糖浆、超高麦芽糖浆、固体麦芽糖浆)
                │  淀粉糖 ─┤ 果葡糖(42%果葡糖、55%果葡糖、90%结晶果糖)
                │          │ 糖醇(麦芽糖醇、甘露糖醇、赤藓糖醇、山梨糖醇、氢化淀粉糖醇)
                │          │ 低聚糖(麦芽低聚糖、异麦芽低聚糖、海藻糖)
                │          │ 葡萄糖衍生物(葡萄糖苷)
                │          └ 全糖粉
          淀粉 ─┤ 淀粉多糖 ┌ 黄原胶、环糊精、普鲁兰、聚羟基丁酸
                │          └ 透明质酸、结冷胶
                │          ┌ 黄原胶、环糊精、普鲁兰、聚羟基丁酸、透明质酸、结冷胶
                │          │ 酒精(食用酒精、工业酒精、燃料酒精、医用酒精)
                │          │ 有机酸(柠檬酸、乳酸、苹果酸、衣康酸、琥珀酸、葡萄糖酸、丁二酸、富马酸)
                │ 发酵产品 ┤ 氨基酸(谷氨酸及味精、赖氨酸、色氨酸、苏氨酸、精氨酸)
                │          │ 醇酮类(甘油、丁醇、1,3-丙二醇、乙二醇、丙酮、甲乙酮)
                │          │ 抗生素及维生素(青霉素、红霉素、灰黄霉素、结霉素、维生素B、维生素C)
                │          │ 酵母(食用酵母、饲料用酵母、活性干酵母、药用酵母)
                │          └ 酶制剂(淀粉酶、糖化酶、脂肪酶、蛋白酶、葡萄糖酶、纤维素酶、果胶酶等)
                └淀粉高分子树脂┌高吸水性树脂、聚乳酸、淀粉热塑性树脂、淀粉醇酸树脂、淀粉聚醚树脂
                               └淀粉聚氨酯树脂、聚谷氨酸、聚丁二酸丁二醇酯
```

图 5-36 玉米淀粉深加工的工业化产品

变性淀粉的生产历史从1811年柯乔夫（Kirchoff）创立酸水解技术，西欧1840年制造出淀粉胶开始，到了19世纪后半叶又生产出糊精等，这些奠定了变性淀粉的生产基础。20世纪初可溶性淀粉开始被应用，同时 α-淀粉在荷兰工业化生产，但大部分变性淀粉工业化是1940年始于荷兰和美国。20世纪50年代，羟乙基淀粉、阳离子淀粉以及直链淀粉等分离成功，60~70年代出现了以接枝共聚的方法改性淀粉，这些都促进了变性淀粉工业的发展。我国变性淀粉于20世纪60年代生产白糊精，70年代有了氧化淀粉、酸变性淀粉，80年代初变性淀粉的研究才得到科技界的重视。

目前，世界上变性淀粉年产量近600万吨，主要集中在欧美等发达国家和地区，亚洲的日本、泰国和中国也是变性淀粉的主要生产国。按人均计算，世界年人均消费量为0.95kg左右，美国年人均消费量为10kg左右。我国年产变性淀粉45万吨（食品用变性淀粉约5万吨；食品、饲料用预糊化淀粉约7万吨；医用、食品包装黏结剂用变性淀粉约8万吨），年人均消费量为0.35kg，远低于世界平均水平，更低于美国人均消费水平。由此可见，在我国变性淀粉还有很大的发展空间。另一方面，随着我国经济增长，工业产品规模不断扩大，对变性淀粉的需求量也将不断增加。此外，作为广泛用于各行各业的功能性原材料，变性淀粉对于各行各业降低生产成本、提高产品质量和档次、研制开发新产品起到十分重要的作用，被一些国家称为"朝阳工业"或"黄金产业"，并跨入高科技领域。

(2) 变性淀粉的分类

变性淀粉的分类，一般是按变性处理方法来进行的，可分为如下几种。

① 物理变性淀粉　物理变性淀粉是指通过物理方法处理后得到的淀粉基产品，处理过

程没有发生化学反应。如预糊化（α化）淀粉、糊精，γ射线、超高频辐射处理淀粉、机械研磨淀粉、湿热处理淀粉等。

② 化学变性淀粉　化学变性淀粉是利用淀粉分子中醇羟基的活性与有关化学试剂进行酯化、氧化、交联、醚化等反应而得到的淀粉基产品。组成淀粉的脱水葡萄糖单位绝大多数具有三个游离醇羟基，即 C_6 伯醇羟基、C_2 和 C_3 仲醇羟基。淀粉分子中的这些羟基，只要其中有少数发生化学反应便能改变淀粉的性质，如糊化温度、黏度、稳定性、成膜性、凝沉性等，还能使淀粉具有新的功能团，带上负电荷或正电荷等。

化学变性主要有两大类：一类是使淀粉相对分子质量下降，如酸解淀粉、氧化淀粉等；另一类是使淀粉相对分子质量增加，如交联淀粉、乙酰化淀粉、醚化淀粉、接枝共聚淀粉等。

化学变性的反应程度用平均每个脱水葡萄糖单位中羟基被取代的数量表示，称为取代度（Degree of Subtitution），用英文缩写 DS 表示。淀粉中大多数 D-吡喃葡萄糖基上有 3 个可被取代的羟基，所以 DS 的最大值为 3，其计算公式如下：

$$DS = \frac{162w}{100M - (M-1)w}$$

式中　w——取代基质量分数，%；

　　　M——取代基相对分子质量。

当取代基进一步与试剂反应产生聚合取代物时，要用分子取代度（Molar Subtitution，MS）表示，即平均每个脱水葡萄糖单位结合的试剂分子数，MS 可大于 3。

工业上生产的重要变性淀粉几乎都是低取代的产品，取代度一般在 0.2 以下，即平均每 10 个葡萄糖基有 2 个以下被取代，也就是平均每 30 个羟基中有 2 个以下羟基被取代，反应程度很低。也有高取代产品，如取代度为 2～3 的淀粉乙酸酯，但未能大发展。这种情况与纤维素不同，工业上生产的纤维素乙酸酯多为高取代衍生物。

DS 和 MS 的含义与区别如图 5-37 所示。

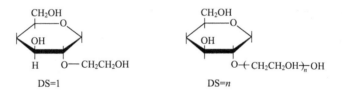

图 5-37　DS 和 MS 的区别

取代度表示平均反应程度，不能表示淀粉衍生物的不同结构。由于确定衍生物结构的工作较复杂，所以工业生产上很少用取代度控制化学反应，一般是通过分析产品性质的变化程度来控制反应。如变性目的是降低糊黏度，则分析黏度的变化，当达到要求时即停止反应。

③ 酶法变性（生物改性）淀粉　酶法变性（生物改性）淀粉是指通过生物方法处理得到的变性淀粉，如 α-环糊精、β-环糊精、γ-环糊精、麦芽糊精、直链淀粉、抗性淀粉、酶转化淀粉、多孔淀粉等。

④ 复合变性淀粉　复合变性也是常用的变性方式，即先后用两种不同化学试剂处理淀粉，得到的变性淀粉兼有两种单一变性淀粉的优良性质。例如：先进行交联反应，然后再对交联淀粉产品进行酯化或醚化处理，得到的产品具有较高的抗高温、耐剪切和对酸碱稳定等优良品质。采用两种或两种以上改性处理方法所得到的产品即为复合变性淀粉，如氧化交联

淀粉、交联酯化淀粉等。

在对原淀粉进行变性处理的不同方法中，物理方法主要用于生产预糊化淀粉，酶法主要用于生产糊精，这两种方法所生产的产品品种有限。化学方法由于是利用化学试剂与淀粉进行反应，因而利用不同的化学试剂可制得不同的变性淀粉产品。化学方法变性是目前工业应用中主要的方法，据保守估计，化学改性占变性淀粉产量的90%以上。

(3) 变性淀粉生产的工艺

变性淀粉的生产方法主要有湿法生产工艺和干法生产工艺。选择变性淀粉的生产方法应该依据生产品种及品种的多少、生产规模、装备水平等因素综合考虑。原则上讲多品种、大规模生产应当以湿法为主，单一品种、大规模生产应以干法为主，投资不大的小规模装置则十分灵活。一般来说，生产品种和品种的多少是选择何种生产方法的先决条件。

① 湿法生产工艺　湿法也称为浆法，是将淀粉分散在水或其他液体介质中，配成一定浓度的悬浮液，在中等温度条件下与化学试剂进行氧化、酸化、酯化、醚化、交联等改性反应，生成变性淀粉。由于是在湿的条件下进行反应，所以称湿法。在此过程中，淀粉颗粒始终处于非糊化状态。如果采用的分散介质不是水，而是有机溶剂或含水的混合溶剂时，为了区别水又称为溶剂法，其实质与湿法相同。由于有机溶剂价格昂贵，又易燃易爆，回收困难，只有在生产高取代度、高附加值产品时才使用。

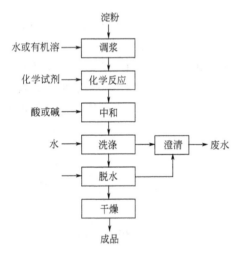

图 5-38　湿法生产变性淀粉的主要过程

由于变性淀粉产品的种类繁多，各企业的生产设备与工艺流程有很大区别。生产规模大的企业自动化水平高，设备与工艺流程也很复杂，反之则简单。总的来看，变性淀粉的湿法工艺主要过程如图5-38所示。

② 干法生产工艺　淀粉干法是在"干"的状态下完成变性反应的，所以称为干法。所说的"干"的状态并不是没有水，因为如果没有水（或有机溶剂）存在，变性反应是无法进行的。在干法生产工艺中，原淀粉含水一般为20%左右，整体反应过程处于相对干的状态。干法生产工艺流程见图5-39。

干法的优点是节省了湿法必用的脱水与干燥过程，可节约能源，降低生产成本且无污染。但也存在缺点，即淀粉与化学试剂混合不均匀，反应不充分，只能生产少数几种产品，如黄糊精、白糊精、酸降解淀粉和淀粉磷酸酯等。其中产量最大、应用最普遍的是白糊精、黄糊精及酸降解变性淀粉。由于干法生产的黄糊精、白糊精及酸降解淀粉等产量大、应用范围广，加之干法是一种很有前途的方法，特别是随着干法生产的不同深度的酸降解淀粉的广泛应用和干法生产变性淀粉品种的增加，干法生产将越来越引起人们的重视。

图 5-39　变性淀粉干法生产工艺流程

③ 干法与湿法的比较　干法和湿法是变性淀粉生产中最常采用的方法，各有自己的优缺点。

a. 湿法应用普遍，几乎任何品种的变性淀粉都可以采用湿法生产。干法则仅仅适用于生产少数几个品种，如糊精、酸降解淀粉、磷酸酯淀粉等，尽管产量不小，但品种不多。

b. 湿法生产的反应条件温和，反应温度不高于60℃，压力为常压。干法反应温度高，通常为140~180℃，有的要在真空条件下进行反应。

c. 湿法反应时间长，一般为24~48h；干法反应时间短，一般为1~4h。

d. 湿法生产流程长，要经洗涤、脱水、干燥等几道工序；干法流程短，无须进行洗涤、脱水、干燥等工序，因此干法生产成本低。

e. 湿法收率低，一般为90%~95%；干法几乎没有损失，收率多在98%以上。

f. 湿法耗水，有污染，通常每生产1t变性淀粉可产生3~5m^3污水；而干法则不使用水，也没有污水排放。

g. 湿法反应器结构简单，可以采用搪瓷、玻璃钢和钢衬玻璃钢，反应器可以做成较大的，最大可达70m^3。干法反应器结构比较复杂，需用特殊材料制造，反应器的体积不能太大，最大不超过10m^3。

(4) 影响变性淀粉性能的因素

① 原料状况　包括植物来源、淀粉物理形态、直链与支链淀粉的比例或含量、分子聚合度分布范围、缔合成分（蛋白、脂肪酸、磷化合物）；淀粉原料质量（蛋白含量、黏度、pH值、大肠杆菌含量等）；水质指标；化学试剂纯度。

② 变性情况　变性的类型（酯化、醚化、氧化、接枝共聚等）、取代基的性质（乙酰基、羟丙基、胺基等）、取代度（DS）或分子取代度（MS）大小。

③ 工艺条件

1) 温度。变性反应的温度是根据反应介质、原料及产品性能来确定的。干热法生产糊精类产品所需温度在110℃（白糊精）至180℃（黄糊精）。而在水介质中，变性反应的温度一般不超过50℃。

2) 机械剪切。淀粉糊在搅拌或管路输送时可发生剪切作用，当剪切力超过一定范围时，会影响到变性淀粉生成物的性质。

3) pH值。pH值波动大小直接影响产品质量和化学试剂的有效利用率。通过微机智能控制系统可准确控制工艺过程，效果较好。

④ 变性反应后处理控制　包括洗涤、过滤、干燥、包装等工序的控制。

(5) 变性淀粉的应用领域

① 变性淀粉在造纸工业中的应用　变性淀粉在造纸工业使用的目的：一是改善造纸工艺，提高纸的内在性能（如机械性能，助留、助滤性能等）；二是提高纸的质量（如印刷质量等）。

变性淀粉应用于造纸工业的主要作用如下：用于湿部添加；用于层间喷涂可增加纸张强度，提高纸机速度；用于纸张的表面施胶能改善施胶效果，节约施胶剂用量；当涂料涂布于纸面后，变性淀粉作为胶黏剂使颜料与纸纤维牢固结合，可提高纸张的印刷性能；用于纸制品的黏合剂具有黏结力强、成本低、对环境污染轻等特点，如纸箱黏结剂等。

② 变性淀粉在石油工业中的应用　近年来，淀粉作为油田化学剂中的水溶性聚合物，已经被用于石油钻井液、压裂液和油气生产的多种场合。这些不同场合要求的聚合物功能往

往是多样的，它们区别很大，以致大多数聚合物只具有一种主要的使用目的，只有少数几种聚合物能够胜任两种以上的功能。

淀粉具有增稠、凝胶、黏结与成膜等性能；通过改变淀粉的特性，可人为提高或抑制原有的某些性能，或赋予它以新的特性，因而是具有多种功能的水溶性聚合物之一。又因原料来源丰富且价格便宜，在石油工业应用中占有油田化学剂中水溶性聚合物的一定比例。

淀粉在石油工业中最早的应用是钻井液方面。在钻井作业中淀粉及其衍生物如预凝胶淀粉、羧甲基淀粉、羟丙（乙）基淀粉、磺化淀粉、接枝共聚产物和磷酸酯氧化淀粉等用作钻井液的降失水剂。

在压裂液中，利用淀粉及变性产品的吸水膨胀和在一定条件下降解的特性，用作可降解低伤害的降滤失剂。由特殊工艺变性的淀粉，能够与硼离子等交联成有一定黏弹性的冻胶，为其在压裂液增稠剂方面的应用开创了新领域。

淀粉和合成聚合物的接枝共聚物以及由淀粉开发的微生物聚合物，在堵水调剖和强化采油等提高采收率方面也有应用。

③ 变性淀粉在纺织工业中的应用　纺织工业用变性淀粉第一代为酸解淀粉、氧化淀粉等淀粉轻度降解物，这些产品的主要作用是使浆液黏度降低，增加其流动性。纺织工业用的第二代变性淀粉有交联淀粉、淀粉醚、淀粉酯和阳离子淀粉，这些产品具有良好的亲水性、黏度稳定性、分散性而且易于退浆，对于纤维的渗透性、黏附性均较好，适用于多种纱线包括棉纱、混纺的上浆。当然由于淀粉本身的限制，目前多采用变性淀粉与PVA（聚乙烯醇）混合使用制成浆料，即用变性淀粉部分取代了以往纯的PVA浆料，由于变性淀粉价格远低于PVA，且易于退浆，因此受到纺织厂的欢迎。酸变性淀粉用于棉、黏胶纤维，或合成纤维混纺浆纱，黏度低，能配制高浓度浆料，渗透力强，成膜性好，水溶性高，又易于退浆，也应用于织物整理。

④ 变性淀粉在食品工业中的应用　淀粉是人类饮食中的主要成分。然而淀粉作为食品添加剂并不是基于它们的营养价值，而是它们方便于食品加工的功能性质和提供食品体系所要求的某些性质，例如：现代食品加工工艺中的高温杀菌、机械搅拌、泵的输运要求辅料淀粉具有耐热、抗剪切稳定性；冷藏食品则要求糊化后的淀粉不易回生凝沉而具有很强的亲水性；偏酸性食品要求淀粉在酸性环境下有较强的耐酸稳定性；有些食品还需淀粉具有一些特殊的功能，如成膜性、涂抹性等。变性淀粉在食品工业中被广泛用于饮料、冷食、面制品、调味品、罐头食品、色拉调料、糖果、微胶囊粉末制品、面粉改良剂等的生产中。

⑤ 变性淀粉在医药工业中的应用　多孔淀粉、环糊精和淀粉微球作为一种高效、无毒、安全吸附剂被广泛应用于医药制剂行业。在医药上作为片剂和微胶囊基材，多孔淀粉和环糊精将药剂吸附在淀粉孔中，可舒缓释放药剂和防止药剂散失，提高其使用效果。多孔淀粉和环糊精作为一种优良的药物制剂基材，可增强药物稳定性，避免目的药物（如维生素E、维生素A、维生素D等）受光、热、空气和化学环境影响；改善、提高目的药物的溶解度；防止高倍率均质稀释药物或密度大的药物均质混合粉体分离；掩盖刺激味、药物苦味及其他不良气味；便于药物保存和使用，医药品、农药等被赋予舒缓释放等功能。

⑥ 其他方面　淀粉基改性产品在农业方面可用于农用生物可降解地膜、超吸水剂、农药和除草剂的缓释剂、土壤的稳定剂和调节剂；在废水治理方面，主要用于絮凝剂、离子螯合剂和交换剂；建筑行业主要用于黏合剂；此外，在化妆品、洗涤剂中也得到大量使用。

（6）几种变性淀粉介绍

① 预糊化淀粉

1) 概述。天然淀粉的颗粒具有微晶结构，对在冷水中的溶解、溶胀和淀粉酶的作用具有抗性。把淀粉在一定量的水存在下进行加热处理后，淀粉颗粒溶胀成为糊状，规则排列的胶束被破坏，微晶消失，并且容易接受酶的作用。这种状态的淀粉称为预糊化淀粉，也叫 α-淀粉。这属于物理变性淀粉产品。

2) 性质。预糊化淀粉经磨细、过筛，呈细颗粒状，但因工艺不同，颗粒形状存在差别。将样品悬于甘油中，用显微镜（放大 100～200 倍）观察，滚筒干燥法的产品为透明薄片状，犹如破碎的玻璃片，喷雾干燥法的产品为空心球状。

预糊化淀粉的复水性是影响应用的重要性质。粒度细的产品溶于水生成的糊，具有较高的冷黏度，较低的热黏度，表面光泽也好，但是复水太快，易凝块，中间颗粒不易与水接触，分散困难。粒度粗的产品溶于冷水速度较慢，没有凝块的问题，生成的糊冷黏度较低，热黏度较高。为防止粒度细的产品复水凝块，可加入少量卵磷脂或植物油、表面活性剂。预糊化淀粉的应用，常与多种其他物料混合，如各种布丁粉、汤料和调味粉等，这些物料的存在能大大抑制复水时发生的凝块现象。

预糊化淀粉溶于冷水成糊，其性质与新加热原淀粉而得到的糊比较，增稠性和凝胶性稍有所降低。这是由于湿糊薄层在干燥过程中发生凝沉的缘故。

3) 应用。预糊化淀粉广泛应用于各种方便食品中，食用时省去蒸煮操作，起到增稠、改进口感等作用而使食品获得优良品质。例如，用预糊化淀粉配制的布丁粉，用冷牛乳搅匀即可食用。蛋糕粉中加用预糊化淀粉，制蛋糕时加水易混成面团，包含水分和空气多，体积较大。食品中加预糊化淀粉有抑制蔗糖结晶的效果。鱼、虾饲料可用预糊化淀粉作为胶黏剂。

预糊化淀粉在非食品工业中的应用很广泛，石油工业应用预糊化淀粉于油井钻泥中，增加蓄水性和稠度；铸造工业应用预糊化淀粉为铸模砂心胶黏剂，冷水溶解容易，胶黏力强，倒入熔化金属时燃烧完全，不产生气泡，制品不致含"沙眼"，表面光滑；纺织工业应用预糊化淀粉于织物整理，家庭用衣物浆料也用预糊化淀粉配制；造纸工业用预糊化淀粉作为施胶料等。

② 糊精

1) 概述。糊精是最早发现的改性淀粉品种。早在 1821 年，英国就发现了糊化改性淀粉，其后便开始工业化生产。广义上说，通过化学法或酶法处理所获得的淀粉降解产物均可称为糊精，但通常为了区别水解程度的高低，将局部或部分淀粉的降解产物称为糊精。

在糊精的生产过程中发生的主要反应是：a. α-1,4 苷键水解；b. 重聚，随着反应条件的不同重聚反应有可能是转苷反应，也可能是还原反应。根据生产工艺和参数的不同，糊精通常又分为白糊精、黄糊精和大不列颠胶三种类型。

白糊精是淀粉 α-1,4 键断裂后的降解产物，相对分子质量较低，在水中有一定的溶解性。黄糊精是水解和重聚反应的综合产物，这两种反应是相继发生的。在重聚反应中将发生还原（醛基与 C_6、C_3 或 C_2 上的羟基之间的反应）和转苷两种路线。反应条件特别是水分含量会影响具体发生的反应类型。还原反应形成 α-1,6 糖苷键、α-1,3 糖苷键，并放出水，水可进一步诱发水解，产生还原糖。转苷反应是先将 C—O—C 链断裂，再接到水解反应所释放的醛基碳上。在低温脱水条件下还原反应较多，而当反应温度超过 160℃ 后转苷反应加剧，此时，糊精的分支率提高，黏着力增加，在水中的溶解度也随之增加，溶液更为稳定。

将淀粉加热到180~200℃，保温20h，不加催化剂或者加入少量碱性缓冲物，则可减少淀粉的水解，得到大不列颠胶，其溶液冷却时黏度下降较快，具有较好的胶体性质。

2）性质。糊精泛指一类淀粉不完全降解的产物，其化学组成相当复杂，性质主要有以下几方面。

a. 颗粒结构。糊精仍保留着原淀粉的颗粒结构，但较高转化度的糊精具有明显的结构弱点及外层剥落现象。

b. 色泽。糊精具有一定的颜色，其色泽的深浅与糊精热转化时的温度高低有关，也与体系的pH值大小有关。

c. 溶解度。糊精的溶解度用一个范围值表示，白糊精的溶解度为60%~95%，黄糊精几乎为100%，大不列颠胶的溶解度取决于其转化度，最大可达100%。

d. 黏度及成膜性。糊精的黏度较低则允许其分散在水中具有更高的固含量，从而更易成膜并具有更好的黏结能力。例如，白糊精通常在25%~55%的固含量时仍可分散使用，而黄糊精则可以达到70%的固含量。

e. 溶液稳定性。糊精水溶液的稳定性指其在低温条件放置时所形成不透明浆液的难易程度，这取决于转化度、糊精种类、原淀粉的特性以及糊化时所添加的物质等多重因素。黄糊精溶液最稳定，其次是大不列颠胶溶液，而白糊精溶液的稳定性最差。添加硼砂或烧碱有助于增加糊精的稳定性。

f. 还原糖含量。还原糖的含量是指由于水解反应而生成的葡萄糖、麦芽糖、低聚糖等还原性糖的量。糊精形成过程中，还原糖的含量先是迅速增加，在达到含量最高时又较快地下降。具体含量与糊精种类有关，例如，白糊精的还原糖含量为10%~12%，黄糊精为1%~4%，大不列颠胶更少。

3）应用。糊化淀粉广泛应用于食品、医药、化工、水产饲料、石油钻探、铸造、纺织、造纸等许多领域。国内由于生产工艺以及产品价格等因素的制约，目前应用还仅限于纺织行业的织物整理、水产饲料、食品等少数几个领域，具有很大的应用开发潜力。

③ 氧化淀粉

1）概述。氧化淀粉是指一系列经各种不同的氧化剂处理后所形成的变性淀粉，是最常见的变性淀粉品种之一。淀粉链上每个脱水葡萄糖单元C_2、C_3、C_6三个位置上各有一个醇羟基，是淀粉分子的活性基团，氧化反应主要发生在C_2、C_3、C_6及1,4-位的环间苷键上。氧化结果除苷键断裂外，还引入了醛基和羧基。氧化反应具体发生的位置、生成的基团以及氧化反应的程度即淀粉中每个葡萄糖单元羟基被取代的程度（也称为取代度，DS）均与体系的空间位阻效应、氧化剂的类型以及氧化条件有密切的关系。采用不同的氧化工艺、氧化剂和原淀粉可以制成性能各异的氧化淀粉。

氧化淀粉的生产大多在水相中完成，氧化后淀粉颗粒仍保持原淀粉的结晶结构，但在淀粉颗粒的无定形区却发生了变化，即氧化后淀粉颗粒的一部分转变成水溶性物。经显微镜观察可知淀粉颗粒形状发生了较大的变化，原淀粉颗粒表面比较完整光滑，而氧化淀粉颗粒表面粗糙不平，具有皱纹和凹洞，这是由于氧化后淀粉无定形区分子被氧化成水溶物而流失造成的，由此可见氧化反应主要是发生在淀粉颗粒表面。

2）性质。氧化淀粉由于羧基的存在，使得其黏合性比原淀粉大大提高，同时由于羧基体积较大，阻碍了分子间氢键的形成，从而使得氧化淀粉具有易糊化、黏度低、凝沉性弱、成膜性好、膜的透明度高及强度高等特点。其性质可概括如下。

a. 由于氧化剂对淀粉有漂白作用，因而氧化淀粉的色泽较原淀粉颗粒为白，而且氧化处理的程度越高，淀粉越白。

b. 氧化淀粉的颗粒不同于原淀粉，颗粒中径向裂纹随氧化程度增加而增加。当在水中加热时，颗粒会随着这些裂纹裂成碎片，这与原淀粉的膨胀现象不一样。

c. 氧化后的淀粉颗粒对甲基蓝及其他阳离子染料的敏感性增强，这主要是由于经氧化的淀粉已带了弱阴离子性，容易吸附带正电荷的染料。

d. 氧化淀粉随氧化程度的增加，相对分子质量与黏度降低，羧基或羰基含量增加。

e. 由于淀粉分子经氧化切成碎片，氧化淀粉的胶化温度下降，糊液清晰度、稳定性增加。糊液经干燥能形成强韧、连续的薄膜。

3）应用

a. 纺织工业中的应用。纺织工业上常使用氧化淀粉作为上浆剂，其适合棉、人造棉、合成纤维和混纺纤维使用；用于背填工艺中；用于上光，可以增加织物重量，改善手感和悬垂性能，同时补偿因加工氧化而增加的费用。

b. 造纸工业中的应用。氧化淀粉有80%～85%用于造纸工业，其主要用作造纸湿部添加剂、纸页表面施胶剂、涂布纸胶黏剂。

c. 包装行业中的应用。瓦楞纸箱黏合剂，除出口包装箱外，国内大多数厂家使用水玻璃即泡花碱。由于水玻璃含碱量大，其固形物易泛碱、易吸潮、脆性大，不仅受潮后容易塌楞，使包装箱失去抗冲击性，严重时甚至散架，而且污染纸面，使包装箱上的印刷文字模糊、色彩灰暗、陈旧不堪。而使用氧化淀粉黏合剂则能克服这些弊病，同时又能保证小型纸箱厂快干的要求。

d. 食品工业中的应用。食品工业中氧化淀粉常用来代替阿拉伯树胶和琼脂，用以制造胶冻和软糖食品。用氧化淀粉制造的软糖，其储存稳定性好。

e. 建筑材料工业中的应用。氧化淀粉的糊状物可作为糊墙纸、绝缘材料、墙板材料及音响贴纸的胶浆料、黏合剂、胶黏材料。由于它们带有负电荷，具有强烈的黏附性，所以应根据纸张制造工艺选择合乎要求的氧化淀粉为黏结剂和涂胶料。

f. 医药工业中的应用。采用高碘酸或其钠盐氧化淀粉而制得的变性淀粉常称为双醛淀粉或二醛淀粉，常用于治疗尿毒症，由于使用时又经表面覆醛处理，用于这种场合时常称为包醛氧化淀粉。这类淀粉利用醛基的反应活性吸附病人因肾功能衰竭而无法排出的体内致毒性代谢物质，使其由人的粪便排出体外，起到代偿肾功能及降低血液、尿液中含氮物质浓度的作用。

④ 交联淀粉

1）概述。为了获得高性能淀粉基材料，对淀粉进行交联改性是有效的方法之一。淀粉与具有两个或多个官能团的化学试剂起反应，使不同淀粉分子羟基间联结在一起，所得的衍生物称为交联淀粉。淀粉的交联形式有酰化交联、酯化交联和醚化交联等。其中酯化交联和醚化交联较常见。

2）性质。交联后的淀粉，由于引入了新的化学键，分子间结合的程度进一步加强，颗粒更坚韧，糊化时分子的润胀受到一定的限制。但当交联淀粉在水中加热时，可以使氢键变弱甚至破坏，而这种新化学键使颗粒仍保持着一定的完整性。随交联度的增加，交联淀粉的糊化温度也随之上升，甚至在沸水中也不能溶解。由于交联反应是以颗粒状淀粉进行处理，引入淀粉的化学键相对来说十分少，一般是每100～3000个脱水葡萄糖单元含一个交联化学键。

3) 应用

a. 造纸工业中的应用。利用交联淀粉颗粒在常压下受热膨胀但不易糊化，可以被湿纸页大量吸着的特点，可用作内施胶剂。例如，环氧氯丙烷交联的淀粉常用作瓦楞纸箱的胶黏剂。

b. 纺织工业中的应用。甲醛交联淀粉呈酸性，糊化温度较高，当受热时糊液黏度变化较小，利用其良好的耐煮性将其作为棉纱上浆料，这种浆料能充分渗透到棉纱纤维的内部，提高纱的强度，从而可以避免浆料仅附着在纤维表面的缺陷。

c. 医疗卫生领域的应用。交联淀粉可用作医疗外科手套、乳胶套等乳胶制品的表面润滑剂，它能够在病菌蒸煮过程中不糊化，涂在乳胶制品表面具有很好的滑腻感，交联淀粉是生物材料，对人体无害，没有刺激性，因此可替代滑石粉。

d. 医药业的应用。可以通过先在淀粉分子上导入带有碳-碳双键的侧链，然后用双丙烯酰胺作交联剂，于反相乳液中使用氧化-还原引发体系将双键聚合交联成淀粉微球，可用于给药系统或作为药物载体。利用其在水中溶胀形成弹性凝胶，通过调整溶胀度来控制药物的释放速率，从而实现药物缓释，用于药物控制释放领域，可以大大提高药物的选择性，减少药物的不良反应，增加治疗指数。

此外，交联淀粉还可用作食品工业的增稠剂、吸附重金属离子的水处理剂、日用品工业的爽身粉以及石油钻井泥浆、印刷油墨和干电池电解质的保留剂等。

⑤ 酯化淀粉　酯化淀粉是一类由淀粉分子上的羟基与无机酸或有机酸反应而生成的淀粉衍生物，也称淀粉酯。可分为淀粉无机酸酯和淀粉有机酸酯两大类。作为淀粉酯化剂的无机酸有硝酸、硫酸和磷酸，有机酸有醋酸等，实际上还包括许多羧酸衍生物作为酯化剂。在碱性条件下，淀粉与二硫化碳作用还可以得到淀粉黄原酸酯。

1) 淀粉无机酸酯。淀粉硝酸酯是最古老的淀粉衍生物，商业上多使用高取代的硝酸酯作为炸药原料。淀粉硫酸酯主要用于医药工业，如羟烷基硫黄酸酯可用作血液代用品，酶降解的淀粉硫酸酯可用于肠溃疡的治疗。

无机酸酯中用途最广的当属淀粉磷酸酯。实际上，马铃薯淀粉中就存在着天然磷酸酯淀粉，但真正采用化学改性方法研究淀粉磷酸酯则起始于 1919 年采用氯氧化磷合成的淀粉磷酸酯。目前，制备淀粉磷酸酯的方法主要有三种：与无机磷酸盐反应、与含氮物质及磷酸盐反应、与有机含磷试剂反应。

2) 淀粉有机酸酯。除无机酯化剂外，淀粉分子上的羟基还可与有机酯化剂反应生成各种淀粉有机酸酯。这类淀粉酯主要包括淀粉醋酸酯、淀粉甲酸酯、淀粉丙酸酯、淀粉硬脂酸酯、淀粉丁二酸酯等，其中使用效果较好、应用范围最广的是淀粉醋酸酯。淀粉醋酸酯俗称醋酸淀粉，按酯化度的不同，通常可分为低取代度产品和高取代度产品两大类。

低取代度（<0.2）产品的显著特点是具有比天然淀粉更高的胶体分散能力及黏度稳定性，因而其成膜性能如透明度、膜强度、柔韧性、溶解性等显示出比原淀粉的优越性，更有利于在造纸表面施胶剂、糖果包装材料、纺织品上浆等实际中应用。淀粉醋酸酯的上浆效果优于氧化淀粉，可用于中、细号棉浆上浆，尤适用于涤-棉等混纺纱的上浆，在混合浆料中可替代 30%～50% 的合成浆料。

淀粉醋酸酯高取代度（取代度 2～3）产品的制备需在有机溶剂中将淀粉"活化"后方可制得。活化的目的是破坏淀粉颗粒的氢键，使酯化剂容易地进入结晶区和无定形区。常见的淀粉活化剂有氮杂苯、液态氨、吡啶等。吡啶是一种碱，常用于高取代度淀粉醋酸酯的工业制备。高取代度的淀粉醋酸酯与低取代度的淀粉醋酸酯具有许多共同应用的领域，如电气绝缘纸、印刷电路板压板、特殊电缆和绝缘带等。

3）淀粉黄原酸酯。二硫化碳（CS_2）可以看作是黄原酸（HO-S-SH）的酸酐，因此，在碱性条件下二硫化碳可以与淀粉分子中的羟基发生酯化反应得到淀粉黄原酸酯。反应如下：

$$St-OH + NaOH + CS_2 \longrightarrow St-O-\underset{\underset{S}{\|}}{C}-SNa + H_2O$$

淀粉黄原酸酯与淀粉醋酸酯相比，稳定性较差，主要原因是淀粉中的黄原酸酯容易发生氧化、交联、与多元盐络合等反应。淀粉黄原酸单酯可溶于水，但其稳定性差，不易保存，使用时应采取现场制备的生产方法。为提高其稳定性，可通过氧化剂如过氧化氢将单酯转变成双酯，反应式如下：

$$2St-O-\underset{\underset{S}{\|}}{C}-SNa + H_2O_2 \xrightarrow{2H^+} St-O-\underset{\underset{S}{\|}}{C}-S-S-\underset{\underset{S}{\|}}{C}-O-St + 2H_2O + 2Na^+$$

淀粉黄原酸酯作为 20 世纪 70 年代开发的产品，目前已在橡胶、造纸、农药、塑料、环境保护等多种领域获得应用。淀粉黄原酸钠能取代炭黑用作橡胶增强剂，可用于生产粉末橡胶；在纸浆中添加 1%～5% 的淀粉黄原酸酯，可减少打浆时间，提高滤水速度，有助于提高纸机车速，而且还可以提高纸张的强度和湿强；将淀粉黄原酸酯与聚氯乙烯乳液混合后共沉淀，然后过滤、干燥、粉碎，再加入增塑剂，即可成为可降解塑料；淀粉黄原酸酯可以对农药进行控制缓释，不仅可以提高农药利用率，更重要的是可以减少因农药流失而造成的环境污染。

淀粉黄原酸酯的主要用途是作为高效污水处理剂用于工业废水中重金属离子的脱除，以锌离子为例，淀粉黄原酸酯的钠离子可以和锌离子进行离子交换，生成物是两个淀粉黄原酸基通过一个锌离子连接起来：

$$2St-O-\underset{\underset{S}{\|}}{C}-SNa + Zn^{2+} \longrightarrow St-O-\underset{\underset{S}{\|}}{C}-S-Zn-S-\underset{\underset{S}{\|}}{C}-O-St + 2Na^+$$

还可以先将淀粉交联生成交联淀粉，然后再进行黄原酸酯化，生成交联淀粉黄原酸酯，即不溶性淀粉黄原酸酯。常用的交联剂是环氧氯丙烷。交联淀粉黄原酸酯作为污水处理的离子交换剂，较淀粉黄原酸酯更为实用。由于它在水中不溶，其带负电荷的颗粒吸附水中的重金属阳离子后迅速沉降，很容易从水中分离出去，从而简化污水处理工序，降低处理成本。

⑥ 醚化淀粉　醚化淀粉是淀粉分子中的羟基与反应活性物质反应生成的淀粉取代基醚。利用不同的醚化剂可制得功能与性质不同的淀粉醚化物。根据淀粉醚水溶液呈现电荷的特性，可将其分为非离子型淀粉醚和离子型淀粉醚。

1）非离子型淀粉醚。非离子型淀粉醚的淀粉糊性质不受电解质或水硬度的影响，如羟烷基淀粉醚类。这类淀粉醚品种繁多，主要采用的醚化剂有环氧丙烷、环氧乙烷、氯甲烷、氯乙烷、氯丙烯、苄基氯、二甲基硫酸及部分碘和溴的烃类。

羟烷基淀粉是典型的非离子型淀粉醚，它是淀粉和烯基氧化物在碱性条件下反应所得到的淀粉醚类衍生物。其主要产品有以环氧乙烷作为醚化剂的羟乙基淀粉和以环氧丙烷作为醚化剂的羟丙基淀粉。由于环氧乙烷沸点低，不易储存，安全性和操作性较差，因而工业上更多时候采用环氧丙烷制备淀粉醚，所得到的产品为羟丙基淀粉，但其衍生化效率低于环氧乙烷。

羟烷基为非离子基，羟烷基淀粉不具有离子性，因此，不会引起填料、颜料的絮凝作用，具有较强的抗盐、抗硬水性能。羟烷基淀粉的低取代产品仍能保持颗粒结构，并且由于羟烷基基团的引入，更具有亲水性、易于膨胀和糊化。因而羟烷基淀粉广泛应用于食品工业上的增稠剂、纸张的施胶剂和抗油剂、纺织品的上浆、石油钻井泥浆中的防失水剂、洗涤产品用的污垢悬浮剂、建筑材料的淀粉胶及涂料、化妆品的凝胶剂以及医疗上的血浆代用品等。

2) 离子型淀粉醚。离子型淀粉醚又分为阳离子型淀粉醚和阴离子型淀粉醚。阳离子型淀粉醚主要以含氮的醚衍生物为主，分子中的氮原子带正电荷，如叔胺烷基淀粉醚和季铵烷基淀粉醚。阴离子型淀粉醚在水溶液中以 $St—OCH_2COO^-$ 电离状态存在，带负电荷，如羧甲基淀粉。

a. 阳离子型淀粉醚。阳离子型淀粉醚是淀粉与阳离子化剂进行醚化反应的生成物。与原淀粉比较，阳离子型淀粉醚性能优良，价格低廉，用途广泛，具有较好的糊稳定性、冷水溶解性、成膜性和透明度，而且它在水溶液中析出阳离子而具有对带负电荷物质的吸附能力。阳离子型淀粉醚可用作造纸工业中湿部添加、涂布黏合和表面施胶等的助剂，纺织工业中的上浆料，水处理领域的絮凝剂以及石油钻井的泥浆处理剂等。

b. 阴离子型淀粉醚。常用的阴离子型醚化剂是一氯醋酸，其与淀粉在碱性条件下反应生成羧甲基淀粉。

羧甲基淀粉（简称 CMS）是工业上产量最大的淀粉醚。所得的淀粉衍生物本应称为羧甲基淀粉钠，但与羧甲基纤维素（CMC）类似，习惯上称为羧甲基淀粉。CMS 外观为白色或微黄色无定形不结块的淀粉状粉末，无臭、无味、无毒，常温下溶于水形成透明黏性液体。CMS 最重要的特性是水溶液的黏度，其主要取决于聚合度、取代度及杂质含量、温度、浓度、pH 值等。

工业上制备羧甲基淀粉的工艺按所采用的溶剂种类及多少，可分为干法、半干法、湿法和溶剂法四种。湿法制备工艺的反应均匀性高于干法和半干法制备工艺，但容易使淀粉发生糊化现象，难以制备取代度高的产品。因此，更常使用的制备工艺是溶剂法，常用的溶剂是水和醇的混合物或水和酮的混合物。可选择的醇或酮有甲醇、乙醇、异丙醇、叔丁醇、丙酮等。溶剂法反应效率高且能保证淀粉不溶解，但回收溶剂困难，会造成环境污染，或者能够回收溶剂，但生产成本较高。

羧甲基淀粉具有优良的黏结、增稠、保湿、乳化、悬浮、分散等功能，因此可以用来替代羧甲基纤维素，从而在多个领域获得广泛应用。石油开采业中，用于石油钻井泥浆中的降失水剂，可保护油层不受泥浆的污染，而且具有可携带钻屑及促进泥浆致密的作用。纺织印染业中，CMS 是上浆、印染、黏合以及后整理加工的理想浆料，它的黏度高、黏结力强、成膜性好、浆膜柔韧、浆液渗透性强，能增强纤维间的黏合力，适合于织机高速化和织物高档化的要求。洗涤与日用化学工业中，CMS 可用于配制面膜、洗发染发剂、发胶、除臭复合皂粉等，也可应用于洗涤剂、清洁剂、涂料黏合剂、灭火剂、固态空气清新剂以及印刷业的印墨。食品业中，CMS 是食品乳化、增稠的天然添加剂、食品质量改良剂及稳定剂。医药业中，CMS 已大量用于药物的乳化剂及悬浮剂、血浆体积扩充剂、滋补型制剂的增稠剂和口服悬浮剂的药物分散剂及糖浆、胶囊、药丸、片剂、内血管给药媒剂及分离剂等。水处理工业中，羧甲基淀粉具有优良的吸附重金属离子的能力，而且可以再生重复使用，是一种值得推广使用的吸附重金属离子的废水处理剂。

⑦ 接枝淀粉　淀粉在引发剂的作用下与单体通过共聚反应而得到的产物称为淀粉接枝共聚物。常用的单体有丙烯酸、丙烯腈、丙烯酰胺、甲基丙烯酸甲酯、丁二烯、苯乙烯、乙酸乙烯酯以及环氧化合物。

1) 淀粉接枝共聚物的制备。接枝共聚物的合成一般采用自由基引发，此外还有阴离子引发和偶联反应。自由基引发又分为物理引发和化学引发两大类。物理引发包括辐射引发和机械方法引发等，优点是引发效率高，最终产物中没有引发剂残留，后处理工序简单。化学引发方法容易操作，但后处理相对复杂。工业上常用化学引发来制备淀粉接枝共聚物。

2) 淀粉接枝共聚物的应用。淀粉与各种不同的单体形成的接枝共聚物，性能比原淀粉有了很大的改善，可广泛应用于造纸、食品、石油工业、电池工业、医药卫生、农业、建材、采矿与冶金以及环保等领域。

a. 吸水剂。淀粉接枝共聚物作为淀粉系高吸水性树脂，能吸收其自身重量几百倍甚至上千倍的水，具有优良的保水性能，近几年发展很快，已成为吸水性树脂中研究与应用的重点。在农业领域，以甘薯淀粉为原料制备出的高吸水性树脂对玉米种子进行包衣可有效地提高玉米种子的发芽率；在土壤中加入含有淀粉接枝丙烯酸聚合物和炭粉的土壤颗粒改良剂，可以保持土壤的水分含量和通气性，提高农作物的产量。在食品工业中，以丙烯酸与玉米淀粉高温快速接枝共聚制得的高吸水性树脂，具有优良的吸水和加压保水性能，在食品保鲜应用上有显著的效果。在医疗卫生领域，淀粉接枝共聚物可用于婴儿纸尿布以及妇女卫生用品等；淀粉接枝共聚物经部分水合可生成一种医治皮肤创伤特别有效的水凝胶，水凝胶大量吸收伤口所分泌的体液，从而减轻疼痛和防止皮下组织干燥。

b. 絮凝剂。淀粉接枝共聚物絮凝剂可分为非离子型和离子型两类。离子型又分为阳离子型和阴离子型两种。作为非离子型絮凝剂的淀粉-丙烯酰胺接枝共聚物，可用于印染废水、造纸废水以及其他工业废水中去除重金属离子。

c. 可降解塑料。淀粉价格低廉，由淀粉接枝物利用物理方法或化学方法改性其他高聚物材料而制成的生物可降解塑料可广泛应用于农用薄膜、包装材料等。

d. 医药制剂。淀粉接枝共聚物可用于吸收负载药物以进行药物缓释，控制药物的释放速度，减小药物为对人体的副反应。淀粉基吸水树脂的凝胶还可以抑制血浆蛋白质和血小板的黏着，使之难以形成血栓，这为研究抗血栓药剂开辟了新途径。

⑧ 酸变性淀粉

1) 概述。酸变性淀粉首先在1886年由林特纳用7.5%盐酸或15%硫酸处理马铃薯淀粉浆数天后，将淀粉滤出并洗涤而得。商业化生产是在1897~1901年由德国的贝尔马斯（Bellmas）和美国的杜尔义（Duryeu）获得的专利。

酸变性淀粉称酸解淀粉、酸处理淀粉，是指用酸来处理淀粉，改变淀粉团粒形状的一类变性淀粉。它是一种可溶性淀粉，溶解后仍保持淀粉的颗粒状态，溶液的透明性和流动性良好，因此又可称为可溶性改性淀粉。

酸变性淀粉的制备方法主要有湿法、半干法、非水溶剂法三种。

酸处理淀粉过程中会发生淀粉的解聚，为了控制解聚速度，在控制加酸的前提下，处理温度一般不超过糊化温度。在质子作用下，糖苷键断裂，并伴随着低分子质量的多聚物片段的出现。酸的用量取决于所欲达到的转化程度，在反应过程中，首先对支链淀粉部分溶解，然后质子再进攻直链淀粉。

2) 性质

a. 热糊流度。酸变性淀粉具有较低的热糊黏度，即较高的热糊流度。酸变性淀粉组分的分子量随流度升高而降低。

b. 相对分子质量与碘亲和力。酸变性淀粉组分的相对分子质量随流度升高而降低。碘亲和力是指淀粉结合碘的量，它反映淀粉中直链淀粉的含量，各种直链淀粉所结合的碘量随其链长增加而降低。关于酸变性作用对碘的亲和力的影响是较小的，不能得出任何结论，只能说随淀粉种类而异。

c. 碱值与特性黏度。碱值是在 0.1mol/L NaOH 溶液中，在沸水浴温度下，蒸煮 10g 干淀粉 1h 所消耗碱的毫摩尔数。碱被淀粉分子链还原端产生的酸所消耗，可认为是对链长的一种量度。随着酸处理程度的增高，淀粉分子减小，碱值逐渐升高。酸解淀粉的特性黏度随流度增加而降低。

d. 溶解度。酸解时，随着流度增加，热水中可溶解的淀粉量亦增加。高流度时，在转化温度下已有相当数量淀粉转化成可溶性的，这样会给过滤或离心回收淀粉带来困难，使收率下降。

e. 颗粒特性。在室温下用显微镜观察酸变性淀粉颗粒，低流度淀粉与它们的未变性淀粉十分相似，而高流度淀粉在颗粒中有许多小孔。但在水中加热时，它们的特性十分不同，它们不像原淀粉那样会膨胀许多倍，而是扩展径向裂痕并分成碎片，其数量随淀粉的流度升高而增加。

f. 冷热糊黏度比。酸变性玉米淀粉糊的触变性是低的，因为在酸变性淀粉中，颗粒已被破成碎片，糊化时稍有溶胀而不是像原淀粉那样膨胀，故性能与牛顿体相接近。淀粉糊的触变性由淀粉糊的冷热黏度比及所受的剪切力大小的改变而定。

酸变性淀粉热糊黏度远低于原淀粉，但酸变性淀粉由于酸水解作用而使淀粉支化度降低，从而使酸变性淀粉有相对较高的胶凝能力。由于酸变性淀粉黏度比原淀粉低很多，因此可形成高浓度流体，并且形成的胶体强度和断裂强度都比原淀粉有显著下降，即韧性增加，它与淀粉的冷热糊黏度比成正比。酸变性淀粉的热糊黏度降低的速率远大于凝胶强度及断裂强度降低的速度。

g. 薄膜强度。由于其黏度比原淀粉低得多，因此，它们可在更高的浓度下烧煮成浆，只需吸收或蒸发少量水分，它们的薄膜可更快地烘干，从而可供快速黏合之用。此外，酸变性淀粉的薄膜比原淀粉厚，其特性黏度虽降为原淀粉的 1/5，但薄膜强度只比原淀粉略有降低。这种低热糊黏度，又伴随有较高浓度及较高薄膜强度的结合，使酸变性淀粉特别适合于需要成膜性及黏附性的工业，例如经纱上浆、纸袋黏合、纸板制造等。

3）应用

a. 食品工业中的应用。用作凝胶剂生产淀粉软糖等。酸变性淀粉奶糖不仅明显地提高了质量，而且不粘牙、不粘纸、富弹性、耐咀嚼，流度为 60 左右的酸变性淀粉适于胶姆糖的制取。

b. 造纸工业中的应用。用作表面施胶剂，能改善表面强度和印刷时的着墨性能，以及作瓦楞纸的黏合剂。

c. 纺织工业中的应用。用作经纱浆料。易煮，可用于棉及纤维素为主的纤维及某些棉与合成纤维混纺纱的上浆。

d. 建筑工业中的应用。酸变性淀粉可用于制造无灰浆墙壁结构用的石膏板。将酸变性淀粉与石膏灰膏浆涂于两张纸之间，淀粉（流度为 80~90）向纸的界面移动，促进了石膏和纸之间的结合。酸变性玉米淀粉能控制水合硫酸钙形成速度，水合硫酸钙结晶成针状体，在纸和夹层之间结合。

5.6.2.2 淀粉糖

（1）淀粉糖的基本概念

淀粉糖是以淀粉为原料，通过酸或酶的催化水解反应生产的糖品的总称，是淀粉深加工的主要产品。淀粉经酸水解完全糖化的最终产物是葡萄糖，而经不完全糖化的产物，其糖分组成为葡萄糖、麦芽糖、低聚糖、糊精等，称为淀粉糖。有效地控制水解程度可得到饴糖、葡萄糖、麦芽糖和异构化糖。水解程度可用葡萄糖当量值（DE值）表示，计算公式如下：

$$DE = 还原糖含量（以葡萄糖计算）\div 干物质 \times 100\%$$

通常把DE值20%以下的称为低DE

图 5-40 淀粉糖的分类

值糖浆，也叫低转化糖浆；DE值在38%～42%的叫中DE值糖浆，也叫中转化糖浆；DE值在60%～70%的叫高DE值糖浆，也称为高转化糖浆。由淀粉水解制备淀粉糖由于它的转化程度有所不同，由此可以得到不同的淀粉糖类，故可根据不同的需要控制水解程度。

在美国，淀粉糖年产量已达1000万吨，占玉米深加工总量的60%。从20世纪80年代中期开始，美国淀粉糖消费量已超过蔗糖。淀粉糖在我国有悠久的历史，在公元五百多年的《齐民要术》中就提到糖，而且详细地描述了用大米制糖方法。从20世纪90年代以来，生产所用酶制剂品种的增加及质量的提高，使淀粉糖行业得到快速发展，产量以年均10%的速度增长，而且品种也日益增加，形成了各种不同甜度及功能的麦芽糊精、葡萄糖、麦芽糖、功能性糖及糖醇等几大系列的淀粉糖产品。

淀粉糖的原料是淀粉，任何含淀粉的农作物，如玉米、大米、木薯等均可用来生产淀粉糖，生产不受地区和季节的限制。某些淀粉糖不但可满足食品工业中众多产品的生产需要，还是许多生物制剂的原料（如青霉素、红霉素、维生素等药品的生产）。另外，某些淀粉糖不但在加工工艺性能方面可以与蔗糖媲美，同时还具有蔗糖不具备的保健功能而备受消费者青睐，尤其近年兴起的功能性低聚糖、糖醇类淀粉糖衍生物等又添淀粉糖新品，使淀粉糖工业呈现蒸蒸日上的新局面。

（2）淀粉糖的分类

淀粉糖品种很多，分类方法也不相同，通常按糖浆组成成分或生产工艺不同进行分类。图5-40是按糖浆组成对淀粉糖进行的分类，括号中内容是按工艺不同进行的分类。

① 淀粉糖浆（转化糖浆） 转化糖浆是淀粉水解后获得的多组分糖浆，一般浓缩到80%～83%，放置不会结晶，也能经干燥得脱水糖浆。转化糖浆不进行糖的组分分离，糖浆组成包括葡萄糖、麦芽糖、低聚糖和糊精等，不同转化方法获得的糖浆化学组成比例不同。根据淀粉转化程度不同，分为麦芽糊精（DE<20）、低转化糖浆（DE20～38）、中转化糖浆（DE38～58）和高转化糖浆（DE>60）。将麦芽糖含量高的糖浆称为麦芽糖浆；将麦芽三糖

至麦芽十糖含量高的糖浆称为低聚糖浆。

② 结晶糖　结晶糖是利用结晶技术从混合糖浆中提纯出来的糖品。结晶葡萄糖是从高转化糖浆中结晶分离所得；结晶麦芽糖是从高麦芽糖浆中结晶分离所得；结晶果糖是从果糖含量95%以上的果葡糖浆中结晶分离所得。

③ 异构化糖浆　将高转化糖浆中的部分葡萄糖经葡萄糖异构酶催化，转化成果糖，形成果糖和葡萄糖的混合糖浆，称为果葡糖浆。根据糖浆中果糖含量所占百分比，果葡糖浆分为42型、55型和95型糖浆。

④ 氢化糖浆　通过氢化反应对糖分还原性末端加氢，获得化学性质稳定的糖醇。葡萄糖可以氢化成山梨醇或甘露醇；麦芽糖氢化成麦芽糖醇；低、中、高转化糖浆氢化成普通氢化糖浆。

(3) 淀粉糖的性质

淀粉糖在应用过程中，其甜度、渗透压、冰点、溶解度、黏度、化学稳定性、发酵性、结晶性、吸湿保湿性等性质至关重要，直接影响到所制产品的品质。熟悉淀粉糖的性质变化规律，可以正确指导淀粉糖的生产和应用。

① 甜度　甜度是糖类的重要性质。为对不同种糖的甜味进行评价，规定蔗糖的甜度为1，其他种类的糖品与蔗糖甜度相比较，用相对甜度来评价其甜味。表5-18为几种淀粉糖的相对甜度。

表 5-18　几种淀粉糖的相对甜度

糖类名称	相对甜度	糖类名称	相对甜度	糖类名称	相对甜度
蔗糖	1.0	山梨醇	0.5	淀粉糖浆 70DE	0.8
果糖	1.5	木糖醇	1.0	果葡糖浆 16型	0.8
葡萄糖	0.7	淀粉糖浆 42DE	0.5	果葡糖浆 42型	1.0
麦芽糖	0.5	淀粉糖浆 52DE	0.6	果葡糖浆 90型	1.4
麦芽糖醇	0.9	淀粉糖浆 62DE	0.7		

淀粉糖浆的甜度随转化程度的增高而增高，低转化程度（DE<20以下）的产品甜味微弱甚至无甜味。果葡糖浆的甜度随异构化率的增高而增高，在15%浓度时，转化率16%的果葡糖浆甜度为蔗糖的80%，转化率42%的甜度与蔗糖相等，更高转化率的（如90%）甜度高于蔗糖。糖的甜度受浓度、温度等因素影响，其中浓度影响最大。

② 吸湿性和保湿性　吸湿性是指在较高的空气湿度下吸收水分的性质。保湿性是指吸收水分后在较低空气湿度下散失水分的性质。

不同糖品的吸湿性和保湿性不同。低、中转化糖浆比高转化糖浆和果葡糖浆吸湿性小；蔗糖、葡萄糖、麦芽糖和果糖相比，果糖吸湿性最强，葡萄糖次之，麦芽糖再次之，蔗糖吸湿性最弱。

③ 溶解度　各种糖的溶解度不同，DE值10以上的产品能完全溶于水中，DE值增大则溶解度增高。

④ 黏度　葡萄糖和果糖的黏度较蔗糖低，淀粉糖浆的黏度较高，但随转化度的增高而降低。利用淀粉糖浆的高黏度，可应用于多种食品中，提高产品的稠度和可口性。

⑤ 冰点　淀粉糖溶液冰点取决于浓度和分子量大小。浓度越高、分子量越小，冰点就越低。一般讲，DE值越大，冰点越低。

⑥ 渗透压　糖液的渗透压大小与其分子量大小及浓度有关。糖的分子量越小、浓度越高，渗透压就越大。

⑦ 结晶性质　蔗糖易于结晶，晶体能生长很大；葡萄糖也容易结晶，但晶体细小；果糖难结晶。淀粉糖浆是葡萄糖、低聚糖和糊精的混合物，不能结晶，并能防止蔗糖结晶。

⑧ 化学稳定性　葡萄糖、果糖和淀粉糖浆都具有还原性。在中性和碱性情况下化学稳定性低，受热易于分解、聚合生成有色和有焦香气的物质，这种性质称为焦化性。果糖的焦化性较葡萄糖强，淀粉糖浆的焦化性随转化程度的增高而增强。

若把淀粉糖和氨基酸、蛋白质类含氮物质一起加热，会发生美拉德反应，产生有色和有风味的物质。由于美拉德反应的初始阶段是羰氢缩合，所以相比之下葡萄糖比果糖易发生美拉德反应，高转化糖浆比低转化糖浆易发生美拉德反应。通过氢化反应将淀粉糖浆中的各种糖转变成相应的糖醇，热稳定性大为提高，美拉德反应降低。

焦化反应和美拉德反应对有些食品是有利的，而对有些食品是不利的。在烘焙食品加工中，淀粉糖的焦化性会使面包表面生成焦黄色的外壳和焦香风味，首选的糖浆为果葡糖浆或高转化糖浆。而在硬糖果生产中颜色产生越少越好，这需要选用焦化性低的中转化糖浆、麦芽糖浆等。

⑨ 发酵性　糖品能被微生物利用的性质叫发酵性。酵母能发酵葡萄糖、果糖、麦芽糖和蔗糖等，但不能发酵分子量较高的低聚糖和糊精。淀粉糖浆随转化程度增高其葡萄糖和麦芽糖含量增高，发酵性也增强。

⑩ 抗氧化性　淀粉糖溶液具有抗氧化性，有利于保持水果的风味、颜色和保护维生素C，不致因氧化反应而发生变化。应用糖溶液可降低10%~90%的维生素C氧化反应，其氧化程度与糖溶液浓度、pH值和其他条件有关。

(4) 淀粉糖的生产工艺

淀粉糖的生产方法有酸法、酶法和酸酶法等。其中酸法和酶法是两种最基本的淀粉糖生产方法。在酸作用下，淀粉水解的最终产物是葡萄糖，在淀粉酶作用下，随酶的种类不同而产物各异。

① 酸法生产淀粉糖　酸法是最早出现的工业化淀粉水解方法。它是利用无机酸为催化剂，在高温、高压下将淀粉水解转化为糖的方法。酸法的优点是适合任何精制淀粉，工艺简单，水解时间短，生产效率高，设备周转快，所得糖化液过滤性能好。但由于水解作用是在高温、高压和酸性条件下进行的，因此酸法要求有耐腐蚀、耐高温、耐压的设备。酸水解淀粉没有专一性，水解产物不能定向控制。淀粉在酸水解过程中，会发生葡萄糖的复合反应和分解反应，副产物多，影响葡萄糖的产率，DE值只有90左右，糖化液精制困难。另外，酸水解DE值低于30时，由于长的直链聚合物沉淀，糖浆会出现凝沉现象；酸水解DE值超过55时，又会有过量的葡萄糖降解产品产生并很难去除，终产品颜色深。

② 酶法生产淀粉糖　酶法糖浆是淀粉通过酶制剂的水解作用获得的糖品。约在1940年美国首先把酶制剂用于淀粉制糖。1960年日本开始用α-淀粉酶液化和葡萄糖淀粉酶糖化的双酶法工艺生产结晶葡萄糖，后被各国采用。

采用双酶法水解淀粉糖，与酸解法制糖相比具有较大的优越性。由于酶具有较高的专一性，淀粉水解的副产物少，因而水解糖液的葡萄糖纯度高，DE值可达98以上，颜色浅，无苦味。该法不需要耐高温、耐高压、耐酸设备，水解条件温和，对设备材质要求低。双酶法的缺点是生产周期长，糖浆过滤性差。

③ 酸酶法生产淀粉糖　酸酶法是先将淀粉用酸水解成糊精或低聚糖，再用淀粉酶将其继续水解为目标糖品的工艺。基本操作是先用酸法将淀粉液化到 DE 值 10~20，中和冷却，加入糖化酶，继续糖化到终点。采用酸酶结合法，常采用管道设备连续糖化工艺，这样调节 pH 值、降温和加液化酶的时间快，可以避免回流。

这种方法兼有酸法液化的过滤性能好和酶法糖化程度高的优点，此法糖化程度能达到 DE 值 95 左右。但它仍然要采用酸和高温，复合反应和分解反应虽然比酸法有所减少，但仍不可避免。糖化终点 DE 值还不够高，而且液化结束后，仍需要用碱来中和，分离盐分的工序任务重。

(5) 几种淀粉糖介绍

① 麦芽糊精

1) 概述。麦芽糊精（也称水溶性糊精、酶法糊精）是一种介于淀粉和淀粉糖之间的、经控制而为低程度水解的产品，其商品的英文简称为 MD。麦芽糊精的主要成分是糊精和四糖以上的低聚糖，还含有少量麦芽糖和葡萄糖。它是国内外近年来市场前景较好、具有广泛用途、生产规模发展较快的淀粉深加工产品之一。

1970 年 Ueberbacher 对麦芽糊精作出了如下定义：以淀粉为原料，经控制水解 DE 值在 20 以下的产品称麦芽糊精，以区别淀粉经热解反应生产的糊精产品。美国则把以玉米淀粉为原料水解转化后，经喷雾干燥而获得的碳水化合物产品取名为"麦特灵"（MALRIN），其系列产品的 DE 值为 5%~20%，其商品规格简称为 MD50、MD100、MD150、MD200 等。

麦芽糊精生产，按照工艺流程来分，有单阶段工艺和双阶段工艺。按照作用机理来分，分为酸法、酶法或酸酶法三种。

2) 结构与性质。作为一种淀粉降解产物，麦芽糊精含有线性长链和支链两种降解产物。一般认为麦芽糊精是一类 D-葡萄糖的聚合物，其中每个 α-D-呋喃葡萄糖残基由 α-1,4 糖苷键相连形成线性长链，同时也有少许 α-1,6 分支点形成的支链。DE 值是测定脱水 α-D-葡萄糖单位，即还原端的数量。

任何还原糖的测定方法均可用于测定麦芽糊精的 DE 值。Lane-Eynon 法是一种经典方法，也是目前广泛使用的方法；冰点降低法可快速测定麦芽糊精的 DE 值，冰点的降低与溶液中物质的摩尔数有关；利用凝胶过滤色谱法对麦芽糊精中的低聚糖组分进行分级测定是目前最好的淀粉水解产物的定性定量方法；也可利用高效液相色谱进行分离。

麦芽糊精的主要性质和 DE 值有直接关系，因此 DE 值不仅表示水解程度，而且还是掌握产品特性的重要指标。全面地了解麦芽糊精系列产品 DE 值和物性之间的关系，有助于准确地计划生产和帮助用户正确地选择应用各种麦芽糊精系列生产淀粉非化学改性技术品。

一般而言，当麦芽糊精的 DE 值在 4%~6% 时，其糖组成全部是四糖以上的较大分子。DE 值在 9%~12% 时，其糖组成是低分子糖类的比例较少，而高分子糖类较多。因此，此类产品无甜味，不易受潮，难以褐变，在食品中使用，能提高食品的触感，并产生较强的黏性。DE 值在 13%~17%，其甜度较低，不易受潮，还原糖比例较低，故难以褐变，溶解性较好，用于食品中，能产生适当的黏度。DE 值在 18%~22% 时，稍有甜味，有一定的吸潮性，还原糖比例适当，能发生褐变反应，溶解性良好，在食品中使用，不会产生提高黏度的效果，见表 5-19。

表 5-19　麦芽糊精 DE 值与糖成分的组成　　　　　　　　　单位：%

DE 值/%	4～6	9～12	13～17	18～22	DE 值/%	4～6	9～12	13～17	18～22
一糖	—	0.5	1.0	1.0	三糖	—	6.5	7.5	8.0
二糖	—	3.0	3.5	6.0	四糖以上	100	89.5	88.0	85.0

麦芽糊精中的糖成分将直接影响它的甜度、黏性、吸潮性及着色性。一般来说，酶法工艺生产的麦芽糊精中糖成分组成与水解程度无关，单糖成分较少，低聚糖成分较多。而酸法麦芽糊精却不同，由于淀粉不规则地被切断，故麦芽糊精中糖成分不会随着 DE 值的不同而发生变化。麦芽糊精的溶解度低于砂糖和葡萄糖，但水化力较强，一旦吸收水分后，保持水分的能力较强。这是麦芽糊精很重要的一种特性，在使用中将会经常利用这一特性。麦芽糊精的黏度随着淀粉的水解程度、浓度及温度的不同而产生变化。当浓度和温度相同时，产品的 DE 值越低，产品的黏度越高。若产品的 DE 值相同，则浓度越高或温度越低，产品的黏度越高。即使同一 DE 值的产品，若制法不同，其糖成分的分布状态也不相同，从而引起黏度变化。

根据麦芽糊精的碘反应特性，麦芽糊精产品可分为下列几种：淀粉糊精为白色粉末，遇碘反应时呈蓝紫色，可溶于 25% 的酒精，在酒精含量 40% 时即沉淀，其聚合度为 30 以上；显红糊精，遇碘反应时呈棕红色，可溶于 55% 的酒精，在酒精含量 65% 时即沉淀，其聚合度为 7～13；清色糊精，遇碘反应时不显色，可溶于 70% 的酒精，其聚合度为 4～6。

上述麦芽糊精系列产品其外观都是呈白色的非晶状物质。综上所述，现将麦芽糊精的主要性状特点归纳如下：流动性良好，无淀粉和异味、异臭；几乎没有甜度和不甜；溶解性能良好，有适度的黏性；耐热性好，不易变褐；吸湿性小，不易结团；即使在浓厚状态下使用，也不会掩盖其他原有风味或香味；有很好的载体作用，是各种甜味剂、香味剂、填充剂等的优良载体；有很好的乳化作用和增稠效果；有促进产品成形和良好的改善产品组织结构的特点；成膜性能好，既能防止产品变形又能改善产品外观；极易被人体消化吸收，特别适宜作病人和婴幼儿食品的基础原料；对食品饮料的泡沫有良好的稳定效果；有良好的耐酸和耐盐性能；有抑制结晶性糖晶体析出的作用，有显著的"抗砂"、"抗烊"作用和功能；低 DE 值麦芽糊精遇水易生成凝胶，其口感与油脂相似，因此可以用于油脂含量较高的食品中。

3）应用。麦芽糊精是食品生产的基础原料之一，它在固体饮料、糖果、果脯蜜饯、饼干、啤酒、婴儿食品、运动员饮料及水果保鲜中均有应用。麦芽糊精另一个重要应用领域是医药工业。图 5-41 列出了美国麦芽糊精的主要应用领域。

a. 在食品工业中的应用。麦芽糊精在食品中有多种用途，除作为高甜度新糖源的填充料外，还有增稠、保水、乳化等作用。添加到糖果中可增加其韧性，防止烊化返砂和粘纸现象，尤其能降低糖果甜度，改变口感，改善组织结构，大大延长了糖果的货架保存期。在发达国家利用麦芽糊精代替蔗糖制糖果，可减轻牙病、肥胖症、高血压病、糖

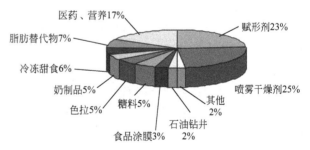

图 5-41　美国麦芽糊精的主要应用领域

尿病等。用于固体饮料、汤料的填充剂和分散剂，能保持其香味的持久，保持风味长期不变，增加可口性、耐久性，加速溶化，突出其他原料独有的风味。在冷冻食品中，麦芽糊精可作为被膜剂使用，可以避免过早融化，减少水分的蒸发，并能使冷冻食品（如冰淇淋、雪糕）的组织细腻、口感理想、无冰晶，是冰淇淋理想的乳化剂、稳定剂。低 DE 值麦芽糊精添加到高脂类食品中，如鲜奶油蛋糕，代替部分油脂，降低食品热量，同时不影响口感。在饼干类或脆性类糕点中加入适量的麦芽糊精，可以增强产品的松脆性，还可以推迟软化或潮解的时间。在面包生产中，麦芽糊精可促使油与水的乳化结合，增加面包的弹性，提高保鲜性能，延长面包货架寿命。在蛋糕制作中，麦芽糊精能使脆弱的泡沫增强弹性或韧性，提高蛋糕浆泡沫的持久性，使蛋糕的松散和弹性增强。用麦芽糊精代替蔗糖、葡萄糖和其他糖类生产的各种浓缩型果汁，黏度适宜，甜味温和，且具有对人体肠壁的渗透性，有利于人体吸收。麦芽糊精还可作为维生素的增量剂、香辛料的载体和酶制剂的酶活性调整物等。

b. 在造纸工业中的应用。麦芽糊精具有较高的流动性及较强的黏合力，利用上述特性，在国外已将其应用于造纸行业中，作表面施胶剂和涂布（纸）涂料的黏合剂。国内有的造纸厂已将其应用于铜版纸的生产上。据多次实验结果表明，麦芽糊精对浆种没有选择性，流动性能好，透明度强，用于表面施胶时，不但吸附在纸面纤维上，同时也向纸内渗透，提高纤维间的黏合力，改善外观及物理性能。

c. 在其他行业中的应用。根据麦芽糊精独特的功能，它的应用范围不只局限于上述领域内。由于它的相对分子质量低，乳化稳定性强，用于粉末化妆品中作为遮盖剂和吸附剂，对增加皮肤的光泽和弹性、保护皮肤有较好的功效。在各种溶剂和粉剂的农药生产中，可利用其较好的分散性和适宜的乳化稳定性。还可利用其较高的溶解度和一定的黏合度，在制药行业中作为片剂或冲剂的赋形剂和填充剂，这是原淀粉或羧甲基纤维素钠所不可比拟的（主要从性能及价格两方面来考虑）。它还可用于某些领域以降低成本，如在牙膏生产上代替部分 CMC 作为增稠剂和稳定剂。

综上所述，麦芽糊精作为一种新产品，一种新型的淀粉衍生物，一种投资少、取效显著的粮食深加工项目，有着广阔的发展前景和市场前景，有着显著的经济效益和社会效益。因此，麦芽糊精的生产、开发、应用必将形成一个新的投资热点。

② 结晶葡萄糖、全糖

1) 概述。葡萄糖（也称右旋糖）在自然界分布极广，游离状态的葡萄糖存在于植物果实中，动物体中也有存在，在正常人体每 100mL 血液中，含有葡萄糖 80～100mg。葡萄糖是一种重要的营养品，是机体能量的主要来源。葡萄糖是许多糖类化合物的组成部分，是多种有机醇和抗生素的糖质原料。

葡萄糖是淀粉完全水解的产物，由于生产工艺的不同，所得葡萄糖产品的纯度也不同，一般可分为结晶葡萄糖和全糖两类。

a. 结晶葡萄糖。结晶葡萄糖，在水溶液中以静止结晶法生产始于 1921 年，以运动结晶法生产始于 1924 年，这时工业生产的只是口服级葡萄糖，注射用结晶葡萄糖大量生产始于 1942 年以后，我国于 20 世纪 50 年代开始生产结晶葡萄糖，多属酸法口服葡萄糖，少量生产注射用葡萄糖。80 年代开始用酸酶法生产结晶葡萄糖，并开始用双酶法生产注射葡萄糖的研究工作，但由于葡萄糖产品质量不稳定，一直未得到发展。直至 80 年代后期，少数引进国外双酶法技术和设备的厂家开始规模生产口服葡萄糖、注射一水葡萄糖及小规模注射级无水 α-葡萄糖。1994 年我国开始以玉米淀粉为原料，采用双酶法大规模地生产注射级无水

α-D-葡萄糖，使高纯度结晶葡萄糖的生产步入世界先进行列。

结晶葡萄糖是相对于液体葡萄糖浆、固体全糖粉而言，是以结晶状态存在的葡萄糖的总称，产品种类较多，名称也不统一，现将其归类如下：按结晶葡萄糖产品用途，可分为注射用葡萄糖、口服用葡萄糖、工业用葡萄糖和湿固糖；按淀粉水解方法，可分为酸法葡萄糖、酸酶法葡萄糖和双酶法葡萄糖；按产品的葡萄糖分子结构（葡萄糖结晶有三种形式异构体）可分为：一水 α-D-六环葡萄糖（也称含水 α-D-吡喃葡萄糖，简称含水 α-葡萄糖或一水葡萄糖）、无水 α-D-六环葡萄糖（也称无水 α-D-吡喃葡萄糖，简称无水 α-葡萄糖或无水葡萄糖）、无水 β-D-六环葡萄糖（也称无水 β-D-吡喃葡萄糖，简称无水 β-葡萄糖或 β-葡萄糖）。分子结构式如下：

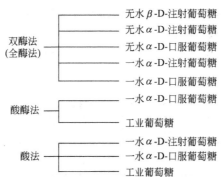

一水α-D-六环葡萄糖　　　　　无水α-D-六环葡萄糖　　　　　无水β-D-六环葡萄糖

结晶葡萄糖是以淀粉为原料，采用酸法、酸酶法或双酶法生产的高转化葡萄糖浆，经过精制（硅藻土过滤、活性炭过滤、树脂离子交换等）处理后，经浓缩、结晶（冷却结晶、蒸发结晶或真空蒸发结晶）、离心分离、干燥制取。综合上述三种分类情况，各种结晶葡萄糖有如下的隶属关系：

```
                    ┌── 无水 β-D-注射葡萄糖
                    ├── 无水 α-D-注射葡萄糖
  双酶法             ├── 无水 α-D-口服葡萄糖
 （全酶法）          ├── 一水 α-D-注射葡萄糖
                    └── 一水 α-D-口服葡萄糖

                    ┌── 一水 α-D-口服葡萄糖
  酸酶法             └── 工业葡萄糖

                    ┌── 一水 α-D-注射葡萄糖
  酸法               ├── 一水 α-D-口服葡萄糖
                    └── 工业葡萄糖
```

b. 全糖。工业上生产的葡萄糖产品除了结晶葡萄糖外，还有"全糖"，为省掉结晶工序由酶法得到的糖浆直接制成的产品。酶法所得淀粉糖化液的纯度高，甜味纯正，经喷雾干燥直接制成颗粒状全糖，或浓缩后凝固成块状，再粉碎制成粉末状全糖。这种产品质量虽逊于结晶葡萄糖，但生产工艺简单，成本较低，在食品、发酵、化工、纺织等行业应用也十分广泛。

2) 葡萄糖产品的性质

a. 晶习与构型。葡萄糖晶体是单纯的、化学均一性固体，原始结晶形状取决于化学结构和结晶的晶习。葡萄糖随结晶温度的改变，晶体构型也随着改变，转移点如下：

$$\text{一水 α-D-葡萄糖} \underset{\text{转移点}}{\overset{50.8℃}{\rightleftharpoons}} \text{无水 α-D-葡萄糖} \underset{\text{转移点}}{\overset{108℃}{\rightleftharpoons}} \text{无水 β-D-葡萄糖}$$

−5.3～50.8℃	斜方半面形	108℃以上
薄片六角形	斜方半面晶型	斜方形
单斜、半面晶型		斜方晶型

b. 不同晶体构型在性质上的差别。由于三种晶体构型不同，在某些性质上存在着差别，见表 5-20。

表 5-20　三种晶体构型的性质比较

项目 \ 名称	一水 α-D-六环葡萄糖	无水 α-D-六环葡萄糖	无水 β-D-六环葡萄糖
分子式	$C_6H_{12}O_6 \cdot H_2O$	$C_6H_{12}O_6$	$C_6H_{12}O_6$
相对分子质量	198.17	180.16	180.16
水中溶解度(质量分数)(25℃)/%	30	62	72
沸点/℃	83	146	148～150
溶解热(25℃)/(J/g)	−105.5	−59.5	−26.0
比旋光度($[a]=20/O$水)	+102.0→+47.9	+112.2→+52.7	+18.7→+52.7
水中溶解相对速度(蔗糖速度≈100)	0.35	0.55	1.40
晶体相对密度	1.5714	1.5384	
晶体粒度(<0.15mm)	约70%	约30%	
晶体形状	薄片六角形	斜方半面形	斜方形

c. 溶解度。葡萄糖的平衡溶解度较低，在室温下浓度约为 50%，浓度过高则葡萄糖将结晶析出。在此浓度时，葡萄糖溶液的渗透压力较低，不足以抑制微生物生长，贮存性差。

d. 吸潮性和保潮性。一水 α-葡萄糖在相对湿度 80% 以上的吸潮性很强，吸收水分后向一水 α-葡萄糖转变，30～60min 转变完成。

e. 渗透压力。较高浓度的葡萄糖液能抑制许多种微生物的生长。糖藏是一种重要的保存食品方法，糖液的渗透压力使微生物菌体内的水分被吸走，生长受到抑制。糖液的渗透压力随浓度的增高而增加。但在较高浓度时，葡萄糖与水结合成含水状态，水量降低。

f. 黏度。葡萄糖的黏度较蔗糖低。

g. 冰点降低。葡萄糖冰点降低的程度高于蔗糖，葡萄糖冰点降低程度与蔗糖的相对值见表 5-21。

表 5-21　糖液冰点降低比较

糖类名称	平均相对分子质量	冰点降低相对值(蔗糖=1.00)
蔗糖	342	1.00
葡萄糖	180	1.90

h. 化学性质。葡萄糖是具有环状结构的单糖，不仅表现环状结构的化学性质，同时也表现开链结构的化学性质。葡萄糖在固体的结晶状态，性质稳定，但溶于水中则发生异构化转变，在酸或碱存在的情况下转变的速度更快。特别是在酸碱浓度增高、受热的情况下，引起更复杂的化学反应。

3) 葡萄糖的应用

a. 结晶葡萄糖在食品工业的应用。目前结晶葡萄糖主要用于食品工业，今后很长一段时间内食品工业仍是最大的市场。葡萄糖作为甜食品的配料，和蔗糖具有相同的营养和热量。人们从食物中摄入的可消化碳水化合物种类很多，主要是淀粉，其次为蔗糖、葡萄糖等。所有糖类进入体内，最后均必须成为单糖才能被吸收和利用。当病人和特殊人群需要进行肠外补充营养时，一般均使用葡萄糖。在焙烤食品中使用葡萄糖，不仅可降低成本，还有意想不到的改善质量的效果。在面包加工中用葡萄糖，葡萄糖易与面粉中的蛋白质和氨基酸产生美拉德反应，生产出金黄色的外皮和面包特有的香味。面包皮具有较好的韧性，搬运中不易破碎,并更易于切片。在饼干、甜饼等焙烤食品生产中,用葡萄糖取代5%~25%的蔗糖,能在烘焙期间,使面团更加均匀地扩张,获得外表颜色更均匀的产品,等等。

b. 结晶葡萄糖在发酵工业中的应用。在我国有很多利用淀粉质原料发酵生产的产品,如味精、医药工业的抗菌素等。总之,淀粉糖产品技术进步,质量提高,成本降低,将对发酵制品生产行业的发展起到良好的推动作用。

c. 葡萄糖的化学深加工。国内外对葡萄糖化学深加工产品的开发,主要的有直接反应生成山梨醇和葡萄糖酸、和其他原料合成生成糖酯和糖苷、以葡萄糖和淀粉为原料生产可降解材料。

我国山梨醇是维生素C、牙膏、涂料、表面活性剂的原料。山梨醇生产采用结晶葡萄糖加水稀释,添加催化剂,加氢反应,最后经离子交换浓缩获得70%的商品山梨醇,流程简短,设备投入少,生产易管理。

当前是世界范围内广泛注重环境保护的新世纪,人们对日用化学品的应用(包括洗涤剂、护肤用品)要求是既不污染环境,又不刺激人体皮肤。在有机合成材料方面,也注重可降解材料的开发。国际上20世纪90年代开发了一种环保型表面活性剂——烷基糖苷。它是用葡萄糖和脂肪酸为起始原料合成的,主要用于生产高档洗衣粉(烷基糖苷是主剂),能明显改善抗硬水性和洗涤效果,用于生产高档香波和护肤膏,有养护和防晒效果,堪称世界级环保型添加剂。烷基糖苷还能作为一种农用薄膜的防雾防滴剂,对土壤和环境无任何有害残留物。此外,还有一种以葡萄糖、脂肪酸、有机胺为起始原料生产的葡糖酰胺,也属于世界级绿色表面活性剂,对人体温和、安全无毒、去污力高、生物降解快。

③ 果葡糖浆

1)概述。果葡糖浆是近半个世纪以来崛起的新淀粉糖品,它是用淀粉酶水解淀粉成葡萄糖后,通过葡萄糖异构酶的异构化反应而制成的一种果糖和葡萄糖的混合糖浆,又称为异构化糖浆或高果糖浆。

在1943年,美国就有采用碱性异构化葡萄糖生产含20%果糖的糖浆,用于烟草保湿剂。然而,碱性异构化生产的果糖浆,由于颜色和不正常的风味以及低的果糖产率等问题,没有进行大量商品化生产。1950年人们发现异构酶异构化不仅适用于木糖转化成木酮糖,同时也能使葡萄糖异构化成果糖。

葡萄糖异构化技术开始是由美国人申报的专利,但深入研究并领先世界的是日本,1966年日本开始了高果糖浆 HFCS 生产。1971年,由于日本专利准许在美国应用,一个日本参与的葡萄糖异构化美国专利(Takasaki,Tanabe1971)和日本的应用技术相结合,美国在1967年少量生产了第一批含果糖15%的果葡糖浆,第二年即生产出含果糖42%的果葡糖浆,但当时果葡糖浆是在一种水溶性异构酶的条件下间歇法生产,1972年才产生了和酶法相结合的连续化生产体系。

目前商品果葡糖浆有三种:一种含果糖42%,葡萄糖52%,低聚糖6%,总固形物71%,无色透明,甜度与同浓度蔗糖相同,称为第一代果葡糖浆,又称42型高果糖,42型高果糖是20世纪60年代末国外生产的一种新型甜味料,是淀粉制糖工业的一大突破;另一种为含果糖55%,总固形物77%,甜度是蔗糖的1.1倍,称为第二代果葡糖浆,又称55型高果糖;第三种是含果糖95%以上的真正"高果糖浆",甜度为果糖的1.5~1.7倍,是由含42%果糖的糖浆用柱层析的办法分离出果糖的。

2)果葡糖浆的性质与应用。果葡糖浆是淀粉糖中甜度最高的糖品,除可代替蔗糖用于各种食品加工外，还具有许多优良特性，如味纯、清爽、甜度大、渗透压高、不易结晶、吸湿性较强、发酵性高、热稳定性低等，可广泛应用于糖果、糕点、饮料、罐头、焙烤等食品中，提高制品的品质。此外，果葡糖浆还广泛应用于医药取代葡萄糖。

④ 糖醇（氢化糖浆） 氢化糖浆（hydrogenated syrup）是经氢化处理的一类淀粉糖浆，主要产品有葡萄糖醇、麦芽糖醇和低聚糖醇。与原淀粉转化糖浆相比，保湿性、稳定性和抗结晶性好，甜度高，冰点低，黏度低，还具有保健性。因此，该产品在一些领域有独特用途，近年生产规模发展很快。

1) 山梨醇。山梨醇学名己六醇，分子式 $C_6H_{14}O_6$，相对分子质量为 182.17，是甘露醇的同分异构体，其结构式为：

$$CH_2-C-C-C-C-CH_2$$
（OH, OH H, OH, OH OH / H, OH H, H）

商品山梨醇有粉状结晶及液体两种，液体的含山梨醇 50%～70%。

a. 山梨醇的性质。山梨醇外观为白色粉末或结晶性粉末，可燃，无臭，略有清凉甜味。它具有吸湿性，熔点 110～112℃（无水物）、93～97℃（水合物），相对密度 1.47；山梨醇具有旋光性，易溶于水、甘油、丙二醇、热甲醇、热乙醇和热吡啶，微溶于甲醇、乙醇、醋酸、苯酚和乙酰胺。其化学性质稳定，在空气中不易被氧化；通常状况下不与酸和碱起反应；不易被微生物发酵；高温下（200℃）也不分解；在高温条件下可氢解，碳链断裂而得到乙二醇、丙二醇、丁四醇、山梨醇，属营养性甜味剂。

b. 山梨醇的生产方法。山梨醇的生产是以精制的葡萄糖浆为原料，通过加氢反应而得，主要生产方法有电解还原法和催化氢化法。电解还原法是葡萄糖通过电解还原生成山梨醇，同时也产生葡萄糖酸。该法电耗大，成本较高，大型山梨醇生产厂不采用这种工艺；催化氢化法是将葡萄糖、催化剂和氢气强力混合，在高压反应釜（间歇式）或管式反应器（连续式）中进行反应，反应液经固液分离，催化剂返回流程再使用，糖液经精制和浓缩获得山梨醇成品。

c. 应用。山梨醇所具有的性质使其在食品、日化、医药等行业都有广泛的用途，可作为甜味剂、保湿剂、赋形剂、防腐剂等使用，同时具有多元醇的保健优势，即低热值、低糖、防龋齿等功效。

山梨醇在食品工业的应用：适用于各类糖果、糕点、饼干、果酱、饮料、冰淇淋等。山梨醇的保湿性能防止食品干裂，使食品柔软新鲜，延长存放期，如应用于面包、蛋糕，有明显的效果；山梨醇不易被微生物利用，使食品不易变质；山梨醇代谢不引起血糖值升高，可作为糖尿病人的甜食；在口腔中不产生酸性，可作为防龋食品的原料；其热稳定性好，特别适用于制造需高温熬煮而不变色的糖果。

山梨醇在日化工业的应用：在牙膏中作为赋形剂、保湿剂、防冻剂，加入量可达25%～30%，可保持膏体润滑，色泽、口感好；在化妆品中代替甘油作为防干剂，可增强乳化剂的伸展性和润滑性，适于长期贮存。

山梨醇在医药工业的应用：山梨醇是维生素C的生产原料，也可以作为糖浆、注射输液、医药压片的原料，作为药物分散剂、填充剂、冷冻保护剂、防结晶剂、中药稳定剂、润湿剂、胶囊增塑剂、甜味剂、软膏基质等，还可以作为渗透性药和利尿药，适用于脑水肿等。

山梨醇在化学工业的应用：山梨醇可用于表面活性剂、聚醚、塑料助剂等的生产。近年来，利用山梨醇裂解生产二元醇和多元醇，作为石油替代产品。特别是以玉米为原料制得山梨醇，再由其加氢裂解生产二元醇和多元醇，以可再生资源代替不可再生的石油资源具有重大意义。该方法是在氢氧化钠和镍、钌催化剂存在下，于高温、高压条件下完成裂解反应，获得二元醇和多元醇的混合物，经精馏分离获得多种化工醇产品。

2) 麦芽糖醇

a. 概述。麦芽糖醇（Maltitol），又称氢化麦芽糖，是由麦芽糖加氢制得的重要的糖醇类代糖品之一，也是较早应用于低甜度、低热量甜味剂的糖醇之一。欧美、日本等国家和地区已商品化多年，日本于1964年开始工业化生产。我国麦芽糖醇的研制起步较晚，20世纪70年代开始研制。麦芽糖醇分子式为 $C_{12}H_{24}O_{11} \cdot H_2O$，相对分子质量为362.32，结构式如下：

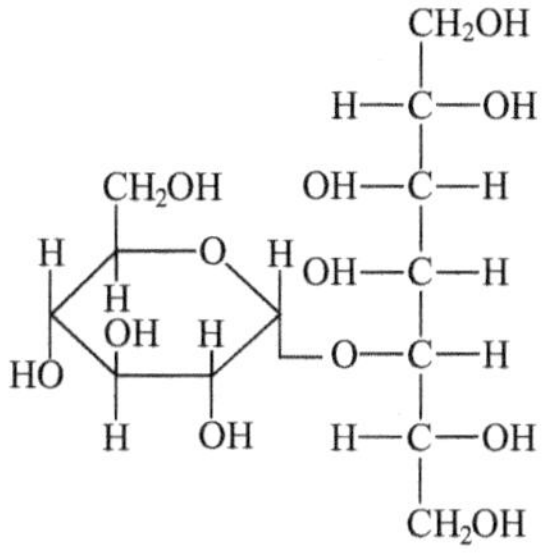

麦芽糖醇是一种由一分子葡萄糖和一分子山梨醇结合而成的双糖醇，溶于水，不溶于醇类等溶剂，甜度为蔗糖的85%～95%，热值只有11.7～13.4kJ/g，甜度柔和，具有很高的保湿性能，吸湿性呈稳定状态。麦芽糖醇的化学性质十分稳定，耐热性、耐酸性均比蔗糖、葡萄糖好，与氨基酸一起加热不引起美拉德反应，有较好的护色作用。麦芽糖醇比所有糖质都难被微生物同化和利用，难以发酵。在人体消化过程中能够抵抗酸性胃液的消化作用、小肠酶类的水解作用以及大肠微生物的分解，因此食后不会引起血糖值的增加。此外，麦芽糖醇不仅可以促进人体对钙的吸收作用，还可以抑制体内脂肪过剩积累。

结晶麦芽糖醇又名氢化麦芽糖，白色结晶性粉末，为正方立柱状晶型，化学名称为 4-O-α-D-吡喃葡萄糖基山梨糖醇，熔点146.5～147.0℃，溶解度为100g水中能溶解165g结晶麦芽糖醇（在25℃条件下），难溶于甲醇和乙醇。

b. 性质与应用。麦芽糖醇的甜度比山梨醇高，甜味温和，甜度接近蔗糖。麦芽糖醇的保湿性较山梨醇强，因此除用于食品外，还用于烟草、牙膏、化妆品、软膏基剂、胶囊等。麦芽糖醇对微生物稳定性与山梨醇相同，不易被霉菌、酵母及乳酸菌利用，可防龋齿。对酸和加热的稳定性比山梨醇稍差一点，但在150℃以下加热，几乎不引起分解；在酸性(pH=2)条件下、100℃加热1h则会有6%左右发生分解。麦芽糖醇的保健性与山梨醇相同，除作为糖尿病、高血压患者的甜味料外，还广泛应用于低热量的口香糖、糖果、饮料、果酒、果酱蜜饯等食品中。

5.6.2.3 淀粉发酵产品

淀粉易于水解成葡萄糖和低聚糖，再经发酵产生多种有机物，如醇、酮、有机酸、氨基酸、维生素、酵母、微生物多糖以及抗生素、酶制剂等，在有机化工、医药、食品和其他工业中用途广泛。

随着发酵技术的发展，产品种类不断增加，应用淀粉为原料的发酵产品列于表5-22，其中若干产品已发展成大工业生产，如乙醇、丙酮、柠檬酸、氨基酸、酵母、抗生素、维生素等。

表 5-22　淀粉发酵产品

类　别	产　品
醇	
一元醇	乙醇、2-丙醇、正丁醇、赤藓醇
二元醇	甘油、2,3-丁二醇、D-山梨醇、D-甘露醇
酮	丙酮
有机酸	乙酸、乳酸、柠檬酸、丙酸、丁酸、丙烯酸、葡萄糖酸、2-酮葡萄糖、丁二酸、2-甲基丁二酸、D-酒石酸、反式丁烯二酸
氨基酸	谷氨酸、赖氨酸、半胱氨酸、蛋氨酸、天冬氨酸、甘氨酸、苯基丙氨酸、精氨酸、氨基丙酸、组氨酸、异亮氨酸、脯氨酸、酪氨酸、苏氨酸、鸟氨酸
微生物低聚糖和多糖	环糊精、黄原胶、茁霉多糖
酶制剂	α-淀粉酶、糖化酶、葡萄糖异构酶、纤维素酶、蛋白酶、脂肪酶
生物体	酵母、单细胞蛋白
抗生素	青霉素、土霉素、四环素、链霉素
维生素	维生素 B_2、维生素 B_{12}、维生素 C（L-抗坏血酸）
激素	胰岛素、三磷酸腺苷

近年来发展最快的为发酵酒精，用作汽车燃料代替汽油。利用淀粉为原料发酵生产乙醇（俗称酒精）历史悠久，但是自 20 世纪 40 年代石油化学工业大发展以来，石油产品价格便宜，工业用酒精在工业发达国家都改用乙烯合成。1973 年发生世界石油危机以来，汽油价格暴涨，用淀粉和糖为原料发酵制酒精又变得合算，巴西、美国利用丰富的木薯和玉米淀粉再生资源大力发展发酵酒精并用作汽车燃料，取得重大成效（见醇燃料）。由酒精又能生产乙烯、丁二烯、乙醛、乙酸和其他若干种化工产品，为有机化工的重要原料。

通过发酵能转变淀粉得新型低聚糖环糊精、多糖黄原胶和茁霉多糖，各具优良特性，为用途广泛的新产品，称为微生物低聚糖和多糖。

（1）环糊精

环糊精为由 6、7 或 8 个葡萄糖单位组成，经 α-1,4 键连接成环形结构的低聚糖，也称为 α-环糊精、β-环糊精和 γ-环糊精，其中 β-环糊精较重要，工业生产的主要是这一种。环糊精为白色结晶粉末，能溶于水，性质稳定，不易被酸水解，对热和碱的作用也稳定，也不能被淀粉酶水解。组成环糊精的各葡萄糖单位的伯醇羟基位于环的外边缘，环内为氢和糖苷键的氧，环外具有亲水性，环内具有疏水性，能与多种有机物和无机物形成络合结构被包埋起来。被包埋起来的香料、色素、药品、农药等性质稳定，不易挥发，又不易氧化、热解、水解或其他反应损失，但易溶于水，溶解后包埋物又被释放出来，可作为这些物料的好载体。因为具有亲水和疏水双重性质，是油和水的乳化剂。

（2）黄原胶

黄原胶是由葡萄糖、甘露糖和葡萄糖醛酸组成的杂多糖，具有独特的胶体流变性质，易溶于水，浓度很低的溶液的黏度很高，并且稳定。对于温度、酸、碱、盐、微生物降解等影响降低少。可作为食品、纺织、医药、石油和其他工业有用的稳定剂、乳化剂、增稠剂、悬浮剂和成型剂。黄原胶与盐类化合物的共容性好，特别适于在石油井钻泥和二次采油罐注液中应用。溶液黏度受机械搅拌剪力影响降低大，搅拌速度越快降低越大，但停止搅拌，黏度又恢复，这种特性称为假塑性，在若干种应用中是有利的。

（3）茁霉多糖

茁霉多糖为麦芽三糖经由 α-1,6 糖苷键组成的多糖，为无味、无臭的白色粉末，易溶于水，不溶于有机溶剂，水溶液为黏稠的透明液体。通过部分酯化或醚化能降低水溶性，完全酯化或醚化的茁霉多糖不溶于水。茁霉多糖的水溶液经干燥或热压能制成薄膜，具有高韧性、高抗油性、高抗氧气渗透性，适于食品包装应用，保存时间较长，不致败坏。由茁霉多糖水溶液能制成纤维，光泽与人造纤维相似，强度与尼龙相像。通过酯化得酯衍生物，不溶于水，能制成板材或用于层压板、涂料，表面性质与三聚氰胺涂料相似，也能热压成塑料制品，光泽、透明度、强度、韧性与聚苯乙烯塑料相似。这种塑料制品常被称为生物塑料，以区别于用烃类化合物原料制得的塑料。

5.7 甲壳素及其再生利用

5.7.1 甲壳素概述

甲壳素（chitin）又名甲壳质、几丁质、壳多糖、蟹壳素、明角壳蛋白、虫膜质、不溶性甲壳质、聚乙酰氨基葡萄糖等，是虾、蟹等甲壳动物或昆虫外壳及菌类细胞壁的主要成分，其总产量约为15万吨/年。甲壳素是自然界中产量最大的三大多糖之一，又是地球上产量最大的含氮化合物，其量在蛋白质之上。因此，甲壳素在自然界中占有重要地位。壳聚糖是甲壳素脱乙酰基形成的衍生物，是天然多糖中唯一的碱性多糖，也是少数具有电荷特性的天然产物之一，具有许多特殊的物理性质、化学性质和生理功能，因而在医药卫生、食品饮料、农业生产、水处理、化妆品、轻化、纺织、印染等行业中均存在着巨大的应用潜力。

5.7.1.1 甲壳素的存在

甲壳素是重要的海洋生物资源，广泛存在于虾蟹、昆虫、菌类以及植物的茎叶之中，其在自然界中的分布见表5-23。

表5-23 甲壳素在自然界中的分布

生物门类	所属纲	代表生物	甲壳素含量
节肢动物	甲壳纲	虾、蟹等	可达58%~85%
	昆虫纲	蝗、蝶、蚊、蝇、蚕等蛹壳	可达20%~60%
	多足纲	马陆、蜈蚣	
	蛛形纲	蜘蛛、蝎、螨、蜱	可达4%~22%
软体动物	双神经纲	石鳖	
	腹足纲	鲍、蜗牛	
	掘足纲	角贝	可达3%~26%
	瓣鳃纲	牡蛎	
	头足纲	乌贼、鹦鹉螺	
环节动物	原环虫纲	角窝虫	
	毛足纲	沙蚕、蚯蚓	有的含量很少，有的高达20%~38%
	蛭纲	蚂蟥	
腔肠动物	水螅虫纲	中水螅、筒螅	含量较少，有的能达到3%~30%
	钵水母纲	海月水母、海蜇、蟹水母	
	珊瑚虫纲		
海藻		绿藻	含量很少
真菌		子囊菌、担子菌、藻菌	微量至45%
植物		香菇	
其他		动物的关节、蹄、足坚硬部分	

在全部天然高分子中，最丰富、最容易获得的应属纤维素和甲壳素，据推测甲壳素的年生物合成量为100亿~1000亿吨。尽管有这样大量的天然资源存在，但它的利用还是比不

上纤维素的利用，其原因是甲壳素不溶、不融，利用及处理极其不便，因此是目前还未很好利用的丰富天然资源之一。

5.7.1.2　甲壳素与壳聚糖的结构

甲壳素化学名称为 1,4-2-乙酰氨基-2-脱氧-β-D-葡聚糖，相对分子质量在一百万左右，是 N-乙酰-2-氨基-2-脱氧-D-葡萄糖以 β-1,4-糖苷键形式连接而成的多糖。甲壳素的结构与纤维素非常相似，只是 2 位上的—OH 基被—NHAc 置换。由于甲壳素分子中—O—H…O 型及—N—H…O 型强氢键作用，分子间存在有序结构，使结晶质密稳定，因而一般反应较纤维素更困难，成本更高一些。壳聚糖是甲壳素脱去 55%以上 N-乙酰基的产物，甲壳素和壳聚糖的化学结构如图 5-42 所示。

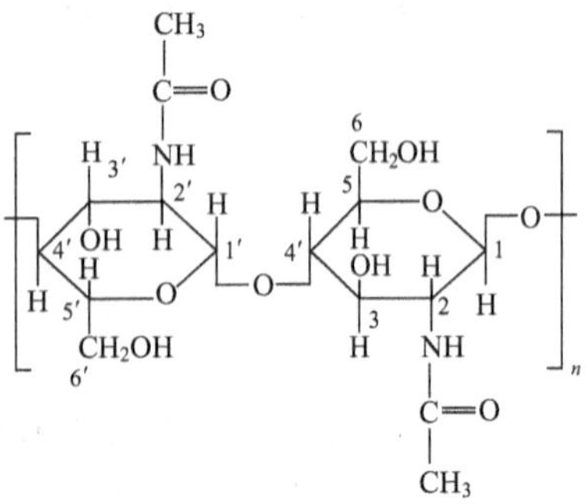

甲壳素

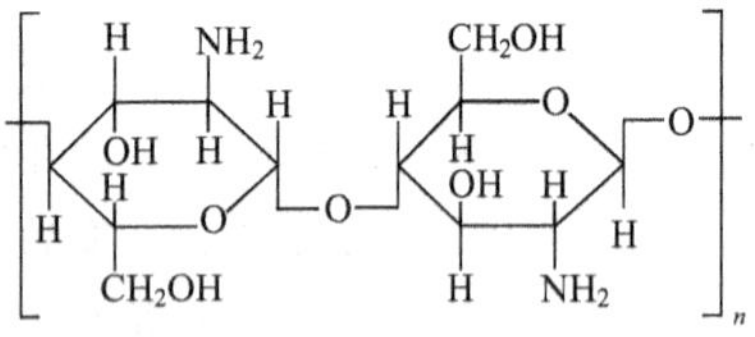

壳聚糖

图 5-42　甲壳素和壳聚糖的结构式

甲壳素作为多糖，它与蛋白质一样，有一级、二级、三级和四级结构层次，其线性链中 β-1,4-糖苷键连接的 N-乙酰氨基葡萄糖和氨基葡萄糖残基序列构成甲壳素的一级结构，骨架链间以氢键结合所形成的各种聚合体为甲壳素的二级结构，一级结构和非共价相互作用造成的有序二级结构导致的空间规则而粗大的构象为甲壳素的三级结构，长链间非共价键合形成的聚集体构成了甲壳素的四级结构。

由于分子内和分子间不同的氢键作用，甲壳素存在 α、β、γ 3 种晶型。其中量最大且最容易获得的是 α-甲壳素。α-甲壳素具有致密的晶体结构，由两条反向平行的糖链排列而成，是 3 种晶型中最稳定的一种形式，主要存在于节肢动物的角质层和某些真菌中。β-甲壳素由两条平行的糖链排列而成，分子间的氢键较弱，结构松散，稳定性不如 α-甲壳素，可以从海洋鱼类中得到。在溶解或充分溶胀之后，β-甲壳素可转变为 α-甲壳素，即使在盐酸水溶液中，固态的 β-甲壳素也可以转变为 α-甲壳素，但 α-甲壳素却不能转变为 β-甲壳素。γ-甲壳素由 3 条糖链组成，其中两条糖链同向，一条糖链反向且上下排列而成。壳聚糖也具有以上 3 种结晶态。

5.7.1.3　甲壳素与壳聚糖的性质

甲壳素是白色或灰白色半透明片状固体，由于多糖链间氢键相连，导致甲壳素不溶于水、稀酸、稀碱或一般有机溶剂，但可溶于浓碱、浓盐酸、浓硫酸、浓磷酸和无水甲酸，同时主链发生降解。α-甲壳素是刚硬的结晶构造，在通常的溶剂中不溶，但 β-甲壳素能在甲酸中完全溶解，另外由于它在各种溶剂中较易润胀，因此在化学改性中比 α-甲壳素具有高得多的反应性。

甲壳素经浓碱处理后生成壳聚糖。壳聚糖是白色或灰白色略有珍珠光泽的半透明片状固体，不溶于水和碱液，可溶于大多数稀酸。壳聚糖因有游离氨基的存在，反应活性比甲壳素强。

无论是甲壳素还是壳聚糖都具有相当好的吸水性，β-甲壳素比 α-甲壳素吸水性好。吸湿性、保水性最好的是水溶性甲壳素。

甲壳素性质稳定，具有良好的生物可降解性和相容性，毒性极小（$LD_{50}=16g/kg$）。甲壳素和壳聚糖在大多数微生物的作用下都容易生物降解，生成甲糖及低聚糖。在许多植物中已经发现甲壳素酶的存在，这些酶起着植物自我保护的作用。作为环境协调材料，甲壳素常被用作生物医用材料。能够生物降解的高分子总是被追求的对象，甲壳素已被认为是适合这些用途和要求的首选材料之一。

N-脱乙酰度和黏度是壳聚糖的两项主要性质指标。通常把1%壳聚糖乙酸溶液的黏度在1Pa·s以上的定义为高黏度壳聚糖，而黏度在0.1～1Pa·s的则为中黏度壳聚糖，黏度在0.1Pa·s以下的定义为低黏度壳聚糖。很多因素影响壳聚糖乙酸溶液的黏度，包括脱乙酰度（DD）、分子量、高聚物浓度、离子强度、pH值和温度等。

壳聚糖分子具有复杂的双螺旋结构，含有多种官能团，包括大量的羟基和氨基，还有N-乙酰氨基。由于这些基团具有很强的反应活性，这就使得人们可通过对壳聚糖分子中的活性基团进行修饰、活化和偶联等对壳聚糖进行改性，形成性质不同的甲壳素衍生物。

5.7.2 甲壳素和壳聚糖的制备工艺

目前有关甲壳素和壳聚糖的制备方法很多，其之间的主要差异包括去除无机盐、蛋白质所选用的溶剂不同，脱色剂的差异和制备工艺的变化等，但常用的仍然是以稀盐酸脱除无机盐、稀碱溶解蛋白质、浓碱脱乙酰基的"三脱"基本方法。图5-43是利用虾壳、蟹壳资源的综合生产工艺流程。

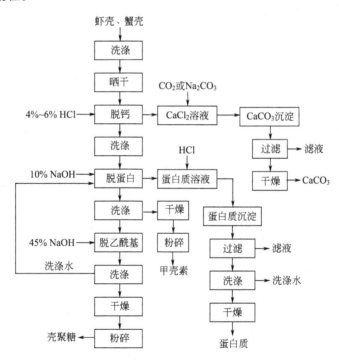

图5-43 利用虾壳、蟹壳资源的综合生产工艺流程

利用该工艺流程生产甲壳素和壳聚糖时，具有如下特点。

① 虾壳、蟹壳的洗涤可全部用海水，脱钙和脱蛋白之后的洗涤可先用大量海水冲洗至近中性，然后再用少量淡水洗涤；脱乙酰基之后，先用少量淡水洗涤，洗涤下来的水碱浓度控制在10%左右，返回去用于脱蛋白，这样，在脱蛋白时可节省一部分烧碱，然后再利用

大量海水洗涤至近中性,最后再用淡水洗涤。

② 脱钙之后的滤液是浓度较大的氯化钙溶液,通入二氧化碳或加入碳酸钠可沉淀出碳酸钙,经过滤、水洗、干燥,即得洁白的、颗粒微细的食品级碳酸钙,收率为虾壳干重的30%左右。

③ 脱蛋白后的滤液含有大量的优质蛋白质,用盐酸调节 pH 值至 5~6,蛋白质沉淀析出,过滤、用淡水洗去盐分、干燥,可得总量为干虾壳重 20%左右的壳蛋白,该蛋白质未经脱色时,因含有虾红素而颜色较深。如果在未沉淀时用 0.1% $KMnO_4$ 溶液氧化破坏虾红素,则可得到洁白的蛋白粉,它是一种优质的动物性蛋白质,可以用于食品、饮料中,亦可完全水解后制成氨基酸营养液。

④ 脱钙时用的浓度 4%~6%的稀盐酸可反复使用:当第一批虾壳脱钙完成捞出后,可作为第二批虾壳的初步脱钙液,当作用到接近中性时,再排出去制备碳酸钙,这时可加入新配制的 4%~6%的盐酸继续进行脱钙,这样连续使用盐酸溶液,一般可处理 3 批虾壳,以节约盐酸。

⑤ 用 45% NaOH 溶液脱乙酰基后,附着在虾壳表面的碱用少量淡水洗涤下来,控制浓度达到 10%时,用于前面的脱蛋白,可减少碱的流失。脱乙酰基时形成的乙酸钠在碱液中的浓度并不太大,不至于抑制脱乙酰基过程,因此,在第二批甲壳素脱乙酰基时,仅补充少量新配 45% NaOH 就可继续使用,原碱液可连续使用 5 次。

5.7.3 甲壳素、壳聚糖及其衍生物的应用

甲壳素、壳聚糖及其衍生物资源丰富,价格低廉,具有许多优异的性能,如易成膜成纤、良好的吸附和螯合能力等,尤其是固有的生物活性、生物相容性、生物可降解性、安全无毒可食用等性能更是许多合成高分子所无法比拟的。近年来,甲壳素、壳聚糖及其衍生物的应用范围不断扩大。目前,在废水处理、重金属回收、食品、化妆品、农业、医药卫生、生物工程、纺织、造纸、烟草等许多领域均有应用,见表 5-24。

表 5-24 甲壳素、壳聚糖及其衍生物的应用

应用领域	实 例
医药	绷带,人造血管,海绵,肿瘤抑制,膜,隐形眼镜,人造皮肤,控释药物,骨修复
造纸	表面处理,相纸,无碳复写纸
水处理	金属离子的去除,絮凝剂(针对蛋白质、染料、氨基酸)
生物技术	酶固定,蛋白质分离,色谱,细胞复苏,细胞固定化,葡萄糖电极
农业	种衣剂,肥料,农药控释
食品	脱色,防腐剂,动物饲料添加剂
膜	反渗透,溶液分离
化妆品	指甲油,保湿剂,沐浴液,牙膏,护肤霜

5.7.3.1 在医药卫生方面的应用

甲壳素、壳聚糖及其衍生物最引人注目的功能是其生物学功能,这些功能涉及增强免疫、延缓衰老、增强排毒、生理调节等,故被称为"人体免疫卫士";日本和欧美医学界还将其誉为继糖、蛋白质、脂肪、纤维素和矿物质 5 大生命要素之后的"第 6 生命要素"。近年来的研究发现,甲壳素和壳聚糖不仅无毒、可被生物降解,而且具有显著抑制真菌繁殖等多种医学功能和药理作用,作为一类无毒而有效的生物药剂应用在医药和卫生保健领域。

(1) 降脂和降胆固醇

甲壳素、壳聚糖能有效阻止消化系统对胆固醇和甘油三酯的吸收，防止胆固醇和脂肪酸在体内的囤积，这对防治动脉粥样硬化、高血压和脂肪肝具有重要的意义，同时也可用于减肥。为了减少口服剂量，提高甲壳素、壳聚糖的降脂作用，可制备相应的衍生物，如烟酰化壳聚糖和季铵化壳聚糖，均具有很好的疗效。

(2) 凝血和抗凝血

壳聚糖本身具有很强的凝血作用，在手术中用以替代止血用的明胶海绵，不但能起到更好的止血效果，还可防止感染。甲壳素、壳聚糖的硫酸酯衍生物还具有抗凝血作用，可作为肝素替代物。肝素具有相当高的抗凝血活性，是一种手术常用的抗凝血药物，但因来源于动物肝脏，提取困难，售价很高。而类似于肝素的壳聚糖衍生物，其抗凝血活性高于肝素，价格却比肝素低廉得多。

(3) 壳低聚糖的生物功能

临床观察发现，甲壳素、壳聚糖及其衍生物，尤其是其低聚糖（又称壳寡糖），如六糖和七糖具有明显的提高免疫力和抑制肿瘤生长的作用。研究认为，其抗肿瘤的机理与甲壳素、壳聚糖的聚阳离子电解质和碱性多糖的性质有关。甲壳素或壳聚糖在盐酸中充分降解可得到氨基葡萄糖盐酸盐，它是生产抗癌药物氯脲霉素和治疗关节炎药物氨基葡萄糖硫酸盐的重要原料，这也是近年来我国氨基葡萄糖出口量增大、价格升高的原因之一。

(4) 医用纤维

外科手术用植物纤维或合成纤维的纸容易引起炎症。甲壳素有消炎作用，用甲壳素纤维制造的无纺布柔软，又能消炎，是理想的医用材料。甲壳素和壳聚糖及其衍生物溶液具有良好的可纺性，可以采用湿法或干湿法纺丝制成纤维。壳聚糖的溶液纺丝始于1936年，以1.1%乙酸为溶剂，以2% NaOH 溶液为凝固液，首次制备出壳聚糖纤维。

外科手术离不开缝合线，但一般伤口愈合后必须拆线。壳聚糖纤维制成的手术缝合线，在预定的时间内在血清、尿、胆汁、胰液中能保持良好的强度，缝合和打结性好，在体内有良好的适应性，尤其是经过一定时间，壳聚糖缝合线能被溶菌酶所酶解，从而被人体自行吸附，当伤口愈合后不必再拆线。因此，它们作为手术缝合线具有应用前景。用甲壳素或壳聚糖与其他高分子共混有利于提高纤维强度和其他性能。将胶原蛋白与甲壳素共混，在特制纺丝机上纺制，再根据临床需要得到一种与伤口愈合期相吻合的外科缝合线，其优点是可完全吸收，术后组织反应轻，无毒副作用，伤口愈合后缝线针脚处无疤痕，打结强度尤其是湿打结强度超过美国药典第二十二款所规定的指标。

(5) 医用膜

将多肽溶液与甲壳素溶液混合均匀后涂在平板玻璃上凝固制成薄膜用作医用材料，这种薄膜均匀、透明、手感柔软，具有良好的弹性和强度。人工肾是由高分子材料制成的渗透膜，装在一定的容器中制成一个透析器，其透析膜必须具有很高的机械强度和对血液的稳定性。目前用作透析膜的高分子材料有铜氨法制造的铜珞玢纤维素、骨胶原蛋白、聚砜、聚硫橡胶等。壳聚糖膜具有足够的机械强度，可以透过尿素、肌酐等水溶性有机物，但不透过 Na^+、K^+、Cl^- 等无机离子及血清蛋白，透水性好，是一种理想的人工肾用膜。

(6) 人造皮肤

壳聚糖或甲壳素是制造人造皮肤的理想材料，它质地柔软、舒适，与创面的贴合性能好，既透气又吸水，不仅有抑菌消炎作用，而且具有抑制疼痛、止血和促进伤口愈合的功能。随着患者创伤的愈合与自身皮肤的生长，壳聚糖人造皮肤能自行溶解并被机体吸收，既不会留下碎屑而延缓伤口的愈合，相反还会促进皮肤再生。壳聚糖人造皮肤的使用免除了常规揭除时流血多及病人的痛苦，对治疗高热创伤特别有效。目前在日本和我国都已分别有了壳聚糖人造皮肤临床应用的报道。

（7）药物载体

随着药物制剂向"三效"（高效、速效、长效）和"三小"（毒性小、副作用小、剂量小）发展，具有无毒、可生物降解、良好的组织相容性、缓释和控制释放特性的药物载体（药物运送系统）已日益引人注目。甲壳素和壳聚糖及其衍生物可用作药物载体，稳定或保护药物中的有效成分，促进药物的吸收、延缓或控制药物释放，帮助药物到达目的器官。随着新型药物给药系统的发展，壳聚糖应用于药物制剂主要集中于设计安全有效的壳聚糖给药体系，尤其适用于多肽、蛋白质类药物制剂。壳聚糖及其衍生物可以以凝胶、颗粒、片剂、薄膜、微囊等形态包封药物，广泛应用于药物缓释和定位输送。

5.7.3.2 在农业方面的应用

甲壳素和壳聚糖在农业中的应用主要是作为饲料的添加剂和种子处理剂而使用。甲壳素、壳聚糖可以作为鸡饲料添加剂、鱼饵料添加剂以及饵料黏合剂等，也可以通过分析甲壳素含量的变化来确定霉菌侵害仓储粮食的程度。壳聚糖作为粮食、蔬菜作物（如棉花、玉米、小麦、萝卜等）的种子处理剂，可激发种子提前发芽，促进作物生长，提高抗病能力，从而提高粮食和蔬菜产量。另外将甲壳素、壳聚糖加入到土壤中，或者用甲壳素溶液对蔬菜进行喷洒，也能提高蔬菜的产量。种子经壳聚糖处理后，表面形成一层保护膜，不仅能吸水，还能促进土壤中放线菌及其他一些有益微生物的生长，因此具有改善土壤性质的作用，可以用作液体土壤改良剂。甲壳素还可以作为生物农药和农药载体，把农药键合到高分子链上，为生产低毒、高效农药开辟新路。此外，壳聚糖作为一种含氮高分子化合物还可以作为缓慢释放的"固氮"基质被植物直接吸收，或者通过微生物作用氧化成硝酸盐而被植物吸收。

（1）饲料添加剂

有研究发现，在饲料中加入10％甲壳素，能使小鸡比对照组增重，此外，虾、蟹壳中还含有丰富的钙质和微量元素，它们可以起着钙质等元素的补充和协同作用。在肉鸡饲料使用的干乳清中加入适量甲壳素可使乳清中的乳糖得到充分利用，这为乳清饲料的有效利用找到了一条出路。此外，壳聚糖对脂肪酸和胆汁酸有很强的结合能力，可以阻止肠胃对脂肪酸和胆汁酸的吸收，而且，壳聚糖能抑制体内胰酶和碳水化合物水解酶的活力，从而抑制了脂肪在体内的沉积，因此，在猪饲料中添加壳聚糖，可以提高饲养肥猪的瘦肉率。

（2）仓贮饲草受真菌侵害程度的分析

如苜蓿等饲草在仓库贮存时，由于收割时的老、嫩程度和贮存时间的长短以及仓贮条件不同，造成其含水率的变换。若含湿率高，很容易受到真菌的侵害而霉烂。霉烂的饲草，由于霉菌分泌毒素，使饲草染毒，从而使牲畜中毒，不能喂养牲畜。如果霉烂的情况严重，则凭眼睛就可以分辨出来，但当饲草已遭到真菌侵害而尚未到霉烂的程度，则很难被发现，在过去，很难采取有效手段来检测饲草是否遭受霉菌侵害。由于高等植物体内是不存在甲壳素的，而真菌的孢子或菌丝体中含有甲壳素，如果饲草被霉菌侵害，只要通过甲壳素的定量分析，就能确定其侵害的程度。

（3）种子处理剂

壳聚糖可用作许多粮食、蔬菜作物种子的表面处理剂，激发种子提前发芽，促进作物生长，提高抗病能力，从而提高粮食和蔬菜产量。研究发现，棉花种子经壳聚糖处理后，比对照组提前1天出苗，出苗率比对照组高13.7%，提前2天开花，提前2天结铃，提前2~3天吐絮，株高没有明显变化，每亩增产11.8%。由此看出，壳聚糖的应用，既不同于农药，又不同于肥料，它具有综合治理作用。试验还表明，壳聚糖也适用于像棉花这类具有厚皮硬壳的种子处理。

玉米的黑穗病是造成玉米大面积减产的主要病害之一，通过壳聚糖溶液对玉米种子的拌种处理，可免除或减轻玉米的黑穗病。用壳聚糖溶液拌种后的玉米，出苗比对照组提前了1天，收获提前2天，增产20.4%。每克冬小麦种子用250μg壳聚糖处理，增产最高可达到21%。不仅壳聚糖，一些壳聚糖的衍生物如N-酰基、N-芳基和N-烷基壳聚糖等都可以作为种子处理剂，这些N-衍生物本身有一定的吸水能力，易形成凝胶，这对干旱少水的农业地区有着较好的现实意义。

(4) 液体土壤改良剂

利用壳聚糖的抗病能力可起到改良土壤的作用。将壳聚糖与可溶性蛋白（如胶原蛋白）合成液体土壤改良剂，这种改良剂具有较好的稳定性和可降解性，降解以后是优良的有机肥料，可供作物吸收。它们不仅可抑制土壤中的病原菌生长和繁殖，同时能有效地改善土壤的团粒结构，是一种比较理想的液体土壤改良剂。

5.7.3.3 在食品工业中的应用

国内外大量研究表明，甲壳素和壳聚糖是无毒和安全的天然高分子化合物，美国食品与卫生管理局（FDA）已批准其为食品添加剂。在日本，甲壳素和壳聚糖在食品工业中使用的数量要占到总数的70%。甲壳素、壳聚糖及其衍生物在食品工业中的应用主要包括液体处理剂、食品添加剂、外包装材料等方面。

(1) 液体处理剂

壳聚糖作为絮凝剂应用于食品工业有其独特优点。目前工业上使用的阳离子型絮凝剂绝大多数是合成高聚物，毒性高，一般不适于在食品工业中应用。而壳聚糖无毒无味，可生物降解，不会造成二次污染，符合用于食品工业的要求。

浑浊果汁中主要含有果胶、微小固体颗粒等，果胶是一种多糖醛酸，可与带正电荷的大分子产生静电作用相互吸引而沉淀下来（pH值可用HCl调节，以利于果胶沉淀），而大分子高黏度的壳聚糖则是天然的阳离子型絮凝剂，对果胶有很强的凝集能力，同时对色素也有较强的吸附作用，从而使果汁澄清并使色泽变淡，这对提高果汁透光率是大有好处的。当前，也有采用酶法或加助凝剂来处理果汁，但这种方法不仅生产成本高，生产周期长，而且在处理果胶时，一旦处理不完全还会产生二次沉淀，在实际操作中工艺相当烦琐。采用壳聚糖作为絮凝剂，不仅生产成本低，而且生产周期短，可以提高产量，减少不必要的损失，提高果汁产品的质量和档次。

用大米糖化发酵生产米酒在我国和日本都非常普遍，但这样发酵出来的米酒浊度达350°，而在每升米酒中加入3mL 0.2%壳聚糖酒石酸溶液和1mL 0.1%聚丙烯酸钠水溶液，搅拌后静置，悬浮物立即凝集，过滤，则可得到浊度为5°的清酒。除此以外，壳聚糖还可用于果汁脱酸、去除醋中的沉淀等。

(2) 食品添加剂

将壳聚糖悬浮于水中剧烈搅拌，可以形成均匀的凝胶状物质，将其加入到食品中，不但能起增稠、稳定和抑菌保鲜的作用，而且还可以改变食品的风味、流动性、增加纤维含量等，起到与常用调味品（如味精）不同的效果。

研究发现，壳聚糖与酸性多糖反应，生成壳聚糖的酸性多糖络盐，此络盐呈肉状组织纤维，可作为组织形成剂。采用壳聚糖与猪肉、牛肉、鱼和禽肉等混合，制成优质和低热量的填充食品，也可通过添加香料、调料和色素等制成各种人造肉，供既喜好肉味又不愿直接吃肉的人食用。

甲壳素和壳聚糖能阻止消化系统吸收胆固醇和甘油三酯，促进这些物质由体内排除，并能增加抗体数量，提高机体免疫力。有研究发现，哺乳动物摄入壳聚糖后，在体内可与脂类物质（如甘油三酯、脂肪酸、胆汁酸、胆固醇以及其他甾醇）结合形成壳聚糖络盐或复合物，这种产物由于具有很强的疏水性，不被胃酸所润湿，也就不被胃酸所水解从而被消化系统所吸收，而是随粪便排出。壳聚糖与这些脂类物质结合后，仍能进一步结合相当于它们自身重量许多倍的脂类物质，因此，壳聚糖或其脂肪酸络盐可以作为脂肪清除剂添加到食品中去，一方面它能减少人体对脂类物质的吸收，促使脂类物质排出体外，另一方面因结合食品中的脂肪而降低了食品的热量，同时又能满足人们对脂肪的口感要求，这种食品成了一种无副作用的减肥食品。

壳聚糖对许多真菌具有强烈的抑制作用，因而可作为食品防腐剂。研究发现，壳聚糖对金黄色葡萄球菌、大肠杆菌、小肠结炎耶尔森氏菌、鼠伤寒沙门菌和李斯特单核增生菌 5 种常见食物中毒的菌株有较强的抑制作用，目前在日本已有将壳聚糖作为食品防腐剂的专利。防止和减少鲜肉中细菌的污染是食品工业中一个突出的问题，由于醋酸具有较强的杀菌能力，是世界公认的安全无毒有机酸，世界上许多国家都用醋酸作为畜胴体的消毒剂。研究发现，采用 1% 壳聚糖乙酸溶液（2% 乙酸）对猪肉的杀菌能力明显高于 2% 乙酸。

(3) 功能材料和外包装材料剂

由于甲壳素和壳聚糖具有显著抑制真菌生长繁殖的作用和天然成膜性，因此是一种理想的果蔬成膜保鲜材料。如将甲壳素或壳聚糖为主要原料配制成的果蔬保鲜剂喷洒或均涂于果蔬表面，可生成致密均匀的膜保护层，使水果的完好保鲜期达 9 个月以上。该膜不仅具有防止果蔬失水、保持果蔬原色、抑制果蔬呼吸、降低果蔬在贮存过程中营养成分的损失等保鲜效果，同时还具有阻止微生物浸染、明显减少果蔬腐烂率的作用，从而达到长期保鲜的目的。对不同的果蔬如苹果、梨、桃、番茄或者草莓等，可以通过调节甲壳素或壳聚糖的浓度即可达到保鲜的目的。

5.7.3.4 在水处理中的应用

甲壳素、壳聚糖及其衍生物在水处理中主要可作为絮凝剂、重金属螯合剂、吸附剂等，应用于饮用水处理、地表水处理、污水处理等。

(1) 在饮用水处理中的应用

壳聚糖因其天然、无毒、安全性被美国环保局批准作为饮用水净化剂，来去除水中的颗粒物质、颜色和气味，并且具有杀菌作用。

方华丰等将壳聚糖包裹活性炭经戊二醛交联形成颗粒，用于吸附饮用水中的消毒副产物三氯甲烷，其吸附效果要好于活性炭。Bratskaya 等将壳聚糖谷氨酸与氢氯化物用于饮用水的处理，结果表明壳聚糖盐能有效去除水中溶解性腐殖酸及有机物。壳聚糖在吸附去除饮用水中有害物质的同时，不吸附水中 K^+、Ca^{2+}、Mg^{2+}、SO_4^{2-}、Cl^-、HCO_3^- 等，不影响天然水体的本底浓度，且有抑菌、杀菌作用，是饮用水净化的理想吸附剂。徐廷国等将壳聚糖应用于饮用水的处理，结果表明壳聚糖能有效抑制亚硝酸盐形成。

(2) 在地表水处理中的应用

甲壳素、壳聚糖及其衍生物常用于去除地表水中的悬浮物、有机物、藻类、残留铝、铬等。

① 去除水体中的悬浮物　水体中各种悬浮物、胶体物质、浮游生物和微生物等杂质的含量与浊度紧密相关，浊度是评价水源水质、净水工艺的净水效率及饮用水水质的重要指标。天然水体中由于黏土、细菌等的存在而成为负电性的胶体体系，壳聚糖作为一种长链型阳离子高聚体，可同时起到电中和凝聚及黏结架桥的双重作用，具有优越的絮凝特性。

② 去除水体中的有机物　天然有机物（NOM）是消毒副产物的前驱体，壳聚糖可絮凝去除水中的一部分NOM，这对于饮用水中消毒副产物浓度的降低具有重要意义。Bratskaya等研究表明，壳聚糖对腐殖酸及其衍生物的废水中的色度去除率基本为100%。单宁酸和酚醛聚合物等有机物质也是水中NOM的组成部分，壳聚糖对于这些物质的絮凝去除率最高可达46%。由于壳聚糖是阳离子型絮凝剂，极易与负电性的大分子腐殖酸类絮凝，因而具有较好的去除作用。壳聚糖对水中色度有很好的去除效果，当原水中TOC为5.5mg/L时，用壳聚糖絮凝后，TOC和色度的去除率分别为40%和80%。

③ 去除水体中的藻类　据报道，壳聚糖对淡水藻即螺旋藻、颤藻、小球藻及蓝绿藻具有去除效果。有研究表明，对于淡水物种，pH值为7时去除效果最好，而对于海洋物种，pH值则低些。壳聚糖的适宜投加量取决于水体中的藻类浓度，藻类浓度越高，所需投加的壳聚糖剂量也越多，而壳聚糖投加量的增加，往往使絮凝和沉淀进行得更快。浊度即可衡量藻类的去除情况。当pH值为7时，5mg/L壳聚糖对水中浊度去除率可达90%，且藻类浓度越高，絮体颗粒越粗大，沉降性能越好。由镜检得知，絮凝沉降而被去除的藻类只是聚集黏附在一起，仍处于完好的活泼状态。由于壳聚糖并不会对水中的物种造成任何负面影响，与加入其他人工合成有机物水处理不同的是处理后的水仍可用于淡水养殖。

④ 去除残留的铝　铝盐类和聚合铝类絮凝剂在自来水处理工艺中应用极为广泛，然而使用铝盐絮凝剂可导致饮用水中铝含量增加。饮用水中的残留铝对人体健康有严重危害，目前对饮用水中的铝含量已有限制标准（铝的限值为0.2mg/L）。壳聚糖也存在出水残留的问题，但壳聚糖是天然无毒的碱性氨基多糖，这些残留的壳聚糖不会对人体产生危害，且在后续的处理工艺中可以被去除。另外，将壳聚糖与PAC等无机絮凝剂复合使用，可以使残留铝含量降低。因此，在饮用水处理中，壳聚糖具有其他合成有机高分子絮凝剂所无法替代的优越性。

(3) 在污水处理中的应用

甲壳素、壳聚糖及其衍生物可用于处理电镀废水、印染废水、食品废水、造纸废水等。壳聚糖分子单体中的胺基极易形成胺正离子，对过渡金属有良好的螯合作用，可用于去除废水中的铜、镉、汞、锌、铅等重金属离子。张廷安等研究了用脱乙酰基壳聚糖为絮凝剂，在电解质Na_2SO_4的作用下絮凝除镉的方法，结果发现，当水样含镉质量浓度大于40mg/L、pH值为8~9和壳聚糖的含量为1%时，镉的去除率达到99.95%以上。在同样的条件下处理冶炼厂的含镉废水，除镉率达到99.7%以上，其他金属离子铜、锌和铅的残余质量浓度分别为0.053mg/L、0.058mg/L、0.01mg/L，低于国家排放标准。

壳聚糖分子中均含有酰氨基及氨基、羟基，随着氨基的质子化表现出阳离子型聚电解质的作用，不仅对重金属有螯合作用，还可有效地絮凝吸附水中带负电荷的微细颗粒。它们最大的优势是对食品加工废水的处理。由于壳聚糖对蛋白质、淀粉等有机物的絮凝作用很强，可以从食品加工废水中回收蛋白质、淀粉作饲料。黄慧等研究了以壳聚糖作为絮凝剂絮凝沉降粉丝浓浆废水的条件及效果,结果表明,絮凝沉降速度快,COD_{Cr}去除率为68%,蛋白质回收率为81%。在pH值为6.5～8.5时,高浓度较低浓度的壳聚糖絮凝效果好,煮沸废水有利于沉降。

(4) 在其他体系中的应用

甲壳素、壳聚糖及其衍生物可应用于污泥脱水中。目前绝大多数城市污水处理厂都采用阳离子聚丙烯酰胺处理污泥,实践表明,此药剂絮凝效果好,易于污泥脱水,但其残留物特别是丙烯酰胺单体是很强的致癌物质,因此寻求其替代物是一项很有意义的工作。

作为膜制剂,壳聚糖不但具有一定的透过性,而且还有较好的物理机械性以及优良的生物学性能。以壳聚糖及其衍生物可制成反渗透膜、超滤膜、渗透汽化膜和蒸发渗透膜,用于超纯水的制备、废水处理、海水淡化等各个方面。壳聚糖与甲酸、乙酸或乳酸反应生成的盐具有阳离子交换树脂的特点,对蛋白质等有很强的亲和力,作为离子交换可用来分离提纯酶、蛋白质等。

除了上述用途外,壳聚糖絮凝剂还可用于处理城市生活污水、海水等。

5.7.3.5　在造纸工业中的应用

甲壳素、壳聚糖及其衍生物在造纸中的应用较早,也颇为广泛,主要用作复合施胶剂、纸张增强剂、抗溶剂、纸张表面改性剂等。

(1) 用作纸张增强剂

早在1936年人们就研究了壳聚糖对纸张的强度影响,20世纪90年代国际上大搞甲壳素和壳聚糖产品开发,特别是日本及美国,也正是这一时期日本发表了大量有关壳聚糖作为造纸增强剂的专利文献。

壳聚糖由于在弱酸条件下显正电性,与带有负电的纤维素相结合,有成膜性,所以壳聚糖是一种很好的干强剂。马永生等通过研究发现,不同黏度、不同脱乙酰度的壳聚糖样品对纸浆的增强效果差别很大,壳聚糖对纸浆的增强效果存在着基本上随着壳聚糖脱乙酰度的增大而增大的规律,而增强效果与样品的黏度变化没有明显的规律。壳聚糖接枝共聚物作为增强剂效果优于壳聚糖。陶劲松等利用自制的改性壳聚糖添加到芒秆浆、桉木浆和废纸浆中,能够较大幅度地提高纸张的物理强度。壳聚糖与其他增强剂混合使用有很好的增强效果。在浆料中添加壳聚糖和环氧聚酰胺树脂,可以同时提高纸张的干、湿强度。

(2) 用作助留助滤剂

季铵化的壳聚糖是聚阳离子高分子化合物,可通过电荷中和作用,几乎完全吸附于浆料中的纤维、细小纤维、溶解性的半纤维素及亲脂抽出物等胶体状物的表面上,与溶解性的碳水化合物如β纤维素、γ纤维素间生成聚电解质复合物;与无机填料存在静电中和、桥联、镶嵌及氢键作用,并使之絮凝,因而可提高浆料中的细小纤维、填料以及各种助剂的留着率。

(3) 用作表面施胶剂

施胶是造纸过程的重要工艺,是通过一定工艺方法使纸表面形成一种低能的憎液性膜,从而使纸和纸板获得抗拒流体的性质。壳聚糖用作施胶剂,较松香施胶剂具有较高的干、湿强度、耐破度和抗撕裂度,有较好的书写和印刷性能,并可在碱性介质中施胶。壳聚糖也可和松香、淀粉、酪蛋白、动物胶、明胶以及多元醇-多元酸树脂制成复合施胶剂使用。壳聚糖的相对分子质量与纤维素相近,化学结构与纤维素相似且是直链型,在水溶液中显示正的ζ电位,具有一定的阳离子性和良好的成膜性,且所成的膜具有强度较大、渗透性较好和抗水性较稳定的特点，适合用于纸张的表面施胶剂。

5.7.3.6 在纺织工业中的应用

壳聚糖可作为织物的上浆剂、整理剂，改善织物的洗涤性能，减少硫化，增强可染性，甲壳素也是无纺布的主要原料。壳聚糖作为织物的永久整理剂，使织物耐水洗，耐摩擦，具有固色和增强作用，提高织物的坚牢度，减少皱缩率，并使织物具有滑爽光洁和挺括的外观和手感，以及透气、透湿、吸湿和弯曲强度，同时，用壳聚糖处理的棉织物对大肠杆菌、金黄色葡萄球菌、白色念珠菌等具有抗菌作用。衬领和衣衬使用壳聚糖处理后，既硬挺又不怕水洗。电线的绝缘包布用壳聚糖处理后可提高其绝缘性能及抗老化性能。

5.7.3.7 在化妆品中的应用

保湿剂是化妆品中最重要的成分之一，无论是护发还是护肤，都少不了保湿剂。透明质酸（HA）是目前公认最好的保温剂，是从牛眼、鸡冠、人的脐带等特殊原料中提取的，近年也有从某些细菌（如马链球菌）中提取。但由于资源和提取工艺的限制，这种天然保湿剂的价格非常昂贵。甲壳素、壳聚糖的羧甲基衍生物具有突出的水溶性、稳定性、保湿保水性、成膜性、调理性、胶凝性、乳化性、增稠性、润肤性、固发和抗菌性，并且无毒无副作用，可以代替透明质酸用于化妆品中，并且其还具有透明质酸所不具备的抗菌性。作固发剂时，成膜硬度适中，不发黏，具有抗静电作用、抗氧化性和抗日光老化性，并且具有很好的梳理性，对稀、软、易悬垂的头发尤为有效。在洗发香波中加入壳聚糖，可明显改善头发的梳理性，使头发具有光泽。在牙膏、牙粉、漱口剂、口香糖等中加入壳聚糖，还具有防龋抑菌、预防牙周溃烂等功效。

参 考 文 献

[1] 刘明华，林春香. 天然高分子改性吸附剂. 北京：化学工业出版社，2011.
[2] 陈嘉川，谢益民，李彦春等. 天然高分子科学. 北京：科学出版社，2008.
[3] 黄进，夏涛，郑化. 生物质化工与生物质材料. 北京：化学工业出版社，2009.
[4] 王军. 生物质化学品. 北京：化学工业出版社，2008.
[5] 张俐娜. 天然高分子改性材料及应用. 北京：化学工业出版社，2005.
[6] 詹怀宇，李志强，蔡再生. 纤维化学与物理. 北京：科学出版社，2005.
[7] 高洁，汤烈贵. 纤维素科学. 北京：科学出版社，1996.
[8] 邝守敏，郑荣辉，任敦銮等. 制浆工艺及设备. 北京：中国轻工业出版社，2008.
[9] 刘明华. 两种新型球形纤维素金属吸附剂的研究：[博士学位论文]. 四川：四川大学皮革化学与工程系，2000.
[10] 高振华，邱明伟. 生物质材料及应用. 北京：化学工业出版社，2008.
[11] 张智峰. 纤维素改性研究进展. 化工进展，2010，29（8）：1493-1501.
[12] 蔡再生. 染整工艺原理 第1分册. 北京：中国纺织出版社，2008.
[13] 蔡再生. 纤维化学与物理. 北京：中国纺织出版社，2009.
[14] 杭伟明. 纤维化学及面料. 北京：中国纺织出版社，2009.
[15] 姚穆. 纺织材料学. 北京：中国纺织出版社，2009.
[16] 王府梅. 纺织服装商品学. 北京：中国纺织出版社，2008.
[17] 金征宇，顾正彪，童群义等. 碳水化合物化学：原理与应用. 北京：化学工业出版社，2008.
[18] 杨柳. 非木材纤维原料半纤维素的分离纯化及其生物转化研究：[硕士学位论文]. 成都：华南理工大学，2005.
[19] 任俊莉，孙润仓，刘传富. 半纤维素化学改性. 高分子通报，2006，(12)：63-68.
[20] 宾东明. 甘蔗渣制浆前预抽提半纤维素的工艺及机理研究：[硕士学位论文]. 南宁：广西大学，2009.
[21] 任俊莉. 蔗渣和麦草半纤维分离、改性及其应用：[博士学位论文]. 广州：华南理工大学，2007.
[22] 王芳芳，陈嘉川，杨桂花等. 半纤维素作为造纸助剂的研究进展. 纤维素科学与技术，2011，19（1）：72-77.

[23] 许园. 木质素碳纤维的制备与结构和性能研究. 上海：东华大学，硕士论文，2007.
[24] 张文心，张涛，沈青. 木质素基纳米材料的研究进展. 高分子通报，2009，9：32-36.
[25] 黄进，周紫燕. 木质素改性高分子材料研究进展. 高分子通报，2007，1：50-56.
[26] Bittencourt P R S, Dos santos G L, Pineda E A G, et al. Studies on the thermal stability and film irradaiation effect of poly (vinylalcoh01) /Kraftlignin blends. J Therm Anal Calorim, 2005, 79 (2)：371-374.
[27] Canetti M, Bertini F. Supermolecular structure and thermal properties of poly (ethylene terephthalate) /lignin composites. Compnsites Sci Teehno, 2007, 67 (15/16)：3151-3157.
[28] Li J C, He Y, lnoue Y. Thermal and mechanical properties of biodegradable blends ofpoly (L-lactic acid) and lignin. Polym Int, 2003, 52 (6)：949-955.
[29] Wei M, Fan L H, Huang J, et al. Role of star-like hydroxylpropyl lignin in soy-protein plastics. Macromol Mater Eng, 2006, 291 (5)：524-530.
[30] 刘明华. 有机高分子絮凝剂的制备及应用. 北京：化学工业出版社，2006.
[31] 张燕萍. 变性淀粉制造与应用. 第二版. 北京：化学工业出版社，2007.
[32] 曹龙奎，李凤林. 淀粉制品生产工艺学. 北京：中国轻工业出版社，2008.
[33] 张可喜，汪志芬. 淀粉的改性及其应用. 海口：南海出版公司，2008.
[34] 侯红萍，梁丽雅. 粮食加工技术. 北京：中国社会出版社，2005.
[35] 蒋挺大. 壳聚糖. 北京：化学工业出版社，2001.
[36] 刘明华. 水煤浆添加剂的制备及应用. 北京：化学工业出版社，2007.

第6章
生物质能利用技术

目前，中国能源消费构成仍以煤、石油、天然气等不可再生能源为主。不可再生能源的过度开发利用，不仅带来了能源危机，更带来了日益严重的环境污染问题。燃煤电厂、工业锅炉及民用锅炉向大气中排放大量 SO_2、NO_x 及烟尘，使中国的酸雨污染面积日趋扩大，加之煤、石油这些化石能源储量有限，面对这种严峻的形势，人类迫切要求寻找新的补给能源，为可持续发展寻求出路。生物质能的利用不仅可节约不可再生能源，而且有利于环境的改善，因此，受到人们越来越多的关注。与煤相比，生物质含碳少，含氮、硫也少，排放的 SO_2 和 NO_x 远小于化石燃料，因此，生物质能的利用已经成为新能源的一个重要方向。

6.1 生物质能概述

6.1.1 生物质能的来源

生物质是植物、动物和微生物积累的可再生的有机物质。生物质能是生物的有机物质中所蕴藏的化学能。由于一切生物质能都来源于太阳光能，因此，生物质能源是一种可以持续利用潜力巨大的可再生能源。地球上的生物质能源种类极其丰富，农业植物、农业动物及其加工后的有机残余物，藻类、水生植物和光合微生物，城市的生活有机废水和垃圾，秸秆及人、畜、禽的粪便等都是生物质能资源，都可以开发和利用。

生物质能资源大致可分为2类——传统生物质能和现代生物质能。传统生物质能的利用主要限于发展中国家，广义上包括所有小规模使用的生物质能。现代生物质能是可以大规模用于替代常规能源的各种生物质能，包括林产品废弃物（工业性的）、甘蔗渣（工业性的）、城市废弃物、生物燃料（包括沼气和能源型作物）等。

我国拥有丰富的生物质资源，主要是农业废弃物及农林产品加工业废弃物、薪柴、人畜粪便、城镇生活垃圾等，每年的生物质能产量达6亿多吨标煤，其中可开发为能源的达3亿多吨标煤。

(1) 秸秆

秸秆是我国农村的传统燃料，是以种植业为主的农业生产的副产品。

现如今许多地区废弃秸秆量逐年增大，已占秸秆产量的60%以上，作为能源的秸秆消费量约2.86亿吨，而且大多是低效利用方式即直接在柴灶上燃烧，转换效率仅为10%～20%。因此，加快秸秆的优质化转换利用势在必行。

(2) 薪材

薪柴属于森林生长和林业生产过程提供的生物质能源，来源于树木生长过程中修剪的枝杈、木材加工的边角余料以及专门提供薪柴的薪炭林。目前发达国家生物质资源利用的主要构成均以林业废弃物和薪炭林为主，许多发展中国家也依赖薪柴来满足其对能源的大量需求，所以应制定长期林业规划，合理、有计划地进行砍伐与造林，以解决供需矛盾及生态问题。

(3) 禽畜粪便

禽畜粪便也是一种重要的生物质能源，其经干燥可直接燃烧供应热能，主要是与秸秆混合作为沼气的发酵原料，起到改善农村能源质量和生存环境的作用。目前我国年粪便污水资源量达1.6亿吨，折合1157.5万吨标煤。

(4) 城镇垃圾

城镇垃圾主要是由居民生活垃圾、商业、服务业垃圾和少量建筑垃圾等废弃物构成的混合物，成分比较复杂，约有1/3是有机物。随着中国居民生活水平的提高，城市化进展加快，城市垃圾的有机质比重仍会迅速增加。据环卫部门报道，目前中国城市垃圾用于燃料消耗的生物质资源约2亿吨标煤，已经取得了可观的经济效益、环境效益和社会效益。

(5) 工业有机废弃物

经济的持续增长和工业的迅速发展使工业有机废弃物逐年增加。目前我国每年除乡镇企业外的工业废水排放量约360亿吨，有机含量520万吨。其中50%的工业有机废水即可生产250亿立方米的沼气，接近于目前全国天然气产量。

厌氧技术尤其适用于以生物质为原料的行业，如造纸、制糖、酒精发酵、制药和食品等，利用此技术处理工业有机废弃物，不仅有利于环境改善，还可回收大量能源，发展前景良好。

6.1.2 生物质能的地位

伴随着中国能源危机警钟的频频敲响，充分开发各种新能源越来越成为一种共识。种种信号表明，生物质能正在成为中国能源战略的重心之一。生物质能作为能源，在人类历史上曾起过巨大的作用，在现实生产生活中，特别是在农村地区，仍然占有重要的地位。数据显示，目前全世界能源消费的22%来自于可再生能源，其中约14%为生物质能，其已跃居世界能源消费总量第四位，仅次于煤、石油和天然气，更是获得了"第四能源"的殊荣。

生物质能地位的提升源自于席卷全球的能源危机。中国工程院院士倪维斗教授分析，随着近年来全球性需求的飙升，石油已不是可持续发展的燃料。事实上，在经过过不时出现的"油荒"之后，人们对这一论断有了更深刻的体会。在这样的背景下，一些国家纷纷提出了生物质能发展目标。美国提出，到2020年，生物燃料在交通燃料中的比例达到20%；瑞典提出，2020年之后利用纤维素生产的燃料乙醇全部替代石油燃料，彻底摆脱对石油的依赖。

(1) 生物质能成为中国能源战略重心

中国工程院院士、国家生化工程技术研究中心主任欧阳平凯更是预测，到2020年，全球将有50%有机化学品和材料来自生物质原料。

相对于世界其他能源丰富地区，中国的能源危机可能提前来临。有专家预测，我国石油稳定供给不会超过20年，即很可能在实现"全面小康"的2020年，也就是中国石油供给丧失平衡的"拐点年"。

中科院广州能源研究所所长吴创之认为，我国完全有条件进行生物能源和生物材料规模工业化和产业化，可以在2020年形成产值规模达万亿元，在"石油枯竭拐点"形成部分替代能力。

据介绍，在我国，最先开发的生物质能是生物质转化替代石油，即乙醇汽油。为缓解能源压力，我国政府未雨绸缪，有关生物能源和生物材料产业研究已有数十年历史，在生物质能加工转化及相关环保技术方面有了一定的积累。

（2）生物质能成为世界热门

目前亚洲、非洲的大多数发展中国家，生物质能的消费量占全国能源消费总量的40％以上。1996年，中国薪柴、秸秆的消耗量已达2.2亿吨标准煤，约占全国能源消耗量的14％，占农村地区能源消耗量的34％，占农村生活用能的59％。其中，约有1.2亿吨标准煤的秸秆和0.8亿吨标准煤的薪柴供农村居民及部分小城镇居民使用，另外0.2亿吨标准煤的生物质能则主要用于农副产品加工和用作小砖窑、石灰窑、陶瓷厂、溶胶厂的燃料。由此可见，生物质能源仍是中国农村能源消费中的主要组成部分。

生物质能技术的研究与开发已成为世界热门课题之一，受到各国政府与科学家的关注。许多国家都制定了相应的开发研究计划，如日本的阳光计划、印度的绿色能源工程、美国的能源农场和巴西的酒精能源计划等，其中生物质能源的开发利用占有相当的比重。目前，国外的生物质能技术和装置多已达到商业化应用程度，实现了规模化产业经营，以美国、瑞典和奥地利三国为例，生物质转化为高品位能源利用已具有相当可观的规模，分别占该国一次能源消耗量的4％、16％和10％。

在美国，生物质能发电的总装机容量已超过1万兆瓦，单机容量达10兆瓦～25兆瓦；美国纽约的斯塔藤垃圾处理站投资2000万美元，采用湿法处理垃圾，回收沼气，用于发电，同时生产肥料。巴西是乙醇燃料开发应用最有特色的国家，实施了世界上规模最大的乙醇开发计划，目前乙醇燃料已占该国汽车燃料消费量的50％以上。美国2001年的干旱导致水力发电量减少了23％，这不仅使得可再生能源整体消耗量下降，也导致生物质能自1992年来首次取代水电，成为美国可再生能源的头号来源。据《纽约时报》报道，按照2001年的统计，美国消耗的可再生能源中有50.4％来自生物质能，41.9％为水电，其余为太阳能和风能等。

英国政府将投资290万英镑开发下一代生物质能技术，这是迄今为止英国贸工部再生能源计划为生物质能项目资助的最大一笔拨款，它将主要用于开发以能源作物为燃料的发电技术。根据英国政府的计划，到2010年，再生能源发电占总发电量的10％，要实现这一目标，必须大幅提高生物质能发电的能力。此次拨款将重点用于开发适合生物质能发电的燃气轮机技术和高效气化技术，并改进设计工艺和环境评估等。政府已承诺要使再生能源成为英国能源的重要组成部分，这一项目将有助于实现上述目标。同时，它在如何应对全球气候变暖的挑战方面，为工业界树立了良好榜样。该项目将进一步推进现有生物质能技术的发展，使政府能够实现在再生能源和减少温室气体排放方面的承诺。此外，发展生物质能也将对英国农业起到积极的促进作用。2002年在南非召开的世界可持续发展大会（又称第二届地球首脑大会）上，拉美及加勒比国家向与会各国提出一项"绿色能源"量化建议，即到2010年为止，将可替代能源占世界能源供应总量的比例提高到10％。建议中所指的可替代能源包括水电能、生物质能、太阳能、风能及海洋能。

6.1.3 生物质能的开发利用现状

20世纪70年代，国际上第一次石油危机使发达国家和贫油国家重视石油替代，开始大规模发展生物质能源。生物质能源是以农林等有机废弃物以及利用边际土地种植的能源植物为主要原料进行能源生产的一种新兴能源。中国生物质能源的发展一直是在"改善农村能源"的观念和框架下运作，较早地起步于农村户用沼气，以后在秸秆气化上部署了试点。近两年，生物质能源在中国受到越来越多的关注，生物质能源利用取得了很大的成绩。现有的生物质能开发利用技术主要包括以下4种。

(1) 燃烧发电

主要包括秸秆、薪柴等农林废弃物燃烧发电和垃圾燃烧发电。生物质燃烧是生物质能最早被利用的传统方法，就是在不进行化学转化的情况下，将生物质作为燃料转换成能量的过程。燃烧可以分为炉灶燃烧和锅炉燃烧两种情况。从国内外生物质燃烧发电技术的发展状况来看，流化床锅炉对生物质燃料的适应性较好，因为生物质燃料在床内停留时间较长，可以确保生物质燃料完全燃烧，提高燃烧生物质锅炉的效率。

(2) 生物质固化

生物质固化是将生物质原料粉碎后在高压条件下利用机械挤压成型。经过生物质固化以后，能量密度可增大到加工前的10倍左右。生物质型煤是生物质固化技术的一种，将干燥的煤粉、生物质和固硫剂按一定的比例混合后压制成一种固体燃料。生物质型煤由于生物质着火温度低于煤着火温度，使得生物质先燃尽，其燃烧造孔作用有利于型煤充分燃烧，还有利于固硫反应。

(3) 生物质液化

生物质液化是以生物质为原料制取液体燃料，是有效利用生物质能的最佳途径之一。目前生物质液化的主要方法有：水解发酵制燃料乙醇、生物质直接液化和生物质裂解生成液体燃料等。生物质液化的主要产品为甲醇、乙醇和生物柴油。水解发酵是对于含大量纤维素的植物，将纤维素水解为糖后再制取乙醇；生物质直接液化是将生物质在适当的压力和温度下，并且在有一定的溶剂和催化剂存在的条件下进行直接液化；生物质裂解生成液体燃料是在无氧或缺氧条件下，利用热能切断生物质大分子键，使之转变为小分子物质的过程。

(4) 生物质气化

生物质原料中通常含有70%～90%的挥发成分，由于这一特性使气化技术非常适用于生物质原料的转化。气化形式多样，目前主要有沼气发酵技术和生物质热解气化技术。沼气发酵是利用有机废弃物转化为气体燃料，这个过程通常有三个阶段：水解阶段、产氢产乙酸阶段和产甲烷阶段。生物质热解气化技术是生物质在高温下，经过干燥、裂解、氧化反应和还原反应等过程之后，得到CO、H_2、CH_4等可燃气体及CO_2、N_2的混合物。

6.1.4 生物质能发展前景与国家政策

6.1.4.1 国家政策

为了确保生物质能源产业的稳步发展，中国政府出台了一系列法律法规和政策措施，积极推动了生物质能源的开发和利用。

(1) 行业标准规范生产，法律法规提供保障

21世纪初，为解决大量库存粮积压带来的财政重负和发展石化替代能源，中国开始生产以陈化粮为主要原料的燃料乙醇。2001年，国家计划委员会发布了示范推行车用汽油中添加燃料乙醇的通告，随后，相关部委联合出台了试点方案与工作实施细则。2002年3月，国家经济贸易委员会等8部委联合制定颁布了《车用乙醇汽油使用试点方案》和《车用乙醇

汽油使用试点工作实施细则》，明确试点范围和方式，并制定试点期间的财政、税收、价格等方面的相关方针政策和基本原则，对燃料乙醇的生产及使用实行优惠和补贴的财政及价格政策。在初步试点的基础上，2004年2月，国家发展和改革委员会等8部委联合发布《车用乙醇汽油扩大试点方案》和《车用乙醇汽油扩大试点工作实施细则》，在中国部分地区开展车用乙醇汽油扩大试点工作。同时，为了规范燃料乙醇的生产，国家质量技术监督局于2001年4月和2004年4月分别发布《变性燃料乙醇》（GB 18350—2001）和《车用乙醇汽油》（GB 18351—2001）两个国家标准及新车用乙醇汽油强制性国家标准（GB 18351—2004）。在国家出台相关政策措施的同时，试点区域的省份均制定和颁布了地方性法规，地方各级政府机构依照有关规定，加强组织领导和协调，严格市场准入，加大市场监管力度，对中国生物质燃料乙醇产业发展和车用生物乙醇汽油推广使用起到了重大作用。

此外，国家相关的法律法规也为生物质能源的发展提供保障。2005年，《中华人民共和国可再生能源法》提出，"国家鼓励清洁、高效地开发利用生物质燃料，鼓励发展能源作物，将符合国家标准的生物液体燃料纳入其燃料销售体系"。国家"十一五"规划纲要也提出，"加快开发生物质能源，支持发展秸秆、垃圾焚烧和垃圾填埋发电，建设一批秸秆发电站和林木质发电站，扩大生物质固体成型燃料、燃料乙醇和生物柴油生产能力"。

(2) 运用经济手段和财政扶持政策推动产业发展

除制定相应法律法规和标准外，2002年以来，中央财政也积极支持燃料乙醇的试点及推广工作，主要措施包括投入国债资金、实施税收优惠政策、建立并优化财政补贴机制等。一是投入国债资金4.8亿元用于河南、安徽、吉林3省燃料乙醇企业建设；二是对国家批准的黑龙江华润酒精有限公司、吉林燃料乙醇有限公司、河南天冠燃料乙醇有限公司、安徽丰原生化股份有限公司4家试点单位，免征燃料乙醇5%的消费税，对生产燃料乙醇实现的增值税实行先征后返；三是在试点初期，对生产企业按保本微利的原则据实补贴，在扩大试点规模阶段，为促进企业降低生产成本，改为按照平均先进的原则定额补贴，补贴逐年递减。

为进一步推动生物质能源的稳步发展，2006年9月，财政部、国家发展和改革委员会、农业部、国家税务总局、国家林业局联合出台了《关于发展生物质能源和生物化工财税扶持政策的实施意见》，在风险规避与补偿、原料基地补助、示范补助、税收减免等方面对于发展生物质能源和生物化工制定了具体的财税扶持政策。此外，自2006年1月1日《可再生能源法》正式生效后，与之配套的各项行政法规和规章也开始陆续出台。财政部2006年10月4日出台了《可再生能源发展专项资金管理暂行办法》，该办法对专项资金的扶持重点、申报及审批、财务管理、考核监督等方面做出全面规定。该办法规定：发展专项资金由国务院财政部门依法设立，发展专项资金的使用方式包括无偿资助和贷款贴息，通过中央财政预算安排。

6.1.4.2 发展中存在的主要问题

尽管中国在生物质能源等可再生能源的开发利用方面取得了一些成效，但由于中国生物质能源发展还处于起步阶段，面临许多困难和问题，归纳起来主要有以下几个方面。

(1) 原料资源短缺限制了生物质能源的大规模生产

由于粮食资源不足的制约，目前，以粮食为原料的生物质燃料生产已不具备再扩大规模的资源条件。今后，生物质燃料乙醇生产应转为以甜高粱、木薯、红薯等为原料，特别是以适宜在盐碱地、荒地等劣质地和气候干旱地区种植的甜高粱为主要原料。虽然中国有大量的盐碱地、荒地等劣质土地可种植甜高粱，有大量荒山、荒坡可以种植麻风树和黄连木等油料植物，但目前缺乏对这些土地利用的合理评价和科学规划。目前，虽然在西南地区已种植了一定数量的麻风树等油料植物，但不足以支撑生物柴油的规模化生产。因此，生物质燃料资源不落实是制约生物质燃料规模化发展的重要因素。

（2）还没有建立起完备的生物质能源工业体系，研究开发能力弱，技术产业化基础薄弱

虽然中国已实现以粮食为原料的燃料乙醇的产业化生产，但以其他能源作物为原料生产生物质燃料尚处于技术试验阶段，要实现大规模生产，还需要在生产工艺和产业组织等方面做大量工作。以废动植物油生产生物柴油的技术较为成熟，但发展潜力有限。后备资源潜力大的纤维素生物质燃料乙醇和生物合成柴油的生产技术还处于研究阶段，一些相对成熟的技术尚缺乏标准体系和服务体系的保障，产业化程度低，大规模生物质能源生产产业化的格局尚未形成。

（3）生物燃油产品市场竞争力较弱

巴西以甘蔗生产燃料乙醇1980年每吨价格为849美元，1998年降到300美元以下。中国受原料来源、生产技术和产业组织等多方面因素的影响，燃料乙醇的生产成本比较高，目前，以陈化粮为原料生产的燃料乙醇的成本约为每吨3500元，以甜高粱、木薯等为原料生产的燃料乙醇的成本约为每吨4000元。按等效热值与汽油比较，汽油价格达到每升6元以上时，燃料乙醇才可能赢利。

目前，国家每年对102万吨燃料乙醇的财政补贴约为15亿元，在目前的技术和市场条件下，扩大燃料乙醇生产需要大量的资金补贴。以甜高粱和麻风树等非粮食作物为原料的燃料乙醇和生物柴油的生产技术才刚刚开始产业化试点，产业化程度还很低，近期在成本方面的竞争力还比较弱。因此，生物质燃料成本和石油价格是制约生物质燃料发展的重要因素。

（4）政策和市场环境不完善，缺乏足够的经济鼓励政策和激励机制

生物质能源产业是具有环境效益的弱势产业。从国外的经验看，政府支持是生物质能源市场发育初期的原始动力。不论是发达国家还是发展中国家，生物质能源的发展均离不开政府的支持，例如投融资、税收、补贴、市场开拓等一系列的优惠政策。

2000年以来，国家组织了燃料乙醇的试点生产和销售，建立了包括燃料乙醇的技术标准、生产基地、销售渠道、财政补贴和税收优惠等在内的政策体系，积累了生产和推广燃料乙醇的初步经验。

但是，由于以粮食为原料的燃料乙醇发展潜力有限，为避免对粮食安全造成负面影响，国家对燃料乙醇的生产和销售采取了严格的管制。近年来，虽有许多企业和个人试图生产或销售燃料乙醇，但由于受到现行政策的限制，不能普遍享受到财政补贴，也难以进入汽油现有的销售渠道。对于生物柴油的生产，国家还没有制定相关的政策，特别是还没有生物柴油的国家标准，更没有生物柴油正常的销售渠道。此外，生物质资源的其他利用项目，例如燃烧发电、气化发电、规模化畜禽养殖场大中型沼气工程项目等，初始投资高，需要稳定的投融资渠道给予支持，并通过优惠的投融资政策降低成本。中国缺乏行之有效的投融资机制，在一定程度上制约了生物质资源的开发利用。

6.1.4.3 发展趋势

（1）逐步改善现有的能源消费结构，降低石油的进口依存度

中国经济的高速发展，必须构筑在能源安全和有效供给的基础之上。目前，中国能源的基本状况是：资源短缺，消费结构单一，石油的进口依存度高，形势十分严峻。2004年，中国一次能源消费结构中，煤炭占67.7%，石油占22.7%，天然气占2.6%，水电等占

7.0%；一次能源生产总量中，煤炭占75.6%，石油占13.5%，天然气占3.0%，水电等占7.9%。这种能源结构导致对环境的严重污染和不可持续性。中国石油储量仅占世界总量的2%，消费量却是世界第二，且需求持续高速增长，1990年的消费量刚突破1亿吨，2000年达到2.3亿吨，2004年达到3.2亿吨。中国自1993年成为石油净进口国后，2005年进口原油及成品油约1.3亿吨，进口依存度超过50%，进口依存度越高，能源安全度就越低。中国进口石油的80%来自中东，且需经马六甲海峡，受国际形势影响很大。

因此，今后在厉行能源节约和加强常规能源开发的同时，改变目前的能源消费结构，向能源多元化和可再生清洁能源时代过渡，已是大势所趋，而在众多的可再生能源和新能源中，生物质能源的规模化开发无疑是一项现实可行的选择。

(2) 生物质产业的多功能性进一步推动农村经济发展

生物质产业是以农林产品及其加工生产的有机废弃物，以及利用边际土地种植的能源植物为原料进行生物能源和生物基产品生产的产业。中国是农业大国，生物质原料生产是农业生产的一部分，生物质能源的蕴藏量很大，每年可用总量折合约5亿吨标准煤，仅农业生产中每年产生的农作物秸秆，就折合1.5亿吨标准煤。中国有不宜种植粮食作物但可以种植能源植物的土地约1亿公顷，可人工造林土地有311万公顷。按这些土地20%的利用率计算，每年约可生产10亿吨生物质，再加上木薯、甜高粱等能源作物，据专家测算，每年至少可生产燃料乙醇和生物柴油约5000万吨，农村可再生能源开发利用潜力巨大。生物基产品和生物能源产品不仅附加值高，而且市场容量几近无限，这为农民增收提供了一条重要的途径；生物质能源生产可以使有机废弃物和污染源无害化和资源化，从而有利于环保和资源的循环利用，可以显著改善农村能源的消费水平和质量，净化农村的生产和生活环境。生物质产业的这种多功能性使它在众多的可再生能源和新能源中脱颖而出和不可替代，这种多功能性对拥有8亿农村人口的中国和其他发展中国家具有特殊的重要性。

(3) 净化环境，进一步为环境"减压"

随着中国经济的高速增长，以石化能源为主的能源消费量剧增，在过去的20多年里，中国能源消费总量增长了2.6倍，对环境的压力越来越大。2003年，中国二氧化碳排放量达到8.23亿吨，居世界第二位。2025年前后，中国二氧化碳排放量可能超过美国而居首位。2003年，中国二氧化硫的排放量也超过了2000万吨，居世界第一位，酸雨区已经占到国土面积的30%以上。中国二氧化碳排放量的70%、二氧化硫排放量的90%、氮氧化物排放量的2/3均来自燃煤。预计到2020年，二氧化硫和氮氧化物的排放量将分别超过中国环境容量30%和46%。《京都议定书》已对发达国家分配了2012年前二氧化碳减排8%的指标，中国是《京都议定书》的签约国，承担此项任务只是时间问题。此外，农业生产和废弃物排放也对生态环境带来严重伤害。因此，发展生物质能源，以生物质燃料直接或成型燃烧发电替代煤炭以减少二氧化碳排放，以生物燃油替代石化燃油以减少烃类化合物、氮氧化物等对大气的污染，将对于改善能源结构、提高能源利用效率、减轻环境压力贡献巨大。

(4) 技术逐步完善，产业化空间广阔

从生物质能源的发展前景看，第一，生物乙醇是可以大规模替代石化液体燃料的最现实选择；第二，对石油的替代，将由E85（在乙醇中添加15%的汽油）取代E10（汽油中添加10%的乙醇）；第三，FFVs（灵活燃料汽车）促进了生物燃油生产和对石化燃料的替代，生物燃油的发展带动了传统汽车产业的更新改造；第四，沼气将规模化生产，用于供热发电、（经纯化压缩）车用燃料或罐装管输；第五，生物质成型燃料的原料充足，技术成熟，投资少、见效快,可广泛用于替代中小锅炉用煤,热电联产(CHP)能效在90%以上,是生物质能源家族中的重要成员;第六,以木质纤维素生产的液体生物质燃料(BTL)被认为是第二代生物质燃料,包括纤维素乙醇、气化后经费托合成生物柴油(FT柴油)以及经热裂解(TDP)或催化裂解(CDP)得到的生物柴油。此外,通过技术研发还将开拓新的资源空间。工程藻类的生物量巨大,如果能将现代生物技术和传统育种技术相结合,优化育种条件,就有可能实现大规模养殖高产油藻。一旦高产油藻开发成功并实现产业化,由藻类制取生物柴油的规模可以达到数千万吨。

据专家预测估计,到2020年,年生产生物燃油将达到1900万吨,其中,生物乙醇1000万吨,生物柴油900万吨。

(5) 生物质燃料流通体系和相关政策进一步健全完善

随着生物质产业的进一步发展,现有的以粮食为原料的燃料乙醇的销售体系,将会扩大到以甜高粱、甘蔗、麻风树等非粮食作物为原料的液体燃料的销售,与此相配套的非粮食生物质燃料的收购、调配和销售体系将在全国建立并逐步完善。非粮食燃料乙醇收购价格将由国务院价格主管部门根据有利于促进非粮食生物质燃料发展的原则确定并公布。同时,参照目前已实行的陈化粮燃料乙醇的财政和税收优惠政策,对非粮食燃料乙醇、生物柴油的生产和销售制定财政和税收优惠政策。

有关非粮食生物质燃料的生产和销售管理办法、价格及财政税收政策将由国家发展和改革委员会会同有关部门制定。

6.2 生物质能转化利用技术

生物质能的研究开发,主要有物理转换、化学转换、生物转换三大类,涉及气化、液化、热解、固化和直接燃烧等技术,生物质能转换技术及产品如图6-1所示。其中直接燃烧是生物质被应用的最简单、最早的传统方式。

6.2.1 生物质物理转化

6.2.1.1 生物质固体成型燃料

生物质固体成型燃料技术,即在一定温度和压力作用下,利用木质素充当黏合剂将松散的秸秆、树枝和木屑等农林生物质压缩成棒状、块状或颗粒状等成型燃料。压缩后的成型燃料体积缩小1/8~1/6倍,能源密度相当于中质烟煤,提高了运输和贮存能力;燃烧特性明显得到了改善,提高了利用效率,是生物质能开发利用技术的主要发展方向之一。生物质成型燃料不仅可以为家庭提供炊事、取暖用能,也可以作为工业锅炉和电厂的燃料,替代煤、天然气、燃料油等化石能源,近年来越来越受到人们的广泛关注。

我国农作物秸秆数量大、种类多、分布广,每年秸秆理论资源量约为8.20亿吨。近年来,秸秆出现了地区性、季节性、结构性过剩,大量秸秆资源未被利用,浪费较严重。加快推进秸秆固体成型燃料的利用,实现秸秆资源化、商品化,变废为宝,化害为利,对于提高农业综合生产能力,促进农业和农村经济的可持续健康发展,增加农民收入,减少污染,加快建设资源节约型、环境友好型社会具有十分重要的意义。另外,广大农村生活燃料仍以秸秆和薪柴为主,秸秆经固化后变成优质的清洁能源,可以提高农民的用能品位,改善居室环境,提高生活水平,有利于促进社会主义新农村建设。

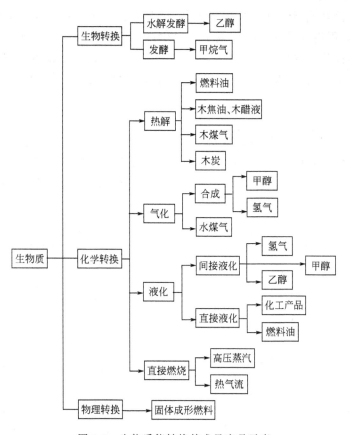

图 6-1 生物质能转换技术及产品示意

6.2.1.2 固体成型燃料国内外产业发展现状

(1) 国外发展现状

目前，欧盟主要以木质生物质为原料生产颗粒燃料，其成型燃料技术及设备的研发已经趋于成熟，相关标准体系也比较完善，形成了从原料收集、储藏、预处理到成型燃料生产、配送和应用的整个产业链的成熟技术体系和产业模式。2009 年，欧盟生物质固体成型燃料产量达 452.85 万吨，消费量为 496.68 万吨，现有颗粒燃料生产厂 847 家，生产能力约 714.2 万吨。其中，瑞典生物质颗粒燃料的产量约 157.6 万吨，消费量约 191.8 万吨，位居世界首位。

生产的颗粒燃料除通过专门运输工具定点供应发电和供热企业外，还以袋装的方式在市场上销售，已经成为许多家庭首选的生活用燃料。2008 年，瑞典约有 12 万户使用颗粒燃料锅炉，2 万用户使用颗粒燃烧炉，另外，还有 4000 个中型锅炉使用颗粒燃料。生物质固体成型燃料也成为全球贸易的对象，如加拿大等林业资源丰富的国家具有非常大的生产潜力，而瑞典、丹麦则是重要的消费国。

(2) 国内发展现状

近年来，国家高度重视秸秆能源化利用工作，相继出台了一系列政策法规，鼓励和支持相关产业的发展。财政部出台了《秸秆能源化利用补助资金管理暂行办法》，拟采取综合性补助方式，支持从事秸秆成型燃料、秸秆气化、秸秆干馏等秸秆能源化生产的企业收集秸秆、生产秸秆能源产品并向市场推广。

我国生物质固体成型燃料技术得到明显的进展，生产和应用已初步形成了一定的规模。截至2009年底，国内有生物质固体成型燃料生产厂260余处，生产能力约76.6万吨/年，主要用于农村居民炊事取暖用能、工业锅炉和发电厂的燃料等，相当于替代38.3万吨标准煤，减少温室气体排放83万吨/年，为农民增收节支2.3亿元，社会效益、生态效益和环境效益显著。

(3) 国内外技术发展现状

① **固体成型技术** 生物质固体成型技术主要分为压模辊压式成型机、活塞式成型机和螺旋挤压式成型机等几种形式。其中，压模辊压式成型机分为环模压辊成型机和平模压辊成型机等。活塞冲压式成型机按驱动动力不同可分为机械活塞式成型机和液压驱动活塞式成型机两种类型。各类固体成型技术综合比较见表6-1。

表6-1 各类固体成型技术综合比较一览表

技术类型	成型原理	适用原料	燃料形状	主要技术特点	适于场合
环模压辊	采用环形压模和圆柱形压辊压缩成型，一般不需要外部加热	农林生物质	颗粒、块状	生产能力较高，产品质量好；模具易磨损，维修成本较高	适合大规模生产
平模压辊	采用水平圆盘压模与压辊压缩成型，一般不需要外部加热	农林生物质	颗粒、块状	设备简单，制造成本较低；生产能力较低	适宜小规模生产
机械活塞	冲压成型	农林生物质	棒状	密度高；设备稳定性差、振动噪声大，有润滑污染问题	适宜工业锅炉用户
液压活塞	冲压加热成型	农林生物质	棒状	运行平稳，密度高；生产能力低，易发生"放炮"现象	适宜工业锅炉用户
螺旋挤压	连续挤压，加热成型	木质生物质	空心棒状	产品密度高；套筒磨损严重，维修成本高	适宜中小规模生产，加工成机制炭

② **燃烧技术** 针对生物质固体成型燃料的种类、热值、灰分含量、颗粒尺寸和加热系统，各国也分别开发了不同的采暖炉和热水锅炉，而且可以应用配套的自动上料系统。国外具有代表性的燃烧器生产厂商有 UlmaAB、Janfire AB、Pelltech LTD 等，其产品主要以6～8mm 的木质颗粒为燃料，输出功率在12～80kW，平均燃烧效率大于85%。这些燃烧器及锅炉主要采用木质颗粒作为燃料，木质颗粒具有热值高、灰分低、灰熔点较高、燃烧后不易结渣等优点，因此国外燃烧设备在设计方面没有专门的破渣、清灰机构，多采用人工清灰，间隔1～2周。

我国生物质固体成型燃料配套燃烧设备的研发也取得了一定的进展，开发了秸秆固体成型燃料炊事炉、炊事取暖两用炉、工业锅炉等专用炉具。如北京万发炉业中心研发的燃用秸秆类颗粒燃料的暖风壁炉、水暖炉、炊事炉等一系列炉具；吉林华光生态工程技术研究所研发的暖风壁炉和炊事采暖两用炉；哈尔滨工业大学较早地进行了生物质燃料的流化床燃烧技术研究，并先后与无锡锅炉厂、杭州锅炉厂合作开发了不同规模、不同炉型的生物质燃烧锅炉；河南农业大学研制出双层炉排生物质成型燃料锅炉，浙江大学研制出燃用生物质秸秆颗粒燃料的双胆反烧锅炉等。国内也引进一些以生物质颗粒为燃料的燃烧器，但这些燃烧器的燃料适应范围很窄，只适用于木质颗粒，改燃秸秆类颗粒时易出现结渣、碱金属及氯腐蚀、设备内飞灰严重等问题，而且这些燃烧器结构复杂、能耗高、价格昂贵，不适合我国国情，因此没有得到大面积推广。生物质颗粒燃料尺寸较为单一、均匀，因此可以实现自动进料连续燃烧，燃烧效率通常能达到86%以上。通过与不同用途的设备（如锅炉、壁炉、热风炉等）配套使用，燃烧器可以应用到取暖、炊事、干燥等各个领域，将是未来发展的方向。

(4) 存在的主要问题

① 国家引导投入不足　我国秸秆年产量8.2亿吨，可用于成型的秸秆量约2亿吨，目前实际用于成型的秸秆量不足80万吨，总量明显偏低，迫切需要国家财政给予资金引导和扶持，促进产业健康发展，但目前国家在这方面投入还不足。

② 缺乏综合性的研发与转化平台　目前，国内从事生物质固体成型燃料研究的机构多是一些大专院校为了科研与教学的需要而成立的，研究力量相对薄弱而又分散，普遍存在着重复研究和资源浪费的现象，还没有形成一个集研发与中试为一体的工程技术研究机构，难以集中力量对关键技术进行攻关和中试转化。

③ 核心技术还不完善　包括农作物秸秆的收集、储运技术体系不完善，机械化水平低；成型设备机组可靠性能较差，模具磨损严重；设备能耗过高；设备系统配合协调能力差；成型设备的原料适应能力差；秸秆的碱金属元素含量高，使用时结渣现象严重，不仅降低了燃烧效率，而且还降低了燃烧设备的性能和使用寿命；没有建立科学完善的服务管理体系等。

6.2.2　生物质化学转化

化学转变主要包括直接燃烧、液化、气化、热解四个方面。液化可以制取甲醇、乙醇、液化油等化工产品。气化技术是直接向生物质通气化剂，生物质在缺氧的条件下转变为小分子可燃气体的过程。生物质热解技术就是在隔绝或少量供给氧气的条件下加热分解的过程。根据温度、加热速率、固体停留时间及固体粉碎程度等条件可分为慢速热解、快速热解和瞬时热解。

6.2.2.1　直接燃烧

生物质直接燃烧是最简单也是最早被采用的生物质能利用方式。它是将生物质作为燃料在高温下直接燃烧，将储存在生物质中的化学能转化为热能的过程。其反应式：生物质 $\longrightarrow$ $CO_2 + H_2O +$ 热能。燃烧产生的能量主要用于发电或集中供热。但在过去的传统燃烧方式中，生物质燃烧效率极低，能源和资源的浪费很大，因此，若能开发一种方便和高效的生物质直接燃烧技术，必将具有很好的经济效益和社会效益。作为最早采用的一种生物质开发利用方式，生物质直接燃烧具有如下特点：a. 生物质燃烧所释放出的 CO_2 大体相当于其生长时通过光合作用所吸收的 CO_2，因此可以认为是 CO_2 的零排放，有助于缓解温室效应；b. 生物质的燃烧产物用途广泛，灰渣可加以综合利用；c. 生物质燃料可与矿物质燃料混合燃烧，既可以减少运行成本，提高燃烧效率，又可以降低 SO_x、NO_x 等有害气体的排放浓度；d. 采用生物质燃烧设备可以最快速度地实现各种生物质资源的大规模减量化、无害化、资源化利用，而且成本较低，因而生物质直接燃烧技术具有良好的经济性和开发潜力。

生物质直接燃烧主要分为炉灶燃烧和锅炉燃烧。炉灶燃烧操作简便、投资较省，但燃烧效率普遍偏低，从而造成生物质资源的严重浪费；而锅炉燃烧采用先进的燃烧技术，把生物质作为锅炉的燃料燃烧，以提高生物质的利用效率，适用于相对集中、大规模地利用生物质资源。生物质燃料锅炉的种类很多，按照锅炉燃用生物质品种的不同可分为木材炉、薪柴炉、秸秆炉、垃圾焚烧炉等；按照锅炉燃烧方式的不同又可分为流化床锅炉、层燃炉等。

6.2.2.2　热解

在生物质热化学转化的各种技术中，热解是生物质利用的重要途径，尤其随着人们对热解产物研究的不断增加，以获得最大量液态产物（生物油）为目的的热解技术的研究和应用越来越受到重视。生物质热解是生物质在一定的气化介质条件下,产生液体(生物油)、气体(可燃气)、固体(焦炭)三种产物的生物质降解过程。生物质热解液化转化为生物燃油是生物质热解技术发展的必然方向,在今后,这一技术必将得到广泛的发展与应用,并产生巨大的社会效益与经济效益。

从化学反应的角度对其进行分析,生物质在热解过程中发生了复杂的热化学反应,包括分子键断裂、异构化和小分子聚合等反应。木材、林业废弃物和农作物废弃物等的主要成分是纤维素、半纤维素和木质素。热重分析结果表明,纤维素在52℃时开始热解,随着温度的升高,热解反应速度加快,到350~370℃时,分解为低分子产物,其热解过程为:

$$(C_6H_{10}O_5)_n \longrightarrow nC_6H_{10}O_5$$
$$C_6H_{10}O_5 \longrightarrow H_2O + 2CH_3-CO-CHO$$
$$CH_3-CO-CHO + H_2 \longrightarrow CH_3-CO-CH_2OH$$
$$CH_3-CO-CH_2OH + H_2 \longrightarrow CH_3-CHOH-CH_2 + H_2O$$

从物质迁移、能量传递的角度对其进行分析,在生物质热解过程中,热量首先传递到颗粒表面,再由表面传到颗粒内部。热解过程由外至内逐层进行,生物质颗粒被加热的成分迅速裂解成木炭和挥发分。其中,挥发分由可冷凝气体和不可冷凝气体组成,可冷凝气体经过快速冷凝可以得到生物油。一次裂解反应生成生物质炭、一次生物油和不可冷凝气体。在多孔隙生物质颗粒内部的挥发分将进一步裂解,形成不可冷凝气体和热稳定的二次生物油。同时,当挥发分气体离开生物颗粒时,还将穿越周围的气相组分,在这里进一步裂化分解,称为二次裂解反应。生物质热解过程最终形成生物油、不可冷凝气体和生物质炭。

6.2.2.3 气化

(1) 生物质气化原理

生物质气化是利用空气中的氧气或含氧物作气化剂,在高温条件下将生物质燃料中的可燃部分转化为可燃气(主要是氢气、一氧化碳和甲烷)的热化学反应。20世纪70年代,Ghaly首次提出了将气化技术应用于生物质这种含能密度低的燃料。生物质的挥发分含量一般在76%~86%,生物质受热后在相对较低的温度下就能使大量的挥发分物质析出。几种常见生物质燃料的工业分析成分见表6-2。

表6-2 几种生物质的工业分析成分

种类	工业分析成分				
	水分/%	挥发分/%	固定碳/%	灰分/%	低位热值/(MJ/kg)
杂草	5.43	68.77	16.4	9.46	16.192
豆秸	5.10	74.65	17.1	3.13	16.146
稻草	4.97	65.11	16.06	13.86	13.970
麦秸	4.39	67.36	19.35	8.90	15.363
玉米秸	4.87	71.45	17.75	5.93	15.450
玉米芯	15.0	76.60	7.00	1.40	14.395
棉秸	6.78	68.54	20.71	3.97	15.991

生物质气化的基本原理是将生物质原料加热,生物质原料进入气化炉后被干燥,伴随着温度的升高,析出挥发物,并在高温下裂解(热解);热解后的气体和炭在气化炉的氧化区与供入的气化介质(空气、氧气、水蒸气等)发生氧化反应并燃烧;燃烧放出的热量用于维持干燥、热解和还原反应,最终生成了含有一定量CO、H_2、CH_4的混合气体,去除焦油、杂质后即可燃用或者发电。生物质气化原理如图6-2所示。

(2) 生物质气化应用

① 生物质气化供气　生物质气化供气技术是指气化炉产出的生物质燃气,通过相应的配套装备,完成为居民供应燃气的技术。生物质气化供气系统工艺流程见图 6-3。

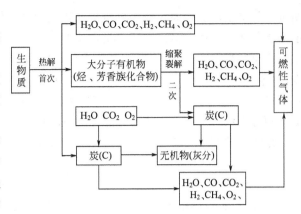

图 6-2　生物质气化原理

生物质原料首先经过处理达到气化炉的使用条件,然后由送料装置送入气化炉中,不同类型的气化炉需要配备不同的送料装置。所产生的可燃气体,在净化器中除去灰尘和焦油等杂质。经过净化后的气体经过水封,由鼓风机送入储气罐中,水封相当于一个单向阀,只允许燃气向储气罐中流动。储气罐出口的阻火器是一个重要的安全设备。最后,燃气通过燃气供应网统一输送给用户。

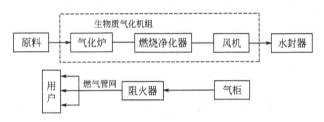

图 6-3　生物质气化供气系统工艺流程

② 生物质气化发电技术　生物质气化发电技术是目前研究与应用最多、装备最为完善的技术。目前,生物质气化发电有以下 3 种方式。

1) 作为蒸汽锅炉的燃料燃烧生产蒸汽带动蒸汽轮机发电。这种方式对气体要求不是很严格,直接在锅炉内燃烧气化气,气化气经过旋风分离器除去杂质和灰分后即可使用。燃烧器在气体成分和热值有变化时,能够保持稳定的燃烧状态,排放污染物较少。

2) 在燃气轮机内燃烧带动发电机发电。这种方式对气体的压力有要求,一般为 10～30kg/cm。该种技术存在灰尘、杂质等污染问题。

3) 内燃机内燃烧带动发电机发电。这种方式应用广泛,效率高,但是该种方法对气体要求极为严格,气化气必须经过净化和冷却处理。大型的生物质气化发电系统均采用燃气轮机发电,这是目前世界上最先进的生物质发电技术。

(3) 国内外生物质气化技术概况

生物质气化技术早在 18 世纪就已出现,第二次世界大战期间,为解决石油燃料的短缺,用于内燃机的小型气化装置得到广泛使用。20 世纪 50～60 年代,煤炭和石油等化石能源的广泛应用,使能源短缺问题得到暂时缓解。由于生物质气化技术的不完善和利用率低等原因,生物质气化技术的发展和应用产生了延滞。20 世纪 70 年代,受石油危机的影响,世界各国再一次认识到化石能源的不可再生性,重新开始了对生物质能源的开发和研究。

经过几十年的发展,欧美等国的生物质气化技术取得了很大的成就。生物质气化设备规模较大,自动化程度高,工艺较复杂,主要以供热、发电和合成液体燃料为主,目前开发了多系列已达到示范工厂和商业应用规模的气化炉(表 6-3)。生物质气化领域处于领先世界水平的国家有瑞典、丹麦、奥地利、德国、美国和加拿大等。瑞典和丹麦正在实行利用生物质进行热电联产的计划,使生物质能在转换为高品位电能的同时满足供热的需求,可以大幅度提高其转换效率。美国在利用生物质能发电方面处于世界领先地位。目前,美国生物质发电装机总容量已达10500MW,70%为生物质-煤混合燃烧气化技术,单机容量30～100MW,发电成本3～6美分/(kW·h),预计到2015年美国生物质发电装机总容量将达16300MW。美国在生物质气化合成乙醇方面取得了很大的成就。欧盟国家在生物质气化合成柴油方面取得了很大的成就,2004年欧盟国家的生物质气化合成柴油的产量达到224万吨,德国是欧盟最大的生物质气化合成柴油生产国,2004年的生产能力达到了109.7万吨。

表6-3 国外气化炉应用情况一览

国家	气化炉类型	原料	效率/%	规模/(t/d)	应用
美国 Taylor	双流化床气化炉	可降解垃圾和废木料	发电效率35～40	300～400	热电联产
美国 Silvagas	双流化床气化炉	木材	发电效率35～40	540	热电联产和柴油
美国 Range Fuels	气流床气化炉	林业废弃物、木材	热效率75	125	乙醇和混合醇
美国 Pearson	气流床气化炉	废木料、锯末、稻秆等	热效率70.5	43	乙醇和混合醇
德国 CHOREN	气流床气化炉	能源作物、木材	热效率90.5	198	合成柴油
丹麦 Carbona	鼓泡流化床	木材	发电效率28	100～150	热电联产
芬兰 VIT	循环流化床	林业废弃物和副产物		60	合成柴油
芬兰 Foster	循环流化床	塑料、木材、轮胎、枕轨		336	热电联产
瑞典 CHRISGAS	循环流化床	木材、秸秆		86	热电联产
德国 Uhde	循环流化床	MSW	气化效率81	15	燃料油
加拿大 Plasco	等离子体气化炉	MSW、塑料	热效率75	100	发电
美国 InEnTec	等离子体气化炉	轮胎、炉渣、医疗废物		218	热电联产氢气、甲醇和乙醇

我国生物质气化技术研究始于20世纪80年代初期,至今已开展了生物质能转换技术以及装置的研究和开发,形成了生物质气化集中供气、燃气锅炉供热、内燃机发电等技术,把农林废弃物、工业废弃物等生物质能转换为高效能的煤气、电能或蒸汽,提高生物质能源的利用效率,实现以生物质替代气、油和煤的新型能源。生物质气化集中供气即将生物质气化炉产生的气体通过净化除焦、除尘后通过用户管网送至用户以实现供暖、供热、供电。我国自行研制的集中供气、发电、户用气化炉等产品已进入实用化试验及示范阶段,形成了多个系列的气化炉(表6-4),可满足多种物料的气化要求,在生活用能、发电、供暖等领域得到应用,但其容量多是小型的,大容量的气化设备仍处于实验室研究阶段。

表6-4 国内生物质典型气化炉情况一览

气化炉类型	气化效率/%	热值/(MJ/m³)	规模	应用	研究单位
上吸式 GSQ-1100	75	5.0	1080～2630MJ/h	供热	中科院广州能源所
下吸式 ND 系列	65～75	4.8～6.1	500～650MJ/h	供热	中国农业机械化研究院
下吸式 HQ/HD-280	70	4.5～5.0	8～10m³/h	户用气化	中国农业机械化研究院
下吸式 XFL	72～75	5.0	100～500户	集中供气	山东能源研究所
热管式气化炉		8.0～10.0		热电联产	南京工业大学能源学院
LZ 干馏热解气化炉	28.8	14.0	1000户	集中供气	大连市环科设计研究院
GB-210W-22000型干馏气化热解气化炉	100		40t/d	城市生活垃圾处理	上海万强科技开发有限公司
锥形流化床气化炉	67.5	4.0～6.0	3MW	供电、供气、供热	中国林业科学研究院林产化学工业研究所
下吸式固定床气化炉	75	5.5～6.5	0.05MW	发电	辽宁省能源所
流化床气化炉	78		4MW	发电	中科院广州能源所

我国通过消化吸收国外先进技术与自主创新并举，目前已研制出集中供气和户用气化设备，形成了多个系列气化炉产品，已进入实用化试验及示范阶段，可满足多种物料的气化要求，在生产、生活用能和发电、干燥、供暖等领域得到了一定利用。国内中科院广州能源所、山东能源研究所、大连市环境科学设计研究院及中国农业机械化科学研究院作为国内的生物质气化早期研究机构，相继研发了以下产品：中科院广州能源所对上吸式生物质气化炉的气化原理、物料反应性能进行了大量试验，研制出 GSQ 型气化炉；山东能源研究所研制的 XFL 系列秸秆气化炉在农村集中供气中得到了一定的应用；大连市环境科学设计研究院研制 LZ 系列生物质干馏热解气化装置建成了可供 1000 户农民生活用燃气的生物质热解加工厂；中国农业机械化科学研究院研制的 ND 系列生物质气化炉，其中 ND-600 型气化炉已在生产中得到了一定应用，并取得了一定的效益；云南省研制的 QL-50 和 QL-60 型户用生物质气化炉已通过技术鉴定并在农村进行试验示范。

在我国生物质气化技术不仅在集中供气方面有应用，科研单位又将生物质气化技术进行衍生，利用生物质气化技术发电，并且取得了良好的经济效益和社会效益。生物质气化发电技术的基本原理是把生物质转化为可燃气，再利用可燃气推动燃气发电设备进行发电。气化发电过程主要包括三个方面：一是生物质气化，在气化炉中把固体生物质转化为气体燃料；二是气体净化，气化出来的燃气都含有一定的杂质，包括灰分、焦炭和焦油等，需经过净化系统把杂质除去，以保证燃气发电设备的正常运行；三是燃气发电，利用燃气轮机或燃气内燃机进行发电，有的工艺为了提高发电效率，发电过程可以增加余热锅炉和蒸汽轮机。

生物质燃烧发电是将生物质与过量的空气在锅炉中燃烧，产生的热烟气和锅炉的热交换部件换热，产生的高温高压蒸汽在燃气轮机中膨胀做功发出电能。生物质燃烧发电的技术已基本成熟，已进入推广应用阶段，这种技术在大规模下效率较高，单位投资也较合理，但它要求生物质集中，数量巨大。

6.2.2.4 液化

（1）生物质液化原理、分类及应用

液化是一个在高温高压条件下进行的热化学过程，其目的在于将生物质转化成高热值的液体产物。生物质液化的实质即是将固态的大分子有机聚合物转化为液态的小分子有机物质，其过程主要由三个阶段构成：首先，破坏生物质的宏观结构，使其分解为大分子化合物；其次，将大分子链状有机物解聚，使之能被反应介质溶解；最后，在高温高压作用下经水解或溶剂解以获得液态小分子有机物。液化温度较裂解低，通常需 525～600K，且原料不需烘干。生物质液化具有反应条件温和、设备简单、产品可以替代传统石油化学品的特点。该技术是以生物质为原料制取液体燃料的工艺，将生物质转化为液体燃料使用，是有效利用生物质能的最佳途径。

在组成生物质的三种主要物质中，半纤维素最容易被液化，而木质素则最难被液化。基于以上原因，各种生物质由于其化学组成不同，在相同反应条件下的液化程度也不同。但是，各种生物质的液化产物的类别则基本相同，主要为生物质粗油和残留物（包括固态和气态）。为了提高液化产率，获得更多生物质粗油，可以在反应体系中加入金属碳酸盐等催化剂，或充入氢气和/或一氧化碳。

液化技术主要有间接液化和直接液化两类。间接液化就是采用水解法，把生物质中的纤维素、半纤维素转化为多糖，然后再用生物技术发酵成为酒精。由于间接液化技术路线较为繁杂，因此实际应用还比较少。直接液化是将生物质与一定量溶剂混合放在高压釜中，抽真空或通入保护气体，在适当温度和压力下（必要时可加入一定量催化剂）将生物质转化为燃料或化学品的技术。直接液化根据液化时使用的压力不同，又可分为高压直接液化技术和低压（常压）直接液化技术。

高压直接液化的液体产品一般被用作燃料油，但它与热解产生的生物质油一样，也需要改良后才能使用，与热解相比，两者的区别在于：在高压直接液化过程中，生物质原料中的大分子先在适当的介质中分解为小分子组分，同时，这些高活性、不稳定的小分子经重聚再生成生物质粗油；在热解过程中，生物质原料先裂解成小链段，再在气相中经均相反应转化为油状化合物。这两个转化过程操作条件的差异见表6-5。可以发现高压液化与热解相比，反应温度相对较低，但压力要求高很多。由于高压直接液化的操作条件较为苛刻，所需设备耐压要求高，能量消耗也较大，因此近年来低压甚至常压下直接液化的研究越来越多，其特点是液化温度通常为120~250℃，压力为常压或低压（小于2MPa），常压（低压）液化的产品一般作为高分子产品（如胶黏剂、酚醛塑料、聚氨酯泡沫塑料）的原料，或者作为燃油添加剂。

表 6-5　热解与液化的比较

过程	温度/K	压力/MPa
液化	525~600	5~20
热解	650~800	0.1~0.5

（2）生物质液化产物利用现状

生物质液化的两个主要目标：一是保留植物纤维原料的大分子结构，主要目的是制备天然高分子材料；二是破坏原料的大分子结构，目的是将植物纤维原料转化成小分子后再加以利用，如生产燃料或化工原料。生物质作为能源主要有两方面的缺点：一方面是含水量高，含氧量高，阻碍燃烧，导致能量损失，使产品不稳定，影响储存；另一方面是与矿石燃料相比其能量密度低，给储存与运输的带来困难，因此木质纤维素转化加工的目的是除去湿气，其次是提高热值和降低体积密度。

① 生物质液化制备燃油　生物质转化为液体产物后，能量密度大大提高，可直接作为燃料用于内燃机，热效率是直接燃烧的4倍以上。但是，由于生物油含氧量高（质量分数约35%），因而稳定性比化石燃料差，而且腐蚀性较强，因而限制了其作为燃料使用。通过加氢精制可以除去O，并调整C、H比例，得到汽油及柴油，但此过程将产生大量水，而且因裂解油成分复杂，杂质含量高，容易造成催化剂失活，成本较高，因而降低了生物质裂解油与化石燃料的竞争力，这也是长期以来没有很好解决的技术难题。生物油提取高价化学品的研究虽然也有报道，但也因技术成本较高而缺乏竞争力。

生物质热裂解会产生焦油，生物质焦油是包括烃类、酚类、酸类、醇类、醛类、酯类等多种有机成分在内的复杂混合物。对秸秆类生物质焦油的研究结果表明，热裂解焦油的轻质馏出物具有适当的蒸发性、良好的燃烧性和高度的安全性，符合发动机对液体燃料的质量要求，可以作为发动机的代用动力燃料；而重质馏出物可进一步加工制造生物质焦油抗聚剂、生物质焦油抗氧剂、工业杂酚药用生物质焦油和生物质沥青增塑剂等。

② 生物质液化制备高分子材料　在酸催化作用下EC液化生物质，热化学作用使分子间氢键断裂，分子内的C—O键、醚键断裂使活性羟基暴露出来，因而使液化后的产物含有

丰富的活性羟基，根据液化产物的这个特点可以用它来制备胶黏剂、聚氨酯泡沫和农用地膜等。戈进杰等以麻纤维和芦苇纤维制备的植物多元醇为原料，合成具有良好性能的生物降解性硬质聚氨酯泡沫体。Kurimotoelal 用甘油-聚乙二醇液化木材，液化产物与聚异氰酸酯在二氯甲烷中发生共聚反应，经溶液流延法制得透明、均匀、没有相分离和气泡的聚氨酯胶片。魏玉萍等研究了以苯甲基化木材溶液代替聚醚多元醇制备了聚氨酯胶黏剂，讨论了异氰酸酯用量、聚乙二醇用量、增塑剂用量及固化时间等对胶黏剂性能的影响，并获得了最佳的工艺条件。可见，常压快速液化生物质的应用前景十分广阔。

6.2.3 生物质生化转化

生物质生化转化是依靠微生物或酶的作用，将生物质转化为各种洁净的"含能体能源"，如沼气、燃料乙醇、甲烷、生物氢和生物油等。生物质生化转化主要是针对农业生产和加工过程的生物质，如农作物秸秆、畜禽粪便、生活污水、工业有机废水和其他有机废弃物等。

生化转化方式主要有两种：厌氧消化制取沼气和通过酶技术制取乙醇或甲醇液体燃料。

6.2.3.1 厌氧消化

厌氧消化又称为厌氧发酵，是指在没有溶解氧和硝酸盐氮的条件下，微生物将有机物转化为甲烷、二氧化碳、无机营养物质和腐殖质的过程。在这个过程中有机物不断被多种微生物分解，将其中大部分的碳以甲烷和二氧化碳的形式释放出来。被分解的有机碳化物中的能量大部分储藏在甲烷中，只有一小部分有机碳化物氧化成二氧化碳，释放的能量作为微生物生命活动的需要。

厌氧发酵过程是一个复杂的、多阶段的、由多种微生物共同作用的生化过程。到目前，对厌氧发酵的生化过程提出了三种理论——两阶段理论、三阶段理论和四阶段理论。

以生物质固体废物的资源化、能源化利用为目的，近年来，研究者对如何调控厌氧消化过程从而控制发酵效率和产物组成，提高所需产品的产量和品质进行了大量研究，主要集中于发酵产乳酸、发酵产氢气、厌氧消化产甲烷气三方面。

(1) 生物质废物厌氧发酵产乳酸的研究

乳酸是有机废物厌氧发酵的主要产物之一，是具有多种功能的化学物质，广泛应用于食品、医药、纺织和化工等行业。微生物发酵法生产乳酸时，原材料占总运行成本的 40%。香蕉皮、麦秆、蚌类、污泥和厨余等有机废物作为原料进行厌氧发酵产乳酸的尝试均已获得成功，大大降低了乳酸生产的成本，也吸引了越来越多研究者的目光。

乳酸具有两种同分异构体，即 L-乳酸和 D-乳酸。只有 L-乳酸能被应用于食品工业，D-乳酸则对人体有害，高异构体纯度的乳酸是获得高纯度聚乳酸所必需的，可使聚合体具有高的抗压、抗化学变化和抗热的性能。化学合成法只能生成乳酸的消旋体，而微生物发酵法则可以通过调控接种菌种、基质和生长条件得到 L-乳酸、D-乳酸或两者的混合物。因而，厌氧发酵产乳酸的研究主要集中于如何通过对发酵过程的调控获得高纯度的 L-乳酸。

微生物种类主要决定了乳酸的异构体形式。有机废物作为发酵底物时，由于存在许多大分子物质不能直接被乳酸细菌代谢，因此研究乳酸发酵过程中的微生物多样性十分重要。Ennahar 等认为环境条件以及物料的变化可能导致微生物组成不同，进而指示了最终乳酸异构体纯度的变化。Sakai 等认为非灭菌厨余垃圾敞开发酵体系中，控制 pH 值摆动区间会形成乳酸细菌的主导地位，在发酵后期，乳酸产量较高但纯度较低的 *Lactobacillus plantarum* 成为主导微生物。

（2）厌氧发酵产氢气的研究

利用生物质废物进行厌氧发酵产氢气是近年来研究的新领域。氢气由于其清洁、可更新利用、高产能的优点而成为石油燃料的很好代替品；与甲烷相比，氢气不会产生温室效应，因而有着更好的应用前景。1g 氢气能产生 122kJ 的能量，是碳水化合物燃料的 2.75 倍，并且它通过燃料电池能直接发电。据报道，全球每年有五千万吨的氢气交易，而且以将近 10% 的年增长率攀升。

厌氧发酵产氢是利用产氢微生物，在厌氧条件和酸性介质中代谢有机物产生氢气的过程。

目前，生物质废物厌氧产氢存在着基质利用率较低、发酵产氢微生物不易获得和培养等问题。有关厌氧产氢的理论研究远不够完善，特别是有关发酵产氢过程相关的动力学、热力学的研究和理论分析非常缺乏。就产氢的原料而言，高效产氢微生物的驯化培养将是重点。从长远来看，把生物制取氢技术同其他技术相结合，利用生物质制氢将会是制氢工业新的发展方向。

（3）厌氧消化产甲烷的研究

厌氧消化产甲烷与生物质直接燃烧产热、汽化、产乙醇相比，在效率、费用、环境上均有较好的效益。厌氧消化产生的生物气甲烷可以用作家庭燃料、电厂发电能源等，是厌氧消化产物最主要的能源化利用方式。

生物质废物的厌氧消化技术是一项符合可持续发展战略的课题。利用生物质废物产乳酸、产氢气和甲烷，不仅实现了废物的减量，而且有效回收利用其中蕴含的生物质能。随着能源危机的加剧和各国对能源需求量的日益增加，厌氧消化技术对生物质能的利用具有巨大的开发潜力和广阔的前景，并将在实际应用中逐渐地显示其优越性。但目前厌氧消化产乳酸、氢气、甲烷的大量研究中较少实际应用和工业化规模操作的成功尝试，且对于具体工艺条件的优化控制也鲜见报道，产物的有效应用技术仍有待于开发。因而，将来的研究应注重于实际生产工艺操作条件的优化和乳酸、氢气、甲烷等产品的应用技术开发，将实验室研究与市场联系起来。

6.2.3.2　酶技术制取乙醇或甲醇

（1）乙醇发酵工业的技术现状和发展趋势

乙醇发酵可谓历史悠久，早在公元前 2000 年，人们就已经掌握了酿酒的技术，随后啤酒、蒸馏酒及各种饮料酒类相继出现。各种乙醇饮料的生产促进了微生物纯种培养和灭菌技术的发展，乙醇发酵的工业化技术也逐渐发展起来，20 世纪初曾用此法大量生产乙醇。另外，乙醇也可以用作燃料。在能源短缺和提倡环保的今天，各国政府都十分重视发展可再生清洁能源，燃料乙醇作为可再生清洁能源之一，展示了良好的前景，我国政府也已经在十五计划纲要中启动了燃料乙醇计划，而且试点建设了大型燃料乙醇生产装置。

乙醇发酵是厌氧发酵过程，酵母细胞在厌氧条件下将可发酵性糖转化为乙醇和 CO_2。传统的生产工艺一般为游离酵母细胞（Free yeast cells）间歇（Batch）或连续（Continuous）带渣（对淀粉质原料）发酵。目前，乙醇发酵的原料主要是淀粉质原料，如玉米、薯干、木薯等。原料进厂后经清杂净化进入粉碎岗位，粉碎后的粉料按工艺要求的料水比进行调浆，然后经过酶法蒸煮（液化）、糖化、发酵及精馏等工艺步骤，最终得到产品乙醇。

在国内现有条件下，发展燃料乙醇产业，最大的问题是生产成本。国外有关生料糖化的研究始于 20 世纪 40 年代，随着对微生物酶作用的认识及淀粉结构的认识，推动了生料发酵的进步和发展。日本在 20 世纪 70～80 年代也对生料发酵进行了大量研究，但发展较缓慢。我国对生料酿酒的研究始于 20 世纪 70 年代末，到 20 世纪 90 年代才进入快速发展期。

世界乙醇发展新动态如下。

① 利用糖蜜制乙醇　处在西棕榈滩的佛罗里达结晶公司和佛州甘蔗种植者协会接到一份考察生产糖蜜乙醇可行性的初步报告，这家甘蔗糖厂将成为美国首家用糖蜜作原料制乙醇的工厂。

② 消除乙醇工艺过程中的高成本耗能蒸煮阶段的专利技术　最近 Sioux Falls 的 Broin 公司已通报一则革命性新专利技术，该技术可以消除制乙醇工艺过程中的高成本耗能的蒸煮阶段。该技术不仅可降低能源成本，还可以使原料释放出更多的淀粉来转化成乙醇，增加副产品的蛋白质含量，提高设备处理量，显著减少工厂污染。

③ 转化成氢气的工艺　Buenos Aires 大学催化剂工艺实验室最近已开发出一项利用甘蔗和谷物等植物产生的乙醇获得氢的专利技术。该项新工艺生产一种每百万份含 20～30 份 CO_2 的氢燃料，此种正确比例量的氢燃料能避免腐蚀机动车燃料电池。该新工艺将使氢在运输业上的使用更加方便，不必另外需要一个氢气生产、压缩、贮存和销售设施，使司机们只在常规加油站就可充装乙醇。

④ 汽车可以用麦秆、稻草生产的乙醇来运行　丹麦的能源科学家正在致力于研发未来可替代汽车燃料的新能源，包括计划开发麦秆、稻草类植物能和风能来运行机动车辆。丹麦能源提供商 Elsam 的发明被称为 "V Enzin"，"V E" 代表可更新能源，是一种添加有甲醇和乙醇的乙醇汽油。其中，甲醇可经由风能提取，乙醇可从生料发酵精馏获得，如麦秆和稻草类植物，因此可以说两种醇都是可再生能源。Elsam 的开发商说，不必改动汽车的发动机，在普通的汽油中加 5％的乙醇和甲醇已经实现，而他们的目标是 100％。

⑤ 高新分离技术　高新分离技术公司对美国能源部国家可更新能源实验室所开发的分离技术持有专有技术权，该项技术可以将木质纤维材料有效分离出木质素、纤维素和溶解性糖类。

该技术结合了一种新的分离工艺，使木本或草本生物质原料通过单相分离工艺可以有效地进行分馏，然后生成纯的终端产物，最后可将这些分离后的物料进行发酵，生成乙醇或木糖醇等产物。

采用高新分离生物技术来提取并发酵富集在这些生物质浓缩液中的各种糖类，将它们转化成乙醇和其他有价值的联产产品，可以使目前丰富的可再生资源——生物质得到充分利用。

⑥ 利用木材制乙醇的方法　纽约州立大学的研究者们已经想出一种办法从木材中离析出富含能源的糖类，离析出来的糖类可以用来生产乙醇。该工艺离商业化应用仍有一段时间，不过它将在大规模运行时证明是经济可行的。如果成功的话，该工艺不仅是对纽约的乙醇工业是一种促进，而且对浆纸业利润的提升也是一种促进。

(2) 国外燃料乙醇生产使用概况

① 美国　目前，美国燃料乙醇生产量约占世界产量的 33％。近年来生产使用情况及预测如表 6-6 所列。

根据美国能源部公布的资料可知，近年来美国燃料乙醇的生产与使用获得迅猛发展：年产量突破 10 亿加仑用了 10 年时间（1984～1993 年），突破 20 亿加仑也用了 10 年时间（1993～2002 年），而由 20 亿至 30 亿加仑仅仅用了 2 年时间（2002～2004 年）。

表 6-6　近年来美国燃料乙醇生产使用情况及预测

年份	使用量/加仑	使用量/万吨	年份	使用量/加仑	使用量/万吨
1981	2.69亿	81.45	2006	56.0亿	1514
2000	16.0亿	484.48	2010	60.0亿	1800
2003	28.1亿	850	2012	75.0亿	2271
2004	34.0亿	1027	2020	100.0亿	3000
2005	40.0亿	1211.2			

根据美国能源部的计划，到2025年可再生物质生产的生物燃料将代替从中东进口石油的75%，到2030年将用生物燃料代替现在汽油使用量的30%，届时将需要燃料乙醇600亿加仑，即约1.8亿吨。

② 巴西　目前，巴西燃料乙醇的生产量约为1265万吨，约占全球产量的36%。国内使用1226万吨，占全国非柴油车用燃料的40%左右；年出口量约40万吨。巴西是目前世界上唯一不供应纯汽油的国家，也是世界上最早推广使用燃料乙醇的国家，20世纪70年代即进行燃料乙醇生产与推广。1977年开始使用E20汽油（含乙醇20%），1980年研制出使用含水乙醇的汽车发动机，所用燃料乙醇含水量达7.8%，目前，全国有超过250万辆汽车是由使用含水乙醇发动机驱动的，另有1550万辆车使用含乙醇22%的E22乙醇汽油。巴西的目标是年生产10万辆以乙醇为动力的汽车，预计2011年巴西燃料乙醇的产量将达到2150万吨。

巴西燃料乙醇的生产是以甘蔗为原料，至2010年已有60%产量用于乙醇生产。其生产方法是直接将榨取的甘蔗汁进行发酵，前处理工艺比较简单，投资较少，生产成本较低。据报道，巴西燃料乙醇生产成本约为370美元/t，出口价格约为420美元/t。

③ 欧盟及其他国家

1) 欧盟。欧盟2005年共生产燃料乙醇72万吨，其中法国约30万吨，西班牙24万吨，德国13万吨，意大利、瑞典也有一定产量。欧盟各国燃料乙醇生产原料主要为小麦和薯类。

2) 加拿大。已形成规模生产，并正逐步推广使用乙醇汽油。其各省对燃料乙醇的使用要求不同，其中安大略省已立法，要求在2010年前销售的发动机汽油中必须含有10%的燃料乙醇，温尼泊省为10%，而萨斯喀则温省要求为7.5%。加拿大燃料乙醇生产原料主要为玉米和小麦，生产成本约为0.5美元/L。

3) 日本。尚未大规模使用燃料乙醇，由于资源缺乏，目前只有含3%乙醇的汽油供应。政府计划2020年前，50%以上汽车使用乙醇汽油，2030年所有汽车使用乙醇汽油。

4) 印度。作为发展中大国，印度对能源问题也十分重视，其乙醇年产量在17亿～30亿公升间，生产原料主要是糖蜜，目前正在推广使用含乙醇5%的乙醇汽油，每年需从巴西进口乙醇，但印度政府的目标是做到燃料乙醇自给自足，因此巴西方面预计这种进口状况不会持续太久。

5) 泰国。泰国政府对燃料乙醇的生产使用十分重视，拟建立年产100万吨燃料乙醇生产能力，在全国推广使用E10乙醇汽油。初期拟建成10万吨/年燃料乙醇生产装置，但迄今未见竣工报道。

6) 其他。燃料乙醇的生产与使用已是大势所趋，各国都在加紧制订规划，澳大利亚、墨西哥、哥伦比亚等国计划推广E10乙醇汽油，阿根廷计划使用E15乙醇汽油。英国、荷兰、奥地利、南非等国均已制订计划，积极发展燃料乙醇的生产。

(3) 我国燃料乙醇生产及使用情况

近年来我国乙醇生产能力增长迅猛,全国生产能力2004年为395万吨,2005年为656万吨,而2006年猛增至897万吨,仅此一年即增加241万吨。但其中国家批准定点的只有4家燃料乙醇生产厂,其生产能力2003年为102万吨/年,其中吉林燃料乙醇公司30万吨/年,河南天冠燃料乙醇有限公司30万吨/年,安徽丰原生化股份有限公司32万吨/年,黑龙江华润酒精有限公司10万吨/年。2004年华润扩建产能达32万吨/年;2005年吉林扩建至产能60万吨/年,总生产能力达156万吨/年;至2006年底,上述4家企业的总产能达163万吨/年。近年我国燃料乙醇使用情况如表6-7所列。

表6-7 我国燃料乙醇使用量

年份	使用量/万吨	年份	使用量/万吨
2004	20	2006	110
2005	75		

2006年E10乙醇汽油使用量达到110万吨左右,约为全年汽油消费量的20%。根据2004年统计,我国乙醇按生产原料分,玉米占50.30%,薯类22.89%,高粱13.35%,小麦2.11%,糖蜜11.35%。我国木薯产量不能满足企业生产需要,每年仍需从泰国大量进口,仅2006年1~9月份即进口木薯达374.82万吨。

6.2.4 生物柴油

生物柴油(Biodiesel),又称脂肪酸甲酯(Fatty Acid Ester),是以植物果实、种子、植物导管乳汁或动物脂肪油、废弃的食用油等作原料,与醇类(甲醇、乙醇)经交酯化反应(Transesterification Reaction)获得。目前的生物柴油是以大豆和油菜籽等油料作物、油棕和黄连木等油料林木果实、工程微藻等油料水生植物以及动物油脂、废餐饮油等为原料制成的液体燃料,是优质的石油柴油代用品。以一定比例与石化柴油调和使用,可以降低油耗,降低尾气污染。花生、油菜籽等油料作物以及动物油脂、废弃油渣等都可以用来炼制生物柴油。它基本不含硫和芳烃,十六烷值高达52.9,可被生物降解、无毒、对环境无害,可以达到美国"清洁空气法"所规定的健康影响检测要求,与使用石油柴油相比,可以降低90%的空气毒性,降低94%的致癌率,它的开口闪点高,储存、使用、运输都非常安全。在生产生物柴油的过程中,每消耗1个单位的矿物能量就能获得3.2个单位的能量,在所有的替代能源中它的单位热值最高。

生物柴油具有许多优点。

① 原料来源广泛,可利用各种动、植物油作原料。

② 生物柴油的硫含量低,可减少约30%(有催化剂时为70%)的二氧化硫和硫化物的排放、10%(有催化剂时为95%)的一氧化碳排放以及50%的二氧化碳排放,且不含有对环境造成污染的芳烃,生物柴油可降低90%的空气毒性,采用生物柴油的发动机废气排放可以满足欧洲Ⅲ号排放标准。

③ 生物柴油作为柴油代用品使用时柴油机不需作任何改动或更换零件。

④ 可得到经济价值较高的副产品甘油(Glycerine)以供化工品、医药品等市场。

⑤ 相对于石化柴油,生物柴油贮存、运输和使用都很安全(不腐蚀容器,非易燃易爆)、热值高(一般可达石化燃料油的80%)、具有可再生性(一年生的能源作物可连年种植收获,多年生的木本植物可一年种并维持数十年的经济利用期)、现实效益高,可在自然状况下实现

生物降解，减少对人类生存环境的污染。目前生物柴油的缺点就是它原料来源不太充足和由此导致的价格高，从而和石化柴油相比不具有价格优势。但随着时间的推移和科研机构、企业的努力以及社会的共同关注，生物柴油必将在未来的燃料中占有举足轻重的地位。

生物柴油与0#石化柴油燃料特性对比情况见表6-8，一些国家生物柴油标准和中国0#柴油标准见表6-9。

表6-8 生物柴油与0#石化柴油燃料特性对比

燃 料	密度(12℃)/(g/cm³)	运动黏度(40℃)/(mm²/s)	闪点/℃	灰分/%	水分/%	热值/(kg/g)
餐饮业废油生物柴油	0.8775	4.1	152	无	240	37.99
小桐子油生物柴油	0.8752	3.6	153	无	280	38.96
菜籽油生物柴油	0.8764	4.0	156	无	200	38.61
大豆油生物柴油	0.8800	4.5	156	无	170	40.67
亚麻油生物柴油	0.8800	4.4	158	无	50	40.25
花生油生物柴油	0.8783	4.2	160	无	300	40.06
棕榈油生物柴油	0.8754	4.3	152	无	200	39.74
ASTM标准	—	1.9～6.0	>100	<0.02	<0.05	—
0号柴油	0.7850(实测值)	2.7(实测值)	>60	<0.025	痕迹	44.95

表6-9 一些国家生物柴油标准和中国0#柴油标准

项 目	奥地利	捷克	法国	德国	意大利	瑞典	美国	0#柴油(中国)
标准/规范	ONC 1191	CSN 656507	Journal Official	DINE 51606	UNI 10635	SSI 55436	ASTMPS 121-01	GB252—2002-01
生效年月	1997年7月	1998年9月	1997年9月	1997年9月	1997年4月	1996年11月	1997年7月	2002年1月
产品名称	FAME	RME	VOME	FAME	VOME	VOME	FAMAE	—
密度/(g/cm)	0.85～0.89	0.87～0.89	0.87～0.90	0.875～0.89	0.86～0.89	0.87～0.90	—	实测
黏度/(mm²/s)	3.5～5.0	3.5～5.0	3.5～5.0	3.5～5.0	3.5～5.0	3.5～5.0	1.9～6.0	3.0～8.0
馏程(95%)/℃	—	—	<360	—	<360	—	—	≤300
闪点/℃	>100	>110	>100	>110	>100	>100	>100	>55
冷滤点/℃	0/−15	−5	—	0/−10/−20	—	−5	—	4
倾点/℃	—	—	<−10	—	0/−10/−20	—	—	0
硫含量/%	<0.02	<0.02	<0.01	<0.01	<0.01	<0.05	—	≤0.2
残炭/%	<0.05	<0.05	—	<0.05	—	—	<0.05	—
10%蒸余残炭/%	—	—	<0.3	—	<0.5	—	—	≤0.3
灰分(以硫酸盐计)/%	<0.02	<0.02	—	<0.03	—	—	<0.02	≤0.01
灰分(以氧化物计)/%	—	—	—	—	<0.01	<0.01	—	—
水分含量/(mg/kg)	—	<500	<200	<300	<700	<300	<500	痕迹
总杂质含量/(mg/kg)	—	<24	—	<20	—	<20	—	—
铜片腐蚀(50℃, 3h)	—	1	—	1	—	—	<3	≤1
十六烷值	>49	>48	>49	>49	—	>48	>40	≥45
中和值(酸值)/(mgKOH/g)	<0.8	<0.5	<0.5	<0.5	<0.5	<0.8	<0.8	酸度≤7
甲醇含量/%	<0.20	—	<0.1	<0.3	<0.2	<0.2	—	—
甲酯含量/%	—	—	>96.5	—	>98	>98	—	—
单甘酯/%	—	—	<0.08	<0.08	<0.08	<0.08	—	—

续表

项　目	奥地利	捷克	法国	德国	意大利	瑞典	美国	0# 柴油（中国）
二甘酯/%	—	—	<0.2	<0.4	<0.2	<0.1	—	—
三甘酯/%	—	—	<0.2	<0.4	<0.1	<0.1	—	—
游离甘油/%	<0.02	<0.02	<0.02	<0.02	<0.05	<0.02	—	—
总甘油/%	<0.24	<0.24	<0.25	<0.25	—	—	<0.24	—
碘值	<120	—	<115	<115	—	<125	—	—
碘含量/(mg/kg)	<20	<20	<10	<10	<10	<10	—	—
碱含量（Na+K）/(mg/kg)	—	<10	<5	<5	—	<10	—	—

6.2.4.1　生物柴油的发展历史

生物柴油及其生产技术的研究始于 20 世纪 50 年代末 60 年代初，发展于 20 世纪 70 年代，20 世纪 80 年代以后迅速发展。但是生物柴油的应用历史较长，1897 年狄赛尔发明的第一台柴油机就是用花生油作燃料。在 1912 年美国密苏里工程大会中他预言：用植物油作为发动机燃料将成为能源发展的一个重要方向，并一定会发展成为和石油一样重要的燃料。20 世纪 70 年代的两次石油危机也刺激了以植物油为燃料的研究和发展。1982 年前后，德国和奥地利在柴油发动机中使用了菜籽油甲酯。1983 年美国科学家 crahamQuick 首先将亚麻籽油甲酯用于发动机，燃烧 1000h，并将可再生的脂肪酸甲酯定义为生物柴油"biodiesel"，这就是狭义上所说的生物柴油。1984 年美国和德国等国的科学家研究了采用脂肪酸甲酯和乙酯代替柴油作燃料。这就形成了生物柴油更广泛的定义：生物柴油是以油料作物、野生油料植物和工程微藻等水生植物油脂，以及动物油脂、餐饮废油等为原料油，通过酯交换工艺制成的甲酯或乙酯燃料，这种燃料可供内燃机使用。1985 年奥地利建立了以新工艺生产菜籽油甲酯的中试装置，1990 年起以菜籽油为原料工业化生产生物柴油，1992 年生物柴油的年生产能力为 2.3 万吨。同年，生物柴油在拖拉机发动机中广泛使用，得到好评与认可，成为生物柴油走向工业化的里程碑。

尽管生物柴油发展历史还不长，但是由于其优越的性能、对环境的友好和可再生性，已得到世界各国的重视。美国、法国、意大利等相继成立了专门的研究机构，投入了大量的人力物力。生物柴油已成为新能源研究的热点，各国也纷纷通过优惠政策来促使它的发展。

6.2.4.2　国外生物柴油的现状

(1) 欧洲

生物柴油使用最多的是欧洲，生产原料主要是菜籽油。欧洲议会免除生物柴油 90% 的税收，欧洲国家对替代燃料的立法支持、差别税收及油菜籽生产的补贴，共同促进了生物柴油产业的快速发展。2003 年，欧洲国家生物柴油的产量超过了 176 万吨，到 2010 年欧洲国家的生物柴油产量达到 830 万吨。

(2) 美国

美国是最早研究生物柴油的国家之一。生物柴油在美国的商业应用始于 20 世纪 90 年代初，联邦政府、国会以及有关州政府通过政令和法案，支持生物柴油的生产和消费，并采取补贴等措施，使生物柴油产业迅速发展起来。目前，美国已经有多家生物柴油生产厂和供应商，生产原料主要以大豆油为主，年生产能力达 30 万吨。

(3) 国外其他国家

日本 1995 年开始研究生物柴油,由于植物油资源贫乏,日本主要以煎炸油为原料生产生物柴油,1999 年建成了 259L/d 的工业化实验装置,目前日本生物柴油年生产能力达 40 万吨。巴西于 20 世纪 80 年代推出"生物柴油计划",年产量一度达到 50 万吨。韩国目前有年生产能力 20 万吨的生物柴油生产厂。一些富产天然油脂的发展中国家如马来西亚、印度尼西亚等也纷纷与发达国家展开合作来积极研制和生产生物柴油。

6.2.4.3 国内生物柴油开发现状

我国生物柴油的研究起步较晚,20 世纪 80 年代,我国著名学者闵恩泽院士在《绿色化学与化工》一书中首先明确提出发展清洁燃料生物柴油的课题,并由上海内燃机研究所和贵州山地农机所联合承担课题,对生物柴油的研究、开发做了大量基础性的试验探索。许多科研院所和高校在植物油理化特性、酯化工艺、柴油添加剂和柴油机燃烧性能等方面开展了实验研究,同时中国林业科学院针对天然油脂化学结构的特点,研究了生物柴油和高附加值的化工产品综合制备技术,使得生物柴油的加工利用不仅技术可行,而且经济上可以实现产业化。最近几年,我国政府和一些企业对生物柴油已越来越重视。2004 年科技部高新技术和产业化司启动了"十五"国家科技攻关计划"生物燃料油技术开发"项目,包括生物柴油的内容。2005 年,国家专项农林生物质工程开始启动,规划生物柴油在 2010 年的产量为 200 万吨/年,2020 年的产量为 1200 万吨/年。2005 年,替代燃料发展战略研究开始进行,替代燃料中包括了生物柴油。2005 年 4 月,国家发改委工业司主办了生物能源和生物化工产品科技与产业发展战略研讨会,包括生物柴油。2005 年 5 月,国家"863 计划"生物和现代农业技术领域决定提前启动"生物能源技术开发与产业化"项目,已发布了指南,其中设有"生物柴油生产关键技术研究与产业化"课题。我国于 2006 年 1 月实施的《中华人民共和国可再生能源法》,已将生物柴油列为能源发展的优先领域。2006 年 7 月 1 日在上海举办的《中国生物质燃料工艺、装备及国家标准交流研讨会》上,由中国石油化工科学研究院负责起草的《柴油机燃料调合用生物柴油(BD100)国家标准》(GB/T20828—2007),已通过石化专业技术标准委员会评审,现已由国家标准化管理委员会颁布实施,该标准对推动我国生物质能源产业的健康快速发展具有重大战略意义。

参 考 文 献

[1] 姚向军,田宜水. 生物质能资源清洁转化利用技术. 北京:化学工业出版社,2004.
[2] 毕于运,寇建平,王道龙. 中国秸秆资源综合利用技术. 北京:中国农业科学技术出版社,2008.
[3] 杨善友,李建军. 生物质能产业创新的趋势和特点. 中国科技论坛,2009,(4):133-136.
[4] 傅庆红,丁晓红等. 世界能源形势和前景. 北京:地质出版社,2005.
[5] 吴创之,马隆龙. 生物质能现代化利用技术. 北京:化学工业出版社,2003.
[6] 吴旭刚,王述祥,李滨. 生物质液化燃油的发展及其我国应用的探讨. 林业机械设备,2006,(11):67-89.
[7] 马隆龙. 生物质气化技术及其应用. 北京:化学工业出版社,2003.
[8] Geller H, Schaeffer R, Szklo A, et al. Policies for advancing energy efficiency and renewable energy use in Brazil. Energy Policy, 2004, 32 (12):1437-1450.
[9] 姚宗路,崔军,赵立欣等. 瑞典生物质颗粒燃料产业发展现状与经验. 可再生能源,2010,28 (6):28-32.
[10] Frank Fiedler. The state of the art of small-scale pellet-based heating systems and relevant regulations in Sweden, Austria and Germany. Renewable and Sustainable Energy Reviews, 2004, 8:201-221.
[11] Eua Aiakangasa, Jouni Valtanenb, Janerik Levlinb. CEN technical specification for solid biofuels-fuel specification and classes. Biomass and Bioenergy, 2006, 30:908-914.
[12] Putuna E, Burcu B. Bio-oil from olive oil industry wastes:Pyrolysis of olive residue under different conditions. Fuel

[13] SHEN Bo-xiong, WU Chum-fei. Pyrolysis ofwaste tyre: The influence of USY catalyst/tyre ratio on products. Journal Analytical Applied Pyrolysis, 2006, 10: 459-468.

[14] Cardinal L J, Stenstrom M K. Enhanced biodegradation of PAH in the activated sludge process. Research J WPCF, 1991, 63: 950-956.

[15] 胡纪萃, 周孟津, 左剑恶. 废水厌氧生物处理理论与技术. 北京: 中国建筑工业出版社, 2003.

[16] Tanaka T, et al. Production of D-lactic acid from dafatted rice bran by simultaneous saccharification and fermentation. Bioresource Technol, 2006, 97 (2): 211-217.

[17] Sakai K, et al. Fluorecent In Situ hybridization analysis of open lactic acid fermentation of kitchen refuse using rRNA-targeted oligonucleotide probes. J Biosci Bioeng, 2004, 98 (1): 48-56.

[18] ZhangBo, CaiWei-min, He Pin-jing. Influence of lactic acid on the two-phase anaerobic digestion of kitchen wastes. Journal of Environmental Sciences, 2007, 19 (2): 244-249.

[19] Yoshiyuki Ueno, et al. Production of hydrogen and methane from organic solidwastes by phase-separation of anaerobic process. BioresourceTechnology, 2007, 98 (9): 1861-1865.

[20] W Parawiraa, et al. Energy production from agricultural residues: High methane yields in pilot-scale two-stageanaerobic digestion. Biomass and bioenergy, 2007.

[21] N Tippayawong, et al. PM-Power and Machinery Long-term operation of amall biogas/diesel dual-fuel engine for on-farm electricity generation. Biosystems Engineering, 2007: 26-32.

[22] Francois V, et al. Leachate recirculation effects on waste degradation: study on columns. Waste Management, 2007, 27 (9): 1259-1272.